Die Welt als Bild

Arbeiten zur Kirchengeschichte

Begründet von
Karl Holl† und Hans Lietzmann†

herausgegeben von
Christian Albrecht und Christoph Markschies

Band 107

Walter de Gruyter · Berlin · New York

Die Welt als Bild

Interdisziplinäre Beiträge zur Visualität von Weltbildern

Herausgegeben von
Christoph Markschies und Johannes Zachhuber

Walter de Gruyter · Berlin · New York

berlin-brandenburgische
AKADEMIE DER WISSENSCHAFTEN

Eine Publikation der
Interdisziplinären Arbeitsgruppe *Die Welt als Bild*

Gedruckt mit Unterstützung der Senatsverwaltung für Bildung, Wissenschaft und Forschung
des Landes Berlin und des Ministeriums für Wissenschaft, Forschung und Kultur
des Landes Brandenburg.

∞ Gedruckt auf säurefreiem Papier,
das die US-ANSI-Norm über Haltbarkeit erfüllt.

ISSN 1861-5996
ISBN 978-3-11-020029-4

Bibliografische Information der Deutschen Nationalbibliothek

Die Deutsche Nationalbibliothek verzeichnet diese Publikation in der Deutschen
Nationalbibliografie; detaillierte bibliografische Daten sind im Internet
über http://dnb.d-nb.de abrufbar.

© Copyright 2008 by Walter de Gruyter GmbH & Co. KG, D-10785 Berlin

Dieses Werk einschließlich aller seiner Teile ist urheberrechtlich geschützt. Jede Verwertung
außerhalb der engen Grenzen des Urheberrechtsgesetzes ist ohne Zustimmung des Verlages
unzulässig und strafbar. Das gilt insbesondere für Vervielfältigungen, Übersetzungen, Mikroverfilmungen und die Einspeicherung und Verarbeitung in elektronischen Systemen.

Printed in Germany
Umschlaggestaltung: Christopher Schneider, Berlin

Inhalt

JOHANNES ZACHHUBER / CHRISTOPH MARKSCHIES: Einleitung ... 7

FRIEDHELM HARTENSTEIN: Weltbild und Bilderverbot.
Kosmologische Implikationen des biblischen Monotheismus . 15

HENRIK PFEIFFER: Gottesbild und Kosmologie – Ein Korreferat zu
Friedhelm Hartenstein 39

CHRISTOPH MARKSCHIES: Weltbildkonflikte in der christlichen Antike 51

CHARLOTTE KÖCKERT: Räumliche Vorstellungen im Weltbild des
Origenes und ihr Verhältnis zum
zeitgenössischen astronomischen Weltbild 69

KARIN METZLER: Konstanz von Weltbildern am
Beispiel der Astrologie 81

RICHARD SCHRÖDER: War die copernicanische Reform der Astronomie
ein Weltbildwandel? 91

STEFFEN SIEGEL: Kosmos und Kopf.
Die Sichtbarkeit des Weltbildes 113

DOMINIK PERLER: Das Weltbild als konstruierte Ordnung.
Kommentar zu Steffen Siegel 143

MICHAEL WEICHENHAN: Geometrisches Modell der Welt vs.
die Welt als Bild – Johannes Kepler und Robert Fludd 151

JOHANNES ZACHHUBER: Weltbild, Weltanschauung, Religion.
Ein Paradigma intellektueller Diskurse im 19. Jahrhundert .. 171

JÖRN HENRICH: Bild- und Weltbildaspekte der analytischen
Mechanik und Himmelsmechanik 195

ERWIN SEDLMAYR: Die astronomischen Fenster der Anschauung . 211

EBERHARD KNOBLOCH: Das Weltbild in den Wissenschaften –
Geschichte einer Konzeption 227

Autorenverzeichnis 247

Personenregister 249

Einleitung

Johannes Zachhuber / Christoph Markschies

Die in diesem Band vereinten Texte geben in überarbeiteter Form Vorträge wieder, die auf einer interdisziplinären Tagung der Berlin-Brandenburgischen Akademie der Wissenschaften im Februar 2004 gehalten wurden. Der Grundgedanke der Tagung und somit des vorliegenden Bandes lässt sich als Schnittpunkt mehrerer Fragestellungen beschreiben, der durch den Titel – *Die Welt als Bild* – ausgedrückt wird.

1. »Weltbilder« sind ein seit langem etablierter Gegenstand historisch-kulturwissenschaftlicher Forschung. Bekannt sind Untersuchungen zum Weltbild orientalischer Kulturen, zum Weltbild des Alten Testaments (in diesem Band repräsentiert durch die Texte von Friedhelm Hartenstein und Henrik Pfeiffer) oder zum »Weltbild des mittelalterlichen Menschen«[1]. Aber auch das »Elizabethan World Picture« ist als Hintergrund von Shakespeares Dichtung rekonstruiert worden[2]. Nicht zuletzt hat man im wissenschaftsgeschichtlichen Zusammenhang vom ptolemäischen und kopernikanischen »Weltbild« gesprochen (was freilich, wie der Beitrag von Richard Schröder zeigt, eigene Probleme aufwirft).

»Weltbilder« in diesem Sinn haben eine zweifache Bedeutung. Zum einen werden sie verstanden als fundamentale Modellierungen von Wirklichkeit, die für konkrete Gedanken, Äußerungen und Handlungen von Menschen einer bestimmten Epoche oder einer bestimmten Kultur konstitutiven Charakter haben. Sie stellen in diesem Sinn gewissermaßen ein Koordinatensystem dar, in das sich jene Gedanken, Äußerungen und Handlungen eintragen lassen und das ihnen Sinn und Bedeutung verleiht. Die Rekonstruktion von Weltbildern in diesem Sinn wird demnach unternommen, um die Weltwahrnehmung und damit die Lebens- und Handlungsorientierung von Menschen besser zu verstehen. Dieses hermeneutische Interesse an der wissenschaftlichen Beschäftigung mit Weltbildern wird programmatisch und charakteristisch in der Definition von Gurjewitsch zum Ausdruck gebracht:

> Um das Leben, Verhalten und die Kultur der Menschen des Mittelalters zu verstehen, muß man offensichtlich bemüht sein, die ihnen eigenen Vorstellungen und Werte zu rekonstruieren. Man muß [...] das Verfahren ihrer Weltsicht aufdecken. [...] Wir meinen, daß die grundlegenden, universalen Kategorien der Kultur aufgedeckt werden müssen, ohne die sie unmöglich und von denen sie in all ihren Werken durchdrungen ist. [...] Diese

---

1 A. Gurjewitsch, Das Weltbild des mittelalterlichen Menschen, Dresden 1978 (Moskau 1972).
2 E.M.W. Tillyard, The Elizabethan World Picture, London 1943.

Universalbegriffe sind in jeder Kultur miteinander verbunden und bilden eine Art ›Weltmodell‹ – jenes ›Netz von Koordinaten‹, mittels dessen die Menschen die Wirklichkeit erfassen und das Weltbild aufbauen, welches in ihrem Bewußtsein existiert.[3]

Daneben meint Weltbild freilich auch die Gesamtheit aller wesentlichen Ideen und Anschauungen von der Welt, die den Charakter einer bestimmten Epoche oder einer Kultur ausmachen. Spricht man von Weltbild in diesem Sinn, steht die Annahme im Hintergrund, dass diese Ideen, Anschauungen und Werte einen bestimmten Zusammenhang, ein System bilden und nicht nur ein Aggregat von disparaten Einzelfakten darstellen. Der Grund für diese Einheit liegt natürlich in der Annahme jenes Hintergrundmodells von »Kulturkategorien« (Gurjewitsch), so dass die beiden Bedeutungen Aspekte derselben Konzeption sind.

Diese Zurückführung von Anschauungen und Konzepten, von Mythen und Dichtungen, von politischen und religiösen Ideen auf ein diesen zu Grunde liegendes und durch sie zum Ausdruck gebrachtes »Weltbild« setzt die Erfahrung unhintergehbarer kultureller Pluralität voraus. Es ist deshalb sicher kein Zufall, dass sich der Begriff des Weltbilds in diesem, heute geläufigen Sinn wie auch das Interesse an diversen Weltbildern – denn zwangsläufig geht es dabei immer um eine Mehrzahl – zeitgleich mit dem Aufkommen des Historismus entwickelte. Der Weltbilddiskurs ist so, wie in dem Beitrag von JOHANNES ZACHHUBER detailliert ausgeführt wird, von Beginn an ein Ausdruck der Einsicht in die radikale *Andersartigkeit* fremder oder vergangener Kulturen, die eben nicht nur in ihrer konkreten Ausprägung von Sprache und Religion, von politischen und gesellschaftlichen Institutionen und Konventionen, sondern in ihrer grundlegenden Wirklichkeitswahrnehmung von der eigenen Gegenwart unterschieden sind.

Neben ihrer fundamentalen und fundierenden Rolle für die Welt*wahrnehmung* kommt den in diesem Sinn rekonstruierten Weltbildern zugleich eine ebenso grundsätzliche *Orientierungsfunktion* zu. Sie beeinflussen und bestimmen also nicht nur die Erkenntnis, sondern auch das Handeln von Menschen, sie strukturieren deren Verhaltensweisen, aber auch Wertvorstellungen, Sitten und Institutionen. Dies erklärt die Schärfe, mit der Auseinandersetzungen um Weltbilder geführt werden. Die Härte und Unerbittlichkeit solcher Kontroversen ergibt sich daraus, dass es hier um die Grundlagen von Identität geht, über die man, im wörtlichen Sinn, nicht diskutieren kann, weil diese Grundlagen keiner rationalen Vermittlung mehr zugänglich sind. Ähnlich verhält es sich mit der Bedeutung impliziter Weltbildannahmen für natur- und geisteswissenschaftliche Forschung (dazu ausführlich der Beitrag von EBERHARD KNOBLOCH); die von

---

3 A. Gurjewitsch, Weltbild (wie Anm. 1), 22f.

Thomas Kuhn einflussreich als Paradigmen bezeichneten wissenschaftlichen Grundorientierungen sind Weltbildern im hier beschriebenen Sinn analog – auch deshalb werden sie, wie man bei Kuhn nachlesen kann, nicht eigentlich durch bessere Argumente überwunden, sondern durch wissenschaftsexterne Faktoren durchgesetzt[4].

2. Solche historisch-hermeneutischen Untersuchungen über diverse Weltbilder sind oft illustriert worden durch bildliche Darstellungen, die dann als das »Weltbild« der jeweiligen Kultur bezeichnet wurden. In einigen Fällen ist das offensichtlich irreführend, dort nämlich, wo solche Illustrationen nachträgliche Visualisierungen von ausschließlich textlich tradierten Darstellungen oder gar Ausdruck späterer Vorurteile von dem sind, was das Weltbild einer früheren Epoche ausgemacht haben soll – wie in dem bekanntesten Fall des von Camille Flammarion (1842–1925) im Jahr 1888 zum ersten Mal publizierten Holzschnitts, der vermeintlich das »mittelalterliche Weltbild« darstellt und sich bis heute zum selben Zweck großer Beliebtheit erfreut (Abb. 1)[5].

Abb. 1: Camille Flammarions Version des »mittelalterlichen Weltbilds« (in: ders., L'Atmosphère. Météorologie Populaire, Paris 1888, 163)

Daneben gibt es jedoch aus diversen Kulturen und Zeiten tatsächlich bildliche Darstellungen, die sich prima facie als »Weltbilder« bezeichnen lassen, sofern auf ihnen offenbar der Versuch unternommen wird, ein Gesamt menschlicher Erfahrungen, ein Bild von der Welt zu visualisieren. Die Existenz solcher »Weltbilder« wirft eine Reihe nichttrivialer Fragen

---

4   Kuhn selbst gebraucht in diesem Zusammenhang den Begriff des »Weltbilds« (engl. world view): Th. Kuhn, Die Struktur wissenschaftlicher Revolutionen, Frankfurt/M. 1967, bes. Kap. x.
5   Vgl. zum historischen Hintergrund: B. Weber, Ubi caelum terrae se coniungit. Ein altertümlicher Aufriß des Weltgebäudes von Camille Flammarion, Gutenberg-Jahrbuch 1973, 381–408.

auf. Sind diese bildartigen Darstellungen und Modelle der Welt im Alten Orient, in Antike, Mittelalter und Früher Neuzeit Ausdruck dessen, was wir »Weltbild« nennen? Und wenn das so ist: Hat man es hier mit einer plausibel abgrenzbaren Kategorie von Bildern zu tun – eben Welt-Bildern – und was, wenn das so ist, wäre deren Besonderheit *als* Bilder? Anders gesagt: Wie beschaffen muss ein Bild sein, um als Weltbild zu gelten (eine Frage, die in diesem Band besonders deutlich im Beitrag von STEFFEN SIEGEL zur Sprache kommt)?

Diese Fragen betreffen solche Weltbilder in ihrer Eigenschaft *als Bilder*. Gleichzeitig stellt sich jedoch ebenso die Frage, ob Bildlichkeit ein wesentlicher Aspekt von Weltbildern ist. Dann wäre die Tatsache, dass Weltbilder durch Bilder illustriert werden, nicht eine zufällige Beigabe, die einen rein ästhetischen oder didaktischen Zweck erfüllt, sondern ein Ausdruck der Tatsache, dass Weltbilder etwas sind, das tatsächlich und notwendiger Weise gesehen wird, auch wenn genau zu erklären ist, in welchem Sinn solche Bilder die »Welt« darstellen. Die Tatsache, dass seit dem 19. Jahrhundert von Weltbild/Weltanschauung mit einer visuellen Metapher gesprochen worden ist, deutet jedenfalls darauf hin, dass das dabei Gemeinte mit Bildern grundsätzliche und charakteristische Gemeinsamkeiten hat: die unmittelbare, suggestive Evidenz, die starke, ganzheitliche Wirkung auf den Menschen, aber auch die scheinbare oder wirkliche Widerständigkeit gegenüber rationaler Auseinandersetzung, die den immer latenten Verdacht von Ideologie und Manipulation gegenüber Weltbildern erklärt[6].

Das würde dafür sprechen, dass in einem Weltbild Modellierung, Bildlichkeit und Visualisierung keine sekundären Akte sind, die etwas wesentlich Abstraktes veranschaulichen sollen, wie dies beispielsweise im philosophischen Unterricht zu didaktischen Zwecken geschieht. »Weltbild« wäre insofern mehr als eine Metapher für eine Reihe von Überzeugungen darüber, wie genau die Welt als Ganze beschaffen ist. Vielmehr gehörte die bildliche Dimension von Weltbildern zum Kern dessen, was ein Weltbild ausmacht. Die verschiedenen Formen von dargestellten Weltbildern seit der Antike bis in die unmittelbare Gegenwart wären dann in der Tat ein Ausdruck dieses Sachverhaltes, auch wenn sie natürlich *als solche* nicht mit den historisch-hermeneutisch erhobenen »Weltbildern« gleichgesetzt werden können.

Dafür spricht ebenfalls, dass auch nach dem Übergang von einer Newtonschen zu einer Einsteinschen Kosmologie grundlegende Sachverhalte über die Welt durch Visualisierung verdeutlicht werden (wie das in dem Beitrag von ERWIN SEDLMAYR für die Astrophysik gezeigt wird) – bei allen Unterschieden, die zwischen diesem »Weltbild« und seiner

---

6 Vgl. W.J.T. Mitchell, Iconology. Image, Text, Ideology, Chicago 1986.

Visualisierung einerseits und (zum Beispiel) antiken Vorstellungen vom Kosmos und deren Bebilderungen andererseits (wie sie im Beitrag von CHRISTOPH MARKSCHIES dargestellt werden) bestehen. Will man so vorsichtig mit einer historischen Kontinuität von Bildern von der Welt und in diesem Sinn einer Vergleichbarkeit antiker und moderner »Weltbilder« rechnen, muss gleichwohl auch bedacht werden, dass die Bildlichkeit der Weltbilder selbst historischem Wandel unterliegt – insbesondere die Mathematisierung der Naturwissenschaften in der Neuzeit hat, wie MICHAEL WEICHENHAN im Einzelnen zeigt, in dieser Hinsicht deutliche Folgen gehabt. Wie dem im Einzelnen auch sei, in jedem Fall führt diese Überlegung direkt zum dritten für das Zustandekommen dieses Buches relevanten Gedankenkomplex, denn sie verbindet die traditionelle kulturwissenschaftliche und wissenschaftstheoretische Beschäftigung mit Weltbildern mit der Frage nach dem Charakter von Bildern und damit nach *Bildlichkeit* schlechthin: Weltbilder stehen insofern exemplarisch für Bilder, die eine grundsätzlich orientierende, strukturierende und steuernde Funktion für den Menschen erfüllen.

3. In dieser Perspektive trifft der hier unternommene Versuch einer neuen Diskussion der Weltbildproblematik unter der Leitfrage nach Weltbildern *als* Bildern mit einem in den letzten Jahren sprunghaft gewachsenen neuen, disziplinübergreifenden Interesse an Bildern und an Bildlichkeit überhaupt zusammen[7]. Der Hintergrund dieser Entwicklung ist zum einen die steigende Bedeutung von Bildern in der gesellschaftlichen Kommunikation. Durch eine Vielzahl »neuer Medien«, die eine »Bilderflut« hervorbringen, scheint die Relevanz visueller Eindrücke für maßgebliche Kommunikationsprozesse über politische und gesellschaftliche Themen erheblich gestiegen. Manche sehen gar das »Ende der Gutenberg-Galaxis« gekommen – gemeint ist ein Zeitalter, in dem das gedruckte Wort für jeden Informationsaustausch grundlegend ist[8] –, aber auch wenn man mit einer solchen Globaleinschätzung vorsichtig ist, scheint klar, dass die mediale Entwicklung der letzten Jahrzehnte eine Vielzahl von weit reichenden Fragen aufwirft. Kann sich unsere Kultur, in der es lange Zeit selbstverständlich war, dass für die Weitergabe von Informationen in erster Linie die menschliche Sprache zuständig ist, auf die Dominanz eines ganz anders gearteten Mediums einstellen? Hermeneutik, Literatur- und Textwissenschaften haben Instrumentarien bereitgestellt, die es ermöglichen, mit jener Informationsgrundlage im

---

7 G. Boehm (Hg.), Was ist ein Bild? München ⁴2006; H. Belting, Bild-Anthropologie. Entwürfe für eine Bildwissenschaft, München ³2005; W.J.T. Mitchell, Picture Theory. Essays on Verbal and Visual Representation, Chicago 1994.
8 M. McLuhan, Die Gutenberg-Galaxis. Das Ende des Buchzeitalters, München 1968 (engl. 1962); N.W. Bolz, Am Ende der Gutenberg-Galaxis, München 1995.

Großen und Ganzen verantwortlich umzugehen. Vergleichbares existiert für Bilder (noch) nicht. Es ist nicht einmal unstrittig, ob es so etwas überhaupt geben kann.

Ebenso wenig herrscht Einhelligkeit hinsichtlich der Bewertung dieser neuen Entwicklung. Zusätzliche Schwierigkeiten ergeben sich hier durch die technische Revolutionierung der Bildproduktion. Die technische Perfektion digitaler Bilder verschärft und radikalisiert die ohnehin vorhandene Möglichkeit der Manipulation durch Bilder – gerade angesichts von deren suggestiver Kraft und der oft unzureichend ausgebildeten hermeneutischen Kompetenz der Betrachter. Ist die Zunahme von Bildern in der gesellschaftlichen Kommunikation also zu bejahen oder sollte nicht zunächst versucht werden, sich dieser Entwicklung zu widersetzen? Um das wiederum beurteilen zu können, scheint es zunächst notwendig zu wissen, welche kognitiven Prozesse beim Sehen, bei der Aufnahme von Bildern vor sich gehen. Was sind deren Gesetze? Werden Bilder ›gelesen‹? Transportieren sie eine – wie immer vage – Botschaft? Ist ihre Interpretation weitgehend ins Belieben des Rezipienten gestellt oder manipulieren sie diesen vielmehr in einer kaum kontrollierbaren Weise?

Diese und andere Fragen haben dazu geführt, dass die Problematik von Bildern und der Bildlichkeit von Erkenntnis auf grundlegender Ebene untersucht worden ist. Man hat nicht nur vom ›iconic turn‹[9], sondern auch von der Emergenz einer gesonderten ›Bildwissenschaft‹ gesprochen[10]: Beide Formulierungen evozieren ein wissenschaftliches Paradigma, das durch diese neue Fragestellung entstanden sei. Es ginge demnach um mehr als um neue Forschungsthemen oder auch ein neues Forschungsfeld; vielmehr berge die Frage nach der Bildlichkeit von Erkenntnis das Potenzial einer kategorialen Neubeschreibung des Verhältnisses des Menschen zu seiner Umwelt in sich.

Eine solche Wendung der Fragestellung, wenngleich sie wenig überraschend von Kunsthistorikern artikuliert worden ist, betrifft eine ganze Reihe von Wissenschaften; das so skizzierte Problem kann nur interdisziplinär angegangen werden. Es ist in diesem Zusammenhang nicht uninteressant darauf hinzuweisen, dass parallel zur bislang beschriebenen Entwicklung das Interesse an Erkenntnis und insofern ebenfalls an *bildlicher* Erkenntnis auch in einem zunächst separaten Kontext gewachsen ist, nämlich in den Kognitionswissenschaften, die in den 1990er Jahren durch das Zusammenspiel von Neurowissenschaften, Informa-

---

9 G. Boehm, Die Wiederkehr der Bilder, in: ders., Was ist ein Bild? (wie Anm. 7), 11–38.
10 H. Belting (Hg.), Bilderfragen. Die Bildwissenschaften im Aufbruch, München 2007; I. Reichle/S. Siegel/A. Spelten (Hgg.), Verwandte Bilder. Die Fragen der Bildwissenschaft, Berlin ²2008.

tik, Psychologie, Mathematik und Philosophie entstanden sind[11]. Diese Entwicklung hat auch für das Verständnis von Wahrnehmung und Verarbeitung von Bildern neue Horizonte erschlossen. Die aus einem im weiteren Sinne kulturwissenschaftlichen Ansatz entstandene Frage nach der Rolle von Bildern im menschlichen Kommunikationsprozess verbindet sich so mit der aus einem kognitionswissenschaftlichen Horizont erwachsenden Frage nach der Bedeutung von Visualisierung im menschlichen Erkenntnisprozess. Die Frage nach der *Welt als Bild* wiederum ordnet sich in dieser Perspektive ein als die Frage nach einer – potentiell – besonderen Gattung von Bildern, an denen diese Probleme exemplarisch beobachtet und erörtert werden können.

4. Um diese Trias von Problemen geht es also den hier abgedruckten Texten. Es soll untersucht werden, welche bildlichen Elemente den ›Weltbildern‹ verschiedener Zeiten und Kulturen zukommen und was das für deren Bildlichkeit bzw. für Bildlichkeit schlechthin bedeutet. Gleichzeitig wird der Frage nachgegangen, was die Bildlichkeit von Weltbildern für deren Status als Weltbilder bedeutet; und alle dabei zu erörternden Fragen stehen im Horizont der ästhetischen, epistemischen, mathematischen und technischen Aspekte des Phänomens Bildlichkeit. Diese Verwobenheit der drei Fragestellungen ändert freilich nichts an der Tatsache, dass einzelne Beiträge bestimmten Seiten des Gesamtproblems mehr verbunden sind als anderen. Die Natur interdisziplinärer Arbeit – wie sie von den Herausgebern verstanden wird – besteht gerade darin, dass Wissenschaftler die in ihren jeweiligen Disziplinen erarbeiteten, spezialisierten Forschungsergebnisse in einen Austausch einbringen, der durch deren Zusammenwirken zu einem interdisziplinären Mehrwert führt.

Die diversen Beiträge eruieren in diesem Sinne zum einen verschiedene historische Epochen: den Alten Orient (HARTENSTEIN, PFEIFFER), die Spätantike (MARKSCHIES, KÖCKERT), Byzanz (METZLER), Renaissance (SIEGEL, PERLER), frühe Neuzeit (SCHRÖDER, WEICHENHAN) und das 19. Jahrhundert (ZACHHUBER, HENRICH); sie werfen zum anderen dezidierte, zum Teil epochenübergreifende Schlaglichter auf das Problem des Weltbildes im Rahmen der Wissenschaftsgeschichte (KNOBLOCH, SCHRÖDER, WEICHENHAN) und der Astronomie (SEDLMAYR), der Kunst- (SIEGEL) und der Religionsgeschichte (HARTENSTEIN, PFEIFFER, METZLER), der Theologie- (MARKSCHIES, KÖCKERT) und der Philosophiegeschichte (PERLER, ZACHHUBER).

5. Die in diesem Band dokumentierte Tagung hat in der Folge zur Einrichtung einer Interdisziplinären Arbeitsgruppe der Berlin-Branden-

---
11 G. Roth, Denken, Fühlen, Handeln, Frankfurt a.M. ²2003.

burgischen Akademie der Wissenschaften geführt, in der unter dem Titel »Die Welt als Bild« die hier angedachten Fragestellungen weiter verfolgt worden sind. Die meisten Autoren dieses Bandes haben in diesem Rahmen auch an der weiteren Arbeit am Thema teilgenommen. Einige Ergebnisse dieser Weiterarbeit liegen bereits im Druck vor, wobei an dieser Stelle besonders auf die von Ingeborg Reichle, Steffen Siegel und Achim Spelten herausgegebenen Bände *Verwandte Bilder. Die Fragen der Bildwissenschaft* (Berlin 2007, ^{2}2008) und *Visuelle Modelle* (München 2008) hingewiesen sei.

Zum Zustandekommen dieses Bandes haben verschiedene Personen und Institutionen beigetragen, denen die Herausgeber an dieser Stelle danken wollen. Die Berlin-Brandenburgische Akademie der Wissenschaften ermöglichte durch großzügige Unterstützung allererst die Organisation der Tagung und die Veröffentlichung des Bandes, wobei insbesondere Wolf-Hagen Krauth, Regina Reimann und Renate Neumann Dank gebührt. Die wissenschaftlichen Mitarbeiter der Interdisziplinären Arbeitsgruppe »Die Welt als Bild«, Steffen Siegel, Ingeborg Reichle und Achim Spelten, waren wichtige Ansprech- und Koordinierungspartner während der Vorbereitung der Veröffentlichung. Die redaktionelle und technische Bearbeitung der Beiträge wäre unmöglich gewesen ohne die Mitarbeit von Margarete von Uslar-Gleichen, Jonathan Zachhuber, Petra Weigel und Patrick Ehmann. Herrn Albrecht Döhnert vom Verlag DeGruyter danken die Herausgeber für die konstruktive Zusammenarbeit im Vorfeld der Drucklegung.

Oxford und Berlin im Mai 2008
Johannes Zachhuber   Christoph Markschies

Weltbild und Bilderverbot.
Kosmologische Implikationen des biblischen Monotheismus

FRIEDHELM HARTENSTEIN

Das »biblische Weltbild« gilt immer noch häufig als Musterbeispiel für eine vorneuzeitliche Interpretation der Welt, deren Orientierungskraft erloschen ist und die zu den überholten Beständen abendländischer Tradition zählt[1]. Daran ist sicher richtig, daß die Theozentrik dieses Weltverständnisses unter den Bedingungen eines gegenwärtigen Pluralismus von Weltkonzepten keine selbstverständliche Geltung mehr beanspruchen kann[2]. Dennoch leben Elemente vorneuzeitlicher Welterfahrung weiterhin im Rahmen unserer Kultur, und dies nicht nur in Gestalt von gewußten Ungleichzeitigkeiten, sondern auch im Sinne einer unbewußt wirksamen Hintergrundmetaphorik kultureller Welterfassung. Erinnert sei hier nur an die in jüngster Zeit in politischer Rhetorik wirksamen Antagonismen eines personifizierten Guten und Bösen oder an alltägliche Erfahrungsmuster des Naturerlebens (z.B. einer »auf-« und »untergehenden« Sonne). Offenbar gibt es anthropologisch tief verankerte Weisen der symbolischen Konstruktion von Wirklichkeit, die zusammen mit langzeitig wirksamen kulturellen Traditionen einen einlinigen kognitiven Fortschritt im Sinne der Evolutionslogik des 19. Jahrhunderts ausschließen. Angesichts dessen scheint mir die historisch-kritische und religionsgeschichtliche Forschung an den biblischen Texten, wie sie christliche Theologie vor allem protestantischer Prägung hervorgebracht hat,

---

1 Zum biblischen Weltbild siehe jetzt den Überblick von B. Janowski, Art. Weltbild III. Alter Orient und Altes Testament, RGG⁴ 8, 2005, 1409–1414 (Lit.) und G. Sellin, Art. Weltbild V. Neues Testament und Urchristentum, ebd., 1416–1419 (Lit.). Ausführliche wissenschaftliche Beiträge zum biblischen Weltbild mit teils umfangreichen Bibliographien finden sich in: B. Janowski/B. Ego (Hgg.), Das biblische Weltbild und seine altorientalischen Kontexte, FAT 32, Tübingen 2001. Einen guten Überblick über die Kosmologien/Weltbilder traditioneller und antiker Kulturen gibt nach wie vor der Sammelband von C. Blacker/M. Loewe (Hgg.), Ancient Cosmologies, London 1975 (deutsch: C. Blacker/M. Loewe [Hgg.], Weltformeln der Frühzeit. Die Kosmologien der alten Kulturvölker, Köln 1977).

2 Siehe zu Welt und Weltanschauung in der Sicht gegenwärtiger christlicher Theologie, die sich sowohl gegenüber dem biblischen Traditionsbestand als auch im Kontext neuzeitlicher Philosophie und Naturwissenschaft ihrer besonderen Konstitutionsbedingungen und Argumentationsreichweite zu vergewissern hat, als Überblick M. Moxter, Art. Welt/Weltanschauung/Weltbild II. Welt, TRE 35, 2003, 538–544 (Lit.); ders., Art. Welt/Weltanschauung/Weltbild III/1. Weltanschauung. Dogmatisch und philosophisch, ebd., 544–555 (Lit.); E. Herms, Art. Welt III–IV. Dogmatisch. Ethisch, RGG⁴ 8, 2005, 1393–1401 (Lit.); ders., Art. Weltanschauung I–IV. Begriffsgeschichtlich. Religionsphilosophisch. Dogmatisch. Ethisch, ebd., 1401–1405 (Lit.).

ihren Beitrag zur Deutungsarbeit an gemeinsamen kulturellen Beständen leisten zu können. Insofern Theologie als Wissenschaft eine zugleich traditionsgebundene und kritische Position einnimmt, kommt ihr eine doppelte Aufgabe zu: Nach innen bearbeitet sie christliche Tradition als kritische Selbstanalyse mit dem Ziel gegenwartsbezogener Reformulierung. Nach außen beteiligt sie sich an der den interpretierenden Wissenschaften aufgegebenen Deutung der Gegenwartskultur, indem sie das Augenmerk gerade auf diejenigen Elemente im kulturellen Gedächtnis richtet, für die sie aufgrund ihrer Perspektive besonders geeignet ist. Der Titel dieses Beitrags »Weltbild und Bilderverbot« verweist auf einen solchen historisch-genetischen Sachzusammenhang jüdisch-christlicher Tradition, der gegenwärtig für die Frage nach »Erinnern« und »Vergessen« und nach dem sogenannten »iconic turn« in den Kulturwissenschaften relevant ist. Das üblicherweise für die Bibel als kennzeichnend empfundene Weltbild und das biblische Bilderverbot gehören zusammen. Blicken wir dazu zunächst auf das Bilderverbot des Dekalogs in der Fassung von Dtn 5[3] (vgl. Ex 20,3–5a):

7   Nicht sollen für dich andere Götter vor meinem Angesicht sein!
8   Nicht sollst du dir ein Kultbild machen,
    irgendeine Gestalt von dem,
    was im Himmel oben ist,
    und was auf der Erde unten ist,
    und was in den Wassern unter der Erde ist.
9a Nicht sollst du ihnen Ehrerbietung erweisen,
    und nicht sollst du ihnen dienen! (Dtn 5,7–9a)

Das biblische Bilderverbot meinte niemals Bilder an sich, sondern Kultbilder[4]. Es ist auf das engste verbunden mit dem Ausschließlichkeitsanspruch des israelitischen Gottes und mit einer (im Paralleltext Dtn 4,1–40 [s.u. V.] breit ausgeführten) kosmologischen Begründung. Die

---

3   Zum Dekalog vgl. die Überblicke bei E. Otto, Der Dekalog als Brennspiegel israelitischer Rechtsgeschichte, in: J. Hausmann/H.-J. Zobel (Hgg.), Alttestamentlicher Glaube und Biblische Theologie, FS H.D. Preuß, Stuttgart/Berlin/Köln 1992, 59–68; ders., Art. Dekalog, RGG⁴ 2, 1999, 625–628 (Lit.); W.H. Schmidt/H. Delkurt/A. Graupner, Die Zehn Gebote im Rahmen alttestamentlicher Ethik, EdF 281, Darmstadt 1993; C. Dohmen, Exodus 19–40, HThK.AT, Freiburg/Basel/Wien 2004, 82–137 (bes. 82–84 [Lit.]).
4   Zum Bilderverbot vgl. u.a. C. Dohmen, Das Bilderverbot. Seine Entstehung und seine Entwicklung im Alten Testament, BBB 62, Frankfurt a.M. ²1987; ders., Exodus 19–40 (wie Anm. 3), 106–113; W.H. Schmidt u.a., Zehn Gebote (wie Anm. 3), 59–77; C. Uehlinger, Art. Bilderverbot III. Bibel, RGG⁴ 1, 1998, 1565–1570; F.-L. Hossfeld, Das Werden des alttestamentlichen Bilderverbotes im Kontext von Archäologie, Rechtsentwicklung und Prophetie, in: B. Janowski/N. Zchomelidse (Hgg.), Die Sichtbarkeit des Unsichtbaren. Zur Korrelation von Text und Bild im Wirkungskreis der Bibel, AGWB 3, Stuttgart 2003, 11–22.

Formulierung des Kultbildverbots in Dtn 5,8 (»Du sollst dir kein Kultbild machen«) wird gerahmt von den Aussagen in V.7 und 9a, die es mit der Abwehr der Verehrung anderer Gottheiten zu tun haben. Dabei setzt V.9a mit dem Verbot kultischer Proskynese deutlich die Identifikation der Kultbilder mit Gottheiten voraus, wie sie auch die anderen alttestamentlichen Bilderverbotstexte durchweg im Blick haben (vgl. Ex 20,23; 34,17; Lev 26,1; Dtn 4; etwas anders: Dtn 27,15). Der Text verrät darin eine Kenntnis altorientalischer Tempelkulte: Dort begegneten im Rahmen des abgeschirmten täglichen Tempeldienstes und der großen öffentlichen Feste die göttlichen Mächte selbst. Die Bilder hatten die Funktion von Medien für deren Präsenz[5]. Die Abwehr einer solchen Kommunikation mit den Göttern im Bilderverbot des Dekalogs dient der Herausstellung der Unvergleichlichkeit des Gottes Israels. Dies gilt gerade auch in kosmologischer Hinsicht: So gibt es nach Dtn 5,8 // Ex 20,3 in der vertikal geschichteten Welt von Himmel, Erde und unterirdischen Wassern nichts, das den diese Raumbereiche noch einmal transzendierenden Gott repräsentieren könnte. Dabei fällt eine Besonderheit des dreischichtigen Weltkonzepts im dekalogischen Bilderverbot auf (vgl. Dtn 4,18): von unterirdischen Wassern weiß man im Alten Israel ansonsten wenig. Es handelt sich vermutlich um eine Anleihe aus Mesopotamien. Dort spielte der unterirdische Süßwasserozean Apsû eine wichtige Rolle in der mythischen Kosmologie und deren Repräsentation durch die Symbolik der Haupttempel Babyloniens (siehe II.). Die vertikale kosmische Dimension wird im Dekalog sehr wahrscheinlich deshalb in das Blickfeld gerückt, weil bei der Herstellung mesopotamischer Kultbilder eine Verbindung der Bilder zu diesen Schichten der Wirklichkeit hergestellt wurde. Götter und Menschen arbeiteten zusammen bei der Anfertigung und wirkten gemeinsam bei der rituellen Inkraftsetzung eines Kultbildes mit, das die göttlichen Kräfte des Kosmos in sich vereinigte und Menschen- und Götterwelt aufeinander bezog[6].

---

5   Vgl. zum altorientalischen Bilderkult u.a. T. Jacobsen, The Graven Image, in: P.D. Miller u.a. (Hgg.), Ancient Israelite Religion, FS F.M. Cross, Philadelphia 1987, 15–32; A. Berlejung, Die Theologie der Bilder. Herstellung und Einweihung von Kultbildern in Mesopotamien und die alttestamentliche Bilderpolemik, OBO 162, Fribourg/Göttingen 1998; dies., Geheimnis und Ereignis. Zur Funktion und Aufgabe der Kultbilder in Mesopotamien, in: I. Baldermann u.a. (Hgg.), Die Macht der Bilder, JBTh 13, Neukirchen-Vluyn 1998, 109–143; M.B. Dick (Hg.), Born in Heaven, Made on Earth. The Making of the Cult Image in the Ancient Near East, Winona Lake/Indiana 1999; M. Heintz/D. Bonatz (Hgg.), Bild – Macht – Geschichte. Visuelle Kommunikation im Alten Orient, Berlin 2002; J. Assmann, Einwohnung. Die Gegenwart der Gottheit im Bild, in: Ders., Ägyptische Geheimnisse, München 2004, 123–134 (= T. Hofmann/A. Sturm [Hgg.], Menschenbilder, Bildermenschen. Kunst und Kultur im Alten Ägypten, Norderstedt 2003, 1–14).
6   Vgl. dazu insbesondere A. Berlejung, Theologie (wie Anm. 5); M.B. Dick, Born in Heaven (wie Anm. 5).

Indem das dekalogische Bilderverbot solche Bezüge negiert, wird eine andersartige Weltkonzeption geltend gemacht, die eine Unterscheidung zwischen Welt und Gott voraussetzt, wie sie so im Alten Orient bisher nicht formuliert worden war[7]. Bis man jedoch im Alten Israel in dieser Weise sprach, haben altorientalische Welt- und Gottesvorstellungen in der Religionsgeschichte Israels eine Transformation durchlaufen. Im Folgenden möchte ich versuchsweise Stationen dieses Wandels skizzieren. Ich beziehe mich dabei auf Untersuchungen, die ich in den vergangenen Jahren zu diesem Thema vorgelegt habe[8]. Ich beginne mit einigen Überlegungen aus kulturwissenschaftlicher Sicht.

I. Die »Doppelung« der Wirklichkeit
– zur symbolischen Struktur altorientalischer Welt- und Gottesvorstellungen[9]

Altorientalische Weltauslegungen kannten keinen umfassenden Begriff für Wirklichkeit und somit auch keinen Begriff von Transzendenz im Sinne einer Unterscheidung von Inner- und Außerweltlichem, von Gott und Welt, wie sie der Monotheismus des dekalogischen Bilderverbots impliziert. Vielmehr bleiben altorientalische Gotteskonzepte stets *im* Horizont der Welt. Die Wirklichkeit wird dabei als Handlungszusammenhang

---

7   Dies hat F. Stolz immer wieder betont herausgestellt, vgl. ders., Einführung in den biblischen Monotheismus, Die Theologie, Darmstadt 1996, 186; ders., Weltbilder der Religionen. Kultur und Natur, Diesseits und Jenseits, Kontrollierbares und Unkontrollierbares, Theophil 4, Zürich 2001, 139–216 (»Unterscheidung von Gott und Welt: Monotheismus«).
8   F. Hartenstein, Die Unzugänglichkeit Gottes im Heiligtum. Jesaja 6 und der Wohnort JHWHS in der Jerusalemer Kulttradition, WMANT 75, Neukirchen-Vluyn 1997; ders., Wolkendunkel und Himmelsfeste. Zur Genese und Kosmologie der Vorstellung des himmlischen Heiligtums JHWHS, in: B. Janowski/B. Ego (Hgg.), Weltbild (wie Anm. 1), 125–179; ders., Die unvergleichliche »Gestalt« JHWHS. Israels Geschichte mit den Bildern im Licht von Dtn 4,1–40, in: B. Janowski/N. Zchomelidse, Sichtbarkeit (wie Anm. 5), 49–77; ders., »Der im Himmel thront, lacht« (Ps 2,4). Psalm 2 im Wandel religions- und theologiegeschichtlicher Kontexte, in: D. Sänger (Hg.), Gottessohn und Menschensohn. Exegetische Studien zu zwei Paradigmen biblischer Intertextualität, BThSt 67, Neukirchen-Vluyn 2004, 158–188; ders., Das »Angesicht JHWHS«. Studien zu seinem höfischen und kultischen Bedeutungshintergrund in den Psalmen und in Exodus 32–34, FAT 55, Tübingen 2008.
9   Zum folgenden Abschnitt vgl. ausführlicher meine Überlegungen in F. Hartenstein, Unzugänglichkeit (wie Anm. 8), 15–17; ders., »Gestalt« JHWHS (wie Anm. 8), 53f. Die darin entwickelte Rekonstruktion der Logik altorientalischer und altisraelitischer Weltkonzepte verdankt sich v.a. E. Cassirer, Philosophie der symbolischen Formen II. Das mythische Denken, Darmstadt ^{8}1987 (1923); G. Dux, Die Logik der Weltbilder. Sinnstrukturen im Wandel der Geschichte, stw 370, Frankfurt a.M. ^{3}1990 (1982) sowie P. Ricœur, Symbolik des Bösen. Phänomenologie der Schuld II, Freiburg/München ^{2}1988 (frz. 1960).

gedeutet, d.h. in ihrer Tiefendimension wird sie als subjektiv bzw. personal strukturiert aufgefaßt: eine solche sozial lesbare Welt erscheint als Kosmos, als ein durch Interaktion göttlicher Wesen durchwirkter und geordneter Lebensraum[10]. Eine solche, üblicherweise als mythisch bezeichnete Weltauslegung hat weitgehende Implikationen. Es handelt sich um eine Form der Transzendenz, die der Welt eine Tiefendimension verleiht und so alle Inhalte von Erfahrung umgreift und prägt[11].
Nur in einer Sphäre der Sozialität gibt es sinnhaftes, verstehbares Handeln. Die durch ein solches Interaktionsschema geformte Erkenntnis erhält dadurch notwendig ein transzendierendes, in gewissem Sinne auch transzendent zu nennendes Moment. Es handelt sich um die etwas paradox anmutende Weise einer »immanenten Transzendenz«, die die Gesamtwirklichkeit – als unthematischen Horizont – über eine symbolische Logik von Korrespondenzen ordnet. Das prägt sich besonders deutlich an der Symbolisierung der großen kosmischen Gegebenheiten aus: Himmel und Erde, die Grundrhythmen der Tages- und Jahreszeiten (mit den astronomischen Bewegungen) können über das Handlungsschema konzipiert werden. In der (keineswegs einzigen oder auch ältesten) Form personal konzipierter Gottheiten erscheinen sie als die übermenschlichen Handlungsträger des Weltzusammenhangs. Und dabei bekommt die – durch das Handlungsschema mitgesetzte – Transzendenz eine explizite Füllung im Sinne einer ausgeprägten Asymmetrie des Gegenübers. Der den Menschen begegnende göttliche Interaktionspartner wird als so überlegen erfahren, daß dies die unauslotbare Tiefendimension der Welt thematisch werden läßt und eine ausdrückliche Symbolisierung der besonderen Qualität solcher Begegnungen herausfordert. Das geschieht, indem der übermenschliche Interaktionspartner, der stets – trotz aller Asymmetrie – auch als bedingtes Wesen erfaßt wird, als eingebunden erscheint in eine »Sphäre der Seinigen«, eine göttliche Sozialität:

»Wichtig ist nur eines: mit der Person-Werdung der Götter, der Personalisierung und d.h. Anthropomorphose des ägyptischen Gottesbegriffs,

---

10 Vgl. dazu B. Gladigow, Strukturprobleme polytheistischer Religionen, Saeculum 34, 1983, 292–304, 295 (»Götter als handelnde Subjekte«); ders., Gottesvorstellungen, HrwG III, 1993, 32–49. Zum Zusammenhang von Handlungslogik und Kommunikation (Sinndimension jedes Handelns) grundsätzlich E. Leach, Kultur und Kommunikation. Zur Logik symbolischer Zusammenhänge, stw 212, Frankfurt a.M. 1978; spezieller im Blick auf die Handlungsrollen von Gottheiten B. Gladigow, Der Sinn der Götter. Zum kognitiven Potential der persönlichen Gottesvorstellung, in: P. Eicher (Hg.), Gottesvorstellung und Gesellschaftsentwicklung, FRW 1, München 1979, 41–62.

11 Vgl. G. Dux, Logik (wie Anm. 9), 197–199, bes. 198: »Ersichtlich bedeutet der Übersteig von dem, was erfahrbar geschieht, auf den in den Göttern verkörperten Ursprung eine Transzendenz, wenn auch nicht in ein Jenseits, das alle Welt überschreitet. Diese Transzendenz hält sich im Erfahrungsbereich der Welt selbst. Der Welt selbst eignet diese Tiefendimension.«

ist auch der Polytheismus gegeben. Als Person braucht ein Gott eine ›Sphäre der Seinigen‹. Person wird er nur kraft seiner Eingebundenheit in Konstellationen.«[12]

Die spezifische »Tiefe« der Welt zerlegt also die Erfahrungswirklichkeit in zwei qualitativ ganz unterschiedliche Bereiche, die als Götter- und Menschenwelt ausgedeutet werden und entsprechende räumliche und zeitliche Merkmale aufweisen. Die Weltkonzepte des Alten Orients waren geprägt von einer »Doppelung« der Wirklichkeit[13]. Für den hier verfolgten Gedanken ist es wichtig, *daß* die Zeugnisse der altorientalischen Kulturen und des Alten Israel diese Scheidung der Erfahrungswirklichkeit in asymmetrische Bereiche zeigen, zwischen denen ein »Tausch« von Handlungen, Bedeutungen und Gaben, also Kommunikation, stattfindet. Diese Kommunikation zwischen Menschen und Göttern hatte in den altorientalischen Kulturen ihren bevorzugten Ort im Tempelkult, der in all seinen Bezügen auf die hintergründige Ebene der Welt der Götter verwies.

Was hier skizziert wurde, gilt ebenso für das Alte Israel[14], vor allem für die wirkungsgeschichtlich zentralen Heiligtumskonzepte der »offiziellen Religion« des Südreichs Juda (und später der persischen Provinz Jehud)[15]. Das religiös-kulturelle Symbolsystem Jerusalems, das die alttestamentliche Wissenschaft primär rekonstruiert, wenn sie einschlägige biblische Texte, vor allem der Psalmen auslegt, bildet insofern nur einen Ausschnitt dessen, was es im Alten Israel an Weltbildern gegeben hat. Das zeigen die archäologisch zu Tage gekommenen ikonographischen

---

12 J. Assmann, Ägypten. Theologie und Frömmigkeit einer frühen Hochkultur, UT 366, Stuttgart/Berlin/Köln/Mainz 1984, 123.
13 Vgl. dazu etwa die Formulierung von J. Bottéro, Religion in Ancient Mesopotamia, Chicago/London 2001, 44: »In other words, the ancient Mesopotamians doubled their universe with a parallel universe of supernatural personalities [...].«
14 Vgl. B. Janowski, Tempel und Schöpfung. Schöpfungstheologische Aspekte der priesterschriftlichen Heiligtumskonzeption, in: Ders., Gottes Gegenwart in Israel. Beiträge zur Theologie des Alten Testaments, Neukirchen-Vluyn 1993, 214–246 (= JBTh 5, 1990, 37–69); ders., Die heilige Wohnung des Höchsten. Kosmologische Implikationen der Jerusalemer Tempeltheologie, in: O. Keel/E. Zenger (Hgg.), Gottesstadt und Gottesgarten. Zu Geschichte und Theologie des Jerusalemer Tempels, QD 191, Freiburg/Basel/Wien 2002, 24–68; F. Hartenstein, Unzugänglichkeit (wie Anm. 8), passim; ders., Wolkendunkel (wie Anm. 8).
15 Für eine an der problematischen, aber heuristisch wertvollen Unterscheidung zwischen »offizieller« und »Volksreligion« orientierten Darstellung der Religionsgeschichte Israels vgl. R. Albertz, Religionsgeschichte Israels in alttestamentlicher Zeit 1–2, GAT 8/1, Göttingen 1992 (bes. Band 1, 190–212 [»Der staatliche Großkult im Süden«] und 212–226 [»Der staatliche Großkult im Norden«]); vgl. weiter F. Stolz, Einführung (wie Anm. 7), 114–120 (»Konzeptionen des Staatskults«); siehe im weiteren auch F. Hartenstein/J. Jeremias, »JHWH und seine Aschera«. »Offizielle Religion« und »Volksreligion« zur Zeit der klassischen Propheten, in: B. Janowski/M. Köckert (Hgg.), Religionsgeschichte Israels. Formale und materiale Aspekte, VWGTh 15, Gütersloh 1999, 79–138.

Zeugnisse aus der Eisenzeit in Palästina[16]. Sie bestätigen einerseits Ergebnisse der Forschung zu den Texten der Hebräischen Bibel (so z.B. trotz mancher Unsicherheiten die Bildlosigkeit des Jerusalemer Kultes und das Fehlen einer genuin mit dem israelitischen Gott verbundenen ikonographischen Tradition). Andererseits fordern sie aber zur Überprüfung gängiger Annahmen über die Religionsgeschichte Israels heraus (so z.B. hinsichtlich einer lange zurückreichenden Alleinverehrung JHWHs, die angesichts der Funde wenig wahrscheinlich erscheint[17]). Die Frage, was in biblischen Texten als möglicherweise alte Tradition beurteilt werden kann, ist heute höchst umstritten. Sehr häufig ist mit Überarbeitungen der Texte aus späteren explizit monotheistischen Perspektiven zu rechnen. Insofern werden sich meine Überlegungen auch aus diesen Gründen nicht auf *das* Weltbild des Alten Israel beziehen können, sondern auf die die alttestamentliche Überlieferung weithin prägende Jerusalemer Tempeltheologie.

Im Blick auf altorientalische und biblische Weltbilder gilt es außerdem noch eine weitere Einschränkung zu machen, die mit einem unreflektierten modernen Vorverständnis zu tun hat: Danach wird ein »Weltbild«, sei es aus Quellen belegt oder als Ergebnis einer Rekonstruktion, häufig als »Modell« des Weltganzen, als eine ikonisch verdichtete Kosmographie in der Außenperspektive aufgefaßt. Tatsächlich gibt es aus dem Alten Orient wenige in dieser Weise deutbare Darstellungen, am bekanntesten ist sicherlich die sogenannte Babylonische Weltkarte[18] aus dem 6. Jahrhundert v.Chr. Jedoch darf man sich hier keinen Täuschungen hingeben, was deren Allgemeingültigkeit angeht. Auch solche seltenen Belege expliziter »Bilder der Welt« sind im Rahmen der symbolischen Struktur zu rekonstruieren, die ich skizziert habe. Die Welt wird von

---

16 Vgl. dazu insbesondere O. Keel/C. Uehlinger, Göttinnen, Götter und Gottessymbole. Neue Erkenntnisse zur Religionsgeschichte Kanaans und Israels aufgrund bislang unerschlossener ikonographischer Quellen, QD 134, Freiburg ⁵2001 (1992). Als Überblick zu der von Keel und Uehlinger in diesem Werk präsentierten Synthese zum ikonographischen Quellenmaterial aus Palästina siehe F. Hartenstein, Der Beitrag der Ikonographie zu einer Religionsgeschichte Kanaans und Israels, VF 40, 1995, 74–85, sowie ders., Religionsgeschichte Israels – ein Überblick über die Forschung seit 1990, VF 48, 2003, 2–28 (bes. 16–20).

17 Vgl. zur neueren Forschungsdiskussion zur Religionsgeschichte Israels neben den Überblicken bei Stolz, Einführung (wie Anm. 7) und F. Hartenstein, Religionsgeschichte (wie Anm. 16) für weiterführende Beiträge und Literatur u.a. die Sammelbände von B. Janowski/M. Köckert (Hgg.), Religionsgeschichte Israels. Formale und materiale Aspekte, VWGTh 15, Gütersloh 1999; M. Oeming/K. Schmid, Der eine Gott und die Götter. Polytheismus und Monotheismus im antiken Israel, AThANT 82, Zürich 2003.

18 Siehe z.B. die Abbildung in B. Hrouda (Hg.), Der Alte Orient. Geschichte und Kultur des alten Vorderasiens, Gütersloh 1991, 256 oben, sowie die ausführliche Behandlung des Dokuments und seiner Parallelen bei W. Horowitz, Mesopotamian Cosmic Geography, Mesopotamian Civilizations 8, Winona Lake, Indiana, 1998, 20–42 (»The Babylonian Map Of The World«).

innen und dementsprechend vielfältig gegliedert wahrgenommen, nicht von außen objekthaft vergegenständlicht. Diese *Innen*perspektive trägt nun besonders in der Herrschaftssymbolik altorientalischer Städte und Reiche bestimmte Züge, von denen ich zwei herausstellen möchte, bevor ich mich dem Alten Israel zuwende:

a) *Multiplicity of Approaches* (Henri Frankfort[19]): Altorientalische Weltkonzepte sind in der Regel additiv. Sie stellen Aspekte von Sachverhalten bzw. Phänomene der Erfahrung so nebeneinander, daß eine mehrfache Bedeutungsüberlagerung entsteht (der Assyriologe Benno Landsberger sprach in diesem Zusammenhang von der »Stereometrie des Gedankenausdrucks«, wie sie auch sprachlich in Form des sogenannten »Gedankenreims«, des Parallelismus membrorum, vorliegt[20]). Daher sind altorientalische Bilder stärker »Denkbilder« als »Sehbilder«[21].

b) *Die Symbolik des »Zentrums« oder der »Mitte«* (Mircea Eliade[22]): Von dem stabilen Bezugspunkt des Sozialraums der Siedlung aus werden konzentrisch umliegende Bereiche symbolisiert. Diese beziehen ihre Wertigkeit aus ihrer relativen Lage in Bezug auf das Zentrum, dem absolute Bedeutungen hinsichtlich seiner sozialen, religiösen und kosmischen Orientierungsfunktion zugeschrieben werden. Hierzu gehört zum einen eine Kosmologie in der Horizontalen, die vom Mittelpunkt aus mit einer Abnahme der Stabilität und der Ordnung zu den Rändern hin rechnet –

---

19 Vgl. H. Frankfort, Kingship and the Gods. A Study of Ancient Near Eastern Religion as the Integration of Society and Nature, Chicago, London 1948, passim.

20 B. Landsberger, Die Eigenbegrifflichkeit der babylonischen Welt, in: Ders./W. von Soden, Die Eigenbegrifflichkeit der babylonischen Welt (1926)/Leistung und Grenze sumerischer und babylonischer Wissenschaft (1936), Darmstadt 1965, 1–18 (hier 17 [»Stereometrie des Gedankenausdrucks«]). Zum Parallelismus membrorum vgl. z.B. K. Seybold, Poetik der Psalmen, Stuttgart 2003, 83–101; B. Janowski, Konfliktgespräche mit Gott. Eine Anthropologie der Psalmen, Neukirchen-Vluyn 2003, 13–21.

21 Vgl. zum Begriff des »Denkbilds« in diesem Zusammenhang W. Wolf, Die Kunst Ägyptens. Gestalt und Geschichte, Stuttgart 1957, 278–281 (»Denken und Anschauen. Das ägyptische Flachbild ein Denkbild«).

22 Vgl. M. Eliade, Kosmos und Geschichte. Der Mythos der ewigen Wiederkehr, Frankfurt a.M. ²1984 (frz. 1949), 25–29; ders., Die Religionen und das Heilige. Elemente der Religionsgeschichte, Frankfurt a.M. ²1989 (frz. 1949), 431–440; ders., Ewige Bilder und Sinnbilder. Über die magisch-religiöse Symbolik, Frankfurt a.M. ²1988 (frz. 1952), 46–51. Auch wenn man hinsichtlich der Allgemeingültigkeit von Eliades Schlußfolgerungen Skepsis anmelden kann, in den religiös-kulturellen Symbolsystemen des Alten Orients kommt der Symbolik des Mittelpunkts tatsächlich die von ihm herausgearbeitete Integrationsfunktion zu. Alle grundlegenden sozialen und religiösen Symbole hängen hier an den Bezugspunkten von Stadt, Palast, Tempel und Gottesthron. Vgl. auch aus kulturanthropologischer und ethnologischer Sicht A. Leroi-Gourhan, Hand und Wort. Die Evolution von Technik, Sprache und Kunst, Frankfurt a.M. ³1984 (frz. 1964/65), 408–415 (Zentrumssymbolik der Stadt in frühen Hochkulturen); C.R. Hallpike, Die Grundlagen primitiven Denkens, Stuttgart 1990, 334–346, bes. 341–346 (Zentrumssymbolik in dörflichen Siedlungen rezenter Ethnien); siehe dazu auch K.E. Müller/U. Ritz-Müller, Des Widerspenstigen Zähmung. Sinnwelten prämoderner Gesellschaften, Bielefeld 2004, 43f., 71f.

ein Konzept, das sich in der Staatssymbolik des Alten Orients und den hier angebundenen Mythen der Feindabwehr besonders stark ausgeprägt hat (vgl. die Ninurta-Mythen[23]). Hier sind qualitativ besetzte Übergänge zwischen Ferne und Nähe, außen und innen, offen und geschlossen, fremd und bekannt, monströs und human entscheidend. Neben der menschenweltlichen Ebene spielt zum zweiten die kosmische Achse in der Vertikalen eine große Rolle, die zwischen den Polen »oben« und »unten« auch jene Bereiche des Kosmos umfaßt, die für Menschen unzugänglich und deshalb den Göttern und Dämonen vorbehalten sind. Diesen Orientierungen an den beiden Achsen und ihrem Koinzidenzbereich in der »Mitte« (von Stadt, Palast, Tempel und Gottesthron) entsprechen zumeist keine ausdrücklichen Systematisierungen, wie man sie etwa in einem mesopotamischen Text des 1. Jahrhunderts v.Chr. (bezogen auf das Enuma elisch) findet (KAR 307[24]). Dennoch ist eine konkrete Ausformung eines solchen symbolischen Bezugssystems in jedem Text eines entsprechenden Traditionsbereichs vorauszusetzen, auch wenn er nur wenige räumliche Bestimmungen enthält.

II. Wandlungen biblischer Weltbilder – eine relative Chronologie

Die ältesten Zeugnisse für die Jerusalemer Tempeltheologie, von denen wir gleich einige näher betrachten werden, verweisen von Anfang an auf die genannte formale symbolische Doppelstruktur des Tempel(kult)s und auf die Symbolik des Zentrums, wie sie im Alten Orient am Beispiel Babylons und seiner *axis mundi*-Konzeption besonders deutlich wird (Verbindung zwischen Himmel – Erde – unterirdischem Süßwasserozean [Apsû][25]). Wie der hintergründige Wohnort Gottes inhaltlich im einzelnen konzipiert wurde und wo man ihn in kosmologischer Hinsicht

---

23 Siehe die kommentierte Übersetzung der einschlägigen Texte, bes. des Anzû-Mythos, von J. Bottéro/S.N. Kramer, Lorsque les dieux faisaient l'homme. Mythologie mésopotamienne, Bibliothèque des histoires, Paris ²1993 (1989), 338–429 (»Ninurta le preux«); vgl. weiter zur Bedeutung der Ninurta-Traditionen für das Enuma elisch W.G. Lambert, Ninurta Mythology In The Babylonian Epic Of Creation, in: K. Hecker/W. Sommerfeld (Hgg.), Keilschriftliche Literaturen, BBVO 6, Berlin 1986, 55–60; zur Gottheit Ninurta siehe nun die umfassende Monographie von A. Annus, The God Ninurta In The Mythology And Royal Ideology Of Ancient Mesopotamia, SAA.S 14, Helsinki 2002.
24 Vgl. zum Text KAR 307 v.a. W. Horowitz, Geography (wie Anm. 18), 3–19 (»The Levels of the Universe«), sowie A. Livingstone, Mystical and Mythological Explanatory Works of Assyrian and Babylonian Scholars, Oxford 1986, 82–91 Siehe weiter meine Überlegungen zur alttestamentlichen Rezeption der in diesem Kultkommentar vorausgesetzten Kosmologie in F. Hartenstein, Wolkendunkel (wie Anm. 8), 136–152, bes. 142–144.
25 Siehe dazu bes. S.M. Maul, Die altorientalische Hauptstadt – Abbild und Nabel der Welt, in: G. Wilhelm (Hg.), Die Orientalische Stadt. Kontinuität, Wandel, Bruch, CDOG 1,

verortet hat, ist dabei während des langen Zeitraums der Textüberlieferung des Alten Testaments nicht gleich geblieben. Hierfür lassen sich zwei Gründe angeben: Zum einen eine allgemeine Veränderung des Weltbilds in Syrien und der Levante im Lauf des 1. Jahrtausends v.Chr., die der kosmischen Region des Himmels eine immer wichtigere Bedeutung für die Symbolik der höchsten Gottheiten, für Kult und Divination einräumte[26]. Auch die Auswertung der expliziten Nennung des »Himmels« in den biblischen Schriften weist in dieselbe Richtung[27]. Daneben wurden Wandlungen des Weltbilds auch durch historische Ereignisse verursacht, die der kollektiven Erfahrung Israels neue Deutungen aufgezwungen haben. Die einschneidende Wirkung der Zerstörung Jerusalems 587 v.Chr. sowie der Exilszeit kann hier kaum hoch genug eingeschätzt werden. Daß man JHWHs hintergründigen Wohnort ausdrücklich (und in Unterscheidung vom irdischen Tempel) im Himmel lokalisierte (vgl. exemplarisch Ps 11,4: »JHWH – in seinem heiligen Palast/Tempel, JHWH – im Himmel ist sein Thron«), scheint in Jerusalem vor allem eine Folge der Krise von Tempelzerstörung und Ende der Staatlichkeit zu Beginn des 6. Jahrhunderts v.Chr. gewesen zu sein[28]. Erst ab der Exilszeit findet sich verbreitet die Rede von Gottes »himmlischem Thronen«, die nun eine

---

Saarbrücken 1997, 109–124; ders., Im Fadenkreuz von Raum und Zeit. Zum Verhältnis von Weltbild und Herrschaftskonzeption im Alten Orient, HdJb 42, 1998, 27–41.

26 Vgl. dazu etwa K. Koch, Ḫazzi – Zafon – Kasion. Die Geschichte eines Berges und seiner Gottheiten, in: B. Janowski/K. Koch/G. Wilhelm (Hgg.), Religionsgeschichtliche Beziehungen zwischen Kleinasien, Nordsyrien und dem Alten Testament, OBO 129, Fribourg/Göttingen 1993, 171–223; bes. 217, zur Wandlung der Kosmologie der Mitte des 1. Jahrtausends v.Chr.: »Eine zweite Erklärungsmöglichkeit [...] liegt in einer *Umorientierung der kosmologischen Auffassung.* [...] Stellt man den nunmehr im Kult aufkommenden und schnell dominierenden Himmelsmeister, den Baʿal Schamem bei Phöniker und Aramäern angemessen in Rechnung, so wird nunmehr dem Himmel und seinen numinosen Mächten eine erhöhte Aufmerksamkeit zuteil. Das läßt vermuten, daß die im ersten vorchristlichen Jahrtausend in Mesopotamien rasant voranschreitende Astralisierung und Astrologisierung der Religion auch auf Syrien abgefärbt und das Weltbild gründlich verändert hat.« (Hervorhebung im Original).

27 Vgl. dazu v.a. R. Bartelmus, Art. *schamajim*, ThWAT 8, 1995, 204–239, bes. die Zusammenfassung ebd., 208: »In älterer Zeit spielte der Himmel im Denken Israels offenbar nur eine geringe Rolle, erst mit dem Dtn bzw. der Literatur der Exilszeit (Dtjes!) wurde der Himmel zu einem wichtigen Gegenstand des theologischen Interesses; mit dem letzten Buch des at.lichen Kanons ist er dann quasi in den Mittelpunkt des theologischen Denkens gerückt, wo er [...] bis ins 20. Jh. hinein verblieb.« Vgl. auch ders., *schamajim* – Himmel. Semantische und traditionsgeschichtliche Aspekte, in: B. Janowski/B. Ego (Hgg.), Weltbild (wie Anm. 1), 87–124.

28 Vgl. B. Ego, Von der Jerusalemer Tempeltheologie zur rabbinischen Kosmologie. Zur Konzeption des himmlischen Wohnstatt Gottes, Forschungsstelle Judentum. Theologische Fakultät Leipzig. Mitteilungen und Beiträge 12/13, Leipzig 1997, 36–52; dies., »Der Herr blickt herab von der Höhe seines Heiligtums«. Zur Vorstellung von Gottes himmlischem Thronen in exilisch-nachexilischer Zeit, ZAW 110, 1998, 556–569. Siehe auch F. Hartenstein, Unzugänglichkeit (wie Anm. 8), bes. 224–250, und ders., Wolkendunkel (wie Anm. 8).

eigenständige Bedeutung hatte, indem sie dessen universale Handlungsmacht mit der Lokalisierung seines Throns über dem sichtbaren Himmel begründete (vgl. Ps 102,13.20; 33,13–19; 113; 103,19–22; Jes 66,1–2; Jes 63,7–64,11 [Jes 63,15]). Doch betrachten wir zunächst die Jerusalemer Konzeption von Tempel und Welt in der vorexilischen, staatlichen Zeit.

III. Weltmitte und Gottesthron – zur mythischen Kosmologie des Staates Juda im 8./7. Jahrhundert vor Christus

Die berühmte Tempelvision Jes 6,1–11 gehörte einmal – so immer noch die mehrheitliche Forschungsmeinung – zum ältesten Kern des Jesajabuches aus dem ausgehenden 8. bzw. beginnenden 7. Jahrhundert v.Chr. Den Anstoß für die schriftliche Aufzeichnung der Botschaft des Jerusalemer Propheten Jesaja hätte dabei die Übereinstimmung von dessen Gerichtsankündigung im Namen JHWHs mit den geschichtlichen Ereignissen des Untergangs des Nordreichs durch die Assyrer im Jahre 722/720 v.Chr. und der Belagerung Jerusalems durch Sanherib 701 v.Chr. gegeben[29]. Der literarisch ausgestaltete Visionsbericht sieht die beiden Ebenen der Tempelsymbolik (das Gebäude und den hintergründig mit diesem verbundenen Wohnort JHWHs) zusammen:

1 Im Todesjahr des Königs Ussia sah ich den Herrn,
   sitzend auf einem hohen und erhabenen Thron,
   und seine (sc. seines Gewandes) Säume *füllten* (*ml'*)
   den Tempel/die Tempelhalle.
2 Seraphim standen über ihm – je sechs Flügel hatte einer:
   mit zweien bedeckten sie ihr Antlitz,
   mit zweien bedeckten sie ihre Füße und mit zweien flogen sie –,
3 und einer rief dem anderen zu und sprach:
   »Heilig, heilig, heilig ist JHWH Zebaoth,
   die *Fülle* (*mᵉlo'*) der ganzen Erde ist seine Herrlichkeit (*kabod*).«
4 Da erzitterten die Zapfen der (Unter-)Schwellen
   vor der Stimme des Rufers,
   und das Haus *füllte* sich (*ml'*) mit Rauch.

---

29 Siehe neben F. Hartenstein, Unzugänglichkeit (wie Anm. 8) auch ders., JHWH und der »Schreckensglanz« Assurs (Jes 8,6–8). Traditions- und religionsgeschichtliche Beobachtungen zur »Denkschrift« Jes 6–8*, in: F. Hartenstein/J. Krispenz/A. Schart (Hgg.), Schriftprophetie, FS J. Jeremias, Neukirchen-Vluyn 2004, 83-102. Zum Stand der Jesajaforschung vgl. M. Köckert/U. Becker/J. Barthel, Das Problem des historischen Jesaja, in: I. Fischer/K. Schmid/H.G.M. Williamson (Hgg.), Prophetie in Israel, Altes Testament und Moderne 11, Münster 2003, 105–135; P. Höffken, Jesaja. Der Stand der theologischen Diskussion, Darmstadt 2004.

Der Wohnort Gottes wird in Jes 6 von der Anwesenheit JHWHs auf seinem bergeshoch aufragenden Thron bestimmt. Die im Text vorausgesetzte Tempelsymbolik folgt dem Konzept eines Zentrums im oben skizzierten Sinn und entfaltet in der vertikalen und horizontalen Ebene einen zu den umliegenden Rändern hin ausgespannten Raum der Welt. Dies läßt sich an einer Logik von Entsprechungen zwischen Tempel und Welt feststellen: Wie die »Gewandsäume« JHWHs den Tempel »erfüllen« (Verb *ml'*, V.1b), so »erfüllt« seine »Herrlichkeit« (*kabod*) die »ganze Erde« (V.3b). Der Halbvers Jes 6,3b läßt sich zugleich so lesen, daß die »Fülle der ganzen Erde« (Nomen $m^e lo'$) in Gestalt der Lebewesen und menschlichen Bewohner die »Herrlichkeit« Gottes repräsentiert, und diese ihrerseits die »Ehre« Gottes durch ihren Lobpreis zur Geltung bringen[30]. Sachlich ganz analog sprechen auch mesopotamische Texte in mit dem entsprechenden akkadischen Verb *malû* »(er)füllen, voll sein« gebildeten Aussagen von der »Erfüllung« der Gestalt der Gottheiten, ihres Heiligtums und der ganzen Welt mit dem göttlichen »Schreckensglanz«[31]. Jes 6 setzt eine ganz ähnliche Vorstellung vom Wohnort JHWHs in Jerusalem voraus. Die Handlungsrolle des thronenden Herrschers, der von ureinst her die Stabilität der Weltordnung garantiert, bildet eine unhinterfragte Basis-Aussage dieser Konzeption. Vgl. dazu besonders auch Psalm 93,1f., in dem man so etwas wie den Grund-Mythos der Weltordnung für die staatliche Zeit Judas erblicken kann[32]:

---

30 Vgl. dazu Hartenstein, Unzugänglichkeit (wie Anm. 8), 78–109 (»Das ›Fülle‹-Motiv in der Jerusalemer Kulttradition«), mit dem Schaubild ebd., 183.

31 Dessen hebräisches Äquivalent stellt der oben mit »Herrlichkeit« übersetzte Begriff *kabod* dar. Vgl. zum mesopotamischen Konzept des »Schreckensglanzes« (*melammu* etc.) die Monographie von E. Cassin, La splendeur divine. Introduction à l'étude de la mentalité mésopotamienne, CeS 8, Paris/La Haye 1968 (siehe auch die Rezensionen von W. Heimpel, ZA 61, 1971, 312–315 und W.H.Ph. Römer, JAOS 94, 1974, 280–282); vgl. weiterhin W.H.Ph. Römer, Numinose Lichterscheinungen im alten Mesopotamien. Eine terminologische und religionsgeschichtliche Betrachtung, JARG 1, Saarbrücken 1973, 65–122.

32 Siehe zu Ps 93 als einem Text der vorexilischen Jerusalemer Tempeltheologie (ohne die vermutlich spätere Erweiterung in V.5a) die form-, traditions- und religionsgeschichtlichen Exegesen von J. Jeremias, Das Königtum Gottes in den Psalmen. Israels Begegnung mit dem kanaanäischen Mythos in den Jahwe-König-Psalmen, FRLANT 141, Göttingen 1987, 15–29, sowie von B. Janowski, Das Königtum Gottes in den Psalmen. Bemerkungen zu einem neuen Gesamtentwurf, in: Ders., Gottes Gegenwart (wie Anm. 14), 148–213, 158–166 (= ZThK 86, 1989, 389–454). Sowohl hinsichtlich der Handhabung der literarkritischen Methode als auch im Blick auf die leitenden religionsgeschichtlichen Annahmen fraglich erscheint mir die Ausscheidung von V.2 des Psalms bei R.G. Kratz, Der Mythos vom Königtum Gottes in Kanaan und Israel, ZThK 100, 2003, 147–162, 153; vgl. ders., Reste hebräischen Heidentums am Beispiel der Psalmen, NAWG I. Philologisch-historische Klasse, 2004/2, Göttingen 2004, 27–65, 34f. Methodologisch kaum haltbar ist m.E. eine weitergehende literarische Aufteilung von Ps 93, wie sie H. Pfeiffer in seinem Beitrag im vorliegenden Band vornimmt – jedoch muß eine ausführlichere Auseinandersetzung mit solchen Versuchen einer

1 JHWH ist König, in Hoheit gekleidet,
gekleidet ist JHWH, (mit) Stärke gegürtet.
Ja, fest steht der Erdkreis, er kann nicht wanken.
2 Fest steht dein Thron von einst her,
von fernster Zeit her (bist) du.
3 Es erhoben Ströme/Fluten, JHWH,
es erhoben Ströme/Fluten ihr Brausen,
immerzu erheben Ströme/Fluten ihr Tosen!
4 *Mehr als das Brausen gewaltiger Wasser,*
mächtiger als die Brecher des Meeres,
ist machtvoll in der Höhe JHWH.
5 Deine Setzungen sind wahrhaft zuverlässig.
Deinem Haus gebührt Heiligkeit, JHWH,
für die Länge der Tage (= für immer).

Der in den königlichen Ornat des Chaosüberwinders gekleidete Gott ist in vertikaler Hinsicht den andrängenden Wasserfluten (ein besonders in Ugarit bezeugtes Symbol gegenweltlicher Mächte) weit überlegen. Insofern garantiert seine Herrschaftsausübung die dauerhafte Stabilität des »Erdkreises« in der Horizontalen. Die Raumgliederung des Psalms folgt dabei derselben, heiligtumsbezogenen Logik wie in Jes 6: von innen nach außen und zugleich von oben nach unten (Gestalt Gottes auf dem Thron – Höhe – Haus[33]). Dieselbe Raumgliederung bei ähnlicher Terminologie weist auch der wohl ebenfalls auf vorexilische Jerusalemer Tempelvorstellungen zurückgehende kurze Vers Jer 17,12 auf[34]:

»*Thron der Herrlichkeit/Ehre, Höhe von Anfang an, Ort unseres Heiligtums.*«

Die »Höhe« des Gottesthrons ist primär eine Aussage qualitativer Überlegenheit, sie hat aber auch eine Affinität zum Bereich des Himmels. Der Thron wird aber nicht *in* diesem verortet. Darin scheint eine Eigenart der Jerusalemer Rezeption der Vorstellung vom Bergwohnsitz von Wettergottheiten zu bestehen (vgl. den Bergwohnsitz des Baʿal von Ugarit, den Zaphon, mit seinem »Wolkenhaus«). Die einschlägigen Texte enthalten keinen Hinweis auf einen innerhimmlischen Wohnort, sondern zeigen stets den engen symbolischen Bezug des JHWH-Throns auf Tempel

---

Komplexitätsreduktion der traditions- und religionsgeschichtlichen Probleme der Jerusalemer JHWH-Königs-Psalmen an anderer Stelle erfolgen.
33 Siehe dazu F. Hartenstein, Unzugänglichkeit (wie Anm. 8), 46f.
34 Siehe zu Jer 17,12 und seinen mythisch-kosmologischen Implikationen M. Metzger, »Thron der Herrlichkeit«. Ein Beitrag zur Interpretation von Jer 17,12f., in: Ders., Schöpfung, Thron und Heiligtum. Beiträge zur Theologie des Alten Testaments, BThSt 57, Neukirchen-Vluyn 2003, 152–187 (= E. Liwak/S. Wagner [Hgg.], Prophetie und geschichtliche Wirklichkeit im alten Israel, FS S. Herrmann, Stuttgart/Berlin/Köln 1991, 237–262); F. Hartenstein, Unzugänglichkeit, 45f.

und Stadt. So auch in dem ebenfalls zumeist als alt geltenden Tempelweihspruch in 1Kön 8,12f. (in der m.E. ursprünglichen masoretischen Fassung[35]):

12 Damals hat Salomo gesagt:
    JHWH hat bekundet,
    im Wolkendunkel (ᶜaraphel) zu wohnen. –
13 Ja, ich habe gebaut ein fürstliches Haus für dich,
    ein Fundament/Podest (makon) für dein Thronen (für) fernste Zeiten!

Das »Wolkendunkel« als Umschreibung für den hintergründigen Bereich JHWHs ist ein ambivalentes Phänomen des atmosphärischen Himmels, das in der Wohnvorstellung von 1Kön 8,12f. JHWHs Thronsphäre umhüllt und so deren Transzendenz markiert. Der Thron selbst ist wie in Jes 6 und Ps 93 bergeshoch über den Tempel aufragend zu denken. Denn das »fürstliche Haus« wird als Podest, als Plattform für den Thron, bezeichnet. So verweist das Wolkendunkel kosmologisch auf den wie ein Berg in Wolken eingehüllten Thron, was im Heiligtum sehr wahrscheinlich in dem lichtlosen Einbau des Debir (der Tempelcella) seine symbolische Entsprechung hatte. Der Debir repräsentierte JHWHs Thronraum, in dem dieser (auf symbolischer Ebene) Audienz gewährte[36].

Dieses Jerusalemer Konzept von der Tempelpräsenz Gottes erscheint nun in Jes 6 in negativer Umformung: Vor allem V.4 weist Gerichtsassozia-

---

35 Die seit J. Wellhausen häufig vertretene These der zeitlichen Priorität der LXX-Fassung des Tempelweihspruchs haben mit religionsgeschichtlicher Begründung jüngst v.a. O. Keel und C. Uehlinger weiter zu untermauern versucht: Diess., Jahwe und die Sonnengottheit von Jerusalem, in: W. Dietrich/M.A. Klopfenstein (Hgg.), Ein Gott allein? JHWH-Verehrung und biblischer Monotheismus im Kontext der israelitischen und altorientalischen Religionsgeschichte, OBO 139, Fribourg/Göttingen 1994, 269–306; 286–306; fortgeführt von O. Keel, Der salomonische Tempelweihspruch. Beobachtungen zum religionsgeschichtlichen Kontext des Ersten Jerusalemer Tempels, in: O. Keel/E. Zenger (Hgg.), Gottesstadt (wie Anm. 14), 9–23. Zur Kritik dieser Sicht, verbunden mit der Präferenz für den zeitlichen Vorrang der masoretischen Fassung siehe B. Janowski, JHWH und der Sonnengott. Aspekte der Solarisierung JHWHs in vorexilischer Zeit, in: Ders., Die rettende Gerechtigkeit. Beiträge zur Theologie des Alten Testaments 2, Neukirchen-Vluyn 1999, 190–219, 202–219 (= J. Mehlhausen [Hg.], Pluralismus und Identität, VWGTh 8, Gütersloh 1995, 214–241); siehe auch F. Hartenstein, Unzugänglichkeit (wie Anm. 8), 144–149.

36 Der Schrein eines altorientalischen Tempels bildete sowohl genetisch als auch funktional den Kernbereich des Heiligtums, der die eigentliche (Thron-)Sphäre der Gottheit repräsentierte. Zum Debir des vorexilischen Jerusalemer Tempels als Schrein vgl. z.B. M. Görg, Art. Debir, NBL I, 1991, 398, sowie W. Zwickel, Der salomonische Tempel, Kulturgeschichte der Antiken Welt 83, Mainz 1999, 75 (im Zweiten Tempel wurde der Einbau nicht mehr wiederholt; ihm entsprach die teils immer noch als Debir, zumeist als Allerheiligstes bezeichnete Cella; die damit jeweils verbundene Audienzvorstellung vor dem thronenden Königsgott und die entsprechende Metaphorik behandelt ausführlich meine Habilitationsschrift »Das Angesicht JHWHs« [wie Anm. 8]).

tionen auf: Neben dem »Beben« der personifiziert aufgefaßten Schwellen des Tempeltores vor der Stimme der furchtbaren Seraphim ist von der Erfüllung des Tempels mit »Rauch« die Rede – ein Zeichen der undurchdringlichen Verbergung JHWHS vor den Gebeten Israels (vgl. Ps 74,1; Thr 3,44). Das Wechselspiel von Licht, Leben und Loben zwischen »innen« und »außen« wird außer Kraft gesetzt. Anstelle der positiv konnotierten Herrlichkeitsfülle der Welt (Lebewesen, Bewohner, Fruchtbarkeit des Landes) tritt deren Gegenstück: die allen Lebens beraubte Verödung, Erstarrung und Totenstille (Opposita $m^elo^ɔ$ und sch^emama [Jes 6,3 und 11], mit den Konnotationen einer kriegerischen Herbeiführung dieses Zustandes[37]). Diese unter dem Eindruck des Untergangs des Nordreichs 722/720 v.Chr. und der Belagerung Jerusalems durch die Assyrer im Jahr 701 v.Chr. gestaltete Gerichtsvision sollte dann mit der Zerstörung des Tempels 587 v.Chr. eine Realisierung erfahren, die das Welt- und Gottesbild Israels entscheidend verändert hat.

IV. Der Thron im Himmel und der Himmel als Thron – Transformationen des religiösen Symbolsystems seit dem 6. Jahrhundert vor Christus

Aus der Perspektive von nachexilischen Stellen wie Ps 2,4 (»der im Himmel thront lacht, der Herr spottet über sie«[38]), Ps 104,2ff. (»Himmel« und »Erde« als Weltenbau JHWHS[39]) und der aus hellenistischer Zeit stammenden Tempelpolemik von Jes 66,1f. (»Der Himmel ist mein Thron, und die Erde ist der Schemel meiner Füße«[40]) wird deutlich, daß sich das Heiligtumskonzept Jerusalems im Laufe der Jahrhunderte gewandelt hat. Das berühmteste Beispiel dafür ist die mehrfache Auslegung des oben genannten Tempelweihspruchs 1Kön 8,12f. in seinem literarischen Kontext, dem deuteronomistischen Tempelweihgebet in 1Kön 8,14–66[41]. Darin heißt es in 1Kön 8,30 mit deutlichem Bezug auf 1Kön 8,13, daß

---

37 Vgl. F. Hartenstein, Unzugänglichkeit (wie Anm. 8), 109–181.
38 Vgl. dazu F. Hartenstein, »Der im Himmel thront, lacht« (wie Anm. 8) (Lit.).
39 Zu einer eingehenden konzeptionellen Rekonstruktion der Theologie von Ps 104 siehe T. Krüger, Kosmo-theologie zwischen Mythos und Erfahrung. Ps 104 im Horizont alttestamentlicher und altorientalischer »Schöpfungs«-Konzepte, in: Ders., Kritische Weisheit. Studien zur weisheitlichen Traditionskritik im Alten Testament, Zürich 1997, 91–120 (= BN 68, 1993, 49–74).
40 Vgl. dazu M. Albani, »Wo sollte ein Haus sein, das ihr mir bauen könntet?« (Jes 66,1). Schöpfung als Tempel JHWHS?, in: B. Ego/A. Lange/P. Pilhofer (Hgg.), Gemeinde ohne Tempel. Zur Substituierung und Transformation des Jerusalemer Tempels und seines Kults im Alten Testament, antiken Judentum und frühen Christentum, WUNT 118, Tübingen 1999, 37–56.
41 Siehe dazu M. Metzger, Himmlische und irdische Wohnstatt Jahwes, in: Ders., Schöpfung (wie Anm.34), 1–38 (= UF 2, 1970, 139–158); B. Janowski, »Ich will in eurer Mitte wohnen«. Struktur und Genese der exilischen Schekina-Theologie, in: Ders., Gottes

JHWH das Gebet Israels erhören möge »an der Stätte, da du thronst, im Himmel«. Diese Deutung des alten Spruchs wird schließlich in 1Kön 8,27 aus noch späterer Perspektive ein weiteres Mal korrigiert:

»Sollte etwa Gott in Wahrheit auf Erden thronen/wohnen? *Siehe, der Himmel und der Himmel der Himmel können dich nicht fassen!* Wieviel weniger dieses Haus, das ich gebaut habe!«

So spiegelt das literarisch komplexe Kapitel 1Kön 8 eine Entwicklung wider, die von der engen Verbindung von JHWH-Thron und Heiligtum über die explizite Verortung des Throns im Himmel zu einer Infragestellung jeder räumlichen Festlegung reicht. An zwei Beispielen möchte ich analoge Transformationen auch des alten Jerusalemer Psalms 93 darlegen. Unter deutlichem Bezug auf das Stichwort *kûn* (»fest sein«) in Ps 93,1f. sagt der späte Psalm 103 in V.19: »JHWH – *im Himmel hat er seinen Thron fest errichtet (kûn)*«. Dabei wird notwendig eine Himmelsfeste als Plattform für die Gründung des Gottesthrons vorausgesetzt. Eine solche Himmelsfeste wurde wahrscheinlich erst in exilischer Zeit vor dem Hintergrund mesopotamischer Konzepte eines mehrstufigen Himmels in Israel rezipiert (etwa zeitgleich in Gen 1–2,4a [Priesterschrift], in Ex 24,9–11 und in Ez 1 und 10 greifbar[42]). Ps 103 zeigt also vor dem Hintergrund einer gestuften Himmelskosmologie eine Übertragung der alten Aussagen von Ps 93 auf den Himmel: So wie in Ps 93,1f. die Festigkeit des Erdkreises von der seit ureinst bestehenden Festigkeit des Gottesthrons in seiner Mitte abhängt (Ps 93,2a, wobei der »Himmel« keine Rolle spielt), garantiert nun die feste Errichtung des Throns im Himmel die Stabilität der – nicht genannten – Strukturen des Himmels. Eben diese Weltüberlegenheit der himmlischen Residenz Gottes findet sich auch in dem im Psalter auf Ps 103 folgenden weisheitlichen Ps 104 (V.1–5)[43]:

1aβ.b	JHWH, mein Gott, du bist sehr groß.
	In Hoheit und Pracht hast du dich gekleidet,
2	der sich in Licht hüllt wie in ein Gewand,
	den Himmel aufspannt wie ein Zelttuch.
3	*Der zimmert in den Wassern seine Obergemächer,*
	der Wolken gesetzt hat als sein Gefährt,
	der einherfährt auf den Flügeln des Windes,
4	der zu seinen Boten macht Winde,
	zu seinen Dienern Feuerflammen.

Gegenwart (wie Anm. 14), 119–147; ders., JHWH und der Sonnengott (wie Anm. 35), 202–215; F. Hartenstein, Unzugänglichkeit (wie Anm. 8), 225f.; ders., Wolkendunkel (wie Anm. 8), 129.

42 Vgl. F. Hartenstein, Wolkendunkel (wie Anm. 8), 136–152.

43 Siehe zum folgenden F. Hartenstein, Wolkendunkel (wie Anm.8), 164–166.

5   Er hat gegründet (die) Erde auf ihren Fundamenten,
    nicht kann sie wanken für fernste Zeit und (für) immer.

In dem reflektierten Schöpfungstext ist von der *festen Erbauung einer himmlischen Residenz* JHWHs *in den oberen Wassern* die Rede. Daß dabei an einen göttlichen Palast gedacht wird, zeigt neben dem Stichwort der dunklen und kühlen »*Obergemächer*« (vgl. Ri 3,20) die Nennung des königlichen *Wagens* und des *Hofstaats* (Winde und Feuerflammen als Boten, Diener). Die im Anschluß in V.5ff. geschilderte Erschaffung der Erde »auf ihren Fundamenten« hängt in allem von dieser vorgängigen himmlischen Herrschaftsposition JHWHs ab. Dabei ist das Verb *jsd* »gründen« aus V.5 das Leitwort für die ganze im folgenden (V.5–9) geschilderte urzeitliche Eindämmung des Meeres und die Ausgestaltung des Festlands in vom Himmel her vorgezeichneten architektonischen Grenzen[44]. Die Welt erscheint als ein wohl geplantes »Gebäude« und JHWH als ihr königlicher Baumeister. Die Erde wird nach V.13 satt an den himmlischen Gütern, dem Regen, und läßt Pflanzen als Nahrung für Tier und Mensch aufsprossen (V.14–15). Anders als in Psalm 93, der nur die bedrohlich aufbegehrende Dimension der Fluten kannte, stellt für die durchdachte Weltkonzeption von Ps 104 das Wasser von Anfang an eine planvoll geschaffene Größe dar. Deren Chaosdimension klingt zwar an wenigen Stellen noch an (vgl. V.7: »Vor deinem Schelten fliehen sie«), kann sich aber niemals mehr realisieren (vgl. dazu V.9: »*Eine Grenze hast du gesetzt, sie können [sie] nicht [mehr] überschreiten; sie können nicht wieder die Erde bedecken*«).

Ps 103 und 104 gemeinsam ist also die Betonung der Weltüberlegenheit der himmlischen Residenz, die mit der Erschaffung des Himmels eingerichtet wird und von der die Festigkeit der Erde in jeder Beziehung abhängt. Diese als »himmlische Transzendenz« realisierte Position des universalen Schöpfergottes im Gegenüber zur darunterliegenden Weltwirklichkeit prägt auch die explizite Polemik gegen die Kultbilder im Alten Testament, der ich mich nun abschließend ein zweites Mal zuwende (vgl. 1.).

---

44 Siehe dazu O.H. Steck, Der Wein unter den Schöpfungsgaben. Überlegungen zu Psalm 104, in: Ders., Wahrnehmungen Gottes im Alten Testament. Gesammelte Studien, TB 70, München 1982, 240–261, 248–261 (= TThZ 87, 1978, 173–191); H.-J. Hermisson, Zur Schöpfungstheologie der Weisheit, in: Ders., Studien zu Prophetie und Weisheit. Gesammelte Aufsätze, FAT 23, Tübingen 1998, 269–285, 274–285 (= Observations On The Creation Theology In Wisdom, in: J.G. Gammie u.a. [Hgg.], Israelite Wisdom, FS S. Terrien, Missoula 1978, 43–57).

V. Welttranszendenz und Bilderverbot – die Unvergleichlichkeit JHWHS

Die Entwicklung der biblischen Bilderpolemik und des Bilderverbots ist in den vergangenen Jahren aufgrund der oben erwähnten archäologischen Befunde aus Palästina neu bewertet worden. Danach ist es kaum mehr strittig, daß die Polemik gegen die Kultbilder in Israel zwei Phasen durchlaufen hat[45]: Sehr verkürzt gesprochen handelt es sich zuerst um eine Abgrenzung nach innen, ausgehend von der Bilderkritik des Propheten Hosea aus dem 8. Jahrhundert v.Chr. im Nordreich[46]. Der enge Kulturkontakt mit der mesopotamischen Bildertheologie ab dem babylonischen Exil im 6. Jahrhundert v.Chr. kennzeichnet dann die zweite Phase einer Abgrenzung nach außen[47]. Wie die Argumentationslinien hier verlaufen, läßt sich am besten an einem programmatischen Abschnitt aus dem zweiten Teil des Jesajabuchs verdeutlichen. Die Kapitel Jes 40–55 werden als sogenannter Deuterojesaja vom vorausgehenden Jesajabuch unterschieden[48]. Der anonyme Prophet bzw. die Prophetentradenten, die den Textbereich verfaßt haben, sind wahrscheinlich ab dem letzten Drittel des 6. Jahrhunderts v.Chr. zu datieren und (jedenfalls anfänglich) auch in Babylon selbst zu verorten. Wie kaum ein anderer Textbereich des Alten Testaments will Dtjes seine Adressaten aufrütteln und argumentativ von der Handlungsfähigkeit des Gottes Israels überzeugen. Die kosmische Verankerung der Selbstdarstellung des babylonischen Staates und die Proklamation des Gottes Marduk als Götterkönig hatten offenbar ihre Wirkung auf die Exilierten nicht verfehlt. Daher argumentiert Dtjes grundsätzlich schöpfungstheologisch und verweist ein Vertrauen auf die Wirkmacht anderer Götter neben JHWH in den Bereich der Illusion. Die oben geschilderte polytheistische Interpretation der Welt (über das Handlungsschema) wurde dabei erstmals so umgeformt, daß es explizit

---

45 Vgl. zu dieser Zweiphasigkeit u.a. F.-L. Hossfeld, Werden (wie Anm. 4).
46 Siehe zur neueren Diskussion z.B. C. Uehlinger, Exodus, Stierbild und biblisches Kultbildverbot. Religionsgeschichtliche Voraussetzungen eines biblisch-theologischen Spezifikums, in: C. Hardmeier/R. Kessler/A. Ruwe (Hgg.), Freiheit und Recht, FS F. Crüsemann, Gütersloh 2003, 42–77 (Lit.), bes. 58–61 (zu den bilderpolemischen Texten im Hosea-Buch).
47 Siehe dazu die unter Anm. 5 genannte Literatur (bes. A. Berlejung, Theologie; M.B. Dick, Born In Heaven).
48 Vgl. zu Dtjes die neuen Kommentare mit ausführlichen Bibliographien: J. Blenkinsopp, Isaiah 40–55. A New Translation with Introduction and Commentary, ANCB 19A, New York u.a. 2002; H.-J. Hermisson, Deuterojesaja. 2. Teilband. Jesaja 45,8–49,13, BK XI/2, Neukirchen-Vluyn 2003; weiterhin für die deutschsprachige Forschung die Studien von O.H. Steck, Gottesknecht und Zion. Gesammelte Aufsätze zu Deuterojesaja, FAT 4, Tübingen 1992; R.G. Kratz, Kyros im Deuterojesaja-Buch. Redaktionsgeschichtliche Untersuchungen zu Entstehung und Theologie von Jes 40–55, FAT 1, Tübingen 1991; J. van Oorschot, Von Babel zum Zion. Eine literarkritische und redaktionsgeschichtliche Untersuchung, BZAW 206, Berlin/New York 1993.

ein einziger Gott ist, der alles erfahrbare Geschehen lenkt. So beginnt der als Leseanleitung für Dtjes gedachte Text Jes 40,12–31 folgendermaßen:

12   *Wer hat gemessen mit seiner hohlen Hand (die) Wasser,*
     und (dem) Himmel mit seiner [vgl. Q^a] *Spanne das Maß bestimmt?*
     (Wer hat) gefaßt in's Drittelmaß den Staub der Erde,
     hat abgewogen mit der Waage Berge
     und Hügel mit Waagschalen?

Die Antwort auf diese rhetorischen Fragen lautet in allen Fällen: JHWH, der israelitische Gott. Die Polemik zielt wahrscheinlich direkt auf die babylonische Götterwelt[49]. Denn auch von Marduk wird im Enuma elisch[50] gesagt, er habe bestimmte Wasser (den Regen) »in seine Hand« genommen (Ee Tf. v, Z. 51f.118[51]). Was aber JHWH darüber hinaus mit seiner Handspanne umgreift – nämlich die für Menschenaugen unendliche Ausdehnung des Himmelsraums – das ist im Enuma elisch ein Teil des Kosmos, der in vorläufiger Form bereits vor dem Götterkönig da gewesen ist (Anu der Himmel[sgott] gehört zu den Voreltern Marduks [Ee Tf. I, Z. 14f.]). Marduk gestaltet ihn lediglich weiter aus bzw. befestigt ihn abschließend über der Erde (Ee Tf. v, Z. 61). In Jes 43,8–13, einem Wort, das dem Nachweis der Handlungsunfähigkeit der Götter dient, wird dieser Unterschied noch klarer herausgestellt (V.10bβ):

»Vor mir wurde *kein Gott (el) gebildet/geformt (jzr)*, und nach mir wird keiner sein!«

Das Enuma elisch, die Kratogonie des babylonischen Staatsgottes, weiß dagegen ausschließlich von der im Anfangshorizont der Welt liegenden Entstehung der Götter:

»Als die Götter noch nicht hervorgebracht waren, kein einziger, sie mit Namen noch nicht gerufen waren, ihnen die Schicksale noch nicht bestimmt waren, *da wurden die Götter in ihrem Inneren [sc. den vermischten Wassern des Urpaares Apsû und Tiamat] geformt*.«[52]

---

49   Vgl. zur wahrscheinlichen Auseinandersetzung von Jes 40,12–31 mit dem Kontext babylonischer Religion M. Albani, Der eine Gott und die himmlischen Heerscharen. Zur Begründung des Monotheismus bei Deuterojesaja im Horizont der Astralisierung des Gottesverständnisses im Alten Orient, ABG 1, Leipzig 2000, bes. 123f.
50   Für eine deutsche Übersetzung des Enuma elisch vgl. W.G. Lambert, Enuma Elisch, in: O. Kaiser (Hg.), Texte aus der Umwelt des Alten Testaments. Band III/4: Weisheitstexte, Mythen und Epen. Mythen und Epen II, Gütersloh 1994, 565–602.
51   Zur Diskussion der kosmologischen Aussagen der fünften Tafel des Enuma elisch vgl. ausführlich W. Horowitz, Cosmic Geography (wie Anm. 18), 114–122.
52   Enuma elisch Tf. I, Z. 7–9; deutsche Übersetzung zitiert nach C. Wilcke, Die Anfänge der akkadischen Epen, ZA 67, 1977, 153–216, hier 167. Der Text verwendet für die Theogonie hier den N-Stamm des Verbs *banû* IV: »geschaffen/geformt/gemacht werden«.

Die in Jes 43,10 vielleicht auch unter direkter Bezugnahme auf diese Stelle gewählte handwerkliche Terminologie (*jzr* »formen/bilden«) findet sich auch gleich zu Anfang der berühmten Kultbildtravestie von Jes 44,10–20 in V.10:

»Wer *hat einen Gott (el) gebildet/geformt (jzr)* und ein Kultbild gegossen, damit er nichts nützt/hilft?«

Auch wenn die in Jes 40–46 stehenden bilderpolemischen Texte wahrscheinlich eine sekundäre Erweiterung darstellen, explizieren sie doch einen entscheidenden Aspekt der neu gewonnenen monotheistischen Unterscheidung: Die altorientalisch binnenweltlich symbolisierte Unterscheidung von Götter- und Menschenwelt hatte, wie oben gesagt, im Tempelkult ihre entscheidende Kontaktstelle. Hier vermittelten die Kultbilder das Zusammenwirken beider Ebenen[53]. Indem der Gott JHWH aber nach Dtjes die Erfahrungswelt durch sein langzeitiges und langräumiges Handeln umgreift, verschiebt sich auch die Doppelung der Wirklichkeit: Der allein wirksame Gott steht erstmals einer Gesamtwelt gegenüber. Dies führt jedoch (noch) nicht zu einer modellhaften Anschauung des »Weltgebäudes«, das diese JHWH vorbehaltene Perspektive ikonisch verdichten würde (der oben zitierte Ps 104 sowie der priesterschriftliche Schöpfungsbericht Gen 1,1–2,4a kommen einer solchen bildhaften Vergegenwärtigung immerhin recht nahe). Vielmehr arbeiten die dtjes. Texte durchgehend mit dem Mittel der Übersteigerung. So wird in dem bereits angesprochenen Programmtext Jes 40,12–31 auch das ältere Jerusalemer Weltbild von Jes 6 und Ps 93 den neuen Denk- und Anschauungsformen angeglichen. Dabei ist die hauptsächliche Weise der räumlichen Kennzeichnung der Handlungsüberlegenheit Gottes wieder die kosmische Größe des Himmels, der hier wohl wie ein Thronbaldachin den riesenhaften Herrschersitz Gottes überspannt[54]:

22 Der thront über dem Kreis der Erde,
    ihre Bewohner – wie Heuschrecken!
    Der ausspannte wie Schleierstoff (den) Himmel,
    ihn ausbreitete wie ein Zelt zum Wohnen/einen Thronbaldachin.

---

53 Vgl. die bei B. Hrouda, Der Alte Orient (wie Anm. 18), 225 unten, abgebildete altbabylonische Terrakotte mit einem Motiv, das von D. Collon, Ancient Near Eastern Art, London 1995, 101f., als die seltene gleichzeitige Darstellung eines Kultbildes *in* der Tempelfassade sowie der hintergründigen riesenhaften Gestalt des Gottes *über* dem Tempel gedeutet wird (vgl. dazu ausführlich F. Hartenstein, »Angesicht JHWHs« [wie Anm. 8], 42f.).

54 Zur diesbezüglichen Symbolik der achämenidischen Thronhimmel und deren altorientalische Vorbilder siehe den Exkurs zu »Thronbaldachin und Tempelsymbolik« in F. Hartenstein, »Angesicht JHWHs« (wie Anm. 8), 149–170, zu Jes 40,22 bes. 164f.

23 Der Fürsten zunichte machte,
    Richter (der) Erde – wie Leere hat er (sie) gemacht!

Dieses Bild des den ringförmigen Horizont/Erdrand (*chûg*, nicht *tebel* wie in Ps 93) vollständig überragenden hintergründigen Throns (eine kühne Reformulierung der Zentrumsvorstellung) malt den Adressaten die Unvergleichlichkeit Gottes vor Augen. Und kein nach kosmotheologischen Vorgaben geschaffenes Kultbild vermag dieselbe Ordnungsmacht zu vermitteln, auch wenn es (im Sinne der Entsprechung von Tempel – Kosmos) »nicht wankt«. So sagt es die Kultbildpolemik, die dem dtjes. »Thronbild« unmittelbar vorangestellt wurde (Jes 40,18–19[55]):

18 *Wem wollt ihr Gott (El) vergleichen,*
    und welches Abbild/welchen Vergleich wollt ihr ihm zuordnen?
19 Das Kultbild hat der Handwerker (Metallgießer) gegossen,
    und der Goldschmied – mit Gold überzieht er es,
    und Drähte von Silber inkrustiert er.
20 Das Sissoo-Holz als Sockel,
    ein Holz, das nicht fault, wählt er.
    Einen weisen Handwerker sucht man sich,
    um ein Kultbild aufzustellen, das nicht wankt.

Das reformulierte Weltbild der monotheistischen Theologie ab dem Exil weist alle Ansprüche einer mit dem kosmischen Binnenraum verbundenen Vergöttlichung ab. Dies schließt gestalthafte Vorstellungen Gottes nicht aus, aber solche mentalen Bilder (d.h. für kultische Kommunikation notwendige Anthropomorphismen[56]) sollen nicht in ikonischer Form medial repräsentiert werden. Wie Gott als umfassender raumzeitlicher Horizont des Menschen seine Handlungsfähigkeit demonstriert, bleibt seiner unvermittelten Initiative vorbehalten. Das betont auch die einzige ausführliche Begründung des biblischen Bilderverbots im Alten Testament, mit der ich meine Ausführungen schließen möchte[57]. In dem Dtjes nahe verwandten Kapitel Dtn 4 heißt es in V.11–13:

---

55 Vgl. zur Übersetzung der Materialangaben v.a. A. Berlejung, Theologie (wie Anm. 5), 370–375.
56 Zum Begriff einer »mental iconography« der »Gestalt« JHWHs vgl. T.N.D. Mettinger, No Graven Image? Israelite Aniconism In Its Ancient Near Eastern Context, CB.OT 42, Stockholm 1995, 20, mit Anm. 26; F. Hartenstein, Das »Angesicht Gottes« in Exodus 32–34, in: M. Köckert/E. Blum (Hgg.), Gottes Volk am Sinai. Untersuchungen zu Ex 32–34 und Dtn 9–10, VWGTh 18, Gütersloh 2001, 157–183, bes. 162–164; ders., »Gestalt« JHWHs (wie Anm. 8), 51 mit Anm. 8., sowie ausführlich die Einleitung meiner Habilitationsschrift (»Angesicht JHWHs« [wie Anm. 8]), 39–52 (»Mentale Ikonographie und die Frage der Zugänglichkeit der Kultbilder«).
57 Dazu ausführlich F. Hartenstein, »Gestalt« JHWHs (wie Anm. 8).

11 Und ihr tratet näher und standet unten an dem Berg,
wobei *der Berg im Feuer brannte bis ins Herz/Innere des Himmels*
(unter) Finsternis, Wolken und Wolkendunkel,
12 und JHWH sprach zu euch mitten aus dem Feuer.
*Einen Klang von Worten hörtet ihr,
aber eine Gestalt habt ihr nicht gesehen!
Nur eine Stimme/einen Klang!*
13 Da machte er euch seinen Bund bekannt,
den er euch zu tun befohlen hatte,
die zehn Worte, und schrieb sie auf zwei steinerne Tafeln.

Im Vergleich zu den älteren Schilderungen der Sinaitheophanie ist hier bei der Begegnung Israels mit JHWH am Gottesberg ein überschießendes Element zu verzeichnen. Der im Feuer brennende Berg reicht in vertikaler Hinsicht »*bis zum Herz/Inneren des Himmels*«. Dieser Ausdruck ist im Alten Testament singulär. In den Keilschrifttexten des Zweistromlandes findet sich dagegen eine direkte terminologische Entsprechung: Der akkadische Ausdruck *libbi schamê* ist am ehesten mit »Himmelsmitte« wiederzugeben und bezeichnet einen hohen Bereich des sichtbaren Himmels, teils aber auch das Himmelsinnere[58]. JHWHs eigentliche »Gestalt« verbleibt also bei der Theophanie am Gottesberg verborgen in himmlischer Transzendenz[59]. Die Situation der Dekalogmitteilung wird in Dtn 4 bewußt reduziert auf die Wahrnehmung verhüllender Symbole (»Finsternis«, »Wolkendunkel« und »Feuer«). Israel soll nicht die Gottes*erscheinung* zur Grundlage seines Weltbildes machen, sondern den in den »zehn Worten« mitgeteilten Gottes*willen*. Mit diesem ist alles Lebensnotwendige gegeben. Das Medium der Gottespräsenz hat gewechselt: an die Stelle altorientalischer Kultbilder tritt in Israel der Wille des einen Schöpfergottes, der in den zehn Grundgeboten die Grenzen menschlicher Freiheit umreißt (Dtn 4,11-13 mit V.15-16a). Voraussetzung einer adäquaten Gestaltung dieser Freiheit ist die Anerkennung des Horizontcharakters der Wirklichkeit als Anerkennung der Handlungstranszendenz Gottes. Das ist ein wirkungsmächtiges Spezifikum des

---

58 Siehe dazu F. Hartenstein, »Gestalt« JHWHs, 60-62; zu den akkadischen Begriffen und ihrem Bedeutungsumfang siehe W. Horowitz, Cosmic Geography (wie Anm. 18), 238f.
59 Siehe dazu treffend K. van der Toorn, God I, DDD2, 1999, 362f.: »Since heaven is a place to which humans have no access [...], the heavenly nature of God is another reason why he transcends humans. [...]. A concept connected with God's celestial nature is his invisibility; this concept is emphatically present in later texts. Deuteronomy stresses that the Israelites did not see God's form at the Mountain, but merely heard his voice (Deut 4:12.15). Also God spoke from heaven, not from the mountain top (Deut 4:36). These statements bespeak a sense of divine transcendence more acute than in some of the Exodus accounts. The same tendency is manifest in other passages. Man-made idols are there for all to see; yet God is divine in that he is a God ›who hides himself‹ (Isa 45:15).«.

sogenannten biblischen Weltbilds. Was »über dem Erdkreis« (Jes 40,22) im »Herz des Himmels« sich befindet (Dtn 4,12), geht die Menschenwelt nur insoweit an, als Gott es selbst mitteilt. Mit dieser Verbindung von monotheistischem Weltbild und Bilderverbot wurden in der biblischen Tradition Vorgaben formuliert, deren Rezeptionsgeschichte immer noch andauert.

Gottesbild und Kosmologie – Ein Korreferat

HENRIK PFEIFFER

Die Themenstellung des Beitrags von Friedhelm Hartenstein konfrontiert uns mit zwei Größen, die sich zunächst auf je eigene Weise mit der Gegenwart und Erfahrbarkeit Gottes verbinden: Weltbild und Kultbild. Die Kosmologie thematisiert die räumliche Präsenz Gottes, indem sie nach seinem spezifischen Ort im Bau der Welt fragt. Die Bildtheologie fragt nach der kultischen Gegenwart Gottes im Gottesbild, das eine Kommunikation zwischen Gott und Mensch allererst ermöglicht. Vermittelt sind beide Größen in den altorientalischen Kulturen über das Heiligtum. Dieses spiegelt als Ort der kultischen Erfahrbarkeit Gottes immer auch weltbildhafte Vorstellungen.

Das kategorische Kultbildverbot des Alten Testaments betrifft diesen Zusammenhang nun insofern, als es gerade die Transzendenz Gottes gegenüber den Kultbildern zur Norm erhebt und somit die Möglichkeit einer Kommunikation zwischen Gott und Mensch über das Bild negiert. Auffällig dabei ist, daß in zentralen Texten des Alten Testaments bildtheologische und kosmologische Transzendenz Gottes miteinander in Beziehung gesetzt werden; ja mehr noch: das Bilderverbot wird in Texten wie Jes 40,12–31; Dtn 4 und dem Dekalog implizit oder explizit kosmologisch begründet. Gottes »himmlische Transzendenz«[1] bedingt nicht nur seine Abwesenheit in den Bildern. Sie schließt vielmehr die Anfertigung von Kultbildern für Israel grundsätzlich aus, weil mit ihr »alle Ansprüche einer mit dem kosmischen Binnenraum verbundenen Vergöttlichung« abgewiesen werden[2].

Das Verdikt des Kultbildes auf der Grundlage des Gedankens einer »Welttranszendenz« Gottes und eines entgöttlichten Kosmos erscheint auch unter den Bedingungen moderner Weltwahrnehmung noch nachvollziehbar. Umso wichtiger ist es, darauf hinzuweisen, daß es sich hierbei innerhalb der Geschichte des Bilderverbotes um ein durchaus *innovatives* Moment aus der nachstaatlichen Zeit handelt. Friedhelm Hartenstein hat dies in seinem Referat kurz angedeutet. Um das Neuartige des kosmologischen Begründungszusammenhanges angemessen würdigen zu können, erscheint es uns aber als hilfreich, die ältere Bilderpolemik, wie wir sie beim Propheten Hosea im 8. Jahrhundert v.Chr. antreffen, wenigstens in Umrissen zu beleuchten.

Die Tatsache, daß es sich bei der kosmologischen Begründung des Bilderverbots vermittels der »Welttranszendenz« Gottes erst um ein Pro-

---

1   Vgl. in diesem Band den Beitrag von F. Hartenstein, 31.
2   Vgl. in diesem Band den Beitrag von F. Hartenstein, 35.

dukt der nachstaatlichen Zeit handelt, führt Friedhelm Hartenstein zu der Vermutung eines vorausliegenden konzeptionellen Wandels innerhalb der Jerusalemer Kosmologie von der staatlichen zur nachstaatlichen Zeit, der dann auf die Bilderthematik zurückgewirkt habe. Hier ergeben sich angesichts des präsentierten Textmaterials einige Unsicherheiten, auf die ich im zweiten Teil meines Korreferats anhand eines von Friedhelm Hartenstein herangezogenen Textbeispiels eingehen möchte.

I. Die Polemik des Propheten Hosea gegen das Stierbild von Betel

Das Kultbild war in der israelitischen Religion nicht von jeher ein Problem. An den Staatsheiligtümern des Nordreiches verehrte man Jahwe vor goldenen (oder wohl besser: goldüberzogenen) Jungstierbildern. Die Einsetzung dieses Kultes schreibt die alttestamentliche Überlieferung in 1Kön 12,28f. Jerobeam, dem ersten König des Nordreiches, zu:

28 *Und es ging der König mit sich zu Rate.*
    Und er machte zwei goldene Jungstiere
    und sprach *zu ihnen*:
    Zuviel ist es für euch, nach Jerusalem hinaufzuziehen.
    Siehe dein Gott, Israel,
    der dich aus dem Lande Ägypten heraufgeführt hat.
29 Und er setzte den einen nach Betel,
    den anderen aber gab er nach Dan.[3]

Das nächste Mal hören wir von einem goldenen Jungstierbild als göttlichem Präsenzsymbol im Hoseabuch. Auch wenn man das Prophetenbuch nicht einfach mit der Verkündigung Hoseas verwechseln darf, so finden sich doch im ältesten prophetischen Spruchgut aus dem 8. Jahrhundert v.Chr. polemische Bezugnahmen zumindest auf das Beteler Stierbild. In Hos 10,5–6a heißt es dazu[4]:

5   Beim Kalbszeug von Bet-Aven
    weilt die Bewohnerschaft Samarias.

---

3 Die kursiv gesetzten Passagen verdanken sich späterer Redaktion; zur Begründung vgl. H. Pfeiffer, Das Heiligtum von Bethel im Spiegel des Hoseabuches, FRLANT 193, Göttingen 1999, 26–30.
4 Die kursiv gesetzten Passagen gehen wiederum auf eine spätere Hand zurück (zur Begründung vgl. H. Pfeiffer, Heiligtum [wie Anm. 3], 106–109). Zur hoseanischen Stierbildpolemik vgl. weiterhin Hos 8,4–6. Der auf den Propheten zurückgehende Grundbestand beschränkt sich allerdings auf 8,5a.6b (vgl. H. Pfeiffer, Heiligtum [wie Anm. 3], 135–137). 13,2–3 sind dem Propheten gänzlich abzusprechen (vgl. H. Pfeiffer, Heiligtum [wie Anm. 3], 164–171).

Ja, seinetwegen liegt trostlos da sein Volk.
Ja, seine Pfaffen, seinetwegen,
wegen ihrer[5] Pracht jauchzen sie.
Ja, in die Verbannung ist es[6] gegangen –
weg von ihm[7].
6a Auch sie wird nach Assur gebracht
als Geschenk für den Großkönig.

Der Prophetenspruch führt in die Zeit kurz vor dem Untergang des Nordreiches. Im Jahre 745 v.Chr. bestieg Tiglatpileser III. den assyrischen Thron. Unter der Herrschaft dieses Königs wurden die meisten Staaten Syrien-Palästinas gegenüber dem assyrischen Großkönig tributpflichtig. Der sogenannte »syrisch-ephraimitische Krieg« 733/32 brachte eine erhebliche Dezimierung des israelitischen Territoriums mit sich. Nach der Eroberung der Residenzstadt Samaria im Jahre 720 v.Chr. wurde auch der verbliebene Rumpfstaat assyrische Provinz. Die israelitische Oberschicht deportierten die Assyrer nach Mesopotamien und Medien. Zugleich siedelten sie auf dem Gebiet des ehemaligen Nordreiches eine neue Oberschicht aus Babylonien und den syrischen Aramäerstaaten an.

Der Prophetenspruch reflektiert offensichtlich kultische Begehungen am Heiligtum von Betel in der Zeit kurz vor dem Untergang. Die Bewohner- und Priesterschaft des Nordreiches bejubelt den im Stierbild gegenwärtigen Jahwe, von dem man sich Rettung in der Not verspricht. Hosea jedoch hat für dieses Unterfangen nicht mehr als Hohn und Spott übrig. Der Name des Heiligtums Betel (»Haus Gottes«) heißt nun Bet-Aven »Haus der Bosheit« oder »Haus des Unheils«. Das Stierbild nennt der Prophet nicht einfach ʿegæl »Jungstier«, sondern ʿæglôt bzw. ʿæglût, was man mit »Kälberei/Kalbszeug« übersetzen kann[8]. Auch die Priesterschaft wird mit einem polemischen Ausdruck belegt (kmrym). Das Jungstierbild, weit davon entfernt, Jahwes machtvolle Präsenz zu symbolisieren, wandert als Jahwe-loses Kalbszeug in die Verbannung – vielleicht als Trophäe für den Großkönig. Das für damalige Ohren Unerhörte der Botschaft Hoseas besteht darin, daß der Prophet den Gott Israels nicht mehr im Kult und Kultbild des Staatsheiligtums verortet, sondern in der assyrischen Vernichtungsmacht. Unter dem Eindruck der assyrischen Eroberungen zerbricht die Selbstverständlichkeit kultischer Gottespräsenz. In den älteren Bestandteilen des Hoseabuches leuchtet somit das erste Mal in der Religionsgeschichte Israels eine Bilderpole-

---
5 Sc. die »Bewohnerschaft Samarias«.
6 Sc. das »Volk«.
7 Sc. das »Kalbszeug«.
8 Zum textkritischen Problem vgl. H. Pfeiffer, Heiligtum (wie Anm. 3), 103, Textanmerkung 5a (Lit.).

mik auf, die die Anwesenheit Gottes im Bild bestreitet. Der Gedanke einer kosmischen Transzendenz Gottes ist dieser Polemik jedoch fremd. Vielmehr ist sie eingebunden in den weiteren Horizont der Kultpolemik, die Jahwes Handeln nicht mehr nach den Koordinaten des auf Integrität von Dynastie und Staat ausgerichteten offiziellen Kultes bestimmt[9], sondern in den großen Gewitterstürmen der weltpolitischen Veränderungen vernimmt. Letztlich bemißt sich das Handeln Jahwes an den Taten von Dynastie und Volk.

> 7,2 Aber sie sagen ihrem Herzen nicht,
> (daß) ich mich all ihrer Bosheit erinnert habe.
> Jetzt haben sie ihre Taten eingekreist,
> vor meinem Angesicht sind sie geschehen.

Das Gottesverhältnis ist hier primär ethisch, nicht kultisch begründet.

Im Südreich Juda sehen die Dinge nicht viel anders aus. Hier fehlen zwar eindeutige Hinweise auf ein anthropomorphes oder theriomorphes Kultbild für den Jerusalemer Tempel. Ohne kultisches Präsenzsymbol war aber auch dieser nicht. Einer weit verbreiteten Annahme zufolge diente als solches ein leerer Thron, der von zwei löwengestaltigen Sphingen, Keruben genannt, gebildet wurde, über denen man sich die Gottheit unsichtbar thronend vorstellte. Andere rechnen mit der Existenz eines anthropomorphen Kultbildes auch in Jerusalem. Nicht das Präsenzsymbol selbst wurde Zielscheibe der prophetischen Polemik, sondern das Jerusalemer Heiligtum in Gänze. So heißt es in Mi 3,9–12:

> 9 Höret doch dies, Häupter des Hauses Jakob,
> Fürsten des Hauses Israel,
> die ihr das Recht verabscheut
> und das Gerade krumm macht,
> 10 die ihr Zion mit Blut baut
> und Jerusalem mit Unrecht!
> 11 Ihre Häupter sprechen Recht um Bestechung,
> ihre Priester geben Weisung um Lohn,
> und ihre Propheten weissagen um Silber,
> und auf Jahwe verlassen sie sich,
> (indem sie) folgendermaßen (sprechen):
> Ist nicht Jahwe in unserer Mitte?
> Es kann kein Böses über uns kommen.
> 12 Deshalb wird Zion euretwegen

---

9 Zur Heiligtumstheologie von Betel vgl. H. Pfeiffer, Heiligtum (wie Anm. 3), 26–64; K. Koenen, Bethel. Geschichte, Kult und Theologie, OBO 192, Fribourg/Göttingen 2003, 141–180.

zum offenen Feld umgepflügt werden.
Und Jerusalem wird zum Trümmerhaufen
und der Tempelberg zu Höhen des Gestrüpps.

Jahwe agiert nicht als der Zionsgott zugunsten der Seinen. Vielmehr wird er wie auch bei Hosea in der alles niederwälzenden Macht der Feinde vernehmbar. Theologisch wird das Vernichtungswerk wiederum durch ethische Sachverhalte begründet.

In der Prophetie des Hosea im 8. Jahrhundert v.Chr. gehen Kult- und Bilderpolemik ineinander über[10]. Bedingt ist diese Polemik durch die weltgeschichtlichen Umwälzungen der Assyrerzeit. Hoseas Kultbildpolemik ist demnach noch situationsbedingt und nicht grundsätzlich wie im Bilderverbot. Dennoch dürfte in seiner Polemik eine der entscheidenden Wurzeln des Bilderverbotes zu suchen sein. Fragt man nach den Faktoren, die zur Ausbildung des kategorischen Bilderverbots führten, so wird sicherlich Israels Weg zum Monotheismus mitzubedenken sein, der schließlich auch zur Integration kosmologischer Begründungen für das Bilderverbot Anlaß gab.

II. Ps 93 und die Jerusalemer Kosmologie

In seiner Rekonstruktion der Jerusalemer Kosmologie postuliert Friedhelm Hartenstein einen durch die Tempelzerstörung im Jahre 586 v.Chr. und das Exil ausgelösten grundsätzlichen Umbruch:

»Die einschneidende Wirkung der Zerstörung Jerusalems 587 v.Chr. sowie der Exilszeit kann hier kaum hoch genug eingeschätz werden. Daß man JHWHs hintergründigen Wohnort jedoch ausdrücklich (und in Unterscheidung vom irdischen Tempel) ›im‹ Himmel lokalisierte (...), scheint in Jerusalem vor allem eine Folge der Krise von Tempelzerstörung und Ende der Staatlichkeit zu Beginn des 6. Jh.s v.Chr. zu sein. Erst ab der Exilszeit findet sich verbreitet die Rede von ›Gottes himmlischem Thronen‹, die nun eine eigenständige Bedeutung hatte, indem sie Gottes

---

10 Die weit verbreitete Ansicht, Hoseas Bilderpolemik sei durch eine wie auch immer geartete Fremdgottpolemik motiviert, ist zweifelhaft. Alle diesbezüglichen Stellen verdanken sich späterer Bearbeitung: vgl. dazu die neueren entstehungsgeschichtlichen Analysen der einschlägigen Stellen bei G.A. Yee, Composition And Tradition In The Book Of Hosea. A Redaction Critical Investigation, SBL.DS. 102, Atlanta, GA 1987; M. Nissinen, Prophetie, Redaktion und Fortschreibung im Hoseabuch. Studien zum Werdegang eines Prophetenbuches im Lichte von Hos 4 und 11, AOAT 231, Kevelaer/Neukirchen-Vluyn 1991; M. Th. Wacker, Figurationes des Weiblichen im Hoseabuch, HBS 8, Freiburg i.Br. u.a. 1996; H. Pfeiffer, Heiligtum (wie Anm. 3); R. Vielhauer, Das Werden des Buches Hosea. Eine redaktionsgeschichtliche Untersuchung, BZAW 349, Berlin u.a. 2007.

universale Handlungsmacht mit der Lokalisierung seines Throns ›über‹ dem sichtbaren Himmel begründete.«[11]

Vermittelt sei diese Verlagerung von Gottes mythischem Wohnort in den Himmel durch eine Rezeption kosmologischer Vorstellungen aus Mesopotamien[12]. Nun gibt es in der Tat Belege aus der nachstaatlichen Zeit, in denen der himmlische Ort des göttlichen Wohnsitzes eigens betont wird[13]. Fragen kann man aber, ob es sich bei den Verortungen Gottes im Himmel und im Heiligtum um konzeptionelle *Alternativen* im strengen Sinne handelt, die zudem in einem diachronen Gefälle von der vorexilischen zur exilisch-nachexilischen Zeit sichtbar würden.

Um bei dem letztgenannten Aspekt einzusetzen, so fällt auf, daß das von Friedhelm Hartenstein herangezogene Quellenarsenal für die staatliche Zeit mit Jes 6,1–11; Ps 93; Jer 17,12; 1Kön 8,12–13 (und Ps 18,8–16*)[14] alles andere als reichhaltig ausgestattet ist. Um so mehr kommt es darauf an, daß die wenigen Texte im Sinne der These auch wirklich aussagekräftig sind. Bekanntlich steht die alttestamentliche Wissenschaft hier vor einem gravierenden Problem. Das Alte Testament stellt literaturgeschichtlich eine vom Frühjudentum erarbeitete Sammlung religiösen Schrifttums dar und stammt als solche erst aus der nachstaatlichen Zeit. Zwar haben in diese Sammlung ältere Stücke Eingang gefunden, die durchaus als Quelle für die staatliche Zeit beansprucht werden können. Doch ist in aller Regel nicht von vornherein ausgemacht, wie diese älteren Substrate literargeschichtlich abzugrenzen sind. Viel mehr ist damit zu rechnen, daß sich Tradition und Redaktion bis in die Einzeltexte hinein überlagern. Das behauptete ältere Traditionsgut ist deshalb kaum anders zu haben denn als literargeschichtliches Rekonstrukt.

Unter dieser Voraussetzung wird deutlich, daß *jede* Verwendung eines alttestamentlichen Textes als Quelle aus der staatlichen Zeit der vorherigen literargeschichtlichen Absicherung bedarf. Unter den von Friedhelm Hartenstein für die vorexilische Zeit reklamierten Texten ergeben sich dabei meines Erachtens zumindest hinsichtlich Ps 93 größere Probleme. Dieser repräsentiert für Friedhelm Hartenstein nicht weniger

---

11   Vgl. in diesem Band den Beitrag von F. Hartenstein, 24. Zum Gottesthron im Himmel als Thema nachexilischer Theologie vgl. B. Ego, »Der Herr blickt herab von der Höhe seines Heiligtum«. Zur Vorstellung von Gottes himmlischem Thronen in exilisch-nachexilischer Zeit, ZAW 110, 1998, 556–569.

12   So ausdrücklich F. Hartenstein, Wolkendunkel und Himmelsfeste. Zur Genese und Kosmologie der Vorstellung des himmlischen Heiligtums JHWHs, in B. Janowski/B. Ego (Hgg.), Das biblische Weltbild und seine altorientalischen Kontexte, FAT 32, Tübingen 2001, 136–152, 166f.

13   Vgl. Jes 63,7–64,11; 66,1–2; Ps 33,13–19; 102,13.20; 103,19–22 und F. Hartenstein, Wolkendunkel (wie Anm. 12). In diesen Rahmen ordnet sich auch die dtr. Namen-Theologie ein (vgl. T.N.D. Mettinger, The Dethronment Of Sabaoth, CB 18, Lund 1982, 46–52).

14   Vgl. F. Hartenstein, Wolkendunkel (wie Anm. 13), 129–136.

als »so etwas wie den Grund-Mythos der Weltordnung für die staatliche Zeit Judas«[15]. Es empfiehlt sich, den Psalm noch einmal in seiner Gesamtanlage in den Blick zu nehmen[16]:

1aα	Jahwe ist König (geworden).
1aβ	Mit Hoheit hat sich bekleidet,
1aγ	bekleidet Jahwe,
1aδ	mit Macht sich gegürtet.
1b	*Ja, fest steht der Erdkreis,*
	so daß er nicht wankt.
2	*Fest gegründet ist dein Thron von uran,*
	von Urzeit her bist du.
3	Ströme erhoben, Jahwe,
	Ströme erhoben ihr Brausen,
	(ständig) erheben Ströme ihr Tosen.
4	Mehr als das Brausen mächtiger Wasser,
	›gewaltiger als‹ die Brecher des Meeres,
	gewaltig in der Höhe ist Jahwe.
5	*Deine Gesetze sind wahrhaft zuverlässig,*
	deinem Hause gebührt Heiligkeit;
	Jahwe, für die Dauer der Tage.

Der Psalm setzt mit einem Mottovers (V1aα) ein und gliedert sich dann in fünf Abschnitte (V1aβ–δ/1b–2/3/4/5). Der Mottovers thematisiert Jahwes Königtum: Jahwe ist König geworden und herrscht folglich jetzt als König. V1aβ–δ beschreiben das Anlegen des königlichen Ornates, wobei wir zunächst offen lassen, welcher Art dieser Ornat ist. V1b–2 lenken sodann den Blick auf des Urzeitgottes »von uran« befestigten Thron, der zugleich die Festigkeit des Erdkreises (*tbl*) begründet. V3.4 handeln nun, nach V2 zumindest unerwartet, von einer Bedrohung des Gottesthrones und folglich der Festigkeit des Erdkreises durch die chao-

---

15 Vgl. in diesem Band den Beitrag von F. Hartenstein, 26.
16 Neben den Kommentaren sei wenigstens hingewiesen auf J. Jeremias, Das Königtum Gottes in den Psalmen. Israels Begegnung mit dem kanaanäischen Mythos in den Jahwe-Königs-Psalmen, FRLANT 141, Göttingen 1987, 15–29; O. Loretz, Ugarit-Texte und Thronbesteigungspsalmen. Die Metamorphose des Regenspenders Baal-Jahwe, UBL 7, 1988, 274–303; H. Spieckermann, Heilsgegenwart. Eine Theologie der Psalmen, FRLANT 148, Göttingen 1989, 180–186; ders., Der theologische Kosmos des Psalters, BThZ 21/1, 2004, 62–67; R. Mosis, »Ströme erheben, Jahwe, ihr Tosen ...«. Beobachtungen zu Ps 93, in: ders., Gesammelte Aufsätze zum Alten Testament, FzB 93, Würzburg 1991/1999, 317–357; B. Janowski, Das Königtum Gottes in den Psalmen, in: ders., Gottes Gegenwart in Israel. Beiträge zur Theologie des Alten Testaments, Neukirchen-Vluyn 1993, 148–213; R.G. Kratz, Der Mythos vom Königtum Gottes in Kanaan und Israel, ZThK 100, 2003, 147–162; ders., Reste hebräischen Heidentums am Beispiel der Psalmen, NAWG.PH 2004,2, Göttingen 2004, 27–65.

tischen Wasserströme. Doch Jahwe ist »gewaltiger« »in der Höhe«. V5 lenkt schließlich den Blick weg vom mythisch-kosmischen Geschehen hin zu den Orten der irdischen Gottespräsenz – die Tora (ʿdt)[17] und den Tempel. Auffällig an der Struktur des Psalms ist insbesondere das enge Entsprechungsverhältnis zwischen V1b–2 und V5. Der Festigkeit des Erdkreises in V1b entspricht die Zuverlässigkeit »deiner Gesetze«. »Dein Thron« in V2 hat sein Gegenstück in »dein Haus« (V5). Und »von Ewigkeit her bist du« (V2) korrespondiert in V5 »für die Länge der Tage« (V5).

Für das von Friedhelm Hartenstein vermutete kosmologische Konzept der staatlichen Zeit sind vor allem die Größen »Thron« (V2), »Höhe« (V4) und Tempel (V5) maßgeblich, womit wie in Jes 6 eine Raumgliederung »von innen nach außen und zugleich von oben nach unten« erfolge. Für die »Höhe« (*mrwm*) von V4 ist entscheidend, daß sie nicht im Himmel zu verorten sei. Unter Beiziehung von Jer 17, 12 gelangt Friedhelm Hartenstein zu dem Urteil: »Die ›Höhe‹ des Gottesthrons ist primär eine Aussage qualitativer Überlegenheit, sie hat aber auch eine Affinität zum Bereich des Himmels. Der Thron wird aber nicht *in* diesem verortet. Darin scheint eine Eigenart der Jerusalemer Rezeption der Vorstellung vom Bergwohnsitz von Wettergottheiten zu bestehen«[18]. Der Gottesthron muß dann direkt auf dem Zionsberg gedacht werden und die »Höhe« als Bergeshöhe[19].

Gehen wir einmal vom Recht dieser Interpretation aus, so stellt sich doch die Frage nach dem Alter von Ps 93 in der *vorliegenden* Form. Die häufig geäußerte Vermutung, die Substanz von Ps 93 sei hinsichtlich ihres traditionsgeschichtlichen und theologischen Profils in der vorexilischen Zeit sehr viel besser aufgehoben als in der Zeit des zweiten Tempels, soll dabei gar nicht in Frage gestellt werden. Nur trifft dies schwerlich für den gesamten Psalm zu. Das ist zumindest im Blick auf V5 schon immer gesehen worden. Stein des Anstoßes ist der Ausdruck »deine Zeugnisse« (ʿdt) am Anfang dieses Verses. Der Terminus begegnet vornehmlich in späten, zumeist dtr. oder priesterschriftlichen Texten. In der vor-dtr., also vorexilischen Literatur, trifft man ihn gar nicht an. Der Sache nach ist die mosaische Tora im Blick. Einige Exegeten versuchen, das Problem durch die Annahme zu beheben, ein späterer Bearbeiter habe hier einen älteren Terminus einfach ersetzt[20]. Abgesehen davon, daß man mit Lösungen

---

17 Zur Problematik vgl. in diesem Band, F. Hartenstein, 35f.
18 Vgl. in diesem Band, F. Hartenstein, 27.
19 Vgl. F. Hartenstein, Wolkendunkel (wie Anm. 13), 166: »Der Gottesthron ragt bergeshoch vom Zion auf, und die Festigkeit der Erde hängt von ihm ab«. Ähnlich bereits J. Jeremias, Königtum (wie Anm. 16), 25; B. Janowski, Königtum (wie Anm. 16), 174.
20 Man denkt dabei etwa an das ugaritische ʿad »Thronbasis, Fundament des Thrones« (vgl. M. Dahood, Psalms II. 51–100, AB 17, Garden City/New York 1968, 342; HALAT, 744

Gottesbild und Kosmologie 47

dieser Art immer »den Raum der Spekulation betritt«[21], lassen sich noch weitere Indizien beibringen, die gegen eine Zugehörigkeit des *gesamten* Verses zum älteren Psalm sprechen. Denn nicht nur der erste Teil des Verses gibt Grund zum Anstoß[22], sondern auch die Fortsetzung: »die Aussage, daß dem Tempel Heiligkeit gebühre, fällt aus der hymnischen Diktion des Textes ganz heraus«[23]. Weiterhin markiert der Gottesname Jahwe am Anfang von V1 und am Ende von V4 eine *inclusio*. Unterstellt man dem Psalm so etwas wie einen dramatischen Ablauf, so ist die Klimax mit der Feststellung, Jahwe »in der Höhe« sei »gewaltiger« als die chaotischen Wasser, bereits in V4 erreicht. Schließlich fällt V5 auch in stilistischer Hinsicht aus dem Rahmen. Läßt man einmal die – wie sich gleich zeigen wird – ebenfalls problematischen V1b–2 außer Acht, so besteht der Psalm aus klimaktisch gefügten Trikola, wobei die einzelnen Kola jeweils durch Wortparallelen und Wortwiederholungen geprägt sind[24]. V5 jedoch weist weder Wortparallelen noch Wortwiederholungen auf. So fällt V5 in mancherlei Hinsicht strukturell aus dem Rahmen des übrigen Psalms. Vor diesem Hintergrund verdient Beachtung, daß das erste Kolon von V5 in Ps 19,8b eine fast wörtliche Parallele hat. Angesichts der sonstigen Auffälligkeiten von V5 erscheint es uns mehr als wahrscheinlich, daß V5 mit Seitenblick auf Ps 19 sekundär an Ps 93 angefügt wurde[25]. Wie in Ps 19 Schöpfung und Tora in Beziehung zueinander gesetzt werden, so in Ps 93 die Erhaltung der Welt (V1–4) mit Tora und Tempel.

Mit einiger Sicherheit muß man aber bei der Rekonstruktion des vorexilischen Grundpsalms noch einen Schritt weiter gehen. Denn auch V1b–2 sind späterer Bearbeitung verdächtig. Bereits die kolometrische Einteilung bereitet Schwierigkeiten. Wir sind bei der Wiedergabe der masoretischen Texteinteilung gefolgt und haben in zwei Bikola gegliedert[26]. Eine solche Gliederung fällt inmitten des sonst aus Trikola gefügten

---

(»Thronraum«, »Thronsitz«); zuletzt wieder H. Spieckermann, Kosmos [wie Anm. 16], 66).
21 J. Jeremias, Königtum (wie Anm. 16), 26.
22 V5a wird auch von F. Hartenstein späterer Bearbeitung zugewiesen. Vgl. in diesem Band, 26 Anm. 32.
23 H. Spieckermann, Kosmos (wie Anm. 16), 67. Er ändert in $l^e bêtkā\ nā\ {}^{\circ}wæh\ (w^e)qādoš$ (»ja, dein Haus ist schön [und] heilig«) bzw. $l^e bêtkā\ n^e weh/n^e wat/n^e\ {}^{\circ}ôt\ qodæš$ (»ja, dein Haus ist ein heiliger Ort«).
24 Vgl. in V1αβ–δ die Wiederholung von *lbš* und die Parallele $g^{\circ}wt\ lbš\ //\ {}^{c}z\ ht^{\circ}zr$, in V3 die dreimalige Wiederholung der Basis $nś^{\circ}$ mit dem Subjekt *nhrwt* und die Parallele *qwlm // dkym* sowie in V4 die Parallele *mym rbym // mšbry ym* und die Wortwiederholung $^{\circ}dyr$.
25 Vgl. F.-L. Hossfeld/E. Zenger, Psalmen 51–100. Übersetzt und ausgelegt, HThK.AT, Freiburg i.Br. u.a. 2000, 645f., 648.
26 Vgl. z.B. J. Jeremias, Königtum (wie Anm. 16), 15; F.-L. Hossfeld/E. Zenger, Psalmen 51–100 (wie Anm. 25), 643–645.

Psalms auf. Natürlich kann man auch (harmonisierend) gegen die masoretische Texteinteilung in Trikola gliedern:

1b Ja, fest steht der Erdkreis, so daß er nicht wankt.
2   Fest gegründet ist dein Thron von uran,
            von Urzeit her bist du.

Wie man die Dinge auch sieht, V1b–2 unterscheiden sich vom Rest des Grundpsalms zusätzlich durch ihre syntaktische Fügung und der damit einhergehenden inhaltlichen Komplexität. Der gesamte Abschnitt enthält drei Hauptsätze mit drei verschiedenen Subjekten (»Erdkreis«, »dein Thron«, »du«). Vergleichbar ist in dieser Hinsicht – und das bestimmt nicht ohne Zufall – nur noch der spätere V5, der in zwei Sätzen Aussagen über zwei Größen, nämlich das Gesetz *und* das Heiligtum enthält. Die anderen Verse entfalten hingegen jeweils nur *ein* Thema und kommen deshalb auch ohne wechselndes Subjekt aus (V1aβ–δ: das Sich-Bekleiden Jahwes, V3: das Tosen der Ströme, V4: die Überlegenheit Jahwes über die Wasser). Weiterhin nehmen V1b–2, unter Aufnahme einer veränderten Konzeption, die Pointe von V4 vorweg. Der Leser weiß von Anfang an, daß das Tosen der Fluten von V3 vergeblich sein wird. Erst wenn man V1b–2 aus dem Grundbestand aussondert, kann V3 seine volle Dramatik entfalten. Die Chaoswasser stellen dann eine wirkliche Bedrohung der Königsherrschaft Jahwes dar. Erst Jahwes Überlegenheit im Finale des Psalms verrät den Ausgang. V1b–2 mindern demnach die Dramatik des Psalms.

Die genannten Auffälligkeiten von V1b–2 relativieren meines Erachtens auch den Hinweis auf KAR II 307, Rs. 23f. In dem genannten Beleg aus dem neuassyrischen Neujahrsritual ist davon die Rede, daß die Götter dem König anläßlich seiner Inthronisation nicht nur die Herrschaftsinsignien übereignen, sondern auch mit dem *melammu*-Glanz bekleiden. Dies hat Anlaß dazu gegeben, auch die Bekleidungsszene von Ps 93,1aβ–δ im Kontext der Thron(besteigungs)motivik zu interpretieren[27].

Doch läßt auffälligerweise die Basis *g'y* jede Affinität zur Thronthematik fehlen. Vielmehr dominiert dort, wo aus dieser Wurzel gebildete Wörter in Verbindung mit Gott[28] gebraucht werden[29], der kriegerische Kontext, so etwa in Ex 15,1.21 (*g'h*) und Ex 15,7 (*g'wn*). Die nächste Sachparallele zu Ps 93,1aβ bietet Hi 40,10. Um sein Recht gegenüber Gott

---

27 Vgl. E. Otto, Mythos und Geschichte im Alten Testament. Zur Diskussion einer neuen Arbeit von Jörg Jeremias, BN 42, 1988, 93–102; B. Janowski, Königtum (wie Anm. 16), 163, Anm. 47.
28 Vgl. Dtn 33,26.29 (*g'wh*) – davon abhängig Ps 68,35; Jes 2,10.19.21; 26,10 (*g'wt*).
29 Zur Bezeichnung von Gewalt vgl. weiterhin etwa Ps 10,2 (*g'wh*); 89,10 (*g'wt*).

durchzusetzen, wird Hiob rhetorisch von Gott aufgefordert, sich (wie Gott) königlich zu kleiden:

Schmücke dich doch mit Hoheit (gʾwn) und Erhabenheit (gbh), mit Majestät (hwd) und Glanz (hdr) bekleide (lbš) dich![30]

Im Fortgang wird deutlich, daß die königliche Hoheit in der Vernichtung der gottwidrigen Mächte zur Geltung kommen soll, nämlich gegen »alles Hochmütige« (kl gʾh, V11), »alles Hochmütige (kl gʾh)/ Frevler« (ršʿym, V12), das »Nilpferd« (bhmwt, V15–24) und das »Krokodil« (lwytn, 40,25–41,26)[31].

Fehlt jeder Bezug der Wurzel gʾy zur Thronthematik, so ist der unmittelbare Bezug der Aussage von Jahwes Sich-Gürten mit »Macht/Kraft« (ʿz) in Ps 93,1aδ auf die Thematik der V3–4 erst recht evident[32]. Man wird also kaum sagen können, daß V1α–δ die Thronthematik von V1b–2 integrieren.

So spricht insgesamt alles dafür, daß Ps 93,1 nicht auf die Thronthematik von V2, sondern auf die Chaoswasser der V3–4 zielt[33]. Alles zusammen führt zu der Vermutung, daß auch V1b–2 nicht von der gleichen Hand wie V1.3–4 stammen[34].

Der mutmaßliche Grundpsalm (V1.3–4) thematisiert Jahwes überlegene Königsherrschaft gegenüber den chaotischen Wassern und bringt so den Bestand der Welt als Folge seiner königlichen Macht zur Geltung. Jahwe herrscht als König (V1aα), was soviel bedeutet wie: Er ist gewaltiger als die vernichtend tosenden Chaoswasser (V3–4). Bekleidet mit seiner Rüstung (V1β–δ), hält er die Chaoswasser bereits »in der Höhe«, d.h. von seinem göttlichen Sitz aus in Schach. Eines wirklichen Kampfes bedarf es nicht.

---

30 Die Aufforderung »Gürte doch wie ein Jungmann deine Lenden!« (40,7) bezieht sich auf die Auseinandersetzung zwischen Hiob und Gott und kann nicht als Parallele zu Ps 93,1 herangezogen werden.
31 Zu hwd (und hdr) im Kontext der Feindvernichtung vgl. Ps 45,4 (vom irdischen König) und Hab 3,3.
32 Vgl. R. Mosis, Ströme (wie Anm. 16), 238f. mit Verweis auf Ps 65,7 – der einzigen Stelle, die von einem Sich-Gürten Jahwes im Kontext seiner Auseinandersetzung mit den Chaoswassern spricht.
33 Dieser Zusammenhang ist von J. Jeremias, Königtum (wie Anm. 16), 20f., durchaus richtig gesehen worden!
34 Vgl. auch O. Loretz, Ugarit-Texte (wie Anm. 16), 278–293; K. Seybold, Die Psalmen, HAT 1/15, Tübingen, 1996, 367–370; Chr. Levin, Das Alte Testament, München ²2003, 37. Zum Problem der V1b–2.5 vgl. auch R.G. Kratz, Reste (wie Anm.16), 36f., der allerdings die formalen Gesichtspunkte weniger stark gewichtet und lediglich V1b und den ersten Stichos von V5 späterer Bearbeitung zuweist. – Ps 96,10 (par. 1 Chr 16,30) setzt Ps 93,1b voraus, nicht umgekehrt.

Die nachexilische Bearbeitung V1b–2.5 thematisiert den Bestand der Welt unter dem Gesichtspunkt der Festigkeit des Gottesthrones[35]. Zugleich trägt sie in V5 die Größen Tora und Tempel als die in nachexilischer Zeit nahezu kategorial gedachten Orte göttlicher Präsenz in der Welt ein. Dabei wird die kosmische Festigkeit des (bewohnten!) Erdkreises in der das Leben ordnenden Funktion der Tora, die Festigkeit des Gottesthrones in der durch die Gottesgegenwart begründeten Heiligkeit des Tempels und die Ewigkeit des Urzeitgottes im ewigen Bestand des Heiligtums erfahrbar.

Folgt man der hier skizzierten Literargeschichte[36], so trifft man auf das von Friedhelm Hartenstein als ›typisch‹ vorexilisch reklamierte kosmologische Konzept in einer *nach*exilischen Bearbeitung. Ps 93 wäre dann eher ein Zeuge gegen den vermuteten grundsätzlichen Umbruch in der Jerusalemer Kosmologie.

Unabhängig davon ergeben sich meines Erachtens aber überhaupt Zweifel, ob sich aus Ps 93 das Konzept einer expliziten Verortung des Gottesthrones auf der Bergeshöhe entnehmen läßt. Der Terminus »Höhe« (*mrwm*) kann nach Ausweis der biblischen Belegstellen grundsätzlich die Berges- wie die Himmelshöhe bezeichnen[37]. Eindeutige Indikatoren, die eine alternative Entscheidung für Ps 93 zuließen, vermag ich nicht zu erkennen. Es steht zu vermuten, daß auch den Autoren von Ps 93 diese Alternative fremd war: »Tempel haben kosmische Dimensionen, weil an diesen Orten der Himmel in den irdischen Raum einbricht und umgekehrt der Tempelraum transparent für eine transzendente Wirklichkeit wird.«[38] Der Tempel ist derjenige Ort auf Erden, an dem der Thron in der »Höhe« für die Menschen erfahrbar wird. Die nachexilische Bearbeitung von Ps 93 begnügt sich damit, diesen Grundsachverhalt kultisch-mythischen Denkens zur Sprache zu bringen. Weitere Aufschlüsse über die Kosmologie lassen sich kaum entnehmen.

---

35 Vgl. Ps 33,14; zum Gottesthron in nachexilischer Zeit vgl. weiterhin z.B. Ps 11,4; 97,2; 103,19.
36 Wenigstens im Blick auf V5 sollten wirklich keine Zweifel bestehen. Mit V5 fällt aber das für die »Symbolik des Zentrums« unerlässliche Heiligtum der nachexilischen Bearbeitung zu!
37 Zur Bezeichnung der *Himmels*höhe vgl. Jes 24,18.21; 32,15; 38,14; 58,4; Ps 18,17; 71,19; 144,7; Hi 16,19; 31,2; Thr 1,13; zur Bezeichnung der *Berges*höhe vgl. 2Kön 19,23 (par. Jes 27,24); Ez 34,14.
38 M. Köckert, Die Theophanie des Wettergottes Jahwe in Psalm 18, in: T. Richter u.a. (Hgg.), Kulturgeschichten. Altorientalische Studien für Volkert Haas zum 65. Geburtstag, Saarbrücken 2001, 218; vgl. zum Problem grundsätzlich M. Metzger, Himmlische und irdische Wohnstatt Jahwes, UF 2, 1970, 139–158.

Weltbildkonflikte in der christlichen Antike

CHRISTOPH MARKSCHIES

Daß über Weltbilder kräftig gestritten werden konnte und gestritten werden kann, ist eine vergleichsweise triviale Aussage, die natürlich auch für die kaiserzeitliche Antike und das sich damals zur Reichsreligion formierende Christentum zutrifft. Mich interessieren im Zusammenhang unseres Kolloquiums, das sich mit der *Bildlichkeit* der Weltbilder beschäftigt, auch nicht die antiken Weltbildkonflikte im Allgemeinen, sondern nur solche, bei denen ihre *Bildlichkeit* ein wesentlicher Punkt des Konfliktes war. Anders formuliert: Es geht bei den folgenden Ausführungen um Konflikte über Weltbilder, bei denen der exakte Status der *Modellierung* des Bildes strittig ist, der theoretische Anspruch des Weltmodells und seiner Bebilderung Gegenstand eines Konfliktes ist.

Auf einen vergleichsweise engen Zusammenhang zwischen der *Bildlichkeit* von antiken Weltbildern und dem *Konflikt* über die Weltbilder wurde ich vor längerer Zeit aufmerksam, als ich versuchte, eine ganz bestimmte Bibelstelle zu verstehen. In der Offenbarung des Johannes, einer apokalyptischen Schrift vom Ende des ersten Jahrhunderts, werden im sechsten Kapitel Bilder aus dem Buch des Propheten Jesaja zitiert: »Und ich sah: ... es geschah ein großes Erdbeben, und die Sonne wurde finster wie ein schwarzer (Trauer-)Sack, und der ganze Mond wurde wie Blut, und die Sterne des Himmels fielen auf die Erde, wie ein Feigenbaum seine Feigen abwirft, wenn er von starkem Sturm geschüttelt wird. Und der Himmel verschwand wie eine Schriftrolle, die zusammengerollt wird, und alle Berge und Inseln wurden wegbewegt von ihrem Ort« (Apk 6,12–14[1]). Wenn man diese Zeilen liest oder hört, kann man gar nicht anders, als sich diese Beschreibung bildlich vorzustellen: Der Himmel, wie eine geöffnete Buchrolle als Firmament über die Erde gespannt, wird zusammengerollt, Berge und Inseln, die in die Erdscheibe eingesteckt sind, werden herausgelöst und verschoben. Ein solches bewegtes Bild scheint auf den ersten Blick vorzüglich zu jenen Laienvorstellungen von einem »Käseglockenmodell« zu passen, das das Weltbild des vorneuzeitlichen Menschen geprägt haben soll[2]. Aber schon Wilhelm Bousset bemerkte

---

[1] Vgl. Jes 13,10; 50,3 LXX und 34,4. H. Wildberger bemerkt zur Passage: »Das Bild vom Sichzusammenrollen des Himmels wie ein ספר, ein beschriebenes Blatt, ist singulär« (ders., Jesaja. 3. Teilband: Jesaja 28–39. Das Buch, der Prophet und seine Botschaft [BK.AT X/3], Neukirchen-Vluyn 1982, 1342).

[2] Dazu kritisch: B. Janowski, Das biblische Weltbild. Eine methodologische Skizze, in: ders., Der Gott des Lebens. Beiträge zur Theologie des Alten Testaments 3, Neukirchen-Vluyn 2003, 3–26. – Vgl. B. Ego/B. Janowski, Bibliographie zum biblischen Weltbild

in seinem Kommentar zur Offenbarung aus dem Jahre 1906: »Gar zu wörtlich will diese etwas übertriebene Schilderung nicht genommen werden«[3]. Und seither haben vor allem Alttestamentler bei der Interpretation der Jesaja-Texte, die in der Offenbarung zitiert, paraphrasiert und variiert werden, darauf hingewiesen, daß das zugrundeliegende Weltmodell, dessen Auflösung in den apokalyptischen Visionen bebildert wird, auf sehr komplexe Weise tatsächliche Weltwahrnehmung und symbolische Repräsentation von Weltdeutung verschränkt[4]. Für unsere Fragestellung ist nun weniger wichtig, nach welchen gegenwärtig verbreiteten wissenschaftlichen Paradigmen diese komplexe Verschränkung oder – um Othmar Keel zu zitieren – »Osmose« beschrieben wird, ob das den zitierten biblischen Texten zugrundeliegende Weltbild beispielsweise als besondere Form einer »mental map«, als »Mythologisierung des Raumes« oder als was auch immer beschrieben wird[5]: Für uns einschlägig ist die Beobachtung, daß hier die *Bildlichkeit* dieses Weltbildes nicht als quasi photorealistische Abbildlichkeit verstanden werden darf und auch nicht als maßstäbliches Modell von Welt, sondern als symbolische Repräsentation von Bedeutung. Nicht zufällig wird im apokalyptischen Bild der zusammenschnappenden Buchrolle die komplexe Realität von »Himmel« (ὁ οὐρανός), die in der frühjüdischen Apokalyptik ausführlich hinsichtlich ihrer Schichten und Stufungen bedacht wurde, auf das vergleichsweise schlichte Modell einer ausgerollten Fläche zusammengezogen – die allgemeine Lesbarkeit eines Weltbildes setzt reduzierte geometrische Grundmuster voraus, die die Komplexität der Welt symbolisch reduzieren. Diesen spezifischen und in gewisser Weise reduktionistischen Status der Bildlichkeit jener Bilder von Welt – oder genauer: der Bilder einer Auflösung von Welt – präzise zu bestimmen, ist eine entscheidende Voraussetzung dafür, die Debatten um die Apokalyptik in der Antike besser zu verstehen.

Uns soll es aber heute nicht um die antiken Debatten über die Apokalyptik gehen, sondern um zwei Konflikte um Weltbilder aus der christ-

---

und seinen altorientalischen Kontexten, in: dies. (Hgg.), Das biblische Weltbild und seine altorientalischen Kontexte (FAT 32), Tübingen 2001, 543–558.

3 W. Bousset, Die Offenbarung Johannis (KEK XVI), Göttingen 1966 (= [6]1906), 275. – Vgl. aber W. Hübner, Volumen. Zur Metaphorik der Buchrolle in der Antike und bei Michel Butor, in: *Vir bonus dicendi peritus.* FS zum 65. Geburtstag v. Alfons Weische, hg. v. B. Czapla/T. Lehmann/S. Liell, Wiesbaden 1997, 181–191.

4 O. Keel spricht von einer »Osmose zwischen Tatsächlichem und Symbolischem«: Die altorientalische Bildsymbolik und das Alte Testament. Am Beispiel der Psalmen, Göttingen [5]1996, 47. Eine gewisse Initialzündung für neue Konzeptionen hatte zur Folge: H. Gese, Die Frage des Weltbildes, in: ders., Zur biblischen Theologie. Alttestamentliche Vorträge (BevTh 78), München 1977, 202–222.

5 Eine Reihe von Beschreibungsmöglichkeiten mit Literaturnachweisen bei B. Janowski, Weltbild (wie Anm. 2), 20. Vgl. auch I. Cornelius, The Visual Representation of the World in the Ancient Near East and the Hebrew Bible, JNWSL 20 (1994), 193–218.

lichen Antike, bei denen die Bedeutung der *Bildlichkeit* für den Konflikt bisher noch gar nicht recht wahrgenommen wurde und der präzise Status der kosmologischen Modelle, um die gestritten wurde, noch gar nicht zureichend bedacht ist. Es wird in zwei Abschnitten zunächst um ein Welt(entstehungs-)modell, das aus der christlichen Gnosis des zweiten Jahrhunderts stammt, gehen und dann um ein Weltmodell, das von dem Indienfahrer Cosmas im sechsten Jahrhundert entwickelt wurde. Die These, die mit den beiden Abschnitten entwickelt und begründet werden soll, lautet: Der Konflikt über diese beiden Weltbilder entstand, weil die Kritiker der beiden Weltbilder den Status der Bildlichkeit dieses Modells entweder nicht präzise wahrnehmen wollten oder nicht wahrnehmen konnten. Ihre Kritik hat eine falsche Ansicht über den Status der Bildlichkeit zur Voraussetzung. Noch präziser formuliert: Die Kritiker der beiden Weltbilder, die uns gleich beschäftigen werden, mißverstehen die beanspruchte Ähnlichkeitsrelation der beiden Modelle zur Welt, wie sie vor Augen liegt[6]. Sie setzen ein ungleich größeres Maß an mimetischer Konformität zur Wirklichkeit voraus, als es mit den Modellen überhaupt angelegt ist, und nehmen damit einen Irrtum voraus, der bis in unsere Tage in den populären Verzeichnungen antiker Weltbilder unter den Schlagworten »primitiv« und »naiv« wiederholt wird – am bekanntesten wohl in der gewöhnlichen Verwendung des berühmten Holzschnitts des französischen Astronomen Camille Flammarion von 1888. Aber auch die beiden christlichen Weltbilder der Antike, mit denen wir uns beschäftigen werden, werden bis auf den heutigen Tag stärker durch die Augen ihrer spätantiken Kritiker gesehen, als es dem Verständnis dieser ambitionierten Modelle von Wirklichkeit gut tut.

Bevor wir aber zu unseren Beispielen kommen können, müssen wir noch eine Vorfrage stellen und zu beantworten versuchen: Welche Ähnlichkeitsrelation beanspruchen Weltmodelle denn überhaupt? Wie verhalten sich hier Bild und Wirklichkeit zueinander (wenn man denn diese schwierige Unterscheidung überhaupt wenigstens tendenziell durchführen kann)? Oder vielleicht vorsichtiger: Wie verhalten sich Bild und Abgebildetes zueinander? Mir scheint, daß man bei dem Versuch, auf diese Frage zu antworten, zunächst einmal auf den Unterschied zwischen antiken Bildern und Weltbildern aufmerksam wird. Im Unterschied zu anderen antiken Bildern beanspruchten die Weltmodelle dieser Epoche eine höchst abstrakte, symbolische bzw. symbolisierende Ähnlichkeitsrelation zur Welt, wie sie vor Augen lag. Sie unterschieden sich damit kategorial von anderen Bildern – beispielsweise Portraits oder

---

6   Den Begriff »Ähnlichkeitsrelation« entnehme ich aus den theoretischen Vorüberlegungen von L. Giuliani, Bild und Mythos. Geschichte der Bilderzählung in der griechischen Kunst, München 2003, 22–37.

Bilderzählungen – die eine möglichst dichte, Illusion weckende Ähnlichkeitsrelation anstreben. Ein Modell strebt zu allen Zeiten keine dichte, illusionäre Ähnlichkeitsrelation, sondern eine auf die Grundstrukturen reduzierte Ähnlichkeitsrepräsentation an. Damit muß aber ein solches Weltbild – allzumal in seiner handlichsten Form als Modell – interpretiert werden nach den Gesetzen, nach denen textliche Symbole und Metaphern ausgelegt werden, also nach den Gesetzen der metaphorischen und allegorischen Rede. Etwas handfester hatte es Bousset im Blick auf die zitierte Passage aus der Johannesoffenbarung formuliert: »Gar zu wörtlich will diese ... Schilderung nicht genommen werden«. Etwas sensibler wird der nämliche Umstand, daß metaphorische Rede bzw. symbolische Bebilderung vorliegt, im spätantiken jüdischen Midrasch Bereschit Rabba zum ersten Buch der Bibel ausgedrückt. Hier werden viele Details des biblischen Schöpfungsberichtes durch Analogien aus dem menschlichen Leben verständlich gemacht, die dann jeweils durch den stereotypen Satz abgeschlossen werden: »Wenn schon einem Menschen von Fleisch und Blut ..., um wieviel mehr erst Gott ...«: Wenn nach dem biblischen Bericht Wasser auch über dem Himmel stehen und nicht nur unter ihm, so ist dies dadurch verständlich zu machen, daß auch ein Mensch Wasser in einem Trichter dadurch zum Stehen bringt, daß er mit dem Finger den Ausfluß verschließt[7]. Die sprachliche Gestalt des Vergleichs (»qal wa chomer«[8]) macht deutlich, daß die Autoren sich die Welt natürlich nicht als Trichter vorstellen, sondern höchstens nach der *Analogie* eines Trichters. Auf die Spitze getrieben ist dieser Zusammenhang, wenn eine *doppelte* textliche wie bildliche Allegorisierung vorliegt. So wird beispielsweise in der enzyklopädischen Schrift über die Hochzeit der Philologie und Merkurs (*De nuptiis Philologiae et Mercurii*) des Martianus Capella aus dem späten fünften oder frühen sechsten Jahrhundert im Rahmen einer allegorischen Szene erzählt, wie vor Jupiter ein Modell aufgebaut ist, in dem mit geschnitzten Figuren die gesamte Natur repräsentiert wird[9]. Der Göttervater thront in der obersten von sechzehn Regionen (*regiones*) des Himmels[10], und vor seinen Thron ist auf einer Plattform eine

---

7   BerR 4,2 zu Gn 1,6 (26f. Theodor/Albeck), Übersetzung bei: Der Midrasch Bereschit Rabba. Das ist die Haggadische Auslegung der Genesis zum ersten Mal ins Deutsche übertragen von A. Wünsche, Leipzig 1881, 15f.
8   Aus den sieben Middot Hillels, vgl. H.L. Strack/G. Stemberger, Einleitung in Talmud und Midrasch (Beck'sche Elementarbücher), München [7]1982, 28.
9   Mart. Cap., nupt. 68 (ed. J. Willis [BiTeu], Leipzig 1983, 21,6–18). – Zum Autor: S. Grebe, Martianus Capella. ›De nuptiis Philologiae et Mercurii‹. Darstellung der Sieben Freien Künste und ihrer Beziehungen untereinander (BzA 119), Stuttgart und Leipzig 1999, 11–16 (Autor) bzw. 16–22 (Datierung); zur Passage vgl. auch: Martianus Capella And The Seven Liberal Arts, Vol. II The Marriage of Philology and Mercury, translated by W.H. Stahl and R. Johnson with E.L. Burge, New York 1977, 26f. mit Anm. 95–97.
10 Nupt. 45 (18,3f.); vgl. S. Weinstock, Martianus Capella and the Cosmic System of the Etruscans, JRS 36 (1946), 101–129.

quandam sphaeram caelatam, ein Modell der Himmelssphären, aufgebaut, »mit einer großen Zahl geschnitzter Figuren; es war so aus einem Bereich all der Elemente erstellt, daß nichts von dem, von dem man glaubt, es fände sich in der Natur, fehlt«[11]. Das Modell ist also ein *vollständiges* Abbild: *caelum omne*, der ganze Himmel, Luft, alle verschiedenen Dinge auf Erden und die Grenzen des Tartarus, Städte, jede Art von lebendigem Ding, in Genus und Species, kann in dem Modell »gezählt werden«. Wie der lateinische Begriff *numerare* zeigt, kommt es bei diesem besonderen göttlichen Modell auf die Vollständigkeit der Abbildung an, die gerade nicht reduktionistische Grundstruktur des Modells, durch das es als *göttliches* Modell von den vielen reduktionistischen menschlichen Modellen kategorial unterschieden ist. Daher, so schreibt Martianus Capella wörtlich, kann es als *imago ideaque mundi*, als Bild und Modell der Welt, angesprochen werden[12]. Aber selbst für das besondere Weltmodell in dieser doppelten Allegorie gilt, daß auch dieser Passus als ein Teil der ganzen allegorischen Erzählung metaphorisch gelesen werden will: Jupiter greift in das Modell hinein, um Menschen und ganze Landschaften entstehen und vergehen zu lassen – das Modell repräsentiert mithin die schöpferische und zerstörende Kraft des Göttervaters für die ganze Welt.

Die antiken Lesern selbstverständliche Interpretationsregel, die symbolische Repräsentation nach den Regeln metaphorischer Rede auszulegen, war nun natürlich auch für die beiden Weltmodelle aus der christlichen Antike einschlägig, die wir in den folgenden beiden Hauptabschnitten besprechen wollen. Die antiken wie modernen Kritiker der Modelle haben dies außer Acht gelassen und damit ihren Sinn nur partiell erfaßt. Hierin liegt eine zentrale und bislang nicht selten übersehene Wurzel der heftigen antiken Konflikte über diese Weltbilder. Nach diesen Vorbemerkungen kommen wir nun zu unseren beiden Beispielen:

1. Der Konflikt um ein christlich-gnostisches Weltbild im zweiten Jahrhundert

Irgendwann in den achtziger Jahren des zweiten Jahrhunderts fühlte sich der aus Kleinasien stammende Bischof der Christengemeinde in Lyon, Irenaeus, bemüßigt, in einem fünfbändigen Werk zur »Entlarvung und Widerlegung der fälschlich so genannten Gnosis« zu schreiben. Einer der Gründe für diese Arbeit bestand schlicht darin, daß Glieder der eigenen Gemeinde vergleichbaren Strömungen zuneigten und auf diese Weise die Autorität des Bischofs und die Integrität seiner Gemeinde in Frage stellten[13]. Das Werk beginnt nach einer Vorrede, die u.a. über

---

11 Nupt. 68 (21,8–10).
12 Nupt. 68 (21,13).
13 Einleitung z.B. bei U. Hamm, Art. Irenäus von Lyon, LACL, [3]2002, 351–355 (Lit.).

die Entstehungssituation des Werks Auskunft gibt, ohne weitere Bemerkungen sofort mit einem mehr oder minder sprachlich bearbeiteten Originalreferat eines christlich-gnostischen Systems, das gewöhnlich (mit François Sagnard) »der große Systementwurf« genannt wird und wohl den Schülern eines stadtrömischen Lehrers namens Ptolemaeus zuzuschreiben ist, der im zweiten Drittel des zweiten Jahrhunderts lebte[14]. Dieser unmittelbare Einstieg führt übrigens zum wenig eindrücklichen Beginn des ersten Buches des Werkes mit den äußerst schlichten Worten λέγουσιν/*dicunt*[15]. Der Systementwurf selbst wird nun in Form eines Mythos erzählt, bleibt aber durch die reiche Verwendung von Termini aus der zeitgenössischen philosophischen Gotteslehre als philosophischer Kunstmythos erkennbar. Was hier in Form einer Geschichte von Geburt, Familienleben, Familientragödie und Familienzusammenführung erzählt wird, berührt sich ganz deutlich mit der zeitgenössischen philosophischen Prinzipientheorie, wie sie beispielsweise das Handbuch, der Διδασκαλικός, des Albinus/Alcinous für Studenten der Philosophie und andere Interessierte zusammenfaßt. Vergleichbare Kunstmythen gehörten bekanntlich spätestens seit Plato zu den im Bereich der Prinzipienphilosophie selbstverständlichen philosophischen Sprachformen, wie ein bekanntes Diktum des Aristoteles deutlich machen kann: διὸ ὁ φιλόμυθος φιλοσοφός πώς ἐστιν[16]. Der Philosoph muß schon deswegen die mythische Redeform wählen, weil die Prinzipientheorie von Bereichen jenseits des Seins (ἐπέκεινα τῆς οὐσίας) handelt, denen eine Gegenständen der Erfahrung vergleichbare Anschaulichkeit abgeht.

Der von Irenaeus referierte christlich-gnostische Mythos – oder eben: der Systementwurf – beginnt bei der absoluten Transzendenz: »Es gibt in unsichtbaren und unnennbaren Höhen eine vollkommene, präexistente Ewigkeit. Sie nennen sie auch Voranfang, Vorvater und Abgrund«. Diese Ewigkeit ist »unfaßbar und unsichtbar, ewig und ungezeugt«. Sie existiert in Ruhe und tiefster Einsamkeit grenzenloser Zeiten[17]. Zum

---

14 F.-M.M. Sagnard, La Gnose Valentinienne et le témoignage de Saint Irénée (EPhM 36), Paris 1947; C. Markschies, New Research on Ptolemaeus Gnosticus, ZAC 4 (2000), 225–254, hier 249–251.
15 Iren., haer. I 1,1 (SC 264, 28 Rousseau/Doutreleau).
16 Arist., met. 982 b 18f.; vgl. C. Markschies, Die Krise einer philosophischen Bibel-Theologie in der Alten Kirche, oder: Valentin und die valentinianische Gnosis zwischen philosophischer Bibelinterpretation und mythologischer Häresie, in: A. Böhlig/ders., Gnosis und Manichäismus. Forschungen und Studien zu Valentin und Mani sowie zu den Bibliotheken von Nag Hammadi und Medinet Madi (BZNW 72), Berlin/New York 1994, 1–37, hier 32.
17 Iren., haer. I 1,1 (SC 264, 28,1–7 [lateinische Übersetzung des späten 4. Jh.s], 28,74–29,79 [griechischer Urtext aus Epiphanius]; ich differiere von der kritischen Edition, die mit Holl χρόνων athetiert.

schlechterdings transzendenten Abgrund[18] tritt ganz nach dem Modell neuplatonischer und sonstiger idealistischer Theorien, die die Kosmogonie an der Konstitution des Selbstbewußtseins orientieren, der »Gedanke« (ἔννοια). Der schlechterdings transzendente Urgrund setzt aus sich durch seine Selbstthematisierung als Gedanke den Verstand (νοῦς); dabei fällt der später im Neuplatonismus kanonisch gewordene Begriff »Emanation« (προβολή/emissio). Der Redeform des Mythos angemessen wird der Hervorgang des »Verstandes« aus dem »Urgrund« durch den »Gedanken« zugleich auch als Zeugung im Schoß des Gedankens, der ἔννοια, bebildert bzw. symbolisiert. Die »Verstand« genannte Ewigkeit trägt auch die Bezeichnungen »Anfang«, »Eingeborener« und »Vater«. Er ist dem Vater gleich: ὅμοιος τε καὶ ἴσος. Aus solchen Ketten von Begriffsidentifikationen durch Namen wie Termini wird erkennbar, daß die, die den Kunstmythos entwarfen, nicht nur von zeitgenössischer mittelplatonischer Prinzipientheorie angeregt waren, sondern auch vom Prolog des Johannesevangeliums, dessen Ursprungssituation sie mit ihrem Systementwurf offenkundig interpretieren wollten.

Nach diesem Modell schildert der Text nun die Emanation einer weiteren Ewigkeit, der Wahrheit (ἀλήθεια). Die vier Ewigkeiten Urgrund, Gedanke, Verstand und Wahrheit bilden zusammen »die erste und uranfängliche pythagoreische Vierheit (τετρακτύς)«, auch »Wurzel aller Dinge genannt«. Weiter berichtet der Text wieder nach demselben Modell die Emanation von weiteren Ewigkeiten, die teils biblische, teils philosophische Begriffe tragen: Wort und Leben, Mensch und Kirche, die gemeinsam mit der ursprünglichen Vierheit die ursprüngliche Achtheit bilden. Diese Achtheit trägt nun ihrerseits die Namen »Urgrund«, »Verstand«, »Wort« und »Mensch«[19], woraus sichtbar wird, daß keine neuen »Wesenheiten« entstanden sind, sondern Aspekte des Urgrundes gleichsam hypostasiert worden sind, selbständiges Sein gewonnen haben. Es folgen nochmals zehn und darauf zwölf Ewigkeiten, die gemeinsam mit der bereits emanierten Achtheit als »unsichtbare und geistige Fülle«[20] bezeichnet werden. Der durch die Termini »Vierheit«, »Achtheit« und »Zehnheit« fast überdeutliche stark neupythagoreische Anstrich der Terminologie darf freilich nicht über den platonischen Grundgedanken täuschen: Hier wird wie im kaiserzeitlichen Platonismus davon ausgegangen, daß die Ideen als Gedanken Gottes existieren und aus seinem (Selbst-)Bewußtsein zu selbständigen Sein kommen. Im Text des Irenaeus heißen diese geistigen Realitäten, die allem irdischen und natürlichen

---

18 Zur möglichen Herkunft dieses Begriffs C. Markschies, Valentinus Gnosticus? Untersuchungen zur valentinianischen Gnosis mit einem Kommentar zu den Fragmenten Valentins (WUNT 65), Tübingen 1992, 245–255.
19 Iren., haer. I 1,1 (30,25–27/31,97–100).
20 Iren., haer. I 1,3.

Sein die Form geben, zwar »Äonen«, »Ewigkeiten« – sie werden also mit einem biblisch belegten und für ihre Seinsweise charakteristischen Attribut bezeichnet, aber nicht mit dem philosophischen Fachterminus genannt. Diesen Fachterminus vermeiden allerdings die christlichen Theologen selbst noch im vierten Jahrhundert[21]. Daß die »Ewigkeiten« oder »Äonen« im bei Irenaeus zitierten System der Schüler des Ptolemaeus die Stelle der Ideen vertreten, hat schon vor vielen Jahren der Tübinger Philologe und Philosoph Hans Krämer gesehen; daß hier wie im Mittelplatonismus diese geistigen Realitäten die Gedanken Gottes bilden[22], wird beispielsweise daran deutlich, daß sie im Text als τὸ πνευματικὸν πλήρωμα bezeichnet sind, als die geistige Fülle des vollkommenen obersten Gottes.

Ich breche an dieser Stelle meine Darstellung des wesentlich ausführlicheren Systementwurfs ab, den Irenaeus in seinem großen antignostischen Werk referiert, auch wenn durch unsere Konzentration auf die ersten Stücke der Prinzipientheorie noch nicht klar werden konnte, inwiefern hier im umfassenden Sinne Martianus Capellas *imago ideaque mundi* entfaltet wird, also das, was Notker der Deutsche als »Weltbild« übersetzt hat[23]. Aber das Konstruktionsprinzip dieses systemischen Weltbildes ist auch so schon deutlich geworden.

Ähnlich wie die oben erwähnte Beschreibung des Weltzusammenbruchs durch die Metapher einer Buchrolle in biblischen Texten verleitet das große christlich-gnostische Systemreferat, das Irenaeus von Lyon zitiert, sofort zu einer Visualisierung in Form eines geometrischen Bildes. Man denkt dabei freilich nicht an Gegenstände irdischer Erfahrungswelt wie eben eine Buchrolle, sondern an die auf das Wesentliche reduzierten geometrischen Körper der Neupythagoräer, auf die ja auch explizit im großen Systemreferat Bezug genommen wird. In der dem neuplatonischen Philosophen Jamblich zugeschriebenen »Theologie der Arithmetik«, in der neupythagoreische Zahlentheorie handbuchartig zusammengefaßt wird, findet sich ebenfalls eine vergleichbare Darstellung von uranfänglicher Einheit (μονάς), abgeleiteter Zweiheit (δυάς), Vierheit, Achtheit und Zehnheit, die durch Emanationen auseinander hervorgehen und mit verschiedensten Namen aus Mythologie und Philosophie belegt werden: Die Einheit wird beispielsweise auch bei Pseudo-Jamblich »Gott«, »Verstand« (νοῦς), »mannweiblich«, »Schöpfer« (δημιουργός), »Wahrheit«

---

21 M. Baltes, Art. Idee, RAC 17, Stuttgart 1996, 213–246.
22 H.J. Krämer, Der Ursprung der Geistmetaphysik. Untersuchungen zur Geschichte des Platonismus zwischen Platon und Plotin, Amsterdam 1964.
23 Martianus Capella, *De nuptiis Philologiae et Mercurii*, vgl. die Übersetzung von Notker dem Deutschen, Martianus Capella, De nuptiis Philologiae et Mercurii ca. 1000, hg. v. J.C. King (Die Werke Notkers des Deutschen – Neue Ausgabe 4 = Altdeutsche Textbibliothek 87), Tübingen 1979, 60.

(ἀλήθεια) oder »Leben« (ζωή) genannt²⁴. Durch den mehrfachen Hinweis auf die pythagoreischen Zahlenkörper im Systemreferat der Valentinianer wurde einem halbwegs gebildeten Zeitgenossen also *eine ganz bestimmte Bebilderung* dieses Weltbildes, eine ganz bestimmte Modellierung nahegelegt – nämlich pyramidale Strukturen, wie sie sich zum Teil auch in den einschlägigen Handschriften der pythagoreischen Texte finden. Es ist auffällig, daß neuere Skizzen des »großen Systementwurfs« (wie beispielsweise bei Sagnard selbst) diese Darstellungsform in der Regel nicht mehr wählen und das valentinianische System relativ frei und leicht chaotisch illustrieren; die neuzeitlichen Wissenschaftler haben offenbar entweder die Anspielungen auf die pythagoreische Modellierung überlesen oder kennen diese gar nicht mehr.

Der durch die Terminologie angelegte Verweis auf eine bestimmte Form der Bebilderung ist nun ganz und gar nicht trivial, weil er bestimmte inhaltliche Prämissen für das Verständnis des Systems impliziert. Mit dem bildlichen Verweis auf die pythagoreischen Zahlenpyramiden, aber auch mit der Anspielung auf die platonische Ideenlehre wurde nämlich (wenn auch in äußerst knapper Form, sozusagen symbolisch verkürzt) auch eine Reihe von Verständnisbedingungen für das Weltentstehungsmodell der christlichen Gnostiker verschlüsselt mitgeteilt. So wie nach Pseudo-Jamblich die neupythagoreischen Zahlen(körper) formlos, unbegrenzt und unendlich sind²⁵ und die platonischen Ideen nicht als materielles Sein mißverstanden werden dürfen, so haben natürlich auch die gnostischen Ewigkeiten keine Ausdehnung in Raum und Zeit. Alle diese Koordinaten sind ja auch noch gar nicht geschaffen. Natürlich dachte kein christlicher Gnostiker, es gebe in Raum und Zeit Figuren oder Personen namens Ἀρχή, Μονογενής oder Ἀλήθεια, vielmehr brachte man auf diese Weise zum Ausdruck, daß der eine Gott, Uranfang allen Seins, zugleich auch als die Wahrheit angesprochen werden konnte und diese geistige Realität Ursprung aller Wahrheit auf Erden war. Ich brauche an dieser Stelle nur ganz kurz anzudeuten, daß natürlich eine solche mythologische Erzählung einer Theorie, in der die faktische Pluralität im Göttlichen so prominent thematisiert war, für alle paganen Gebildeten und Halbgebildeten höchst attraktiv war, weil sie der allgemeinen pluralen Signatur der kaiserzeitlichen religiösen Kultur in starkem Maße entsprach.

So, wie durch die Terminologie zu dem Systementwurf quasi eine Anweisung zur Bebilderung und Interpretation im Horizont einer bestimmten Rahmentheorie gegeben wurde, konnte man durch eine alternative Bebilderung auch das Verständnis des christlich-gnostischen

---

24   (Ps.-?)Iam., theol. arit. 1 (BiTeu 3,21–6,10 De Falco).
25   Zur Dyade: (Ps.-?)Iam., theol. arit. 2 (BiTeu 12,14).

Systementwurfs bis zur Groteske entstellen und kann man es bis auf den heutigen Tag zur Groteske entstellen. Nachdem Irenaeus den ganzen Mythos der christlich-gnostischen Gruppe samt einigen Abweichungen der Schuldiskussion vorgestellt hat, bebildert er in einem weiteren Abschnitt des Werkes den Mythos der Schüler des Ptolemaeus neu. Sein Mythos beginnt zunächst wie der gnostische, und nur bei sorgfältiger Analyse der Vokabeln fällt auf, wohin die Reise gehen wird (nämlich in die satirische Groteske): »Es existiert ein Voranfang, königlich, vor-unausdenkbar, vor-substanzlos (*proanypostatos*), eine vorwärtsrollende Kraft«. Aber der zweite Satz wird dann deutlicher: »Zusammen mit dieser existiert eine Kraft, die ich Kürbis nenne«. Aus Kürbis und Überleere entsteht eine allseits sichtbare, süße und eßbare Frucht, die »in unserer Sprache Gurke genannt wird«. »Zusammen mit der Gurke existiert eine Kraft, die ihr wesensgleich ist. Ich nenne sie Melone«[26]. Diese »Verkürbissung« der christlich-gnostischen Prinzipienlehre tauscht nicht nur die zur reinen Geometrie reduzierten pythagoreischen Zahlenkörper durch handfeste irdische Früchte aus; vielmehr trägt sie auch bewußt in die nach platonischer Überzeugung jenseits allen Seins stehende göttliche Welt die Kategorien von Raum und Zeit ein. So nimmt es wenig wunder, daß Irenaeus und andere christliche Polemiker ein – um die etwas anachronistische Terminologie neuzeitlicher Religionswissenschaft zu verwenden – strikt »monotheistisches« System[27] dann einfach als »polytheistisch« denunzieren konnten. Sie bebilderten es schon nicht angemessen und übernahmen daher auch nicht die mit der Bebilderung gesetzten philosophischen Prämissen. Die falsche Bebilderung führte zu absurden Konsequenzen; das Modell einer Weltentstehung verwandelte sich in eine Burleske. Die bildliche Dimension des christlich-gnostischen Weltbildes ist also nicht ein bloßes Ornament, arbiträre Applikation an einem rein theoretischen Entwurf, sondern ein unverzichtbarer Teil dieses Weltmodells (oder besser: dieses Weltentstehungsmodells). Natürlich haben wir es hier nicht nur mit einem Konflikt über Bild-Interpretationen zu tun, sondern mit einem grundsätzlichen Konflikt über die Gestalt angemessener christlicher Theologie, der sich nur an der Frage der Bildlichkeit des Weltbildes konkretisiert: Der Entwurf der christlichen Gnostiker versuchte, ein aus der jüdischen Tradition übernommenes Weltbild, wie es sich in biblischen und deuterokanonischen Texten findet, im Rahmen

---

26 Iren., haer. I 11, 4.
27 Dazu: B. Aland, Gnostischer Polytheismus oder gnostischer Monotheismus. Zum Problem von polytheistischen Ausdrucksformen in der Gnosis, in: Polytheismus und Monotheismus in den Religionen des Vorderen Orients, hg. v. M. Krebernik und J. van Oorschot (AOAT 298), Münster 2002, 195–208 und demnächst: C. Markschies, Der religiöse Pluralismus und das antike Christentum – eine neue Deutung der Gnosis, in: Querdenker, Visionäre und Außenseiter in Philosophie und Theologie, hg. von M. Knapp/Th. Kobusch, Darmstadt 2005, 36–49.

zeitgenössischer platonischer Philosophie und mit Hilfe popularphilosophischer Topoi zu interpretieren. Theologen der bischöflich verfaßten Mehrheitskirche wie Irenaeus mißbilligten diese Öffnung gegenüber der paganen Wissenschaftskultur und nutzten Details dieses noch relativ unbeholfenen Versuchs einer großen Kultursynthese, um die ganze Richtung ins Lächerliche zu ziehen.

Eine Nachbemerkung zum ersten Abschnitt: Unser Interesse an dem exakten Status der *Bildlichkeit* von Weltbildern führt natürlich zu einer radikalen Abblendung von anderen einschlägigen Dimensionen: So kann man mutmaßen, daß die besondere und für Irenaeus so ärgerliche Attraktivität des gnostischen Weltbildes natürlich nicht an seiner mehr oder weniger hochreflektierten bildhaften Konstruktion lag, sondern eher an seiner dadurch zum Ausdruck gebrachten Orientierungsfunktion, auf die wir bisher gar nicht eingegangen sind. Es liegt lediglich an dem gewählten Ausschnitt aus dem Modell und der Konzentration auf die allerersten prinzipientheoretischen Fragen, daß man den Eindruck gewinnt, dieses christlich-gnostische Weltmodell habe einen deutlichen Schwerpunkt im Bereich des Orientierungswissens. Wenn man die einschlägige Unterscheidung von Jürgen Mittelstraß zwischen Orientierungs- und Verfügungswissen überhaupt zugrundelegen will, dann ist das eben vorgestellte christlich-gnostische Weltbild vor allem mit seinen symbolischen Repräsentationen von (Menschen-)Schöpfung und Erlösung ein vorzügliches Beispiel dafür, wie stark damals Weltbilder auf Verfügungs- *und* Orientierungswissen basierten[28]. Und natürlich würde man den Standard gegenwärtiger Bildwissenschaften geradezu fahrlässig unterschreiten, wenn man diese Orientierung als eine Orientierung über eine durch die Modelle lediglich abgebildete Welt verstehen würde: Natürlich bestimmten auch diese Bilder die durch sie repräsentierte Welt mit[29]. Damit können wir zu einem zweiten Abschnitt dieses Beitrags kommen.

2. Der Konflikt um das »Koffermodell der Welt« oder das sphärische Weltbild im sechsten Jahrhundert

Wir springen für unser zweites Beispiel leichtfüßig durch die Jahrhunderte und beschäftigen uns im zweiten Abschnitt mit einem Zeitgenossen des Kaisers Justinian, einem Indienfahrer mit mutmaßlichem Namen

---

28 J. Mittelstraß, Weltbilder. Die Welt der Wissenschaftsgeschichte, in: ders., Der Flug der Eule. Von der Vernunft der Wissenschaft und der Aufgabe der Philosophie (stw 796), Frankfurt a.M. ²1997, 228–254.
29 H. Bredekamp/A. Fischel/B. Schneider/G. Werner, Bildwelten des Wissens, in: Bildwelten des Wissens. Kunsthistorisches Jahrbuch für Bildkritik Bd. 1/1, Berlin 2003, 9–20, hier 10.

Cosmas (Κοσμᾶς ὁ Ἰνδικοπλεύστης). Er bereiste zunächst als Kaufmann große Teile der damaligen bewohnten Welt und beschloß sein Leben vermutlich als Einsiedler irgendwo in Ägypten oder auf der Sinaihalbinsel[30]. Sein Hauptwerk ist eine zunächst anonym publizierte und erst später unter dem richtigen Namen überlieferte zwölfbändige »Christliche Topographie« (Χριστιανικὴ τοπογραφία), die von der Herausgeberin der jüngsten kritischen Ausgabe auf die Jahre 547–549 n.Chr. datiert wird[31]. Leider sind zwei seiner Schriften zur Geographie und zur Naturkunde verloren; auch ein Modell des Alls samt seiner Sternbewegungen in den verschiedenen Sphären des Himmels[32] will er angefertigt haben, um die paganen Kosmologien zu widerlegen und die biblische als angemessen zu erweisen.

Uns interessieren hier nicht die mehr enzyklopädischen Bücher VI–XII der »Christlichen Topographie« des Cosmas, auf die auch der Beiname »Indienfahrer« zurückgeht, sondern die ersten vier Bücher, in denen der Autor versucht, das, was er als »biblisches Weltbild« empfindet, gegen verschiedenste Anwürfe und vor allem gegen das ptolemäische Weltbild zu verteidigen. Auch hier geht es vor allem wieder um die *bildliche Dimension* dieses Weltbildes, und wir sind dabei in einer deutlich besseren Lage als eben bei Irenaeus (bzw. den Schülern des Ptolemaeus), wo wir die Bebilderung zusätzlich zum handschriftlichen Text imaginieren mußten. Denn in jeder der drei Handschriften aus dem neunten bzw. elften Jahrhundert, die die »Topographie« komplett überliefern, ist das Werk ausführlich illustriert. Die wunderbar kolorierten Abbildungen im Sinaiticus Graecus 1186, einer kappadozischen Handschrift des elften Jahrhunderts[33], auf die wir uns hier beschränken wollen, gehen, wie Kurt Weitzmann gezeigt hat, auf Schemata (διαγράμματα) des Kosmos zurück, die ein Illustrator ebenso wie die biblischen Szenen (diese freilich aus einer anderen Quelle) in das Werk einfügte[34]. Ob sie von dem vermutlich in Raïthou/El Tûr auf der Sinaihalbinsel lebenden Autor der christlichen Topographie selbst ausgesucht wurden, läßt sich nicht

---

30 Zuletzt H. Schneider, Art. Cosmas der Indienfahrer, in: LACL, ³2002, 165f. (Lit.). – Der Name Cosmas ist nur durch eine späte Handschrift überliefert; zur alexandrinischen Herkunft M.V. Anastos, The Alexandrian Origen Of The Christian Topography Of Cosmas Indicopleustes, DOP 3 (1946), 75–80.

31 Cosmas Indicopleustès, Topographie chrétienne, tome I (livres I–IV). Introduction, texte critique, illustration, traduction et notes par W. Wolska-Conus (SC 141), Paris 1968, 15–19; so auch A. Kardinal Grillmeier, Jesus der Christus im Glauben der Kirche, Bd. 2/4 Die Kirche von Alexandrien mit Nubien und Äthiopien nach 451 unter Mitarbeit von Th. Hainthaler, Freiburg i.B. 1990, 150–165, hier 151f.

32 Vgl top. prol. 2 (SC 141), 257,21: τὸν σκάριφον τοῦ παντός καὶ τῆς ἀστῴας κινήσεως und die Abbildung der Sphärenkreise in top. IX 6 (SC 197, 211 unten).

33 W. Wolska-Conus, Cosmas Indicopleustès (wie Anm. 31), 47.

34 K. Weitzmann, Illustrations in Roll and Codex. A study of the origin and method of text illustration (Studies in manuscript illumination 2), Princeton, NJ ²1970, 198f.

mehr mit Bestimmtheit sagen. In jedem Fall geben sie, was er meint, sehr zuverlässig und präzise wieder.

Was meint Cosmas aber, wenn er sein Weltbild als das biblische vorstellt? Cosmas stellte sich die Welt in der Tradition der christlichen antiochenischen Bibelausleger nach dem Modell eines zweistöckigen Hauses vor, dessen Fundament die als flache Scheibe gedachte Erde bildet und das eine rechteckige Form hat. Dabei berief er sich durchaus nicht nur auf die Heiligen Schriften der Juden und Christen als Autoritäten. Im zweiten Buch zitierte er beispielsweise zum Beleg seiner Ansichten eine Zeugenreihe fünf prominenter antiker Wissenschaftler mit längeren Passagen. Dabei verwies er unter anderem auf den hellenistischen Universalhistoriker Ephorus (ca. 400–330 v.Chr.), zitierte aus dessen Weltgeschichte eine längere Passage über die Verteilung der Völker auf der Erdscheibe und bildete schließlich eine dem Ephorus zugeschriebene Weltkarte ab[35]. Das vierte Buch des umfangreichen Werkes enthält schließlich eine knappe Zusammenfassung (ἀνακεφαλαίως σύντομος) und vor allem die erwähnten ausführlichen Illustrationen (»Abbildungen der Gestalten der Welt entsprechend der Heiligen Schrift«; διαγραφὴ σχημάτων τοῦ κόσμου κατὰ τὴν θείαν γραφήν)[36]. Die erste Zeichnung folgt auf ein Zitat des ersten Verses des ersten Buchs der Bibel und wird durch eine griechische Zeile erläutert: »Wir bilden nun den ersten Himmel zugleich mit der Erde ab, den Himmel in Form eines Gewölbes, sich von einem Ende (der Erde) zum anderen wölbend«[37]. Die Abbildung auf fol. 65ʳ der erwähnten Sinai-Handschrift bebildert den Beginn der Genesis und damit den Zustand der Welt nach den ersten dort berichteten Schöpfungsakten ἐν ἀρχῇ ἐποίησεν ὁ θεὸς τὸν οὐρανὸν καὶ τὴν γῆν: Der Erdenberg (γῆ οἰκουμένη) schwimmt im Mittelpunkt des Universums in der Urflut (ὠκεανός). Das Firmament (στερέωμα) trennt den unteren Himmel vom oberen Himmelsozean. Hier wird nicht nur einfach der biblische Text recht textnah illustriert, sondern mit Mitteln des Bildes gegen das ptolemäische Weltbild einer kugelförmigen Erdgestalt agitiert[38] (und, nebenbei bemerkt, ein zentraler Punkt antiochenischer Theologie, die Lehre von den beiden Katastasen, umgesetzt[39]). Deutlicher ausgeführt wird die Polemik gegen das Weltbild des Claudius Ptolemaeus im zweiten Band der »Christlichen Topographie«, aber natürlich fällt auch dort getreu den Regeln antiker Polemik der Name des großen Astronomen, Astrologen und Geographen der frühen Kaiserzeit nicht: Alle Belege

---

35 Cos., top. II 79 (= FGrH I, nr. 70, frg. 30b, p. 243f. = GGM I, p. 201f.) bzw. II 80 (Karte).
36 Cos., top. IV tit.
37 Cos., top. IV 1,1.
38 P. Huber, Die Kunstschätze der Heiligen Berge. Sinai. Athos. Golgota – Ikonen. Fresken. Miniaturen, Zürich 1980, 58.
39 Vgl. top. VI 34.

des Namens »Ptolemaeus« betreffen Könige dieses Namens[40]. Vielmehr merkt man nur an der erwähnten eindrucksvollen Reihe von fünf großen antiken Wissenschaftlern (darunter Ephorus, Phyteas und Xenophanes), daß hier eine bedeutsame Autorität widerlegt werden soll[41]. Die Anhänger eines falschen Weltbildes heißen ganz allgemein »die Scheinchristen, die nicht wie die Heilige Schrift meinen, sondern wie die Philosophen draußen«[42], die, die annehmen, die Form des Himmels sei sphärisch, habe also Kugelgestalt, da sie von Sonnen- und Mondeklipsen in die Irre geführt worden seien. Für Cosmas hängt das Christsein also daran, an diesem Punkt nicht von der biblischen Wahrheit zu weichen; wer den Irrlehren der paganen Philosophen über die Kugelgestalt des Himmels wie der Erde folgt, trägt ein Janusgesicht – solche Christen sind für Cosmas δίμορφοι, doppelgesichtig und kehren zu Satan zurück, dem sie in der Taufe bereits abgesagt hatten[43]. Wer sich den Himmel als eine kugelförmige Entität vorstellt, die sich in stetiger Rotation befindet, folgt dem (Häretiker) Origenes und nicht wahrhaft christlichen Lehrern[44]. Er ist, kurz gesagt, durch diese kosmologische Position automatisch von einem Christen zu einem Heiden geworden. Die Heftigkeit dieser Polemik, die ein wenig an heutige biblizistische Fundamentalisten und ihren Kampf gegen ein evolutorisches Weltbild erinnert, zeigt, daß es nicht um beliebige naturwissenschaftliche Details geht, sondern um Grundfragen des Verhältnisses von Glauben und Wissen, von Schriftauslegung und weltlicher Wissenschaft.

Nun darf man aber nicht – beispielsweise wegen der für neuzeitliche Augen leicht naiv wirkenden Weltmodelle bei Cosmas – den wissenschaftlichen Anspruch und die vorausgesetzten Kenntnisse geographischer, astronomischer und kosmologischer Fachliteratur beim Indienfahrer unterschätzen. Theologischer Fundamentalismus in biblizistischer Variante (wenn man davon hier überhaupt sprechen sollte) muß weder in Gegenwart noch in Vergangenheit für jeden denkbaren Bereich des Wissenskosmos eine verbohrte Blindheit gegenüber den Ergebnissen wissenschaftlicher Forschung implizieren; man darf, wie die polnische Forscherin Wanda Wolska-Conus in mehreren Veröffentlichungen gezeigt hat, das – selbstverständlich an antiken Maßstäben gemessene – wissen-

---

40 Cos., top. I 22; II 54 usf.
41 Vgl. aber für die Kritik eines christlichen Anhängers des Ptolemaeus in der Antike Johannes Philoponus, op. III 10f. und C. Scholten, Antike Naturphilosophie und christliche Kosmologie nach der Schrift »De Opificio Mundi« des Johannes Philoponos (PTS 45), Berlin/New York 1996, 56–72.
42 Cos., top. hyp. τινὲς χριστιανίζειν νομιζόμενοι καὶ τὴν Θείαν Γραφὴν μηδὲν λογιζόμενοι, ἀλλὰ περιφρονοῦντες καὶ ὑπερφρονοῦντες κατὰ τοὺς ἔξωθεν φιλοσόφους (SC 141, 265, 1–3).
43 Cos., top. I 4 (SC 141, 277,4–7).
44 Cos., top. VII 95 (SC 197, 165,6f.).

schaftliche Niveau des Indienfahrers Cosmas auch nicht unterschätzen[45]. Er bezog sich, wie wir sahen, beispielsweise auf alexandrinische geographische Tradition, kannte die einschlägige Fachliteratur und nutzte nicht zuletzt – wie ich an anderer Stelle gezeigt habe[46] – die Tradition antiker wissenschaftlicher Illustrationen virtuos oder ließ sie jedenfalls nutzen. Außerdem stand Cosmas nicht wie moderne Fundamentalisten am Rande oder außerhalb jedes Konsenses wissenschaftlicher Theologie: Damals votierte eine Mehrzahl christlicher Theologen aus dem Osten dafür, daß die Erde flach geformt sei[47], der Himmel daher nicht kugelförmig, sondern als Halbkugel zu denken sei[48]. Fast wortwörtlich findet sich, was Cosmas polemisch ausführt, bei Severian, Bischof von Gabala/Syrien, Hofprediger und Patriarchenstellvertreter in Antiochien, in gewisser Weise auch schon bei Johannes Chrysostomus[49]. Die besondere Pointe bei Cosmas ist vor allem die einprägsame bildliche Umsetzung eines unter antiochenischen Theologen offenbar weitgehend konsensfähigen Weltbildes, und man wird nicht daran zweifeln wollen, daß Cosmas und seinen Illustratoren die symbolische Reduktion von Wirklichkeit in ihren Modellen durchaus deutlich war.

Die Summe dieser Auseinandersetzung des Cosmas mit dem ptolemäischen Weltbild wird in der »Christlichen Topographie« in einem Modell, noch präziser in einem Bild samt einer Erläuterung zusammengefaßt. Sie ist gleichsam symbolisch verdichtet im Bild des Weltalls als einem »kosmischen Koffer« (Paul Huber[50]) bzw. in einem Abbild der Welt nach dem Modell der alttestamentlichen »Stiftshütte« (Ex 26): Hier sind ganz alte biblische Vorstellungen vom Tempel als dem Weltmodell präsent, die auch noch in der rabbinischen Literatur der Kaiserzeit weitertransportiert wurden: Mit der Errichtung der Stiftshütte, so heißt es in einem spätantiken palästinischen Homilien-Midrasch, wurde zugleich die Welt aufgerichtet[51]. Auch dieses Theologumenon war offenbar ein

---

45 W. Wolska-Conus, La topographie chrétienne de Cosmas Indicopleustes (Théologie et science au VIe siècle. Bibliothèque Byzantine 3), Paris 1962, 147–192; dies., Art. Geographie, RAC X, Stuttgart 1978, 155–222, hier 185–187.
46 C. Markschies, Gnostische und andere Bilderbücher in der Antike, ZAC 9 (2005), 100–121.
47 W. Wolska-Conus, Geographie (wie Anm. 45), 173–175; C. Scholten, Antike Naturphilosophie (wie Anm. 41), 277–297.
48 Acacius Caes., quaest. var. apud Coll. Cois.: CCHR.SG 15, 36–38 Petit.
49 Belege bei C. Scholten, Antike Naturphilosophie (wie Anm. 41), 280f.
50 P. Huber, Die Kunstschätze der Heiligen Berge, 58. Zur Geschichte dieser Vorstellung C. Scholten, Antike Naturphilosophie (wie Anm. 41), 280–297.
51 Pesiqta deRab Kahana 8f.; vgl. dazu P. Schäfer, Tempel und Schöpfung. Zur Interpretation einiger Heiligtumstraditionen in der rabbinischen Literatur, Kairos 16 (1974), 122–133, hier 132 und B. Janowski, Der Himmel auf Erden. Zur kosmologischen Bedeutung des Tempels in der Umwelt Israels, in: ders./B. Ego (Hgg.), Das biblische Weltbild (wie Anm. 2), 229–260, hier 231.

antiochenisches Gemeingut; es ist jedenfalls auch für Theodor von Mopsuestia belegt, der die Stiftshütte τύπος der ganzen Schöpfung nennt[52]. Auch hier sind die Zeilen bedeutsam, mit denen die entsprechende Abbildung des Weltenkoffers eingeführt wird: Nach dem Maß des Möglichen (κατὰ τὸ ἐνδεχόμενον), also nach dem in einer solchen symbolischen Repräsentation erreichbaren Grad an Präzision, wird der Kosmos in der aus Himmel und Erde anschließenden Abbildung in Form einer Skizze dargestellt: Im oberen Himmel, als ἡ βασιλεῖα τῶν οὐρανῶν gekennzeichnet, wohnt der als Pantokrator dargestellte Christus (fol. 69^r zu IV 16). Die aufgehende und die untergehende Sonne erscheinen hier als Personifikationen, während in einem späteren Bild zu einer Passage aus dem neunten Buch (181^v zu IX 6) über astrologische Fragen zwölf »Lampenträger« Sterne über den Himmel schieben und zwei weitere Engel Sonne und Mond um die Erde schieben. Dieser scheinbare Anthropomorphismus ist die Konsequenz der Position des Cosmas, die Sphären im Sinne des Ptolemaeus und selbständige Planetenbewegungen, die sich an den Gesetzen der Drehung von Kugeln orientieren, ablehnt. Von einem »scheinbaren« Anthropomorphismus muß man schon deswegen sprechen, weil für Cosmas jene Engel, die Sonne, Mond und die Planeten tragen, mit einer geschaffenen, aber unsichtbaren und rein denkenden Substanz ihres Körpers nur menschenähnlich gedacht sind[53].

Wir haben es also wieder mit einem schweren Konflikt über ein Weltbild – nämlich das sphärische Weltbild eines kugelgestaltigen Himmels und einer kugelgestaltigen Erde – zu tun. Wieder wird eine Debatte darüber geführt, wie stark bei der Konstruktion christlicher Weltbilder und christlicher Weltmodelle auf philosophische Denkformen zurückgegriffen werden darf. Irenaeus verdächtigte die Gnostiker, mit der paganen Philosophie zugleich auch den Polytheismus zu importieren, und höhnte über die Details des christlich-gnostischen Weltbildes. Auch Cosmas unterstellt denen, die ein sphärisches Weltmodell aus der zeitgenössischen Debatte übernehmen, praktiziertes Heidentum. Um den Konflikt, der das Werk des Cosmas prägt, in ganzer Tragweite erfassen zu können, müssen wir allerdings noch einen Zeitgenossen des Indienfahrers in unsere Überlegungen einbeziehen: Johannes Philoponus, einen hochgelehrten alexandrinischen christlichen Theologen (»monophysitischer« Provenienz), Philosophen und *grammaticus*, und die sechs Bände seiner Schrift »Auslegung der Weltentstehung nach Mose« (kurz: »Über die Entstehung der Welt«). Während Cosmas zwar gegen das Heidentum der

---

52 R. Devreesse, Essai sur Théodore de Mopuseste (SeT 141), Città del Vaticano 1948, 26 mit Zitat aus seiner Exodusauslegung (ebd. 26 n. 1).
53 Bezeugt ist diese Position für Theodor von Mopsuestia bei Johannes Philoponus, op. mund. I 8 (FChr 23/1, 104,104,12–17 Reichardt/Scholten). Cosmas wird sie auch vertreten haben.

christlichen Anhänger des Ptolemäischen Weltbildes wettert, fehlt seinem Werk aber jede Form der grotesken Polemik über solche Theologen. Auch in der Schrift »Über die Entstehung der Welt« des Johannes Philoponus ist das Hauptmittel der Rhetorik nicht die literarische Groteske, sondern die akademische herablassende Polemik gegen Cosmas und andere antiochenische Theologen: Die Gegner des Philoponus argumentieren in »oberflächlicher Weise«, sind unverständig und dumm[54]. Philoponus versucht, mit seiner »Verteidigung eines platonischen Denkmodells einer christlichen Welt«[55] die Würde der Heiligen Schrift der Christen zu bewahren, weil sie, wird sie wie bei Cosmas als Argument gegen das Sphärenmodell verwendet, der Lächerlichkeit preisgegeben sei. Die astronomischen Beweisgänge, die Johannes Philoponus gegen Cosmas zum Beweis des sphärischen Weltbildes entwickelt, brauchen uns hier ebenso wenig wie seine Beweise aus der Heiligen Schrift im Detail zu interessieren[56]. Vielmehr ist im Blick auf unser Thema wichtiger, wie in der Auseinandersetzung zwischen Philoponus und Cosmas mit der *Bildlichkeit* der Weltbilder umgegangen wird: Wieder liegt, wie bei der Kontroverse um das Weltbild der christlichen Gnosis, ein unterschiedlicher Umgang mit der Bildlichkeit von Weltbildern bei den streitenden Parteien vor. Während Cosmas mit stark abstrahierten Bildern von hohem symbolischen Wert arbeitet, verwendet Johannes Philoponus die auf präziser Beobachtung beruhenden Bilder der zeitgenössischen Naturwissenschaft und redet von Parallelkreisen, der Milchstraße und dem Horizont[57]. Auch die eingangs zitierte Passage aus dem Jesaja-Buch, wonach der Himmel wie eine Schriftrolle eingezogen werden wird, vermag Philoponus nicht in seinem Votum für einen kugelförmigen Himmel zu erschüttern[58]. Wieder wird also deutlich, daß die Bildlichkeit beider Weltbilder nichts Arbiträres an sich hat, sondern für die Modellierung und die Konflikte, die über solche Modellierungen entstehen können, zentral ist.

Wir kommen zu einem kurzen Schlußabschnitt.

---

54 Joh. Phil., op. mund. I proem. (72,14f.).
55 B.R. Suchla, Verteidigung eines platonischen Denkmodells einer christlichen Welt. Die philosophie- und theologiegeschichtliche Bedeutung des Scholienwerks des Johannes von Skythopolis zu den areopagitischen Traktaten (NAWG.PH 1/1995), Göttingen 1995, 12 (eine Passage, die Suchla Philoponus zuweist).
56 Joh. Phil., op. mund. III 6–13; ausführlich referiert und kommentiert bei C. Scholten, Antike Naturphilosophie (wie Anm. 41), 383–419.
57 Joh. Phil., comm. in Arist. Meteor. (CAG XIV/1, 112,5–32 Hayduck).
58 C. Scholten, Antike Naturphilosophie (wie Anm. 41), 411.

3. Schlußbemerkungen

Was kann man aus der Analyse unserer beiden antiken Beispiele für das grundsätzliche Nachdenken über die *Bildlichkeit* der Weltbilder für Schlüsse ziehen? *Zum einen*, daß der scheinbar strenge Gegensatz zwischen Bild und Text auch im Blick auf die Weltbilder an Bedeutung verliert. Da der exakte Status der Ähnlichkeitsrelation solcher spezifischen Bilder stets erläuterungsbedürftig ist und – wie vor allem das erste Beispiel zeigte – gewollt oder ungewollt mißverstanden werden kann, gehören »Weltbilder« (und vor allem Weltmodelle) stets mit Texten zusammen. Sie sind ohne implizierte und explizite erläuternde Texte nicht zu verstehen, weil sie eine symbolische Repräsentation auf Zeichen verdichten. *Zum anderen* bestätigt der Blick auf die bildliche Repräsentation antiker Weltbilder, wie unterschiedlich – ja: kategorial unterschiedlich – solche symbolischen Repräsentationen von Wirklichkeit ausfallen konnten. Wir sollten also selbst aus Gründen didaktischer Komplexitätsreduktion dringend vermeiden, von einem *einzigen* antiken Weltbild zu sprechen[59], wie dies vor allem in der Theologie oft üblich war und ist. Im Blick auf die Weltdeutungen christlicher Provenienz läßt sich *zum dritten* eine weitere und letzte Konsequenz formulieren: Ein stärker fundamentalistisches oder biblizistisches Weltbild betont die Ähnlichkeitsrelation der Weltbilder mehr als ein philosophisch aufgeklärtes Modell, dem der relativitätsverfremdende Status der Abbildlichkeit von Bildern von vornherein deutlicher ist. Und an diesem Punkte zeigt sich noch einmal wie an vielen anderen unseres Erkundungsgangs durch zwei paradigmatische Konflikte über antike Weltbilder, daß die Differenzen zu unseren modernen und postmodernen Weltbildentwürfen gar nicht so groß sind, wie man manchmal meinen möchte und hoffen könnte.

---

59 So beispielsweise H. Gese, Frage des Weltbildes (wie Anm. 4), 205.

Räumliche Vorstellungen im Weltbild des Origenes und ihr Verhältnis zum zeitgenössischen astronomischen Weltbild[1]

CHARLOTTE KÖCKERT

Sowohl antike als auch moderne Interpreten versuchen, die Lehre des Origenes – und darunter auch seine Kosmologie – zu klassifizieren. So beurteilt man ihn aus philosophiehistorischer Perspektive gern als einen christlichen Platoniker[2], und Cosmas Indicopleustes – ein christlicher Kosmologe des 6. Jahrhunderts – zählt ihn zu den Vorgängern jener »falschen Christen« seiner Zeit, die unter Mißachtung der biblischen Aussagen das Weltbild der heidnischen Philosophen und Astronomen vertreten[3]. Derartige Klassifikationen fordern dazu heraus, genauer zu untersuchen, wie Origenes den Aufbau des Kosmos beschreibt. Dabei stellen sich im einzelnen folgende Fragen. *Erstens*: Vertritt Origenes tatsächlich ein platonisches Weltbild? *Zweitens*: Welche Rolle spielt eigentlich die Auslegung des biblischen Schöpfungsberichtes nach Gen 1 für seine Vorstellung vom Aufbau der Welt? *Drittens*: Wie setzt er die biblischen Aussagen in Beziehung zum astronomischen Weltbild seiner Zeit? Diesen Fragen möchte ich im Folgenden nachgehen.

1. Vertritt Origenes ein platonisches Weltbild?

Origenes sieht die Welt im grundlegenden und umfassenden Sinne als ein hierarchisch gestuftes System von Orten bzw. Räumen[4]. Verschiedene

---

1   Der vorliegende Text ist die geringfügig überarbeitete Fassung meines Vortrages auf der Tagung »Welt als Bild« vom 6.–8. Februar 2004 in der Berlin-Brandenburgischen Akademie der Wissenschaften. Eine ausführliche Analyse der behandelten Texte werde ich in meiner Dissertation »Christliche Kosmologie und antike Naturphilosophie in der Kaiserzeit« vorlegen.
2   Mit der Klassifikation des Origenes als eines christlichen Platonikers hat sich jüngst M. Edwards auseinandergesetzt (Origen Against Plato, Aldershot 2002).
3   Cosmas polemisiert im 6. Jahrhundert πρὸς τοὺς χριστιανίζειν μὲν ἐθέλοντας κατὰ τοὺς ἔξωθεν δὲ σφαιροειδῆ τὸν οὐρανὸν νομίζοντας καὶ δοξάζοντας (Cosm. Ind. top. I tit., SC 141, 273 Wolska-Conus). Siehe auch I 3 (SC 141, 275–277 W.–C.); V 178,3–6 (SC 159, 275 W.–C.); VI 33 (SC 197, 51 W.–C.). Er führt seinem Leser sein biblisches Weltmodell und das astronomische Sphärenmodell auch graphisch vor, um deutlich zu machen, das letzteres den biblischen Aussagen völlig entfremdet sei (VII 82, SC 191, 145 W.–C.). In Origenes sieht Cosmas den Vorgänger des Johannes Philoponus dafür, in der Gestalt des sphärischen Weltbildes »altweiberliche Mythen« als christlich auszugeben. (VII 95, SC 191, 165 W.–C.). Auch in VII 89 (SC 191, 157 W.–C.) und besonders in VII 93 (SC 191, 161–163 W.–C.) polemisiert Cosmas innerhalb seiner Auseinandersetzung mit Johannes Philoponus gegen Origenes bzw. origenistische Lehren.
4   H. Cornélis nennt die Kosmologie des Origenes zutreffend eine »étude des lieux ou

Bibeltexte bewegen ihn dazu, folgende zusammenfassende Definition des Begriffs »Kosmos« zu geben: »Die Gesamtheit dessen, was ist und existiert, das Himmlische und das Überhimmlische, das Irdische und das Unterirdische, sei als ein vollkommener Kosmos im allgemeinen Sinne zu bezeichnen; in ihm und von ihm würden die übrigen Kosmoi umfaßt, welche in ihm sind.«[5] Origenes gliedert hier die Welt in einen überhimmlischen Bereich, einen himmlischen Bereich, einen irdischen Bereich und einen unterirdischen Bereich. Er hebt besonders hervor, daß die verschiedenen Bereiche eine Gesamtheit (*universitas*) bilden und daß alle genannten Bereiche Teile des einen, alles umfassenden Kosmos sind.

In verschiedenen Werken macht Origenes weitere Angaben darüber, wo die einzelnen Bereiche zu lokalisieren sind. Da die Erde die Gestalt einer Kugel hat und in der Mitte des kugelförmigen Universums liegt[6], ist der Bereich des Unterirdischen im Zentrum der Erde zu suchen[7]. Origenes weiß um das ungeheure Ausmaß des Universums, angesichts dessen die Erde nur ein Punkt ist[8]. So ist oberhalb der Erde Raum, eine Vielzahl himmlischer Bereiche zu unterscheiden. Die Berechtigung dazu entnimmt Origenes der biblischen Rede von »den Himmeln« im Plural[9] oder von den »himmlischen Wohnungen«, die Gott bereit hält[10]. Origenes verweist auf die Gliederung des Himmels in Planeten- und Fixsternsphären, hält sich aber die Möglichkeit offen, ausgehend von der Bibel nicht nur sieben, sondern sogar hundert und mehr himmlische Ränge zu unterscheiden[11]. Ich möchte im Folgenden vor allem den überhimmlischen Bereich betrachten. Ihn beschreibt Origenes an mehreren Stellen mit Formulierungen aus Platons Phaedrus als überhimmlischen Ort, der außerhalb der äußersten Himmelswölbung liegt. Zu ihm kann allein die kontemplative, gläubige Vernunft gelangen[12]. Ist Origenes' Weltbild also das eines Platonikers? Unterscheidet er einen körperlichen

---

›topologie‹« (Les fondements cosmologiques de l'eschatologie d'Origène, RSPhTh 43, 1959, [32–80.201–247] 216).

5   Or., princ. II 3,6 (GCS Origenes 5, 122,18–21 Koetschau): *omnis quidem universitas eorum, quae sunt atque subsistunt, caelestium et supercaelestium, terrenorum infernorumque, unus et perfectus mundus generaliter dici, intra quem vel a quo ceteri, hi qui illi insunt, putandi sunt contineri.*

6   Siehe Or., sel. in Gen. (1,26) (MPG 12, Sp. 93C); Or., sel. in Psalm. (73,12) (MPG 12, Sp. 1532ab).

7   Siehe Or., sel. in Psalm. (103 [104],5) (MPG 12, Sp. 1561A).

8   Siehe Or., comm. ser 1–145 in Mt. 49 (GCS Origenes 11, 102,20–25 Klostermann).

9   Siehe Or., Cels. VI 21 (SC 147, 230 Borret); princ. II 11,6 (190,11–13 K.) mit Anspielung auf Eph 4,10 oder Hebr 7,26.

10   Siehe Or., princ. II 11,6 (190,11–13 K.) mit Hinweis auf Joh. 14,2.

11   Siehe ein Fragment aus Or,. princ. I 5,3 (?) bei Hieronymus, C. Ioan. 19 (PL 23, 387), zitiert nach Origenes, Vier Bücher von den Prinzipien, hg., übersetzt, mit kritischen und erläuternden Anmerkungen versehen. H. Görgemanns/H. KarppKarpp, H., TzF 24, Darmstadt ³1992, 202f.; ähnlich Cels. VI 21 (SC 147, 230 B.).

12   So unter Anspielung auf Pl., Phdr. 247 a–c, in Or., Cels. III 80; VI 59; VII 44.

und sinnlich wahrnehmbaren Kosmos von einem unkörperlichen, nur der Vernunft zugänglichen Ideen-Kosmos?

Origenes' zusammenfassende Definition des Kosmos, die ich eingangs zitierte, stellt dieser Klassifikation einige Hindernisse in den Weg. Denn mit ihr insistiert Origenes darauf, daß sowohl der irdische als auch der überhimmlische Kosmos Teilbereiche des einen, alles umfassenden Kosmos sind. Alle Bereiche innerhalb dieses einen Kosmos bezeichnet er als »jene, die sind und subsistieren«[13]. Diese Näherbestimmung ist eindeutig gegen eine platonische Ontologie gerichtet, nach der Sein und selbständige Existenz nur den intelligiblen Ideen, also dem überhimmlischen Bereich, zukommen. Im näheren Kontext der genannten Kosmos-Definition lehnt Origenes die dualistische Trennung zwischen einer körperlichen, sinnlich wahrnehmbaren Welt und einer unkörperlichen, intelligiblen Welt auch strikt ab. Der überhimmlische Ort ist zwar der Würde und dem Rang nach (*gloria et qualitate*) innerhalb des einen Kosmos besonders herauszuheben. Er ist aber nicht dem Ort nach (*loco*) von ihm zu unterscheiden[14]. Was aber macht dann für Origenes diesen überhimmlischen Ort aus?

2. Die Bedeutung der Auslegung von Gen 1,1.8–10 für Origenes' Vorstellung vom Aufbau der Welt

Eine Antwort auf diese Frage findet sich in Origenes' Auslegung von Gen 1[15]. Denn der biblische Schöpfungsbericht stellt für Origenes den exegetischen Ausgangspunkt dar, innerhalb der einen Welt zwischen einem irdischen und einem überhimmlischen Kosmos zu unterscheiden. Textliche Grundlage ist die doppelte Erwähnung von Himmel und Erde sowohl in Gen 1,1 als auch in Gen 1,8–10. Origenes geht davon aus, daß an den zwei Stellen jeweils unterschiedliche Größen angesprochen werden. Der für uns sichtbare Himmel und die Erde, auf der wir wohnen, sind das Firmament und das Trockene, die in den Versen 8–10 genannt werden[16]. Die Nennung von Himmel und Erde in V.1 deutet Origenes

---

13 Wie Anm. 5.
14 Or., princ. II 3,6 (122,8–13 K.): *Sed utrum mundus iste, quem sentiri vult, separatus ab hoc sit aliquis longeque divisus vel loco vel qualitate vel gloria, an gloria quidem et qualitate praecellat, intra huius tamen mundi circumscriptionem cohibeatur, quod et mihi magis verisimile videtur, incertum tamen est et, ut ego arbitror, humanis adhuc cogitationibus et mentibus inusitatum.*
15 Obwohl Origenes' ausführlicher Kommentar zu dieser Stelle nicht erhalten ist, lassen sich die Grundlinien seiner Auslegung aus einer Predigt, aus Verweisen auf den Genesiskommentar in seinen anderen Schriften sowie aus einem Inhaltsreferat, das im Timaeuskommentar des Calcidius überliefert ist, erschließen.
16 Siehe Or., princ. II 3,6 (123,11–18 K.) mit Verweis auf den verlorenen Genesiskommentar; II 9,1 (165,11–16 K.); hom. 1–16 in Gen. I 1 (SC 7bis, 25,17–26,21 Doutreleau).

im übertragenen Sinne[17]. Er verknüpft sie mit der Verheißung des guten Landes, das den Gläubigen und Heiligen einst zum himmlischen Erbe gegeben wird. Die Erde in V.1 ist daher für ihn »das gute Land (Ex 3,8)«, »das Land der Lebendigen« (Jer 11,19; Ps 26 [27],13; 141 [142], 6), jene Erde, die den Sanftmütigen verheißen ist (vgl. Mt 5,5)[18].

Origenes deutet damit die zweifache Erwähnung von Himmel und Erde in Gen 1 als einen Hinweis auf verschiedene Bereiche, die er übereinander ordnet. Unsere irdische Erde ist »unten«, jene heilige Erde befindet sich »in der Höhe«. Über dem Trockenen, d.h. der irdischen Erde aus Gen 1,10, ist dieser Himmel, d.h. das Firmament aus Gen 1,8. Jene heilige Erde aus Gen 1,1 nennt er den »Rücken« dieses Firmaments. Sie hat über sich jenen Himmel, der in Gen 1,1 genannt ist[19].

Origenes' Auslegung von Gen 1 führt also zu der Gliederung in einen irdischen, einen himmlischen und einen überhimmlischen Bereich. Den Zusammenhang von Erde und sichtbarem Himmel nach Gen 1,8–10 bezeichnet Origenes als »irdischen Kosmos«. Den überhimmlischen Bereich nach Gen 1,1 nennt Origenes auch »Kosmos der Heiligen«. Beide Bereiche sind geschaffen und daher ihrer Natur nach vergänglich. Der irdische Kosmos allerdings ist sichtbar und wird tatsächlich vergehen. Der Kosmos der Heiligen dagegen ist »noch nicht zu sehen« und wird

---

17 Gen 1,1 ist für Origenes allegorisch zu deuten (siehe das Referat bei Calcidius, in Ti. 277 [281,16–282,6 Waszink]). Neben der im Haupttext referierten Deutung begegnen zwei weitere allegorische Interpretationen im Werk des Origenes: 1) Himmel und Erde in Gen 1,1 bezeichnen die intelligible, unkörperliche Natur und die Materie (siehe Calcidius, in Ti. 278 [282,11–283,8 W.]; Or., princ. II 9,1 [165,4–14 K.]; III 6,7 [289,11–22 K.]; auch in princ. IV 4,6 [357,9f. K.] sieht Origenes Gen 1,2 als einen biblischen Hinweis auf die ungeformte Materie); 2) eine anthropologische Deutung bietet Origenes in den Homilien (hom. 1–16 in Gen. I 1 [SC 7bis, 28,4–20 D.]).

18 Das ist die Deutung in Or., princ. II 3,6 (123,6–18 K.), die auch in III 6,8 (289,27–33 K.) vorausgesetzt ist, sowie in hom. in Ps. 36 v,4 (SC 411 [Z.51–54; 238 Prinzivalli]). Or., princ. II 3,6 (123,6–18 K.) ist in seinem Kontext zitiert in Anm. 30.

19 Or., hom. in Ps. 36 v 4 (SC 411 [Z.34–54; 236–238 Pr.]): *Frequenter diximus de terra sancta et de terra quae in hereditate promissionum caelestium nominatur; cuius naturae etiam situs paulo evidentius in hoc versiculo designatur. Nam ista terra in qua nunc vivimus deorsum esse dicitur secundum illud quod scriptum est:* »*Deus autem in caelo sursum, tu autem in terra deorsum*«. *Illa autem terra quae in hereditatem iustis promittitur, non deorsum, sed sursum esse dicitur. Propterea ad eum qui exspectat Dominum et custodit viam eius, ait repromissionis sermo:* »*Exaltabit te ut hereditates terram*«. *Nisi enim quis exaltetur et ascendat in altum et efficiatur caelestis, non potest hereditatem terrae illius consequi. Unde ego arbitror quia sicut caeli istius, id est firmamenti, inferius solum arida haec in qua nos habitamus, terra eius dicitur, ita et illius superioris qui principaliter caelum dicitur, inferius solum in quo habitatores illi caelestes conversantur et, ut ita dicam, dorsum ipsum firmamenti huius, merito, ut dixi, terra illius caeli esse dicitur, sed terra bona, terra sancta, terra multa, terra vivorum, terra fluens lac et mel. Et ideo dicit nunc sermo divinus:* »*Exaltabit te ut hereditates terram*«.

durch Gottes Willen nicht der Vergänglichkeit unterworfen, wie Origenes in Anspielung auf Röm 8 und Timaeus 41 bemerkt[20].

Von besonderem Interesse für die Frage, wie sich Origenes den Kosmos der Heiligen vorstellt, ist nun das Bild vom »Rücken des Firmaments«. Mit ihm gibt Origenes den Ort des Kosmos der Heiligen an. Dabei spielt er aber erneut auf jenes Gleichnis Platons im Phaedrus an, das er schon an anderer Stelle zur Beschreibung des überhimmlischen Ortes benutzte. Platon schildert in diesem Gleichnis den Aufstieg der göttlichen Seelenwagen. Er führt an der Unterseite der äußersten Himmelswölbung entlang zum äußersten Rand des Himmels. Dort angekommen wendet sich der Betrachter nach außen. Damit steht er »auf dem Rücken des Himmels« und erblickt das, was außerhalb des Himmels ist: den Ort des gestaltlosen und unsichtbaren wahren Wesens[21]. Ist aus dieser Anspielung nun erneut die Schlußfolgerung zu ziehen, daß Origenes den Kosmos der Heiligen im platonischen Sinne als einen intelligiblen Ort versteht? Zwei Einwände sprechen gegen diese Deutung.

Zum einen präzisiert Origenes, in welchem Sinne seine Aussage, der Kosmos der Heiligen sei »noch nicht zu sehen«, zu verstehen ist. Das, was »noch nicht zu sehen« ist, darf nicht als »unsichtbar« verstanden werden. Der Kosmos der Heiligen ist seinem Wesen nach nämlich körperlich und zu sehen; er kann von denen, die von der Erde aus schauen, lediglich jetzt noch nicht gesehen werden[22]. Origenes betont ausdrücklich, daß es ganz und gar nicht seiner Absicht entspricht, »einen körperlosen Kosmos anzunehmen, der nur in der Vorstellung, im schwankenden Reich des Gedankens existiert«[23].

Zum anderen grenzt sich Origenes mit seiner Auslegung von Gen 1,1 von einer platonisierenden Deutung des Bibeltextes ab, wie sie bei Philo und auch bei Clemens von Alexandrien zu finden ist. Nach Philo handelt Gen 1,1–5 von der Erschaffung des intelligiblen Ideen-Kosmos. Dieser darf an keinem räumlich gedachten Ort lokalisiert werden und enthält die Paradigmata der sichtbaren Welt. Himmel und Erde in Gen 1,1 bezeichnen nach dieser Deutung die Idee des Himmels und die Idee

---

20 In Or., princ. II 3,6 (124,1–8 K.) unterscheidet Origenes zwischen einem Kosmos der Heiligen und unserem hiesigen Kosmos.
21 Pl., Phdr. 247a–c. Siehe besonders 247bc: αἱ μὲν γὰρ ἀθάνατοι καλούμεναι, ἡνίκ' ἂν πρὸς ἄκρῳ γένωνται, ἔξω πορευθεῖσαι, ἔστησαν ἐπὶ τῷ τοῦ οὐρανοῦ νώτῳ, στάσας δὲ αὐτὰς περιάγει ἡ περιφορά, αἱ δὲ θεωροῦσι τὰ ἔξω τοῦ οὐρανοῦ.
22 Or., princ. II 3,6 (124,19–25 K.): *Non enim idem intelligitur quod dicit ›ea quae non videntur‹ et ea quae invisibilia sunt. Ea namque quae sunt invisibilia, non solum non videntur, sed ne naturam quidem habent, ut videri possint, quae Graeci* ἀσώματα, *id est incorporea, appellarunt; haec autem, de quibus Paulus dixit: »Quae non videntur«, naturam quidem habent, ut videri possint, nondum tamen videri ab his, quibus promittuntur, exponit.*
23 Or., princ. II 3,6 (122,2–4 K.): *quod utique a nostris rationibus alienum est, mundum incorporeum dicere, in sola mentis fantasia vel cogitationum lubrico consistentem.*

der Erde, nach denen Gott am zweiten und dritten Schöpfungstag den sichtbaren Himmel und die sichtbare Erde schafft[24]. Auch Clemens von Alexandrien führt Gen 1 als Beweistext dafür an, daß lange vor Platon bereits Mose die Unterscheidung zwischen sinnlich wahrnehmbarer und intelligibler Welt behauptet habe[25]. Origenes verwirft in seiner Genesisauslegung diese Interpretation[26]. Damit distanziert er sich aber auch von dem platonischen Weltbild, das hinter dieser Deutung steht.

3. Origenes' Korrelation der Auslegung von Gen 1,1 mit dem astronomischen Sphärenmodell

Origenes' Beschreibung des Kosmos als umfassender Einheit verschiedener, hierarchisch gestufter Bereiche, die wiederum Kosmoi genannt werden können, stellt ihn vor das Problem, sowohl die Einheit als auch die innere Gliederung dieses alles umfassenden Kosmos plausibel zu machen. Dabei muß er vor allem das Mißverständnis abwehren, mit der Unterscheidung zwischen irdischem Kosmos und dem Kosmos der Heiligen ein platonisches Weltbild zu vertreten. Vor dieses Problem gestellt bezieht sich Origenes nun im zweiten Buch seines Werkes »Über die Prinzipien« auf das astronomische Sphärenmodell in der Gestalt, wie es seit Claudius Ptolemaeus vertreten wurde. Origenes verweist darauf, daß im astronomischen Sprachgebrauch Planeten- und Fixsternsphären als κόσμοι bezeichnet werden[27]. Er macht außerdem darauf aufmerksam, daß oberhalb der sogenannten Fixsternsphäre eine weitere Sphäre angenommen wird. Ptolemaeus hatte sie eingeführt, um die Präzession des Frühjahrs- und Herbstpunktes zu erklären. Während diese neunte, äußere Himmelssphäre für ihn wohl mehr den Charakter einer Hypothese zur Erklärung der Bewegung der Fixsternsphäre hatte[28], wurde sie schon bald – wie hier bei Origenes – als reale Himmelssphäre aufgefaßt[29].

---

24 Ph., opif. 16 (Opera I, 4f. Cohn). Eine ähnliche Deutung findet sich in opif. 17 (5,7f. C.): Τὸν δ' ἐκ τῶν ἰδεῶν συνεστῶτα κόσμον ἐν τόπῳ τινὶ λέγειν ἢ ὑπονοεῖν οὐ θεμιτόν; opif. 29 (9,4-9 C.).

25 Clem., str. v 93,5–94,2 (SC 278, 180 Le Boulluec), übernimmt Philos Exegese in weiten Teilen. Die Bezeichnung des Himmels als στερέωμα zeige, daß erst ab Gen 1,6 von der körperlichen (vgl. στερεόν) Welt die Rede ist. Die sichtbare Welt ist daher nichts als ein Abbild der intelligiblen Welt. Siehe dazu S. Lilla, Clemens of Alexandria. A Study in Christian Platonism and Gnosticism, Oxford 1971, 191f.

26 Daß sich Origenes in seinem Genesiskommentar mit der Deutung Philos auseinandergesetzt hat, geht aus dem Referat bei Calcidius (wie Anm. 17) hervor.

27 Or., princ. II 3,6 (122,22–25 K.): *Unde quidam volunt globum lunae vel solis ceterorumque astrorum, quae* πλανήτας *vocant, per singula mundos nominari; sed et ipsum supereminentem quem dicunt* ἀπλανῆ *globum, proprie nihilominus mundum appellari volunt.*

28 Siehe dazu W. Gundel/H. Gundel, Art. Planeten, PW XX, Sp. 2017–2185, hier 2073, mit dem Hinweis auf Claudius Ptolemaeus, synt. IX 2; hypoth. II 2–5.

29 Siehe dazu P. Duhem, Le système du monde. Histoire des doctrines cosmologiques de Platon à Copernic, Tome II, Paris 1914, 190–204.

Origenes setzt in princ. II 3,6 die astronomischen Himmelssphären auf eine erste Weise in Beziehung zu dem Kosmosaufbau, den er aus Gen 1 gewonnen hat: Die Fixsternsphäre begegne in der Bibel als die Erde von Gen 1,1; die über ihr liegende Himmelssphäre werde im gleichen Vers als Himmel erwähnt[30].

Im Abschnitt über den eschatologischen Endzustand der Welt in princ. II 3,7 führt Origenes diese Korrelation weiter. Der Text liegt in zwei leicht voneinander abweichenden Fassungen in Überlieferung durch Rufin und Hieronymus vor[31]. Liest man diese Fassungen vor dem Hintergrund der referierten Genesisauslegung des Origenes, so wird Folgendes deutlich: Beide Fassungen kämpfen mit den Problemen, die aus Origenes' Verbindung des an Gen 1 gewonnenen Kosmosaufbaus mit dem astronomischen Sphärenmodell erwachsen.

Beide Fassungen ordnen die Kosmosbereiche nach Gen 1 astronomischen Sphären zu. Nach Rufin spricht Origenes von einem ersten Bereich, der das Wesen aller sichtbaren Dinge umfaßt und den Bereich der Planetensphären einschließt. Dieser erste Bereich ist vergänglich. Zum zweiten, unvergänglichen Bereich zählt die über der Fixsternsphäre angesiedelte »gute Erde« sowie deren Himmel, der auch hier implizit mit der ptolemäischen neunten Sphäre gleichgesetzt wird. Die Fixsternsphäre selbst ist nach dieser Darstellung keinem der beiden Kosmosbereiche

---

30   Or., princ. II 3,6 (123,1–19 K.): *Esse tamen super illam* σφαῖραν, *quam* ἀπλανῆ *dicunt, volunt aliam, quam, sicut apud nos caelum continet omnia, quae sub caelo sunt, ita illam dicunt inmensa quadam sui magnitudine et ineffabili conplexu spatia universarum spherarum umbilu magnificentiore constringere; ita ut omnia intra ipsam ita sint, sicut est haec nostra terra sub caelo: quae etiam in scripturis sanctis ›terra bona‹ et ›terra viventium‹ creditur nominari, habens suum caelum illud, quod superius diximus, in quo caelo sanctorum nomina scribi vel scripta ess a salvatore dicuntur; quo caelo cohibetur illa ›terra‹ atque concluditur, quam salvator in evangelio ›mansuetis‹ et mitibus repromittit. Ex illius namquam terrae nomine etiam hanc nostram, cui ›arida‹ prius nomen fuerat, cognominatam volunt, sicut et ›firmamentum‹ hoc ›caelum‹ illius caeli vocabulo nuncupatum est. Verum de huiuscemodi opinionibus plenius in illo loco tractavimus, cum requireremus, quid esset quod »In principio fecit deus caelum et terram«. Aliud enim ›caelum‹ atque alia ›terra‹ indicatur esse quam illud ›firmamentum‹, quod post biduum factum dicitur, vel ›arida‹, quae postmodum ›terra‹ nominatur.*

31   Or., princ. II 3,7 in der Fassung Rufins (125,12–126,2 K.): *aut certe quod eorum ›quae videntur‹ habitu praetereunte et omni corruptibilitate decussa atque purgata omnique hoc mundi statu, in quo* πλανητῶν *dicuntur sphaerae, supergresso atque superato, supra illam, quae* ἀπλανής *dicitur, sphaeram piorum ac beatorum statio collocatur, quasi in ›terra bona‹ et ›terra vivorum‹, quam ›mansueti‹ et mites ›hereditate percipient‹; cuius est caelum illud, quod ambitu magnificentiore ipsam illam circumdat et continet terram, quod vere caelum et principaliter appellatur.*
     In der Fassung des Hier., Ep. 124,5 (CSEL 56, 102,26–103,6 Hilbert): *aut certe sphaera illa, quam supra appellauimus* ἀπλανῆ, *et quidquid illius circulo continetur, dissoluetur in nihilum, illa uero, qua* ἀντιζώνη *ipsa tenetur et cingitur, uocabitur terra bona nec non et altera sphaera, quae hanc ipsam terram circumambit uertigine et dicitur caelum, in sanctorum habitaculum seruabitur.*

zugeordnet. Sie fungiert lediglich als Grenze zwischen vergänglichem und unvergänglichem Bereich.

In der Darstellung des Hieronymus bezeichnet Origenes als erste, vergängliche Sphäre die Fixsternsphäre und alles, was von ihr umschlossen wird. Als eine zweite Sphäre nennt er jene Sphäre, die »gute Erde« genannt wird und die sogenannte »Gegenzone (ἀντιζώνη)«[32] umschließt. Sie ist unvergänglich. Ebenfalls unvergänglich ist eine dritte Sphäre. Sie umschließt kreisend die »gute Erde« und wird deren Himmel genannt. Diese dritte Sphäre entspricht also offensichtlich wieder der ptolemäischen neunten Himmelssphäre. Origenes verbindet in der Fassung des Hieronymus die »gute Erde« nicht mit der Fixsternsphäre, die er dem vergänglichen Bereich zuordnet. Er führt vielmehr zwischen der Fixsternsphäre und der neunten Himmelssphäre eine zusätzliche Sphäre ein und bezeichnet diese als »gute Erde«.

Origenes macht in seinen Ausführungen in princ. II 3 offensichtlich widersprüchliche Angaben über die Anzahl der Himmelssphären oberhalb der Planeten. Unklar ist außerdem die Zuordnung der Fixsternsphäre. Ist sie nun nach Origenes Teil des sichtbaren, vergänglichen oder des noch nicht zu sehenden, unvergänglichen Kosmos?

Ich habe es bereits angedeutet: Die Ursache für diese Widersprüche liegen in dem Versuch des Origenes, den an Gen 1 gewonnenen Kosmosaufbau mit den astronomischen Himmelssphären zu verbinden. Anhand von Gen 1 unterscheidet er zwischen irdischem Himmel, dem Firmament, und der überhimmlischen Erde, zwischen sichtbarem und noch nicht zu sehendem Bereich. Diese Unterscheidung kann jedoch nicht zur Deckung gebracht werden mit der Unterscheidung von Planetensphären einerseits und Fixsternsphäre andererseits, da der Fixsternhimmel selbst Teil des sichtbaren Firmaments nach Gen 1,8 ist. Origenes' Vier-Gliederung des Kosmos nach Gen 1 in irdische Erde, irdischen Himmel, überhimmlische Erde und überhimmlischen Himmel kann daher der astronomischen Aufteilung des Kosmos in sublunare Zone, Planetenzone, Fixsternzone und Zone der ptolemäischen neunten Sphäre gar nicht entsprechen.

Letztlich nötigt der an Gen 1 gewonnene Kosmosaufbau Origenes also dazu, zwischen Fixsternsphäre und neunter Himmelssphäre eine zusätzliche Sphäre einzuführen. Daß damit auch der Versuch einer begrifflichen Distinktion einhergeht, bezeugt die Hieronymus-Fassung des Textes. Nach dieser Fassung benutzt Origenes nämlich den Begriff ἀντιζώνη, der auf deutsch mit »äußerer Gürtel«[33] oder auch »Gegenzone« wiedergegeben werden kann. Er gibt sich den Anschein eines astronomischen Fachterminus, ist aber – nach meinen bisherigen Nachforschungen

---

32   Siehe zur Bedeutung dieses Ausdrucks die auf Seite 77 folgenden Ausführungen.
33   So die Übersetzung von H. Görgemanns/H. Karpp (wie Anm. 11), 327.

– nicht in der zeitgenössischen astronomischen oder astrologischen Literatur anzutreffen. Er scheint vielmehr ausschließlich an dieser einen Stelle im Origenes-Referat des Hieronymus als griechisches Fremdwort zu begegnen. Ich möchte daher die Hypothese aufstellen, daß Origenes diesen Terminus geprägt hat. Origenes beabsichtigt damit, sein Problem zu lösen, das durch die Korrelation des Weltaufbaus nach Gen 1 mit dem astronomischen Sphärenmodell entsteht – nämlich die Unterscheidung zwischen einer sichtbaren Innenseite und einer noch nicht zu sehenden Außenseite der Fixsternsphäre. Denn diese Unterscheidung hat zur Folge, daß Origenes oberhalb der Fixsternsphäre *zwei* weitere Himmelszonen annimmt und darin von dem Sphärenmodell abweicht, das er kurz zuvor noch selbst referiert hat.

Aufgrund der Überlieferungslage bleibt es allerdings schwierig, genau zu bestimmen, worauf Origenes den Begriff ἀντιζώνη bezogen hat. In der Darstellung des Hieronymus bezeichnet das Wort ἀντιζώνη den sichtbaren Fixsternhimmel als äußere Begrenzung des sichtbaren Kosmos[34]. Möglich – und in meinen Augen wahrscheinlicher – ist aber, daß Hieronymus die Ausführungen des Origenes ungenau wiedergibt. Origenes hätte dann die uns abgewandte Rückseite der Fixsternsphäre, die er auch »gute Erde« nennt, als eigene Sphäre aufgefaßt. Der Begriff ἀντιζώνη würde dann diese uns abgewandte Himmelszone bezeichnen und sie dadurch den sieben bzw. fünf Zonen des für uns sichtbaren Himmels entgegensetzen[35]. In beiden Fällen dient der Begriff dazu, das astronomische Sphärenmodell dem Kosmosaufbau nach Gen 1 anzupassen.

Warum ist es Origenes aber so wichtig, die aus Gen 1 gewonnenen Kosmosbereiche mit den astronomischen Himmelssphären zu verbinden?

---

34 Der Begriff ἀντιζώνη würde dann an die Verwendung von ζώνη als astronomische Bezeichnung für die Planeten- und Gestirnsbahnen anknüpfen. In dieser Verwendung findet sich ζώνη z.B. bei Diog. Oen., fr. 13 (Smith = fr. 8 Chilton), Col. I Z. 11–13: οἱ μὲν ὑψηλὴν ζώνην φέρονται, οἱ δ᾽ αὖ ταπεινήν; Vettius Valens, Anth. I,11 (26,16–19 Kroll), der an dieser Stelle referiert ἡ δὲ τάξις τῶν ἀστέρων πρὸς τὰς ἡμέρας und ἡ δὲ τῶν ζωνῶν διάθεσις. Auch Herm. I, 25 (CuFr I, 15,15–16,4 Nock) bezeichnet die Planetenbahnen jeweils als ζώνη. In die Bestimmung als ἀντι-ζώνη würde schließlich das Wissen darum einfließen, daß die Bewegung des Fixsternhimmels den Bewegungen der Planetensphären entgegengesetzt ist. Siehe dazu bei Or., Cels. VIII 52 (SC 150, 288,17–20 B.): Πάντες οὖν ἄνθρωποι, ὁρῶντες τὸν κόσμον καὶ τὴν ἐν αὐτῷ τεταγμένην οὐρανοῦ καὶ τῶν ἐν τῇ ἀπλανεῖ κίνησιν τῶν τε φερομένων ἐναντίως τῇ τοῦ κόσμου κινήσει λεγομένων πλανήτων τάξιν,... In Or., princ. I 7,3 (88,14f. K.) weist Origenes darauf hin, daß sich die Planeten nach einer Ordnung, die Fixsterne nach einer anderen Ordnung bewegen. Die Auffassung von H. Cornélis, ἀντιζώνη beziehe sich in der Fassung des Hieronymus auf die neunte Himmelssphäre, hat keinen Anhalt am Text (Les fondements cosmologiques [wie Anm. 4], 230).

35 Zur Aufteilung des Sternenhimmels in fünf Zonen, die den fünf Erdzonen entsprechen, bzw. sieben Zonen, die den sieben Planeten zugeordnet werden, siehe W. Hübner, Geographischer und astrologischer Zonenbegriff in der Antike, Berichte zur Wissenschaftsgeschichte 24 (2001), 13–28.

Ich habe den Grund bereits angedeutet: Mit dieser Korrelation grenzt er sich erneut von einer platonisierenden Auslegung von Gen 1 und dem dahinterstehenden platonischen Weltbild ab. Indem Origenes Himmel und Erde aus Gen 1,1 mit astronomischen Himmelssphären verbindet, weist er ihnen demonstrativ einen räumlich lokalisierbaren Ort zu. Dadurch verleiht er dem »Ort über dem Himmel (vgl. Phdr. 247 a–c)«, für den Philo und Clemens von Alexandrien im Gefolge Platons allenfalls einen intelligiblen Ort annehmen, eine kosmische Realität.

Durch die Verbindung mit dem astronomischen Sphärenmodell vermag Origenes außerdem zu veranschaulichen, daß sowohl irdischer und himmlischer als auch der überhimmlische Ort jeweils Teilbereiche des einen, umfassenden Kosmos sind. Indem jeder Bereich von einer umfassenderen Sphäre umschlossen wird, bezieht letztlich der Himmel aus Gen 1,1 als die äußerste Sphäre alles in sein Rund ein[36]. Origenes ist nicht – wie Ptolemaeus – an der Erklärung der Gestirnsbewegungen interessiert, sondern er will mit Hilfe der astronomischen Sphären die Einheit des Kosmos veranschaulichen. Das astronomische Sphärenmodell ermöglicht es Origenes schließlich außerdem, innerhalb dieses einen Kosmos Räume unterschiedlicher Würde und Qualität zu unterscheiden. Einen ähnlichen gestuften Aufbau sieht Origenes innerhalb der Bibel auch im Aufbau der Arche Noah oder in Jakobs Traum von der Himmelsleiter abgebildet, die er als biblische Hinweise auf astronomische Himmelssphären deutet[37].

Es zeigt sich also: In der Korrelation von astronomischem Sphärenmodell und dem an Gen 1 gewonnenen Kosmosaufbau dient das astronomische Modell dazu, eine bestimmte Auslegung des biblischen Textes zu unterstützen. Die am Bibeltext gewonnene Vorstellung führt dabei umgekehrt zu einer Modifikation des Sphärenmodells. Origenes verknüpft biblische und astronomische Vorstellungen, ohne deren Identität zu behaupten. Dabei geht es ihm nicht darum, die biblischen Schriften aus apologetischem Interesse als Quelle des astronomischen Weltbildes darzustellen. Das astronomische Sphärenmodell erfüllt für ihn lediglich die Funktion eines Argumentes in der Auseinandersetzung darum, welche Aussagen über den Aufbau der Welt sich mit Recht auf den biblischen Grundtext in Gen 1 berufen dürfen. Origenes argumentiert damit gegen eine platonisierende Deutung von Gen 1, wie sie bei seinen Vorgängern Philo und Clemens von Alexandrien begegnet. Seine Aussagen über den Aufbau des Kosmos in princ. II 3 lassen sich somit weder im Sinne eines

---

36 Siehe Or., princ. II 3,6 (123,1–5 K.).
37 Siehe Or., Cels. VI 21 oder das Referat des Hieronymus zu Or., princ. I 5,3 (?) (Hier., C. Ioan. 19 [PL 23, 387], zitiert nach H. Görgemanns/H. Karpp [wie Anm. 11], 202f.) mit dem Hinweis auf Gen 28,12–13 sowie die Deutung der Arche Noahs durch Or., in hom. 1–16 in Gen II 5 (SC 7bis, 104,82–91 Doutreleau).

platonischen noch im Sinne eines ptolemäisch-astronomischen Weltbildes systematisieren. Nach dem Verständnis des Origenes führen sie vielmehr das biblische Weltbild von Gen 1 aus.

Konstanz von Weltbildern am Beispiel der Astrologie

KARIN METZLER

Dieser Beitrag gilt nicht der Frage nach der Bildhaftigkeit von Weltbildern, sondern will auf ein methodisches Problem hinweisen, das dieser Frage vorausgeht. Das Beispiel der Astrologie in Altertum und Mittelalter ist geeignet, grundsätzlich zu fragen: Was verstehen wir unter einem Weltbild? Wie stellen wir uns Wandel und Ablösung von Weltbildern vor? Anders formuliert: Sind Weltbild und Welt-Bild – im Sinne von Bild des Kosmos – deckungsgleich? Werden Weltbilder in einem fort von neueren Weltbildern abgelöst?

Anlaß zu dieser Problematisierung ist, daß bei der Frage nach der Bildhaftigkeit von Weltbildern meist der Konflikt von Weltbildern im Vordergrund steht. Es entsteht der Eindruck, daß in häufiger Folge ein Weltbild von einem anderen, moderneren, dem Stand der inzwischen gewachsenen Erkenntnis angemessenen überholt, widerlegt und abgelöst werde und daß fortan nur noch das neue Weltbild gelte. Ein so dynamisches Modell übersieht, daß Weltbilder sehr zäh sein können und mit dem wissenschaftlichen Fortschritt durchaus nicht immer Schritt halten. So leben bestimmte Praktiken weiter, die auf den Prämissen eines vergangenen Weltbildes beruhen. In diesem Fall ergibt sich die Frage, wie weit mit ihrem Fortleben auch die Implikationen weiterleben, auf denen sie ursprünglich beruhen: Ist das überholte Weltbild damit noch gültig, oder worden die bodingondon Implikationen ganz ausgeblendet? Wie weit kann man von einem (zu einer gegebenen Zeit) herrschenden Weltbild sprechen? Muß man nicht vielmehr von der Gleichzeitigkeit des Ungleichzeitigen und einem Nebeneinander verschiedener Reflexionsstufen ausgehen?

Dafür ist die Zähigkeit astrologischer Praktiken in der antiken und mittelalterlichen mediterranen Welt ein lehrreiches Beispiel: Sie überdauern, auch wenn durch einen Wandel des Weltbildes die grundlegenden Annahmen überholt erscheinen müssen[1]. Sobald man ein anderes Bild der Götter bzw. Gottes hatte, sobald sich die Vorstellungen der Sterne im Weltall änderten, mußten sich Konflikte mit den Grundannahmen astrologischer Praktiken ergeben, die gleichwohl weiterlebten. Mustert man dieses Überleben, so bieten sich einige Erklärungen an, die nicht aus den sich ablösenden Weltbildern herrühren.

---

1   Vgl. A. Dihle, Die griechische Astrologie und ihre Gegner, Antike und Abendland 43, 1997, 90–108, hier 100: »Glaubensüberzeugungen, an denen sich die Lebensführung orientiert, halten nicht selten den Widerspruch zu Einsichten des Verstandes aus, ohne daß es ihren Verfechtern bewußt wird.«

Astrologie ist selbst kein eigenständiges Weltbild, setzt aber grundlegende Annahmen über das »Funktionieren« von »Welt« voraus:

Die Sterne besitzen die Macht, das irdische Geschehen zu beeinflussen – astrologische Praxis ist also nur dann ganz stimmig, wenn ihr Anhänger davon ausgeht, daß die Sterne personale Gottheiten sind oder mit solchen Gottheiten zumindest in engster Verbindung stehen. Nur dann ist die Prämisse unproblematisch, daß Sterne einen direkten Einfluß auf das einzelne menschliche Leben ausüben, der sich durch die Geburtsstunde bestimmt, je nachdem, in welchem Verhältnis die (zu diesem Zeitpunkt sichtbaren) Sterne zueinander stehen.

Der Einfluß eines Sterns ist zu wechselnden Zeiten verschieden groß, denn Einfluß üben die sichtbaren Sterne aus – es wird also nicht einkalkuliert, daß zu jedem Zeitpunkt alle Sterne am Himmel stehen, wie ein aufgeklärteres Weltbild weiß. Damit setzt Astrologie auch ein geozentrisches Weltbild – mit einer statischen Erde – voraus; die Vorstellung vom Kosmos als Planetensystem läßt sich schwer damit vereinbaren.

Schließlich ist das Weltbild, dem die Astrologie angemessen ist, auch anthropozentrisch: Der Mensch muß im Kosmos so viel Wichtigkeit besitzen, daß um ihn das Himmelsgeschehen kreist. Das Weltbild der Astrologie ist ein Weltbild der Einheit – wohl ein Grund für seine Faszination bis in unsere Zeit.

Diese Annahmen (zumindest die erste und zweite) werden schon in der Antike überwunden. Wäre die Geschichte der Astrologie so verlaufen, wie es das ihr zugrundeliegende Weltbild nahe legte, so hätte sie ihr Ende schon im Laufe der mesopotamischen Hochkulturen gefunden, denen sie ihre Entstehung dankt: sobald man nämlich aufhörte, die Sterne als Sterngötter zu verehren. Wie erklärt sich, daß es so anders kam?

Daß Astrologie das Produkt der Frühstufe einer Kultur ist, ist völlig einsichtig. Die Sterne und ihre Lage-Veränderungen sind unübersehbar für den Menschen einer Zeit ohne Straßenbeleuchtung. Auf die Idee, daß andere Gestirne auf der Erde Wirkungen ausüben, kommt man leicht: Der Zusammenhang etwa zwischen Mond und klimatischen Erscheinungen ist in einer stark wetterabhängigen Kultur schnell entdeckt[2]. Und wir haben es mit Gesellschaften zu tun, die stärker Zusammenhänge als isolierte Individuen betonen, weniger die Autonomie eines Individuums als seine Verbundenheit mit der Umgebung, weniger seine Autarkie als seine Abhängigkeit – in einer solchen Welt liegt der Gedanke nahe, daß sich Veränderungen am Sternhimmel und im menschlichen Leben entsprechen[3]. Vor allem ist ihre Funktionalität schon und gerade in frühen Kulturen begreiflich: ein Bedürfnis nach »Futurologie«, der Wunsch, daß

---

2   Man denke an Hesiod (A. Dihle, Astrologie [wie Anm. 1], 91).
3   A. Dihle, Astrologie (wie Anm. 1), 96: »Denn letztlich beruhte die Astrologie, trotz der Verwissenschaftlichung ihrer Methoden, auf der ebenso alten und wirksamen wie

Konstanz von Weltbildern am Beispiel der Astrologie 83

die am Himmel beobachtbaren Konstellationen Rückschlüsse auf wichtige Lebensbelange des Menschen erlauben mögen, daß sich von dort Aufschlüsse gewinnen lassen, die anderem Zugriff entzogen sind, vor allem eben über die Zukunft. Plausiblerweise entwickeln sich Techniken, um die verschlüsselten Informationen zu entschlüsseln, plausiblerweise ist die Verfügung über diese Techniken das Herrschaftswissen eines bestimmten Personenkreises, der sich damit Einfluß auf gesellschaftlich-geschichtliche Prozesse sichert.

Sie überlebte lange genug, um im Zeitalter des Hellenismus von den Griechen übernommen und weiterentwickelt zu werden. Erst zu dieser Zeit erfüllte die Astrologie offenbar auch in der griechischen Kultur ein Bedürfnis. Falls die Griechen in früherer Zeit entsprechende Anschauungen hatten, so ist diese These auf Rekonstruktion angewiesen[4]; gut belegt ist hingegen die Entwicklung der wissenschaftlichen Astrologie in hellenistischer Zeit, angestoßen durch die Begegnung mit der noch blühenden babylonischen Sternkunde[5]. Typisch für den Hellenismus ist die Verwissenschaftlichung der Astrologie (Elemente wie der Aszendent wurden erst dann entwickelt[6]): Den fundierten Einwänden gegen die Möglichkeit von Astrologie stand ein stärker differenziertes Instrumentarium gegenüber; die höhere Komplexität schirmte gleichzeitig das System gegen Kritik ab.

Sprechend ist der Zeitpunkt der Übernahme. War es in Griechenland das Zeitalter des Hellenismus, so ist es in Rom das des Prinzipats[7]. Die Übernahme scheint mit dem Übergang zu einer neuen Verfassungsform, der Monarchie, zusammenzuhängen; die Hochkonjunktur der Astrologie ist gut verständlich aus der »Auflösung des vorher recht stabilen griechischen Staatensystems rund um das östliche Mittelmeer«[8]. Die neue Staatsform gab einen besonders guten Nährboden. Beide Zeiten waren Phasen verstärkter Instabilität politischer Verhältnisse, hohen Einflusses des mächtigen Einzelnen, großer Fluktuation der gesellschaftlichen Schichten und Unsicherheit des Individuums, in denen eine »Zukunfts-

---

unbeweisbaren Vorstellung von der absoluten Einheit der Welt, in der alle Teile in Wechselwirkung stehen.«

4   Nach A.A. Long, Astrology: arguments pro and contra, in: J. Barnes/J. Brunschwig/M. Burnyeat/M. Schofield (Hgg.), Science and Speculation. Studies in Hellenistic theory and practice, Cambridge/London/New York/New Rochelle/Melbourne/Sydney 1982, 165–192 hier 166, ist die Astrologie vor dem 3. Jh. v. Chr. nicht belegt. Es gibt z.B. den Versuch, Phänomene des griechischen Mythos und Kults (etwa der Lage und Ausrichtung von Heiligtümern) durch ihr Verhältnis zu bestimmten Himmelslinien zu erklären: J. Richer, Sacred Geography Of The Ancient Greeks. Astrological Symbolism in Art, Architecture, and Landscape, Albany 1994.
5   A. Dihle, Astrologie (wie Anm. 1), 92.
6   T. Barton, Ancient Astrology, Sciences of Antiquity London/New York 1994, 30.
7   T. Barton, Astrology (wie Anm. 6), 62f.
8   A. Dihle, Astrologie (wie Anm. 1), 98.

wissenschaft« wie die Astrologie einen Halt geben konnte. Dazu kommen unterstützende Faktoren, die für sich keine hinreichenden Begründungen geben, so das Klima des Synkretismus[9], auch, daß die Voraussetzungen zur Verwissenschaftlichung gegeben waren. In diesem Umkreis, zu dieser Zeit trägt zur Suggestion der Sterndeutung sicher auch bei, daß die Veränderungen der Sterne so regelmäßig vor sich gehen, daß ihre Gesetzmäßigkeit entschlüsselbar erscheint, und wiederum so unregelmäßig, daß sie nicht trivial erscheinen (man denke an die scheinbare Rückwärts-Bewegung der Planeten[10]). Bestärkend für ihre Funktionalität sind also verschiedene Faktoren, die denen in der kulturellen Frühzeit gerade entgegengesetzt sind; dennoch ist ihre Funktionalität auf beiden Kulturstufen plausibel.

Trotz der »wissenschaftlichen« Möglichkeiten ist die Astrologie kein sinnvolles Element des in Hellenismus und römischer Kaiserzeit herrschenden Bildes von Kosmos und Welt. Die Fortschritte der Astronomie zielen nicht auf ein geozentrisches Weltbild mit einer statischen Erde. Die meisten philosophischen Schulen lehnten den Fatalismus ab, den sie in astrologischen Voraussagen impliziert sahen (s. u.).

Ihre Funktionalität behält die Astrologie also in der antiken Entwicklung, obwohl die Voraussetzungen im Weltbild nicht mehr gegeben sind. Besonders klar ist auch das Beispiel der römischen Kaiserzeit. War die Astrologie bis zum Ende der Republik[11] eine mantische Technik neben anderen (etwa der Vogelschau), um z.B. den Zeitpunkt festzulegen, an dem der Staat einen Krieg begann[12], so wurde sie mit der Monarchie die beherrschende »Zukunftswissenschaft«[13] – unter derselben Staatsform hatte die »wissenschaftliche« Ausarbeitung der Astrologie im griechischen Hellenismus ihren Aufschwung genommen. Das Bedürfnis der Herrscher nach Zukunftsvoraussagen für sich selbst und ihre Dynastie mußte bei stark umkämpfter Machtstellung groß sein; gleichzeitig war auch der Propagandawert positiver Horoskope groß, die die Erwähltheit einer einzelnen Person herausstrichen, sie als einzigen Hoffnungsträger herausstellten. Augustus verbreitete in dieser Weise sein Horoskop und propagierte den Steinbock als sein Geburtszeichen auf Münzen[14]. Iulius

---

9   A. Dihle, Astrologie (wie Anm. 1), 98.
10 T. Barton, Power and Knowledge. Astrology, Physiognomics, and Medicine under the Roman Empire, Ann Arbor 1994, 74.
11 T. Barton, Power (wie Anm. 10), S. 33.
12 Die sogenannte katarchische Astrologie wurde angewendet für militärische und medizinische Zwecke, D. Pingree/A. Kazhdan, Art. Astrology, ODB 1, New York/Oxford 1991, 214–216, hier 214.
13 F.H. Cramer, Astrology in Roman Law and Politics, Philadelphia 1954, 44–80: »The conversion of Republican Rome to Astrology (250–44 B.C.)«, 81–146: »Astrologers – the power behind the throne from Augustus to Domitian«.
14 T. Barton, Power (wie Anm. 10), 40f.; T. Barton, Astrology (wie Anm. 6), 63; A. Dihle,

Caesars Ruhm war als Versetzung an den Sternenhimmel propagiert worden[15].

Aber Astrologie für die Propaganda einzusetzen, beschwor auch Gefahren herauf: Wurde der Tod eines Herrschers vorausgesagt, konnte dies als Aufforderung aufgefaßt werden, die Voraussage wahrzumachen[16]; solche Prophezeiungen mußten verboten werden[17]. In der Tat konnte astrologische Praxis in der Revolte münden[18]. So war für die Astrologie ein eigener Aufwand für ihre Eindämmung nötig. Man verbot durch Gesetz, Horoskope für Mitglieder des Kaiserhauses zu stellen[19], verbot Horoskopie ganz[20], vertrieb immer wieder die Astrologen[21]. Daß sich dies wiederholte, zeigt, daß das Phänomen schwer auszumerzen war. Im vierten Jahrhundert wurde dann die endgültige »Enteignung der Wahrsager«, darunter der Astrologen, juristisch in die Tat umgesetzt[22]. Es wird deutlich, welche Macht man in der Astrologie sah.

Angesichts dieser Bedeutung ist deutlich, wie anerkannt die Astrologie über lange Zeiträume war (in bestimmten Kreisen ist sie es bis auf den heutigen Tag). Innerhalb der polytheistischen Kulturen der antiken mediterranen Welt (gerade in ihren früheren Stadien) wundert uns dies nicht; die astrologische Praxis und ihre Voraussetzung im Weltbild fügen sich ja nahtlos in ihre Vorstellungen ein. Und auch die gesellschaftliche Funktion der Astrologie ist, wie für die alten Kulturen, für die vergleichsweise modernen Kulturen des Hellenismus und der römischen Kaiserzeit evident.

Weniger eindeutig ist, wie weit auch in den monotheistischen Religionen Judentum und Christentum die Astrologie als Praxis und Weltbild akzeptiert wurde. Klar ist, daß die Symbolik der Astrologie auch in der

---

Astrologie (wie Anm. 1), 99; M. Th. Fögen, Die Enteignung der Wahrsager. Studien zum kaiserlichen Wissensmonopol in der Spätantike, Frankfurt a.M. 1993, 117.

15 Zum Katasterismos allgemein T. Barton, Power (wie Anm. 10), 40, 48, detailliert P. Domenicucci, Astra Caesarum. Astronomia, astrologia e catasterismo da Cesare a Domiziano, Pisa 1996; dort zu Iulius Caesar 29–99.
16 T. Barton, Power (wie Anm. 10), 57.
17 T. Barton, Power (wie Anm. 10), 54 Anm. 135: Augustus verbot Konsultationen über Tod oder ohne Zeugen.
18 T. Barton, Astrology (wie Anm. 6), 33: Um das Jahr 100 v. Chr. führte der Astrologe Athenio eine Revolte an.
19 Siehe das Beispiel aus dem Prozess gegen Anteius und Ostorios M. Th. Fögen, Enteignung (wie Anm. 14), 98.
20 Gesetze mit dem Verbot von Astrologie werden von M. Th. Fögen, Enteignung (wie Anm. 14), 20–26 angeführt; vgl., auch zur Bewertung durch die römischen Historiker, 89–182.
21 M. Th. Fögen, Enteignung (wie Anm. 14), 108. 122f.; A. Dihle, Astrologie (wie Anm. 1), 99 mit Anm. 35 (Tacitus); weitere Belege T. Barton, Astrology (wie Anm. 6), 50f.
22 M. Th. Fögen, Enteignung (wie Anm. 14) passim; 20–26 zu den Gesetzen gegen Astrologie.

Bibel benutzt wurde, daß z.B. die Johannes-Apokalypse mit ihr arbeitet[23]. Interpretationsansätze, die eine astrologische Aussage für zentral halten, stehen in der Wissenschaft allerdings auf Außenseiterposten[24]. Später gab es jedenfalls Christen, die die Astrologie in ihren Glauben einbezogen[25].

Bei allem Interesse an einer gesellschaftlich funktionierenden Astrologie mußte doch bestimmten Gruppen in den Blick kommen, daß ihre Praxis weltanschauliche Implikationen macht, die sich nicht ohne weiteres in die Weltanschauung dieser Gruppen eingliedern lassen. Selbst in polytheistischen Religionen konnte man von einer bestimmten Entwicklungsstufe an auf die Frage verfallen, ob man denn noch glaubte,»daß die Gestirne lebendige, womöglich göttliche Wesen seien, die nicht nur die Naturvorgänge wie den Wechsel der Jahreszeiten lenken, sondern auch auf das Tun und Leiden der Menschen einwirken«[26]. Bei monotheistischen Religionen ist es das Natürliche, wenn sie energischen Einspruch gegen die bloße Möglichkeit von Astrologie erheben: Das Wirken von Gestirnen auf das menschliche Geschick stellt die Allmacht des einzigen Gottes in Frage[27]. Aber auch pagane philosophische Systeme waren angesprochen: Die menschliche Willensfreiheit war durch ein »in den Sternen geschriebenes«, unaufhaltsames Fatum negiert[28]. So gab es auch in der heidnischen Philosophie eine lebhafte Debatte um die Astrologie. Wenn auch die Stoa die Vorstellung eines unabänderlichen, vom Weisen erkennbaren Schicksals gut einordnen konnte[29], so gab es doch andere pagane Philosophen, die diese Implikation bekämpften, so die mittlere Akademie, namentlich Karneades[30].

23 A. Dihle, Astrologie (wie Anm. 1), 102 mit Anm. 47.
24 B.J. Malina, Die Offenbarung des Johannes. Sternvisionen und Himmelsreisen [On The Genre And Message Of Revelation, Peabody, Mass. 1995], Stuttgart 2002 zur Johannes-Apokalypse; vgl. K. von Stuckrad, Das Ringen um die Astrologie. Jüdische und christliche Beiträge zum antiken Zeitverständnis (RVV 49), Berlin/New York 2000, 102–158 zum Alten, 534–623 zum Neuen Testament.
25 A. Dihle, Astrologie (wie Anm. 1), 105: Gnostiker jüdischer, christlicher und heidnischer Prägung; 105f.: Bardesanes. Zu mittelalterlichen Befürwortern vgl. unten Anm. 40 und die dort angegebene Literatur.
26 A. Dihle, Astrologie (wie Anm. 1), 90.
27 Ähnlich A. Dihle, Astrologie (wie Anm. 1), 102.
28 H. Beck, Vorsehung und Vorherbestimmung in der theologischen Literatur der Byzantiner, Roma 1937, S. 65–84, hier 83: In Byzanz war die Frage der Willensfreiheit bei Gegnern wie Verteidigern der Astrologie jeweils der erste Gesichtspunkt.
29 A. Dihle, Astrologie (wie Anm. 1), 94. Zur geteilten Reaktion der römischen Philosophie auch T. Barton, Power (wie Anm. 10), 47; A.A. Long Astrology (wie Anm. 4), 167f.
30 Zu Karneades' antiastrologischer Polemik siehe bes. D. Amand, Fatalisme et liberté dans l'antiquité grecque. Recherches sur la survivance de l'argumentation morale antifataliste de Carnéade chez les philosophes Grecs et les théologiens Chrétiens des quatre premiers siècles, Louvain 1945, 49–61. Zu philosophischer Polemik gegen die Astrologie vgl. A. Dihle, Astrologie (wie Anm. 1), 97; die einzelnen Argumente werden

Das Christentum hatte allen Grund, die philosophischen Argumente gegen die Astrologie zu übernehmen[31]. In der breiten christlichen Polemik gegen die Astrologie hat Origenes eine Vorreiterrolle[32]. Im längsten erhaltenen Fragment seines Genesiskommentars setzt er sich mit den (weltanschaulichen) Bedingungen und den (praktischen) Möglichkeiten der Astrologie auseinander, um ihr beides abzusprechen[33].

Origenes knüpft seine Abhandlung an Gen 1,14: »Und sie [die Sterne] sollen stehen als Zeichen, sowohl für Zeiten als auch für Tage und für Jahre.« Die Notwendigkeit, das zu erörtern, sieht er gegeben durch die Zweifel und astrologischen Praktiken auch bei Christen. Für ihn wie für die meisten Polemiker steht die Willensfreiheit des Menschen auf dem Spiel: Wenn die Sterne alles menschliche Geschehen bestimmen, haben Strafe für menschliche Verfehlungen und Belohnung für ihre Leistungen keinen Sinn mehr. Die Ausweichmöglichkeit (nämlich die der Markioniten), die Disposition des Menschen auf einen Demiurgen zu schieben, der unabhängig vom guten Gott ist, weist er zurück. Um die Anhänger des Determinismus in die Aporie zu führen, läßt er sie fragen, ob ihnen auch dieser ihr Glaube von den Sternen diktiert ist – jede Antwort wird ihre Position ad absurdum führen.

Ausführlich widerlegt er beide Behauptungen, daß die Sterne das menschliche Geschehen verursachen und daß sie nur anzeigen, was geschehen wird[34]. Daß Gott die moralische Entscheidung des einzelnen Menschen im voraus weiß, macht ihn noch nicht zu deren Verursacher – Paradebeispiel ist der Verrat des Judas. Gottes Vorherwissen beeinträchtigt also nicht die menschliche Willensfreiheit; entsprechend, so muß

---

aufgeführt: H.O. Schröder, Art. Fatum (Heimarmene), RAC 7, Stuttgart 1969, 524–663, hier 559–61.

31 Zu den bei Origenes von Karneades übernommenen Argumenten siehe D. Amand, Fatalisme (wie Anm. 30), 49–51: Unmöglichkeit genauer Himmelsbeobachtung bei der Geburt; 51–53 unterschiedliches Schicksal der unter derselben Konstellation Geborenen; 55–60 Argument der nomina barbarika; 318–325 zu Origenes' Gebrauch des Karneades. Allgemein zur Verwendung des Karneades durch patristische Autoren: U. Riedinger, Die Heilige Schrift im Kampf der griechischen Kirche gegen die Astrologie von Origenes bis Johannes von Damaskos. Studien zur Dogmengeschichte und zur Geschichte der Astrologie, Innsbruck 1956, 28.

32 Zu dieser Einschätzung vgl. das Urteil von Chr. Zöckler, zitiert U. Riedinger, Schrift (wie Anm. 31), 27, Anm. 7.

33 Or. comm. in Gen., überliefert in der »Philocalia« – Origenes in: Gregorius Nazianzenus/Basilius Caesareensis (?), philocalia 23,1–11.14–21 (SC 226, 130–166,22; 174–204,28 Junod) –, bei Euseb in der Praeparatio evangelica – Eusebius Caesar. praep. evang. VI 11 (GCS Eusebius 8/1, 344,4–360,12 Mras/des Places) – und in der Katenenüberlieferung: Catena in Genesim Fr. 100 (TEG 1, 69–79 Petit); fragmentarisch Fragm. papyr. Fackelmann 2 ed. Gronewald. Zu Origenes' Stellungnahmen gegen die Astrologie siehe U. Riedinger, Schrift (wie Anm. 31), 27–30.

34 A.A. Long, Astrology (wie Anm. 4), 170, Anm. 19 bezeichnet diesen grundlegenden Unterschied mit den Begriffen »harte« und »weiche« Astrologie.

man folgern, sind die Sterne keinesfalls Verursacher, wenn Origenes auch akzeptiert, daß sie Anzeiger sind. Aber auch dies ist kein Freibrief für menschliche Horoskopstellerei, denn die »Zeichen«, zu denen die Sterne gesetzt sind, sind nicht entzifferbar für den menschlichen Verstand, sondern nur für »Mächte und Gewalten«, die darin Belehrung und Handlungsanweisung finden wie Menschen in der Bibel. Allerdings waren böse Dämonen geschäftig, einige Menschen mit solchem Wissen zu manipulieren[35].

Wenn Origenes so die Möglichkeit der Astrologie widerlegt, so stützt er sich auch breit auf die Argumente des »Alltagsverstandes und der schlichten Logik«[36] aus den praktischen Problemen der Astrologie. Er weist z.B. mit erheblicher Sachkenntnis die notwendigen Ungenauigkeiten der Bestimmung des Geburtsdatums nach.

Origenes ist nicht der erste Denker, auch nicht der letzte christliche Theologe[37], der Bedingungen und Möglichkeit der Astrologie zu widerlegen unternimmt. Daß Jahrhunderte lang die Polemik gegen sie wiederholt wurde, beweist, wie widerständig sie gegen alle Kritik war[38]. Wenn ihr (zeitweise) das Genick gebrochen war, lag dies auch nicht an der christlichen Polemik, sondern an der Gesetzgebung[39]; sie lebte immer wieder auf. Beispiele für ihr Weiterleben und ihre Bekämpfung finden sich in sehr vielen Zeiten und Gegenden. Ich greife das Beispiel Byzanz[40] heraus, wo – gegen den Widerstand der Kirche[41] – sich etwa die Kaiser immer wieder astrologisch beraten ließen[42]; ein besonderer Anhänger

---

35 In Origenes' Formulierung ἐκ διδασκαλίας ἀγγέλων τὴν ἰδίαν τὴν τάξιν παραβεβηκότων καὶ ἐπὶ τῇ τοῦ γένους ἡμῶν ἐπιτριβῇ διδαξάντων περὶ τούτων τινά steckt die Andeutung des Einflusses böser Dämonen (parallele Argumente: A. Dihle, Astrologie [wie Anm. 1], 103: Tertullian, Tatian).
36 A. Dihle, Astrologie (wie Anm. 1), 97.
37 Zur christlichen Polemik siehe U. Riedinger, Schrift (wie Anm. 31).
38 Vgl. A. Dihle, Astrologie (wie Anm. 1), 105: Die jahrhundertelange christliche Polemik gegen die Astrologie zeige, wie sehr sie sich auch im christlichen Milieu hielt. Schon das besprochene Origenes-Fragment spricht von der oben genannten Unsicherheit vieler Christen in ihrer Einstellung zur Astrologie.
39 K. von Stuckrad, Ringen (wie Anm. 24), 797f.
40 Überblick über die byzantinischen Stellungsnahmen: H. Beck, Vorsehung (wie Anm. 28), 68–84; er zählt folgende Autoren auf: Stephanos den Philosophen, Theophilos von Edessa, Leon den Philosophen, Manuel I. Komnenos, Michael Glykas, Nikolaos von Otranto, Joannes Katrarios (identisch mit Ioannes Katrones [frühes 14. Jh.]), von dem der Dialog »Hermippos« stammt. D. Pingree/A. Kazhdan, Art. Astrology (wie Anm. 12), 214 unterscheiden drei Phasen der Astrologie in Byzanz: 4.–7. Jh. Rezeption der klassischen Astrologie, 10./11. Jh. der islamischen Astrologie, 11.–14. Jh. Kompendien und Editionen. – Zur christlichen Einbeziehung des Tierkreises im Mittelalter siehe W. Hübner, Zodiacus Christianus. Jüdisch-christliche Adaptionen des Tierkreises von der Antike bis zur Gegenwart (Beiträge zur Klassischen Philologie 144), Königstein 1983, passim.
41 D. Pingree/A. Kazhdan, Art. Astrology (wie Anm. 12), 215.
42 D. Pingree/A. Kazhdan, Art. Astrology (wie Anm. 12), 215: Kaiser Manuel I. Komnenos.

der Astrologie war etwa Manuel I. Komnenos[43]. In den Herrscherhäusern, die stark der Fluktuation ausgesetzt waren, war das Bedürfnis nach Planungssicherheit eben sehr groß. Wenn etwa Michael Psellos wegen seiner astrologischen Studien angeklagt wird[44], so paßt dieses Beispiel zu einem schon erwähnten Aspekt: Gegen die Astrologie des Psellos (die er rein wissenschaftlich verstanden wissen wollte) wurde der Verdacht ausgesprochen, er habe auf den Tod des Kaisers Konstantin IX. Monomachos spekuliert[45]. Das erinnert an die Verbote von Astrologie zur römischen Kaiserzeit[46].

Es wurde hier an einige Phasen des Weiterlebens astrologischer Praktiken in der späteren Antike und im Mittelalter erinnert: Intellektuellen war bewußt, daß die Voraussetzungen anstößig waren, und zwar für verschiedene religiöse und philosophische Systeme. Dessen ungeachtet lebte die Praxis der Astrologie weiter. Dies läßt sich also nicht aus dem Weltbild, sondern eher aus sozial-psychologische Perspektive erklären. Das Bedürfnis nach einer »Futorologie« mußte in einer Welt, die starker Fluktuation ausgesetzt war, so groß sein, daß diese Nachfrage auch befriedigt wurde, wenn die »weltanschaulichen« Voraussetzungen, um ihre Grundlagen zu akzeptieren, gar nicht gegeben waren; das kann weiter differenziert werden nach den sozialen Schichten dieser Nachfrage.

Das Beispiel der Astrologie kann folgende Aspekte der Rede von den Weltbildern verdeutlichen:

– Weltbilder ändern sich nicht so oft, wie leicht vorausgesetzt wird. Sie sind zählebig und können selbst dann überleben, wenn sich die herrschende Weltanschauung so ändert, daß die Grundlegung des Weltbildes nicht mehr akzeptiert wird. Genauer gesagt: Sie ändern sich nicht so flächendeckend. Üblicherweise stehen die Wissenschaften und stark intellektuell bestimmte gesellschaftliche Schichten dem Wandel eher offen gegenüber als andere Bereiche der Gesellschaft; andere Schichten haben ihre Gründe, am Alten und selbst am Überholten festzuhalten. Die Gründe für dieses Festhalten lassen sich sozio-psychologisch recht genau bestimmen.

---

43 H. Beck, Vorsehung (wie Anm. 28), 74f.
44 Psellos' Verteidigungsschrift ist ediert: G. Weiß, Oströmische Beamte im Spiegel der Schriften des Michael Psellos (Miscellanea Byzantina Monacensia 16), München 1973, 262–71. Zu Psellos' doppeldeutiger Stellungnahme zur Astrologie siehe H. Beck, Vorsehung (wie Anm. 28), 72f.
45 G. Misch, Geschichte der Autobiographie. 3. Bd.: Das Mittelalter. 2,2: Das Hochmittelalter im Anfang, Frankfurt a.M. 1962, 797.
46 Siehe Anm. 19 bis 22.

Daraus folgt die zweite Erinnerung:

- Weltbilder können einen stark visuellen Anteil haben, erschöpfen sich aber nicht in ihrer bildlichen Suggestion, sondern erfüllen auch nicht-bildliche Funktionen, z. B. soziale.

War die copernicanische Reform der Astronomie ein Weltbildwandel?

Richard Schröder

Die Auseinandersetzungen des 16. und 17. Jahrhunderts um das geozentrische und das heliozentrische[1] Weltbild gelten uns als der klassische Fall eines Weltbildkonflikts. Dieser wird dann dualistisch verstanden, als Kampf zwischen einem alten und einem neuen Weltbild. Aber was ist ein Weltbild?

I

Für uns steht ein Weltbild immer neben einem anderen. Nach diesem Sprachgebrauch gibt es immer mindestens zwei Weltbilder. Aber es gibt doch nur eine Welt! Diesem Prozeß der Pluralisierung der Weltbilder soll zunächst anhand des Sprachgebrauchs nachgegangen werden.

1. In Notkers (950–1022) kommentierender Übersetzung von Martianus Capellas (um 400) *De nuptiis philologiae et Mercuri*, das dem Mittelalter als Hauptquelle für die *septem artes liberales* diente, finden wir erstmals das deutsche Wort uuérlt-pilde, als Wiedergabe von *imago ... ideaque mundi*. Aber dieses Bild ist nicht Abbild oder Darstellung, sondern Vorbild oder Urbild der sichtbaren Welt. »Táz ist tiu primordialis causa. Dia platon ideam héizet. Náh téro disiu ánasihtiga uuérlt keskáfen ist.«[2] Dieses uns fremd gewordene Verständnis von Bildlichkeit versteht die sichtbare Welt als Abbild eines »Bildes«, das nicht mehr Bild von etwas ist, sondern Urbild wie ein Stempel[3] oder Vorbild wie das Haus im Kopf des Architekten, nach dem er eines baut. Das Bild als Abbild wird verstanden aus seinem Gehalt, von dem her, was es repräsentiert.

2. Im Mittelalter begegnet *imago mundi* als Buchtitel, so etwa bei Honorius Augustodunensis (ca. 1080–1137)[4]. Hier wird eine enzyklopädische Darstellung der (sichtbaren) Welt aus allen verfügbaren Quellen geboten, nämlich: eine Erd- und Länderkunde, Paradies und Hölle inbegriffen (mit besonderem Interesse am Wunderbaren), sowie eine Himmelskunde, die bruchlos vom Meteorologischen zum Astronomischen übergeht und für die Planeten ungefähr so viel Platz braucht wie für die Beschreibung

---

1 Korrekt müßten wir von geostatischem und heliostatischem Weltbild sprechen, weil weder bei Ptolemaeus die Erde noch bei Copernicus die Sonne exakt den Mittelpunkt der Planetenbahnen bilden.
2 Zitiert nach H. Braun, Art. Welt, GGB 7, Stuttgart 1992 = 2004, 433–510, hier 474.
3 Vgl. Pl., Ti. 50 C.
4 Honorius Augustodunensis, De imagine mundi libri tres, PL 172, 115–188.

Italiens und Griechenlands zusammen. Mit drei Sätzen wird zuletzt das spirituale *celum*, der Wohnort der Engel und der Seligen über dem Firmament, und mit einem Satz der Himmel, der Wohnort Gottes, erwähnt. Es folgt ein Abschnitt über die Zeit und ein Abriß der Weltgeschichte. Zu dieser Literaturgattung der *imago mundi* passen als Illustrationen die *mappae mundi*, Erdkarten, die gelegentlich auch Meteorologisches naiv einbeziehen. Auch hier ist *imago mundi singulare tantum*: die Darstellung der Welt. Dieses Weltbild konkurriert nicht mit dem archetypischen Weltbild Notkers. Nach der platonischen Logik ist es das Abbild eines Abbildes des Urbilds. Daß es mehrere davon geben kann, erklärt sich dann aus der mit dem Abstand vom Urbild wachsenden Ungenauigkeit oder Unschärfe. Dieser Pluralismus der Unschärfe durch Abstand vom Urbild betrifft aber immer nur das Unwesentliche.

3. Das moderne Wort »Weltbild« hat seine Karriere erst im Umfeld des Deutschen Idealismus begonnen, und zwar im Verbund mit dem leitenden Begriff der *Weltanschauung*. Eher beiläufig begegnet das Wort »Weltanschauung« zuerst in Kants Analyse des Mathematisch-Erhabenen[5]. Aber erst mit der Tilgung der »Dinge an sich« durch Fichte und Schelling erweitert sich die Aufgabe der transzendentalen Deduktion auf die Deduktion der Welt aus dem tätigen Prinzip des Ich oder der Intelligenz. Diese (nichtempirische) Tätigkeit wird Weltanschauung genannt[6]. Um deren überindividuellen Charakter zu unterstreichen, verwendet Fichte später in diesem Zusammenhang auch einmal das Wort »Weltbild«[7]. Weltanschauung und Weltbild sind auch hier noch *singularia tantum*.

Mit der Ablösung von der ontotheologischen Konstitutionsproblematik der idealistischen Systeme werden Weltanschauung und Weltbild

---

5   Um das Unendliche auch nur denken zu können, muß im menschlichen Gemüt ein übersinnliches Vermögen vorausgesetzt werden und dessen Idee eines Noumenons, eben des Begriffs des gegebenen Unendlichen, »welches selbst keine Anschauung verstattet, aber doch der Weltanschauung, als bloßer Erscheinung, zum Substrat unterlegt wird«. I. Kant, Kritik der Urteilskraft, AA 5, 254f. Zweifellos soll hier nicht die Anschauung, sondern die Welt als bloße Erscheinung charakterisiert werden (im Unterschied zur Welt als Idee, also Totalität), und die Weltanschauung ist hier demnach dieselbe Anschauung des Relativsatzes zuvor. Denn eine intellektuelle Anschauung hat Kant zwar Gott, nicht aber dem Menschen zugebilligt. H. Braun liest Fichte und Schelling in Kant hinein, wenn er interpretiert: »So kann eine *Anschauung*, zusammen mit dem, was den Erscheinungen *in reiner intellektueller* (nicht mathematischer) *Größenschätzung* zugrunde liegt, mit Sinn *Weltanschauung* genannt werden.« H. Braun, Art. Welt, (wie Anm. 2), 472. Nicht das Wort Weltanschauung, wohl aber jenes übersinnliche Vermögen im menschlichen Gemüt verweist auf den einen Zusammenhang hinter dem gestirnten Himmel über mir einerseits und dem moralischen Gesetz in mir andererseits.

6   J.G. Fichte, Grundlage des Naturrechts nach Prinzipien der Wissenschaftslehre (1796), SW 3 (1854), 18f.

7   »Jedes Bild ... in der Erscheinung ist synthetisch vereint« mit einer »Bestimmung des

von einander differenziert und beide pluralisiert. Die *Pluralisierung* des Begriffs der Weltanschauung erfolgt über seine Historisierung bei Hegel[8] und eine allmähliche Individualisierung in Gestalt der »Auffassung, jedes Individuum präge seine eigene Weltanschauung aus. Der Begriff wechselt die Fronten«[9]. Die Kehrseite der Pluralisierung ist die *Subjektivierung* des Weltanschauungsbegriffs. Die »Weltanschauungstypologien« versuchen vergeblich, diese Pluralisierung durch Typisierungen einzufangen[10].

Zugleich werden Weltanschauungen nun für Gruppenidentitäten in Anspruch genommen. »Als Haltung oder Gesinnung verschafft sie Gruppen ... oder Parteien eine innere Einheit durch äußere Abgrenzung.«[11] Weltanschauung wird im 19. und 20. Jahrhundert auch zum politischen Kampfbegriff. Diese Weltanschauungskämpfe sind geprägt von der nach der Französischen Revolution sich durchsetzenden Lagerbildung von rechts und links oder konservativ und fortschrittlich. Indem die Weltanschauungen politisch werden, findet eine *Totalisierung* statt. Jede Weltanschauung beansprucht, alle relevanten Fragen zu beantworten, die religiösen und die politischen inbegriffen. Dabei spielt bis in die Gegenwart hinein die hochproblematische Konzeption einer »wissenschaftlichen Weltanschauung« eine Rolle, zuletzt im Marxismus-Leninismus.

Der Pluralisierung der Weltanschauungen folgt gegen Ende des 19. Jahrhunderts die des Terminus »Weltbild«. Nach diesem Sprachgebrauch gibt der mittelalterliche Buchtitel »Das Weltbild« keinen Sinn mehr. Unweigerlich würde er die Frage auslösen: Welches und wessen Weltbild bitte? Auf zwei Feldern ist das Wort »Weltbild« seitdem zu Hause. Bücher mit dem Titel vom Typ »Das Weltbild der modernen Physik« geben den »Stand der Wissenschaft« wieder, eine Übersicht über einzelwissenschaftliche Forschungsergebnisse. Diese sind methodisch gewonnen und bilden einen begründeten Gesamtzusammenhang, der *überindividuelle Geltung* beansprucht. Dieses Moment der überindividuellen Geltung ist es wohl, das hier dem Wort »Weltbild« den Vorzug vor dem Wort »Weltanschauung« verschafft hat. Auch im Wort »Weltbild« ist, wie beim Wort »Weltanschauung« eine Ganzheit oder Totalität

---

Ich, ... nicht etwa gegeben durch irgendeine Freiheit des Ich, und als sein Prinzipiat, sondern gegeben durch das Sein des Ich. Das Ich ist und hat diese Welt, dieses Weltbild«, »kein Individuum schaut die Welt an, sondern alle sind in der Weltanschauung allzumal eins.« J.G. Fichte, Die Tatsachen des Bewusstseins (1813), NW 1 (1834), 517f.

8 So H.-G. Gadamer, Wahrheit und Methode, Tübingen ²1965, 93.
9 So M. Moxter, Art. Welt/Weltanschauung/Weltbild III,1, TRE 35, Berlin/New York 2003, 544–555, hier 547.
10 O. Marquard, Weltanschauungstypologie. Bemerkungen zu einer anthropologischen Denkform des neunzehnten und zwanzigsten Jahrhunderts, in: Ders., Schwierigkeiten mit der Geschichtsphilosophie, Frankfurt a.M. 1982 (stw 394), 107–121.
11 M. Moxter, Art. Welt (wie Anm. 9).

gemeint. Dieses Moment überindividueller Geltung eignet aber auch den kollektiven Überzeugungen von Gesellschaften oder Kulturen, die zum Beispiel die moderne Physik (noch) nicht kennen. Sie haben, sagt man dann, ein anderes Weltbild, etwa ein mythisches oder ein religiöses. Der Terminus Weltbild wird zum Interpretament (zeitlich oder räumlich) fremder Kulturen.

4. Martin Heidegger hat in einem immer noch beachtenswerten Aufsatz von 1938[12] die These vertreten: »Daß überhaupt die Welt zum Bild wird, zeichnet das Wesen der Neuzeit aus«[13]. Ein Weltbild gebe es erst in der Neuzeit. Das dabei vorausgesetzte Bildverständnis ist nicht am Abbild[14] orientiert, sondern an Vergegenständlichung[15] als Vorstellen, das er als ›Grundzug der neuzeitlichen Wissenschaft‹ identifiziert[16]. »Wo die Welt zum Bild wird, ist das Seiende im Ganzen angesetzt als jenes, worauf der Mensch sich einrichtet, was er deshalb entsprechend vor sich bringen und vor sich haben und somit in einem entschiedenen Sinne vor sich stellen will.«[17]

Wir lassen hier Heideggers »seinsgeschichtliche« Interpretation auf sich beruhen[18] und fragen nur nach der Berechtigung seiner Beschreibung dieser Weltbild-Problematik. Heidegger bestreitet, daß seinerzeit das Weltbild »von einem vormals mittelalterlichen zu einem neuzeitlichen«[19] geworden sei, aber nicht etwa, um den offenkundigen geschichtlichen Wandel zu bestreiten. Geradezu im Gegenteil behauptet er, daß sich im Übergang zur Neuzeit ein viel tiefer gehender Wandel vollzogen habe, als bei einem Weltbildwandel unterstellt wird. Denn Weltbildwandel besagt ja, daß das eine durch das andere ersetzt wird, also das Weltbildhaben selbst sich durchhält. So wird ja auch der Wandel vom geozentrischen zum heliozentrischen Weltbild in der Regel interpretiert: Umbesetzung der Mitte, zwar mit weitreichenden Folgen auch für das Selbstverständnis des Menschen, aber unter der Voraussetzung, daß die Frage der Mittelpunktstellung von gleichrangiger Bedeutung bleibt und

---

12 M. Heidegger, Die Zeit des Weltbildes, in: Ders., Holzwege, Frankfurt a.M. [4]1963, 69–104.
13 M. Heidegger, Holzwege (wie Anm. 12), 83.
14 »Bild meint hier nicht einen Abklatsch, sondern jenes, was in der Redewendung herausklingt: wir sind über etwas im Bilde.« M. Heidegger, Holzwege (wie Anm. 12), 82.
15 M. Heidegger, Holzwege (wie Anm. 12), 80.
16 M. Heidegger, Holzwege (wie Anm. 12), 70–73.
17 M. Heidegger, Holzwege (wie Anm. 12), 82.
18 Das Problematische der seinsgeschichtlichen Interpretation jener Jahre scheint mir dieser Satz auszusprechen: »Dort, wo die Vollendung der Neuzeit die Rücksichtslosigkeit der ihr eigenen Größe erlangt, wird allein die zukünftige Geschichte vorbereitet.« M. Heidegger, Holzwege (wie Anm. 12), 103. Das ist ein geschichtsphilosophisches *per aspera ad astra*, das die gegenwärtigen (1938) *aspera* als notwendiges Durchgangsstadium anerkennt.
19 M. Heidegger, Holzwege (wie Anm. 12), 83.

deshalb um sie so heiß gestritten wird. Darauf gründet sich auch die verbreitete, aber irrige These, im Mittelalter sei die Geozentrik ein Dogma der Kirche gewesen.

In jenem Weltbildstreit ist das Wort Weltbild nicht verwendet worden. Der Streitpunkt wurde *systema mundi* genannt. In seiner mittelalterlichen Bedeutung eines *singulare tantum* war es unbrauchbar. Aber auch in seiner modernen Bedeutung war es unbrauchbar, weil dabei Welt in der Regel als Totalitätsbegriff[20] verstanden wird, der, wenn von einem mythischen oder religiösen Weltbild die Rede ist, Gott oder das Göttliche einschließt. Dagegen gehörte in jenem Weltbildstreit zum Unstrittigen, daß die Welt Gottes Schöpfung ist und deshalb zwischen Gott und Welt wohl unterschieden werden muß, und daß drittens der Mensch nicht darin aufgeht, Teil der (sichtbaren) Welt zu sein, sondern dazu bestimmt ist, Gott in seinen Werken zu erkennen und zu loben[21]. Der sich als Gottes Ebenbild verstehende Mensch begreift sich selbst als (zweiten) Schöpfer[22].

Die Bildlichkeit, die »die Welt als Bild«[23] bestimmt, versteht Heidegger vom Vorstellen her als Vorgestelltsein und vermerkt »den im ersten Anschein fast widersinnigen Grundvorgang der neuzeitlichen Geschichte. Je umfassender nämlich und durchgreifender die Welt als eroberte zur Verfügung steht, je objektiver das Objekt erscheint, um so subjektiver, d.h. vordringlicher erhebt sich das Subjectum, um so unaufhaltsamer wandelt sich die Welt-Betrachtung und Welt-Lehre zu

---

20 M. Heidegger zum Weltbegriff des Weltbilds: »Der Name ist nicht eingeschränkt auf den Kosmos, die Natur. Zur Welt gehört auch die Geschichte.... In dieser Bezeichnung ist mitgemeint der Weltgrund, gleichviel wie seine Beziehung zur Welt gedacht wird«. ders., Holzwege (wie Anm. 12) 82.

21 Noch Kant kennt drei Totalitätsbegriffe (Ideen): Gott, Seele, Welt (Kritik der reinen Vernunft A 310). Augustin unterscheidet bereits Gott, Welt, Mensch als *fruenda, utenda, qui fruuntur et utuntur* in: De doctrina Christiana, Aurelii Augustini Opera 4,1 (Corpus Christianorum Ser.lat 32), Turnhout 1962.

22 Für Francis Bacon sind die menschlichen Erfindungen *quasi novae creationes ... et divinorum operum imitamenta*, »gleichsam neue Schöpfungen ... und Nachahmungen der göttlichen Werke« (F. Bacon, Novum Organum I, 129; The Works of Francis Bacon, Faksimile-Neudruck der Ausgabe London 1857–1874, Bd. 1, [1858] 1963, 221.) Und Nikolaus von Kues behauptet »vom menschlichen Geist, dem hohen Abbild Gottes«, daß »er, soweit er vermag, an der Schöpferin Natur teilhat«: ... *humana mens, alta dei similitudo, fecunditatem creatricis naturae, ut potest, participat* (N. de Cusa, De coniecturis, Pars I, c. 1, Opera omnia, hg. v. J. Koch/C. Bormann, Bd. 3, 1972, 5, 4f.). Er spricht der menschlichen Natur ausdrücklich eine »aktive Schöpferkraft«, eine *activa creatio* zu, deren Ziel es sei, »zu sich selbst zu gelangen«: *ad se ipsum pertingit* (N. de Cusa, De coniecturis, Pars II, c. 14, 144, 9–12). Sie »schafft« (*creat*), indem sie ihre Kraft entfaltet. Und indem sie dies tut, ist sie ein »menschlicher Gott«: *Homo enim deus est, sed non absolute, quoniam homo; humanus est igitur deus*: »Der Mensch ist nämlich ein Gott, allerdings nicht schlechthin, da er ja Mensch ist; er ist also auch ein menschlicher Gott« (N. de Cusa, De coniecturis, Pars II, c. 14, 143, 7–9).

23 M. Heidegger, Holzwege (wie Anm. 12), 82.

einer Lehre vom Menschen, zur Anthropologie«[24]. Dieses »Wechselspiel zwischen Subjektivismus und Objektivismus«[25] läßt sich, wie Gottfried Boehm[26] gezeigt hat, sehr gut illustrieren an der Entstehung der perspektivischen Malerei im 15./16. Jahrhundert. Das linearperspektivische Bild wird mathematisch-geometrisch konstruiert, das ist aber nur vom (zufälligen oder klug gewählten) Standpunkt (Gesichtspunkt) des Betrachters aus möglich. Der kundige Maler aber verfügt über das Wissen, das ihm von jedem beliebigen Standort aus das entsprechende Bild zu entwerfen erlaubt. Es ist klar, daß sich damit auch das Bildverständnis wandelt. Boehm hat außerdem gezeigt, wie das Problem der Perspektivität seit Nikolaus von Kues das europäische Denken bestimmt.

Zweifellos haben alle Menschen aller Orte und Zeiten ein mit anderen geteiltes Verständnis ihrer selbst und ihrer Welt – und zumeist auch ein Gottesverständnis. Niemand verbietet uns, das ihr Weltbild zu nennen. Wir können uns aber damit leicht selbst in die Irre führen, wenn wir dadurch das uns Selbstverständliche unbesehen als universale Norm unterstellen und übersehen, daß auch die Weltlichkeit der Welt und das menschliche Weltverhältnis Variablen sind. Menschliches Selbstverständnis muß zudem gar nicht den Charakter bewußter und ausgesprochener Überzeugungen haben, die wir als Vorstellungen auch vor uns stellen können. Einstellungen sind ursprünglicher als Vorstellungen, und das wird durch den Ausdruck Weltbild eher verdeckt. Das jeweils Selbstverständliche kann für das jeweilige Selbstverständnis fundamental sein, wird aber erst durch Infragestellung bewußt, dadurch jedoch entweder außer Geltung gesetzt oder in ein anderes, nun expliziertes Gelten transformiert. Die Weisen des Geltens überindividueller Überzeugungen sind also noch einmal variabel.

II

In den von uns so genannten Weltbild-Auseinandersetzungen des 16. und 17. Jahrhunderts wird der Terminus *imago mundi* nicht verwendet, sondern der Terminus *systema mundi*. Was sind dabei die Konnotationen von *systema*?

1. *Systema*, deutsch Zusammenstand, ist in der Antike gebräuchlich für heterogene Einheiten, für »Phänomene, die nicht im eigentlichen Sinne ›seiend‹, d.h. substantiell, aber ebenso wenig akzidentielle Erschei-

---

[24] M. Heidegger, Holzwege (wie Anm. 12), 85f.
[25] M. Heidegger, Holzwege (wie Anm. 12), 81.
[26] G. Boehm, Studien zur Perspektivität. Philosophie und Kunst in der Frühen Neuzeit, Heidelberg 1969.

nungen oder gar Schein sind«[27]. Einem *systema* fehlt, so gesehen, die eidetische Ganzheit, idea oder eidos. Es ist (platonisch) nicht Abbild eines Urbildes und (aristotelisch) nicht Substanz. Chrysipp gebraucht das Wort *systema*[28] zur Definition der Welt (*kosmos*). Er bietet zwei Definitionen: »Der *kosmos* sei, sagt Chrysipp, ein *systema* aus Himmel, Erde und den Naturen in diesen; oder das *systema* aus Göttern und Menschen und dem, was um ihretwillen geworden ist.«[29] Wir können sie *cum granu salis* als physische und als kosmotheologische bezeichnen. Die spätere pseudoaristotelische Schrift »Über die Welt«, die im Mittelalter verbreitet war, übernimmt und modifiziert diese Doppeldefinition. »*Kosmos* ist ein *systema* aus Himmel und Erde und den in diesen umschlossenen Naturen. Der Kosmos wird aber auch anders verstanden als die Ordnung (*taxis*) und Einrichtung (*diakosmos*) des Ganzen, von (*hypo*) Gott und durch (*dia*) Gott bewacht.«[30] Die Modifikation der ersten[31] dürfte der entgegengesetzten Bedeutung der Weltmitte im stoischen und im platonisch-aristotelischen Verständnis entspringen. Für jene ist die Erde als »Herd des Kosmos«[32] der wichtigste Teil der Welt, für diese ist die alles umschließende Fixsternsphäre das Göttlichste im Sichtbaren. Die Umformulierung der zweiten Definition dürfte als Platonisierung zu deuten sein[33], die gegen den stoischen Monismus im Anschluß an Platons Timaios die Harmonie der Umläufe der Gestirne hervorhebt und den Kosmos von der Unordnung (*akosmia*) abgrenzt[34]. Nach diesem Sprachgebrauch kann *systema* weder mit Eigennamen verbunden (etwa *Systema Ptolemaicum*) noch auf Wissenschaften bezogen werden (etwa »System der Philosophie«)[35].

---

[27] So M. Riedel in Bezug auf Aristoteles, Art. System, Struktur, in: GGB 6, Stuttgart 1990 = 2004, 285–322, hier 287.
[28] Bereits Platon (Ti. 32c6) und Aristoteles (Cael. 280a21) verwenden das Wort *systasis*.
[29] J. von Arnim (Hg.), Stoicorum Veterum Fragmenta, 4 Bd., Stuttgart 1964, Bd. 2, Nr. 527.
[30] Pseudo-Aristoteles, Über die Welt, übers. v. H Strohm (Aristoteles. Werke in deutscher Übersetzung, hg. v. E. Grummach Bd. 12, I und II), Berlin 1979, 391b9–19.
[31] Zu περιεχομένων cf. Pl., Ti. 30c–31b.
[32] Kleanthes gegen Aristarch: »Es sei nötig, daß die Griechen Aristarch des Religionsfrevels anklagen, weil er den Herd des Kosmos verrücke« J. v. Arnim, SVF (wie Anm. 29), Bd. 1, Nr. 500. Pseudo-Aristoteles übernimmt das Wort »Herd« für die Erde, schränkt aber ein: sie ist »für Wesen vielfältiger Art Herdstatt und Mutter« 391b14.
[33] So überzeugend Hans Strohm in Aristoteles, Meteorologie, Über die Welt (wie Anm. 30), 267–269, 279f. Zu *diakosmos*: Pl., Ti. 24c; zu »bewachen«: Lg. 907A.
[34] Ps.-Arist., Mu. 399a1–5; *akosmia*: 14.
[35] Lediglich das technische Wissen oder die Kunstfertigkeit (*ars*) wird seit der Stoa als *systema* von Begriffen für einen nützlichen Lebenszweck verstanden, was ihre Inferiorität gegenüber der Wissenschaft markiert. »Wissenschaft ist das sichere und untrügliche Begreifen durch die Vernunft.« »Kunstfertigkeit ist der Zusammenstand erprobter Begriffe für ein nützliches Ziel.« J. v. Arnim, SVF (wie Anm. 29), Bd. 2, Nr. 93ff.

2. In der ersten Veröffentlichung zur copernicanischen Astronomie durch den einzigen Schüler des Copernicus, Joachim Rheticus, den Melanchthon zu ihm geschickt hatte, taucht das Wort *systema* zwar noch nicht in der Verbindung *systema mundi* auf, wohl aber als alte, bisher nicht genügend berücksichtigte *methodische Forderung*: Die Ordnung und Bewegung der himmlischen Sphären muß aus einem absoluten System bestehen[36]. Dieses *System der Sphären* (nämlich die Proportion von Umlaufzeiten und Sonnenabständen) »wird durch keine anderen angenommenen Hypothesen bequemer und richtiger demonstriert« als durch die des Copernicus[37]. Der Zusammenhang, in den das Wort *systema* hier verweist, ist der platonische Gedanke der Wohlordnung[38]. Wenn man auch nur einen der Planeten versetzen würde, würde man »das ganze System auflösen«[39]. Der Vorzug der Heliozentrik ist also der, daß die *angenommenen* Hypothesen einen *rationalen Zusammenhang der Sphären* der Himmelskörper ergeben, den die geozentrischen Hypothesen nicht bieten können. Und deshalb, nicht aber aufgrund eines empirischen Beweises, der ein Phänomen vorweist, das nicht geozentrisch, sondern nur heliozentrisch erklärt werden kann, trifft die Heliozentrik die wahre Weltverfassung. Die Heliozentrik ist eine Annahme, die die Wahrheit trifft. Sie wird entworfen und nicht gefunden.

Für die neue Theorie seines Meisters gebraucht Rheticus noch nicht den Ausdruck »System« sondern den der »Hypothesen«[40]. Copernicus

---

36 ... *hoc maxime D. Doctorem Praeceptorem meum movit, quod praecipuam omnis incertitudinis in astronomia causam esse videbat, quod huius doctrinae artifices (quod venia divini Ptolemaei Astronomiae parentis dictum volo) suas theorias et rationes motus corporum coelestium emendandi parum severe ad illam regulam revocaverunt, quae ordinem et motus orbium coelestium absolutissimo systemate constare admonet.* Joachim Rheticus, Narratio prima (1540), in: L. Prowe, Nicolaus Coppernicus, Bd. 2: Urkunden (1884), ND Osnabrück 1967, 320.

37 Nach einem Hinweis darauf, daß die Erdbewegung sich nicht an Fixsternparallaxen nachweisen läßt: *Reliquorum profecto planetarum apparentes motus, si aut ad principalem astronomiae finem et systematis orbium rationem ac consensum aut facilitatem suavitatemque, undique causis apparentium elucentibus, respicere quis velit, nullis aliis hypothesibus commodius ac rectius demonstraverit, adeo omnia haec tanquam aurea catena inter se pulcherrime colligata esse apparent, et planetarum quilibet sua in positione suoque ordine et omni motus sui diversitate terram moveri testatur.* ebd., 345.

38 M. Weichenhan, *»Ergo perit coelum...«*. Die Supernova des Jahre 1572 und die Überwindung der aristotelischen Kosmologie, Stuttgart 2004 (Boethius 49) 562–583, dem ich die Belegstellen aus Joachim Rheticus entnommen habe und im übrigen für viele Gespräche zum Thema zu danken habe, hat diese platonischen Zusammenhänge, wahrscheinlich durch Proklos vermittelt, bei Joachim Rheticus und Copernicus (der, wie es scheint, das Wort *systema* dabei noch nicht verwendet) genauer belegt. – Rheticus bezieht sich übrigens ausdrücklich auf Pseudo-Aristoteles, Über die Welt: Narratio (wie Anm. 36), 320.

39 ... *si quemcunque loco movere tentes, simul etiam* totum systema *dissolvas*, J. Rheticus, Narratio (wie Anm. 36), 329.

40 Z.B. *In D. Praeceptoris autem hypothesibus...*, J. Rheticus, Narratio (wie Anm. 36), 328.

wie sein Schüler waren der Auffassung, daß seine These die wahre Verfassung der Welt beschreibt. Das anonyme und nicht autorisierte Vorwort Osianders hat das verdunkelt mit dem Hinweis, daß die Astronomie, wenn sie die wahren Ursachen der Himmelsbewegungen nicht ermitteln kann, sich Hypothesen *ausdenkt und ersinnt*, die nach den Grundsätzen der Geometrie richtige Berechnungen erlauben, aber nicht wahr sein müssen. Das habe »dieser Künstler« vorzüglich geleistet[41]. Osiander gibt damit das damals allgemein verbreitete resignative Verständnis der Astronomie wieder, das bis auf Ptolemaeus selbst zurückgeht. Sie ist nicht Wissenschaft, sondern *ars*, Rechenkunst, die an der Wissenschaftlichkeit nur in soweit Anteil hat, als sie bei ihren Konstruktionen die Grundsätze der Geometrie respektiert. Von den astronomischen Rechenmodellen (*hypotheses*) aber gilt: Sie werden fingiert, und es gibt sie massenhaft[42], nämlich einerseits für jeden Planeten andere und andererseits für je einen die kombinierte Anwendung mehrerer (etwa Epizykel und Exzenter). Osiander nennt diese Hypothesen gelegentlich auch *Bilder*, aber offenbar nicht als Abbilder in platonischer Tradition, sondern aufgrund ihres fiktiven Charakters[43].

Der Pluralismus der astronomischen Hypothesen gehört seit der Antike zum astronomischen Überlieferungsbestand, ist aber wohl zu unterscheiden vom Pluralismus der Systeme, denn jene konkurrierenden Hypothesen arbeiten alle auf geozentrischer Grundlage, sie ist dabei selbstverständliche Voraussetzung und nicht das die Hypothesen Unterscheidende[44]. Ptolemäisch heißen dann seine (geozentrischen) Rechenmodelle oder Hypothesen, nicht aber das geozentrische System.

---

41 *Deinde causas earundem, seu hypotheses, cum veras assequi nulla ratione possit, qualescunque excogitare et confingere, quibus suppositis iidem motus ex geometriae principiis, tam in futurum, quam in praeteritum recte possint calculari. Horum autem utrumque egregie praestitit hic artifex.* Osianders Vorwort in: Nicolaus Copernicus, Das neue Weltbild, hg. v. H.G. Zekl, Hamburg 1990, 60.

42 *Satis enim patet, apparentium in aequalium motuum causas, hanc artem penitus et simpliciter ignorare. Et si quas fingendo excogitat, ut certe quamplurimas excogitat.* Osiander, ebd., 62 – Mit Briefen vom 20. April 1541 hat Osiander Copernicus und Joachim Rheticus zur Besänftigung der Aristoteliker und Theologen im Vorwort entsprechenden Inhalts vorgeschlagen. Die Briefe bei L. Prowe, Nicolaus Coppernicus, Bd. 1, T. 2 (1883), ND Osnabrück 1967, Anm. 522 und Anm. 423.

43 Osianders Brief an Rheticus vom 20.4.1541: *Peripatetici et theologi facile placabuntur, si audierint, eiusdem apparentis motus varias esse posse hypotheses, nec eas afferri, quod certo ita sint, sed quod calculum apparentis et compositi motus quam commodissime gubernent, et fieri posse, ut alius quis alias hypotheses excogitet, et imagines hic aptas, ille aptiores, eandem tamen motus apparentiam causantes, ac esse unicuique liberum, imo gratificaturum, si commodiores excogitet; ita a vindicandi severitate ad exquirendi illecebras avocandi ac provocati primum aequiores, tum frustra quaerentes pedibus in auctoris sententiam ibunt.*

44 Der antike Heliozentriker Aristarch war zwar damals (wieder) aus Plutarch und Archimedes bekannt, es gab aber kein durchgerechnetes »System« des Aristarch, sondern nur die Systemidee, wenn man das so nennen will.

Die Akzeptanz einer Pluralität der Weltsysteme wurde erleichtert durch den hypothetischen Charakter der astronomischen (je partikularen) Rechenmodelle, wenn man auch die konkurrierenden Weltsysteme als Hypothesen verstand. Und diesen Weg empfiehlt Osiander in pädagogischer Absicht, um das Publikum an das heliozentrische System zu gewöhnen[45].

3. Jedenfalls ermöglicht erst das heliozentrische System des Copernicus den Ausdruck »ptolemäisches System« im Sinne der Geozentrik. Erst die Konkurrenz zweier astronomischer Gesamtmodelle verschiebt die Bedeutung des Wortes *systema* von der Seite des Gegebenen auf die Seite der (Re-)Konstruktion des Gegebenen. Erst dadurch wird der Plural von *systema mundi* möglich. So spricht der Copernicaner Digges 1573 vom »monströsen, von den Alten fingierten System der himmlischen Sphären« und dem »absolut korrekten und emendierten« System des Copernicus[46]. Galileis Buch, das den Prozeß gegen ihn ausgelöst hat, trägt den Titel »Dialog über *die zwei wichtigsten Weltsysteme*, das ptolemaeische und das copernicanische«[47].

Was ist in der Wendung *systema mundi* im 16. und 17. Jahrhundert mit *mundus* gemeint? Welt ist hier *kein Totalitätsbegriff*, schon gar nicht der einzige, denn die Auseinandersetzung wird geführt um das richtige astronomische Weltmodell und ob ein solches erweisbar ist. Für alle Beteiligten jenes Diskurses ist die Welt aber Gottes *Schöpfung* und also *Gott* als ihr Schöpfer nicht Teil der Welt. Jene zweite stoische Definition der Welt ist unter dem Schöpfungsgedanken längst obsolet geworden, weil dieser sowohl den Polytheismus als auch die Kosmotheologie ausschließt. Deshalb gehört nach damaligem Verständnis die Frage nach dem richtigen astronomischen Weltmodell nicht zu den letzten Fragen. Nicht die Welt, sondern Gott ist hier *letzte Instanz*. Aber auch der Mensch wird hier nicht nur als Teil der Welt verstanden, weil dieser Gottesbezug einerseits eine spezifische Weltdistanz begründet, andererseits aber ein spezifisches Erkenntnisinteresse an der Welt als Gottes Schöpfung. Darauf ist noch zurückzukommen.

---

45 Vgl. Anm. 43.
46 ... *monstrosum coelestium globorum ab antiquis systema confictum* einerseits und *absolute correctum et emendatum* andererseits: Th. Digges, Alae seu scalae mathematicae, London 1573, L2^b; zitiert nach M. Weichenhan, Supernova (wie Anm. 38), 583, Anm. 130.
47 Dialogo di Galileo Galilei delli due Massimi Sistemi del mondo, Tolemaico e Copernicano, Florenz 1632. – Andreas Cellarius, Atlas coelestis seu Harmonia Macrocosmica, Amsterdam 1708 (zuerst 1660), *in qua omnium totius Mundi Orbium Harmonica Constructio, secundum diversas diversorum Authorum opiniones ... ob oculos ponuntur*, gebraucht, sichtlich um Variation bemüht, folgende Typen von Bezeichnungen für die konkurrierenden Modelle: 1. *Systema Copernicanum* oder *Planisphaerium Ptolemaicum*; 2. *Systema universi totius creati ex hypothesi Copernicana* oder: *Machina orbium mundi ex hypothesi Ptolemaica*, oder *structura mundi totius ex hypthesi Tychonis Brahei*; 3. *Hypothesis Ptolemaica*.

III

Die Aufklärung ist angetreten, Vorurteile zu bekämpfen. Sie hat aber auch neue geschaffen, auch hinsichtlich des sogenanten Weltbildwandels, die zwar von der wissenschaftsgeschichtlichen Forschung längst korrigiert sind, sich aber dennoch im Publikum halten.

1. Im Mittelalter habe man *die Erde für eine Scheibe gehalten*. In Wahrheit hat jeder, der im Mittelalter eine Schule besucht hat, gelernt, daß die Erde eine Kugel ist. Denn die Kugelgestalt der Erde ist die Voraussetzung jeder standortunabhängigen Astronomie, und die Astronomie ist eine der *artes liberales* des spätantiken Bildungskanons. Ohne die Kugelgestalt der Erde bleibt es bei der theorielosen nackten Empirie der standortbezogenen Katalogisierung des Sichtbaren. Ich kann nicht exakt sagen, wann das Gerücht aufgekommen ist. Jedenfalls findet sich dieser Irrtum bereits in Goethes Farbenlehre. Befestigt wurde er durch zwei Fälschungen des 19. Jahrhunderts und wohl auch durch eine Fehlinterpretation mittelalterlicher Erdkarten. Als Camille Flammarion für ein populärwissenschaftliches Buch über die Meteorologie 1888 eine Darstellung des mittelalterlichen Weltbilds suchte und nicht fand, half er sich durch Anfertigung einer solchen[48].

Die zweite Fälschung geht auf das Konto des amerikanischen Schriftstellers Washington Irving. 1828 veröffentlichte er das viel beachtete Werk *A History Of The Life And Voyages Of Christopher Columbus*, das auch in Deutschland einen beachtlichen Publikumserfolg errang. Columbus als den Entdecker Amerikas gehörig herauszustellen war die Absicht. Denn die Engländer verwiesen gern darauf, daß Genuesen in ihren Diensten das Festland, Columbus aber nur Inseln entdeckt hat.

Columbus war 1486 vor der Reise nach Westen gewarnt worden, denn bei einem Erdumfang von ca. 40.000 km müsse die Ostküste Asiens so weit von der Westküste Europas entfernt sein, daß ihm Proviant und Wasser ausgehen werden. Die Gelehrten nahmen eine Entfernung von 16.000 km an (statt 23.000). Da Columbus aber den Erdumfang irrtümlich auf ca. 30.000 km veranschlagte und zudem die Größe Asiens überschätzte, kam er auf eine weit niedrigere Entfernung und schlug die Warnungen in den Wind. Irving, der sein Buch nach Quellen geschrieben hat, hat diese Szene zum höheren Ruhme des Columbus gefälscht und den Räten die Scheibentheorie untergeschoben[49].

---

48 S. die Abbildung in diesem Band auf S. 9. B. Weber, *Ubi caelum terrae se coniungit*. Ein altertümlicher Aufriß des Weltgebäudes von Camille Flammarion, Gutenberg-Jahrbuch [48], 1973, 381–408, schildert die abenteuerliche Geschichte der Deutung dieses Bildes im 20. Jahrhundert.

49 O. Gingerich, Astronomie und Geographie an der Wende der Neuzeit, Spektrum der Wissenschaft 1, 1993, 82–88.

2. Die Geozentrik sei ein Dogma der Kirche gewesen, deshalb habe diese die Heliozentrik von Anfang an bekämpft.

1616 wurden den Qualifikatoren der Inquisition zwei Thesen vorgelegt, die sie am 24.2.1616 folgendermaßen beurteilt haben:

»In betreff des ersten Satzes:
Die Sonne ist im Zentrum der Welt und gänzlich unbeweglich in örtlicher Bewegung
erklären sie alle, diese Behauptung sei töricht und absurd in der Philosophie und formell ketzerisch, insofern sie den Äußerungen der Heiligen Schrift an vielen Stellen nach dem Wortlaut und nach der übereinstimmenden Auslegung und Auffassung der heiligen Väter und der theologischen Doktoren ausdrücklich widerspricht.

In betreff des zweiten Satzes:
Die Erde ist nicht Zentrum der Welt und nicht unbeweglich, sondern bewegt sich in bezug auf sich selbst auch in täglicher Bewegung
erklären alle: für die Behauptung gelte dieselbe Zensur in der Philosophie und was die theologische Wahrheit betrifft, so sei sie zum mindesten irrtümlich im Glauben.«[50]

Der Beschluß der Qualifikatoren belegt *erstens*, daß die beiden Fragen bis dahin durch keine kirchenamtliche Stellungnahme entschieden waren, auf die man sich hätte beziehen können. *Zweitens* ist an diesem Dokument sehr ungewöhnlich, daß eine Zensur nicht nur in der Theologie, sondern auch »in der Philosophie« ausgeübt wird, denn das Heilige Officium war zuständig für Fragen des Glaubens und der Sitten und weder für philosophische noch für wissenschaftliche Fragen. Allerdings war diese Zensur in der Philosophie folgenlos, denn Torheit war auch damals nicht strafbar. Warum dann überhaupt eine Zensur in der Philosophie? Die Gutachter wollen klarstellen, daß »kein Konflikt zwischen Vernunft und Glaube« oder Wissenschaft und Religion vorliegt[51]. Den wollten die Qualifikatoren vermeiden – und haben doch durch diese Zensur in der Philosophie den größten Konflikt dieser Art in der Kirchengeschichte provoziert. *Drittens* ist auffällig, daß der Spruch nicht sagt, die Thesen des Copernicus seien unter philosophischem Gesichtspunkt falsch – im Gegensatz zu wohlbekannten richtigen Annahmen. Behauptet wird, sie seien absurd, das heißt indiskutabel. Das ist eine wissenschaftstheoretische, keine astronomische These. Gemeint ist: die Astronomie ist Rechenkunst (*ars*) die mit Hypothesen rechnet, aber keine beweisende Wissenschaft. *Viertens* ist bemerkenswert, daß die beiden Fragen getrennt und verschieden gewertet werden, obwohl sie nur zwei Seiten dessel-

---

50 Zitiert nach: E. Wohlwill, Galilei und sein Kampf für die copernicanische Lehre, Bd. 1, Leipzig 1909, 623. – Das Urteil der Inquisition von 1633 zitiert diesen Text: G. Galilei, Schriften, Briefe, Dokumente, hg. v. A. Mudry, Berlin (Ost) 1987, Bd. 2, 206.
51 Vgl. Bellarmins Brief an Foscarini vom 12.4.1615. Siehe unten S. 107 und Anm. 63.

ben astronomischen Zusammenhangs sind: Wenn die Sonne stillsteht, muß sich die Erde mindestens zweifach bewegen und umgekehrt, um Tageslauf und Jahreslauf erklären zu können. Die Qualifikatoren berücksichtigen diesen simplen astronomischen Zusammenhang nicht. Sie sind astronomisch desinteressiert. *Fünftens* muß verwundern, daß nicht die Bestreitung der Geozentrik als formell ketzerisch angesehen wird, obwohl doch die Kirche angeblich an ihr ein so großes Interesse gehabt haben sollte. Sie gilt lediglich als »mindestens irrtümlich im Glauben«. Als formell ketzerisch wird die These vom Sonnenstillstand qualifiziert. Das Interesse an der Bewegung der Sonne ist also größer als das an der Mittelpunktstellung der Erde. Der Grund ist genannt: der Wortlaut vieler Bibelstellen[52] sowie die Schriftauslegung der Kirchenväter und theologischen Doktoren. Das ist ein tridentinisches, nachreformatorisches Argument. Erst als die bereits hundertjährige copernicanische Theorie in Bibelkommentaren auftauchte, wurde die Inquisition tätig. *Sechstens* muß auffallen, daß dagegen die Zensur »in der Philosophie« keine Gründe nennt. Denn es gab gar keine kirchlich autorisierte Philosophie oder Physik, sondern lediglich philosophische Optionen der verschiedenen Orden, von denen sich die Dominikaner besonders Aristoteles, die Franziskaner besonders Augustin und seinem Platonismus, die Jesuiten aber auch zeitgenössischen Strömungen, namentlich dem Humanismus, offen zeigten.

3. Die Heliozentrik sei von der Kirche abgelehnt worden, weil sie der Erde den hervorgehobenen Ort in der Mitte der Welt nimmt, sie also depotenziert.

Da es den meisten Menschen angenehm ist, im Mittelpunkt zu stehen, hat sich die Auffassung durchgesetzt, die Mittelpunktstellung der Erde sei im Mittelalter ihre Vorzugsstellung gewesen, von der Abschied nehmen zu müssen demütigend, kränkend oder enttäuschend gewesen

---

52 Die Qualifikatoren berücksichtigen, daß es Bibelstellen gibt, die von der Beweglichkeit der Erde reden, dabei allerdings Erdbeben meinen (Hiob 9,6: Gott, »der die Erde aufschreckt von ihrem Ort, daß ihre Säulen erzittern,« vgl. Ps 60,4). Vom Stillstand der Sonne dagegen spricht die Bibel nur als von einem Wunder: Jos 10, 12f., die sagenhafte Geschichte von der Schlacht bei Gibeon, bei der Josua die Sonne stillstehen ließ, so daß sich der Tag verlängerte und die Israeliten siegten. Ansonsten ist in der Bibel massenhaft wie bis heute in unseren Kalendern von Sonnenaufgang die Rede. Das wird zum Schriftbeweis der Inquisition gegen Copernicus.

sei. Dafür gibt es prominente Zeugen: Goethe[53], Nietzsche[54], Freud[55]. Es ist dennoch verkehrt.

Für rein astronomische Modelle der Sternbewegungen ist die Mitte zunächst nur ein hervorgehobener Konstruktionspunkt, dem nicht notwendigerweise auch die metaphorische Bedeutung des wichtigsten Ortes im Weltall zukommen muß. Die praktischen Schwierigkeiten mit den Daten und den Modellen hatten sowohl bei Ptolemaeus als auch bei Copernicus zur Folge, daß weder bei dem einen die Erde noch bei dem anderen die Sonne wirklich den Mittelpunkt der Gestirnbahnen bildeten, diese lagen rings um Erde bzw. Sonne verstreut. Schon deshalb war Copernicus an der metaphorischen Bedeutung der Mitte wenig oder nicht interessiert.

Im aristotelischen Weltbild ist die Erde der niederste Ort. Deshalb sagt Galilei: Die Erde, aus der mißlichen Lage der Mittelpunktstellung befreit, ist nicht länger »eine Jauche aus Schmutz und Bodensatz der Welt.«[56] Anderthalb Jahrhunderte zuvor hatte bereits Nikolaus von Cusa

---

53 »Doch unter allen Entdeckungen und Überzeugungen möchte nichts eine größere Wirkung auf den menschlichen Geist hervorgebracht haben, als die Lehre des Copernicus. Kaum war die Welt als rund anerkannt und in sich selbst abgeschlossen, so sollte sie auf das ungeheure Vorrecht Verzicht tun, der Mittelpunkt des Weltalls zu sein. Vielleicht ist noch nie eine größere Forderung an die Menschheit geschehen, denn was ging nicht alles durch diese Anerkennung in Dunst und Rauch auf: ein zweites Paradies, eine Welt der Unschuld, Dichtkunst und Frömmigkeit, das Zeugnis der Sinne, die Überzeugung eines poetisch-religiösen Glaubens, kein Wunder, daß man dies alles nicht wollte fahren lassen, daß man sich auf alle Weise einer solchen Lehre entgegensetzte, die denjenigen, der sie annahm, zu einer bisher unbekannten, ja ungeahnten Denkfreiheit und Großheit der Gesinnungen berechtigte und aufforderte.« J.W. Goethe, Zur Farbenlehre, Historischer Theil I, IV. Abtlg., Sechzehntes Jh., 2. Zwischenbemerkung, WA II,3, 213f. – Wie man sieht, war auch Goethe der irrigen Auffassung, die Kugelgestalt der Erde habe sich erst kurz vor Copernicus durchgesetzt.

54 »Ist nicht gerade die Selbstverkleinerung des Menschen, sein Wille zur Selbstverkleinerung seit Copernicus in einem unaufhaltsamen Fortschritte? Ach, der Glaube an seine Würde, Einzigkeit, Unersetzlichkeit in der Rangfolge der Wesen ist dahin – er ist Thier geworden, Thier, ohne Gleichnis, Abzug und Vorbehalt, er, der in seinem früheren Glauben beinahe Gott (›Kind Gottes‹, ›Gottmensch‹) war. ... Seit Copernicus scheint der Mensch auf eine schiefe Ebene geraten – er rollt immer schneller nunmehr aus dem Mittelpunkte weg – wohin? in's Nichts? in's ›durchbohrende Gefühl seines Nichts‹?« F. Nietzsche, Zur Genealogie der Moral III, 25, KSA 5, 404.

55 »Die zentrale Stellung der Erde war ihm aber eine Gewähr für ihre herrschende Rolle im Weltall und schien in guter Übereinstimmung mit seiner Neigung, sich als den Herrn dieser Welt zu fühlen. Die Zerstörung dieser narzistischen Illusion knüpft sich für uns an den Namen und das Werk des Nik. Copernicus.« S. Freud, Vorlesungen zur Einführung in die Psychoanalyse, Gesammelte Werke, Frankfurt a.M. ⁶1973, 11, 294f. – Zu den Wandlungen des Copernicusbildes vgl. H. Blumenberg, Kopernikus im Selbstverständnis der Neuzeit, Akademie der Wissenschaften und Literatur, Abhandlungen der geistes- und sozialwissenschaftlichen Klasse, 1964, 5, Wiesbaden 1964, 339–368.

56 G. Galilei, Sidereus Nuncius, hg. v. H. Blumenberg, Frankfurt a.M. 1980, 104f.

(1401–1464) triumphierend festgestellt: Weil sich auch die Erde bewegt, ist sie ein »vornehmer Stern«[57], »es stimmt nicht, daß diese Erde das Schlechteste und Unterste ist«[58]. Die Geozentrik ist, wie Blumenberg gesagt hat, ein *theologumenon ex eventu*[59].

Der Konflikt um das astronomische Weltbild ist also asymmetrisch. Er ist nicht ein Streit um das richtige astronomische Weltbild, bei dem jede Seite das ihre vertritt, so hat es sich später im Rückblick gezeigt –, sondern ein Streit um den Status der Astronomie: hypothetische Rechenkunst oder Wissenschaft der wahren Weltverfassung? Wobei die Copernicaner das Problem hatten, daß ihnen ein schlagender Beweis fehlte.

4. Der Streit um das astronomische Weltbild sei ein Streit zwischen Wissenschaft und Religion gewesen. Die Kirche habe die evidente Wahrheit unterdrückt.

In Wahrheit hat die katholische Kirche die Thesen des Copernicus als Rechengrundlage für die dringend notwendige Kalenderreform hoch geschätzt, allerdings lediglich als brauchbare Hypothesen interpretiert. Und Galilei hat nicht gegen die katholische Kirche, sondern gegen die Neuarostoteliker an den Universitäten gekämpft. Er suchte dafür die Unterstützung der katholischen Kirche und fand sie auch bis kurz vor seiner Verurteilung. Seine Fernrohrbeobachtungen sind von den römischen Astronomen des Collegio Romano bestätigt worden. Sie feierten Galilei bei seiner zweiten Romreise 1611. Derselbe Papst, der den Inquisitionsprozeß betrieben hat, hat ihn zuvor sechs Mal empfangen, beschenkt, ein Gedicht auf ihn verfaßt und zur Niederschrift des Dialogs ermuntert, dessentwegen er abschwören mußte.

Galileis Fernrohrentdeckungen, die Jupitermonde, Berge auf dem Mond, die Venusphasen, waren schlagende Argumente gegen Ptole-

---

57 Nicolaus von Cusa, De docta ignorantia, hg. v. P. Wilpert, Hamburg 1967 (Schriften des Nikolaus von Kues, 15b), II,12 (166), vgl. II,11 (160).
58 Ebenda II,12 (164). – Copernicus nimmt einmal beiläufig Bezug auf die aristotelische Tradition von der Inferiorität der Erde. Daß die (scheinbaren) Fixsternbewegungen einschließlich der Präzession auf Bewegungen der Erde zurückgeführt werden, sei »weniger verwunderlich«, als wenn man der äußersten Himmelssphäre derart komplexe Bewegungen unterstellt. Copernicus, Commentariolus, in: Ders., Weltbild (wie Anm. 41), 12f.
59 H. Blumenberg, Die kopernikanische Wende, Frankfurt a.M. 1965, 134; erst nach Copernicus sind Beweise für die Geozentrik geführt worden: 129–131. – Das neue geozentrische Pathos der Renaissance dokumentiert sehr schön die Weltkarte des Abraham Ortelius (Theatrum orbis terrarum, Antverpiae ²1592, Tabula 1). Umrahmt wird sie von vier Zitaten aus Cicero und Seneca. Die Cicero-Zitate: »Die Menschen sind zu der Bestimmung entstanden, daß sie jene Kugel betrachten, die du inmitten dieses Tempels siehst, die Erde genannt wird« (aus De re publica VI,15; = Somn. Scip. 15,3); »Das Pferd ist zum Reiten, das Rind zum Pflügen, zum Jagen und Wachen der Hund, der Mensch aber ist entstanden, um die Welt zu betrachten« (De nat. deor. II,37).

maeus, aber nicht für Copernicus. Die Astronomen des Collegio Romano rückten denn auch von Ptolemaeus ab und gingen zu Tycho Brahe über. Andere Beweise gegen Ptolemaeus, die das Collegio Romano beeindruckt haben, hat Galilei allerdings nicht anerkannt: die Nova von 1604 und die Kometen. Da an beiden keine Parallaxen gemessen werden konnten, war klar, daß sie keine atmosphärischen, sondern himmlische Phänomene sind, es also Veränderungen am Himmel gibt, wie schon zuvor Tycho Brahe triumphierend festgestellt hatte. Daß Galilei diese auf Messungen beruhenden antiptolemäischen Argumente nicht akzeptiert, sondern gegen sie polemisiert und sich dadurch unnötig Gegner unter denen geschaffen hat, deren Unterstützung er doch suchte und brauchte, gehört zu den Merkwürdigkeiten in Galileis Verhalten.

Galilei meinte nun, er besitze ein schlagendes Argument für die Erdbewegung: Ebbe und Flut, obwohl es ja keineswegs unmittelbar einleuchtet, daß sich aufgrund einer völlig gleichförmigen Rotation der Erde die Wassermassen der Meere rhythmisch bewegen sollen. Keplers Einwand, Ebbe und Flut werden durch die Anziehungskraft von Mond und Sonne verursacht, wies Galilei zurück[60].

Im Dialog hat Galilei den Copernicaner sagen lassen, das copernicanische System sei schon seiner Einfachheit wegen überzeugend und auf die Darstellung mittels konzentrischer Kreise im Hauptwerk des Copernicus verwiesen. Er muß aber gewußt haben, daß die copernicanischen Rechenmodelle nicht einfacher waren als die ptolemäischen. Am astronomischen Rechnen, das sein Briefpartner Kepler so erfolgreich vorangetrieben hat und das schließlich dem Copernicanismus zum Siege verholfen hat, hat sich Galilei nicht beteiligt. Keplers Planetengesetze und namentlich sein auf Beobachtungsdaten beruhender rechnerischer Beweis für die elliptische Bahn des Mars, der doch von der Beweisart her Galilei hätte begeistern müssen, hat er nicht aufgenommen, obwohl Kepler ihm seine Bücher zugesandt hat. Galilei hatte wohl nur ein mittelbares Interesse am Copernicanismus. Er sollte Munition gegen die Neuaristoteliker liefern. Blumenberg hat diese Widersprüchlichkeit in Galileis Argumentationsstrategie eindringlich beschrieben: Er vermeinte, mittels des Fernrohrs eine dem Augenschein widersprechende These augenscheinlich beweisen zu können[61].

---

60 Galileis Gezeitentheorie, die er am vierten Tag des Dialogs behandelt, ist komplexer als hier dargestellt und bezieht auch Wirkungen von Mond und Sonne ein. Trotzdem sind seine beiden Thesen, vorgetragen zu Beginn des vierten Tages, daß sich Ebbe und Flut bei ruhender Erde überhaupt nicht und nur bei sich bewegender Erde erklären lassen, so nicht richtig.
61 Vgl. H. Blumenberg: »Mangel einer Paratheorie für den Widerstand gegen das Fernrohr«, in: Die Genesis der kopernikanischen Welt, Frankfurt a.M. 1996, 762ff.

Galilei hat zwar wie kein anderer den Copernicanismus populär gemacht, dessen Beweislage aber hat er nicht verbessert. Galilei selbst hat schließlich die Beweislage des Copernicanismus für ungenügend gehalten. In einer späten Randnotiz in seinem Exemplar des Dialogs hat er nämlich die Theologen gefragt, was sie denn tun wollen, wenn »womöglich physikalisch oder logisch bewiesen werden kann, daß sich die Erde bewegt und die Sonne stillsteht«[62]. Kardinal Bellarmin (1542–1621), der am Verfahren von 1616 führend beteiligt war, har sich diese Frage bereits 1615, in seinem berühmten Brief an Foscarini, vorgelegt:

»Ich halte dafür: wenn es wahrhaft bewiesen würde, daß die Sonne im Mittelpunkt der Welt und die Erde im dritten Himmel steht und daß nicht die Sonne die Erde umkreist, sondern die Erde die Sonne umkreist, dann müßte man sich mit großem Bedacht um die Auslegung der Schriften bemühen, die dem zu widersprechen scheinen, und eher sagen, daß wir es nicht verstehen, als zu sagen, das Bewiesene sei falsch. Aber ich werde nicht glauben, daß es einen solchen Beweis gibt, solange es mir nicht bewiesen worden ist; es ist nicht dasselbe, ob man den Beweis *für die Annahme* erbringen will, daß die Sonne im Mittelpunkt steht und die Erde am Himmel, und damit der Augenschein gewahrt wird, oder ob man zu beweisen sucht, daß die Sonne *in Wirklichkeit* im Mittelpunkt steht und die Erde am Himmel; denn von dem ersten Beweis glaube ich, daß er möglich sein könnte, aber bezüglich des zweiten hege ich größten Zweifel, und im Zweifelsfalle darf man nicht von der Heiligen Schrift und der Auslegung der Kirchenväter abrücken.«[63]

Der erste zwingende Beweis für die Bewegung der Erde wurde 1728 erbracht, als Bradley die Aberration des Lichtes im Fernrohr nachwies. Es folgte 1828 die erste Messung einer Fixsternparallaxe durch Bessel und 1851 das Focaultsche Pendel (Corioliskraft).

Bis ins 18. Jahrhundert hinein war die astronomische Diskussion durch die Konkurrenz nicht zweier, sondern *dreier* Systeme bestimmt. Einigkeit bestand darin, daß das ptolemäische das untauglichste ist. Ernsthafte Konkurrenten waren also nur noch Tycho Brahe und Copernicus[64]. Erst in der französischen Aufklärung hat sich das dualistische

---

62 Diese Seite seines Exemplars ist reproduziert in: G. Loria, Galileo Galilei, Mailand 1938, 98. Hier zitiert nach S. Drake, Galilei, Freiburg 1999, 102.
63 G. Galilei, Briefe (wie Anm. 50), 46f. Galilei beruft sich im Prozess von 1633 auf diesen Brief: ebd., 189.
64 Diese Diskussionslage hat auch ihren bildlichen Ausdruck gefunden. Im Titelkupfer der Rudolphinischen Tafeln, die Kepler 1627 herausgegeben hat, ist ein von wohl zwölf Säulen getragener Tempel dargestellt. Die beiden vollkommensten Säulen vorn sind Copernicus und Tycho Brahe zugeordnet. Rechts neben Tycho hinter einer Säule aus unverputztem Ziegelwerk sitzt Ptolemaeus, links von Copernicus weist vor einer ebensolchen Säule Aristarch sein Werk vor.

Bild vom Kampf zwischen Licht und Finsternis, Wahrheit und Lüge rückwirkend Geltung verschafft[65].

IV

Üblicherweise wird gefragt, warum die kopernikanische These auf Widerstand gestoßen ist. Es wäre für uns aufschlußreich, wenn wir wüßten, wie Copernicus in einem anderen Kulturkreis aufgenommen worden wäre. Als hypothetische sind solche Fragen müßig, da ohne Kontrollinstanz ein Behaupten so viel gilt wie das andere. Nun ist aber tatsächlich die Kunde vom copernicanischen System in andere Kulturkreise gedrungen. Die folgende Szene spielte sich 1682 am Hof des Schah von Persien ab.

»Der Botschafter von Frankreich, Francois Piquet, Bischof von Babel und päpstlicher Unterhändler, hatte ein ganz ungewöhnlich kunstreiches Gerät mitgebracht, das Stellung und Bewegung der Gestirne nach der copernicanischen Lehre darstellte, von der im Morgenlande damals noch nichts bekannt war. Der Schah hatte weder für die Neuigkeit der Sache noch für die Kunst der Verfertigung Bewunderung übrig, sondern fragte zuallererst, ob das Gerät aus lauterem Golde bestehe, als ob allein dies den Maßstab für seine Bewertung abgäbe. Als er erfuhr, daß es aus geringerem Metall hergestellt sei, erkundigte er sich nach der Meinung seiner Sterndeuter über die neue Himmelslehre. Diese gaben zur Antwort, jedermann könne beobachten, daß die Sonne Tag für Tag auf- und untergehe, während die Erde unbeweglich an ihrem Ort verharre, woraus sich klar ergäbe, daß Copernicus im Irrtum befangen sei. Hierauf befahl der Schah, das unschätzbare Kunstwerk beiseite zu

---

Im Titelkupfer von G.B. Riccioli, Almagestum novum, Bologna 1651, werden das copernicanische und das tychonische System gewogen, zugunsten des letzteren. Darunter ruht Ptolemaeus. Aus seinem Munde fließt der Satz: »Ich werde erhoben werden, wenn ich korrigiert werde« (*erigor dum corrigor*). Die linke Gestalt, der Himmel, zitiert Ps. 8,4: »Ich sehe die Himmel, die Werke deiner Hände«. Die rechte Gestalt, die Astronomie, zitiert Ps. 104,5 (Vulgata 103,5). Der dargestellten Hand Gottes sind die Worte *numero, mensura, pondere* aus Sap. Sal. 11,21 zugeordnet. Das oberste Schriftband zitiert Ps. 19,3: »Ein Tag sagt's dem andern und eine Nacht tut's der anderen kund« (Vulgata 18,3: *dies diei eructat verbum et nox nocti indicat scientiam*).

In einer von J.B. Homann, Nürnberg, verfertigten Darstellung des *Systema solare et planetarium ex hypothesi Copernicana secundum ... Hugenii deductiones collectum et exhibitum* ist in der rechten unteren Ecke die Astronomia dargestellt mit den drei Systemen. Das ptolemäische ist zerbrochen, das tychonische wird mit *sic oculis*, das copernicanische mit *sic ratione* charakterisiert.

65 Z.B. F. Engels, Zur Dialektik der Natur, Berlin [8]1975, 188. »Was auf religiösem Gebiet die Bullenverbrennung Luthers, war auf naturwissenschaftlichem des Kopernicus großes Werk, worin er, schüchtern zwar, nach 36-jährigem Zögern und sozusagen auf dem Totenbett, dem kirchlichen Aberglauben den Fehdehandschuh hinwarf.«

räumen. Alsbald wurde es nach einem alten Festungsgelaß zu Isfahan geschafft, wo man alte Waffen und sonstiges Gerümpel aufbewahrte.«[66] Ausgerechnet der päpstliche Unterhändler[67] überreicht ein copernicanisches Weltmodell. Er erwartet Bewunderung für die Neuigkeit der Sache und die Kunst der Verfertigung. Aber die persischen Astronomen, denen vermutlich vom astronomischen Wissen der Antike nicht weniger zugänglich war als dem mittelalterlichen Europa, erweisen sich nicht als unbefangene Wissenschaftler, begierig, eine neue These im Interesse am Fortschritt der Wissenschaft zu prüfen. Sie wischen sie mit dem trivialen Hinweis auf Sonnenaufgang und -untergang weg, als hätte Copernicus dies übersehen. Dann stellt sich aber die andere Frage, warum das europäische Publikum anders reagiert hat als jene Perser und, noch bevor ein zwingender Beweis vorlag, die Heliozentrik weithin akzeptiert hat. Das ist die Frage nach mittelalterlichen Voraussetzungen für die neuzeitliche Naturwissenschaft.

Die überragende Bedeutung, die Thomas von Aquin für die katholische Theologie und ihre christliche Philosophie namentlich im 19. Jahrhundert erlangt hat, prägt bis heute unser Bild vom Mittelalter. Da Thomas von Aquin Aristoteliker war, wird die aristotelische Kosmologie gern als typisch mittelalterlich verstanden. In Wahrheit aber hat die spätscholastische Naturphilosophie eine aristoteleskritische Tendenz entfaltet, und zwar aufgrund der Verurteilung von 218 Sätzen durch den Pariser Bischof Tempier im Jahre 1277. Das Dokument wurde 1889 erstmals von Denifle veröffentlicht[68]. Die Verurteilung richtet sich gegen den averroistischen Aristotelismus an der Pariser Artistenfakultät, namentlich gegen die Ewigkeit der Welt und gegen Bestreitungen der Freiheit, Unmittelbarkeit und Allmacht Gottes. Da aber die Aristoteleslektüre selbst nicht noch einmal verboten wird – inzwischen ist sie an der Artistenfakultät institutionalisiert –, erzwingt diese Verurteilung eine kritische Auseinandersetzung mit Aristoteles und den Arabern. Sie bestimmt die Spätscholastik.

---

66 E. Kaempfer, Am Hofe des Großkönigs von Isfahan, hg. v. W. Hinz, Leipzig 1941; hier zitiert nach E. Zinner, Entstehung und Ausbreitung der copernicanischen Lehre, Erlangen 1943, 392. Der Jesuit A. Schall hat im 17. Jahrhundert Copernicus in China bekannt gemacht, ebenfalls ohne Echo. Ebd., 386.
67 Das Modell hat er allerdings mit Sicherheit nicht als päpstlicher Gesandter, sondern als französischer Botschafter überreicht. Ludwig XIV., der Sonnenkönig, »unterstützte die heliozentrische These seiner Wissenschaftler und ließ von ihnen copernicanische Planetarien als Geschenke für fremde Staaten entwerfen.« J. Teichmann, Wandel des Weltbilds. Astronomie, Physik und Messtechnik in der Kulturgeschichte, Reinbeck bei Hamburg 1985, 191.
68 H. Denifle, Chartularium universitatis Parisiensis Tom I, Paris 1889, 543–550. Den Text mit Übersetzung und ausführlicher Kommentierung bietet Kurt Flasch, Aufklärung im Mittelalter? Die Verurteilung von 1277, Mainz 1989.

Dabei spielt die Unterscheidung von *potentia dei absoluta* und *ordinata* eine gewichtige Rolle, die im besonderen Duns Scotus und Wilhelm von Ockham entfaltet haben. Sie ist der Rechtswissenschaft entnommen. Im Corpus Justinianum findet sich der Satz *princeps legibus solutus est*, d.h., der Kaiser untersteht nicht den Gesetzen[69]. Auf Gottes Verhältnis zu seiner Schöpfung angewandt, besagt jene Unterscheidung: Gott muß nicht so handeln wie er tatsächlich handelt. Seine *potentia absoluta* reicht weiter als seine tatsächlich ausgeübte *potentia*. »Seinem absoluten Vermögen nach bezieht sich Gottes Wille auf alles Mögliche und hat seine Grenze allein im Nichtwiderspruchsprinzip; seinem geordneten Vermögen nach will er eine bestimmte Ordnung, die zum Gesetz wird, weil er sie will.«[70] Das heißt: Gott mußte die Welt nicht so schaffen, wie er sie geschaffen hat. Im Lichte der *potentia absoluta* ist die tatsächliche Weltverfassung kontingent, oder in Leibniz' späterer Terminologie: Sie ist eine der möglichen Welten. Das ist der Zusammenhang, in dem der Begriff der Kontingenz, als Pendent zu Gottes freiem Handeln, steht. Blumenberg hat jene Unterscheidung als Unterscheidung zweier Handlungsweisen Gottes interpretiert und die Entstehung der Neuzeit als Reaktion gegen diesen »theologischen Absolutismus« eines Willkürgottes verstanden, gegen den sich die Neuzeit durch »Selbstbehauptung« wehrt[71]. Das ist eine Fehlinterpretation der Intention dieser Unterscheidung. Denn bei Wilhelm von Ockham heißt es ausdrücklich: *Deus nihil potest facere inordinate*[72]. Die *potentia absoluta* beschreibt lediglich einen Hof von Möglichkeiten um die tatsächliche Welt, die deshalb nicht so sein muß wie sie ist. Das destruktive Potential dieser Unterscheidung richtet sich nicht gegen die Rationalität der Weltordnungen, denn Gott handelt nicht willkürlich, sondern gegen den kosmologischen Nezessitarismus des averroistischen Aristotelismus, dem die Verurteilung von 1277 auch diesen Satz zuschreibt: *omnia de necessitate eveniunt* (Nr. 21), womit ein astrologischer Determinismus der Sphärenbeweger gemeint war. »Ist nämlich die faktische Welt ein Zusammenhang von durch Gott kontingent gewählten, aber formal aus sich bestehenden Möglichkeiten, dann

---

69 Zur Rechtsgeschichte des Satzes vgl. D. Wyduckel, Princeps Legibus Solutus. Eine Untersuchung zur frühmodernen Rechts- und Staatslehre, Berlin 1979. Der Satz wird Ulpian zugeschrieben (51). Während er anfangs nur das Recht zur Ausnahme meinte, wird er in der Spätantike »absolutistisch« verstanden, im Mittelalter aber durch Selbstbindung begrenzt: ›legibus solutus‹: *id est, non necessitate subditus, sed voluntate*. 52, Anm. 93.
70 So L. Honnefelder für Duns Scotus, in: Ders., Johannes Duns Scotus, München 2005, 123.
71 H. Blumenberg, Säkularisierung und Selbstbehauptung, Frankfurt a.M. 1974 (vorher: Die Legitimität der Neuzeit, 2 Teile, Frankfurt a.M. 1966).
72 Vgl. H. Schröcker, Das Verhältnis der Allmacht Gottes zum Kontradiktionsprinzip nach Wilhelm von Ockham, Berlin 2003, 25–86; vgl. auch K. Bannach, Die Lehre von der doppelten Macht Gottes bei Wilhelm von Ockham, Wiesbaden 1975, 19.

ist sie in ihren Strukturen und Gesetzen der menschlichen Erforschung zugleich bedürftig und zugänglich.«[73]

Die *potentia absoluta* ist lediglich durch das Kontradiktionsprinzip begrenzt. Deshalb entwickelt sich der Fragetyp *Utrum deus posset?* Geprüft wird jeweils, ob eine solche Welt ohne Kontradiktion möglich wäre. Es sind Gedankenexperimente, die man deshalb als Vorbereitung des späteren Experimentierens verstehen kann, weil sie die Denkbarkeit von Alternativen testen. Die Folge dieser Gedankenexperimente ist die Zersetzung des argumentativen Zusammenhangs der aristotelischen Kosmotheologie. Für Astronomie und Physik sind hier im besonderen die Pariser Terministen, Johannes Buridan (gest. 1358) und sein Schüler Nikolaus von Oresme (1320–1382), von Bedeutung. In deren Umkreis entstehen Traktate unter dem Titel *Quod terra sit mobilis et orbis sit quietus* oder *Ordo sphaerum cum sole in centro*, und zwar zu keinem anderen Zweck als zu prüfen, ob solche Thesen widerspruchsfrei behauptet werden können. Copernicus hat solche Traktate kennen gelernt[74].

Nehmen wir einmal an, es hätte sich jener averroistische Aristotelismus im 13. Jahrhundert durchgesetzt. Dann wäre ein Weg zur Heliozentrik undenkbar gewesen, weil die aristotelische Kosmotheologie der göttlichen Sternbeweger kanonisiert worden wäre. Denn der aristotelische Kosmos ist aus ontologischen, theologischen und kosmologischen Gründen notwendig geozentrisch. Die christliche Unterscheidung zwischen Gott als freiem Schöpfer und der *ex nihilo* geschaffenen Welt löst die aristotelische Kosmotheologie auf. Buridan zieht in Erwägung, daß es gar keine Sternbeweger gibt, zumal in der Bibel nichts davon steht. Gott könnte den Sphären auch bei der Schöpfung einen Impuls (*impetus*) gegeben haben, der sie seitdem bewegt[75]. Nikolaus von Oresme, der hierin seinem Lehrer nicht folgt, vergleicht die Welt mit einer Räderuhr und Gott mit einem Manne, »der eine Uhr macht und sie laufen und ihren eigenen Gang gehen läßt«[76]. Dieses Denken ist geradezu weltbildfeindlich. Es kann nur in Texten seinen Ausdruck finden. Diese Texte präsentieren widerspruchsfreie Denkmöglichkeiten, mehr nicht. Aber gerade dadurch haben sie ein Publikum darauf vorbereitet, schließlich doch eine Theorie

---

73 L. Honnefelder zu Duns Scotus in: Die Kritik des Johannes Duns Scotus am kosmologischen Nezessitarismus der Araber. Ansätze zu einem neuen Freiheitsbegriff, in: Die abendländische Freiheit vom 10. zum 14. Jahrhundert. Der Wirkungszusammenhang von Idee und Wirklichkeit im europäischen Vergleich, hg. v. J. Fried, Sigmaringen 1991.
74 H.M. Nobis, Wurzeln der copernicanischen Wende im Mittelalter, in: G. Wolfschmidt (Hg.), Nicolaus Copernicus. Revolutionär wider Willen, Stuttgart 1994, 95 und 97.
75 Quaestiones de caelo et mundo II q.12, zitiert bei H. Blumenberg, Die kopernikanische Wende, (wie Anm. 59), 165 mit Anm. 8.
76 Zitiert bei O. Mayr, Uhrwerk und Waage. Autorität, Freiheit und technische Systeme in der frühen Neuzeit, München 1987, 57.

zu akzeptieren, die so massiv dem Augenschein widerspricht, und zwar ehe empirische Beweise vorlagen.[77]

Durchgesetzt hat sie sich schließlich aus zwei Gründen: Kepler hat mit seinen Planetengesetzen die ersten mathematischen Naturgesetze formuliert. Er hat dafür mit der entscheidenden copernicanischen Voraussetzung gebrochen, dem pythagoreisch-platonischen Kreisaxiom, das doch für Copernicus das Motiv seiner Reform war. Und er hat die Trennung von Astronomie und Physik aufgehoben, indem er mit bewegenden Kräften argumentierte und die sphärischen Bahnen aufgab. Darauf konnte Newton eine einheitliche Physik aufbauen, deren Bewegungsgesetze – er sagt: Axiome – für alle Bewegungen, himmlische wie irdische, natürliche wie künstliche, gerade wie »kreisförmige« gelten.

---

[77] Es gehört zur Ironie der Weltgeschichte, daß Galilei just über das *utrum deus posset*, das Allmachtsargument, gestolpert ist. Es spielte nämlich im Prozess eine wichtige Rolle. Papst Urban VIII., ursprünglich ein Verehrer Galileis, hatte ihn zum Dialog über die beiden Weltsysteme ermuntert, aber gefordert, daß das Allmachtsargument vorkomme. Galilei hat es dem Simplicio, dem einfältigen Aristoteliker in seinem Dialog in den Mund gelegt. Darüber war der Papst persönlich beleidigt. Der zweite Anklagepunkt der Inquisition lautete: »Daß er die ›Schlußmedizin‹ in den Mund eines Einfallspinsels gelegt und zudem an einem Ort untergebracht hat, wo sie schwer zu finden ist.« Zitiert nach K. Fischer, Galileo Galilei, München 1983, 181. Die Schlußmedizin ist das Allmachtsargument, das aber im Dialog auch von den anderen Gesprächsteilnehmern gebraucht wird, vgl. ebd., 183. – Der Papst hatte persönlich an der Entstehung des Dialogs Anteil genommen, was im einzelnen aus der Instruktion des römischen Zensors Riccardi an den Florentiner Inquisitor betreffend die Zensurerteilung für den Dialog hervorgeht, zitiert bei W. Brandmüller, Galilei und die Kirche oder das Recht auf Irrtum, Regensburg 1982, 90f. – Galilei hat das Allmachtsargument aber auch für Copernicus in Anspruch genommen. Der florentinische Gesandte Niccolini berichtet brieflich von einem Gespräch mit dem Papst. »›Es gibt ein Argument‹, erklärte der Papst, ›dem bisher noch niemand widersprechen konnte, nämlich daß Gott, der allmächtig ist, alles tun kann. Und wenn er allmächtig ist, wer kann ihn binden?‹ Darauf erwiderte Niccolini, er habe Galilei sagen hören, er behaupte nicht, daß die Bewegung der Erde bewiesen sei, sondern daß Gott, da er die Welt auf unzählige verschiedene Weisen erschaffen konnte, sie auch auf diese besondere Weise hätte erschaffen können.« Zit. nach W.R. Shea/M. Artigas, Galileo Galilei. Aufstieg und Fall eines Genies, Darmstadt 2006, 196.

Kosmos und Kopf.
Die Sichtbarkeit des Weltbildes

STEFFEN SIEGEL

I

Die Darstellung einer Vision der heiligen Hildegard von Bingen aus dem 12. Jahrhundert; der Zodiakus-Mann aus dem Stundenbuch des Duc de Berry, gefertigt von den Brüdern Limbourg im zweiten Jahrzehnt des 15. Jahrhunderts; das Aderlassblatt aus einem in Basel gedruckten Kalender von 1499; Leonardos berühmte, nur wenige Jahre zuvor entstandene und an Vitruv anschließende Proportionszeichnung des menschliche Körpers; oder auch zwei Holzschnitte aus der *Occulta philosophia* des Agrippa von Nettesheim in einem Druck von 1533 – sie alle sind, wie Ernst Gombrich treffend formulierte, der »Stoff für den ersten Satz einer gewaltigen Symphonie«[1]. Diese Symphonie ist indes bereits nach wenigen ausformulierten Takten unvollendet geblieben und läßt sich aufgrund ihrer eigentümlichen Verdichtung nur mit Mühe erschließen. Die Tafel B (Abb. 1) aus Aby Warburgs ambitioniertem Forschungsprojekt eines Bilderatlas *Mnemosyne* teilt die charakteristische Anlage dieser alles in allem 63, heute nur noch photographisch dokumentierten Tafeln: Auf großformatigen Borden versammelte Warburg ihm meist in Reproduktionen verfügbares, zuweilen aber auch originales Bildmaterial von höchst unterschiedlicher Herkunft. Sein Interesse galt dabei gleichermaßen der formalen wie der thematischen Verwandtschaft dieser Bildwerke und, nicht zuletzt, dem Zusammenhang dieser beiden Aspekte von Bildlichkeit. Das dabei zugrundeliegende, alles andere als willkürliche Spiel seiner nirgends abgeschlossenen und allein durch seinen Tod abgebrochenen Kombinationen sollte ernst genommen werden als eine visuelle Argumentation mit den Mitteln des Mediums der Schautafel.

Die spärlichen, allenfalls deskriptiven Untertitel auf den Passepartouts der Bilder geben nicht sehr viel mehr als einen ersten Anhaltspunkt zur genaueren Erschließung dieser Tafeln. Schon deshalb sind die von Gertrud Bing notierten, sich wohl auf mündliche Auskünfte von Aby Warburg beziehenden Stichworte zu jedem einzelnen Bord von hoher Bedeutung. Für die Tafel B vermerkte sie: »Verschiedene Grade der Abtragung des kosmischen Systems auf den Menschen. Harmonikale Entsprechung. Später Reduktion der Harmonie auf die abstrakte Geometrie statt auf

---

1 E.H. Gombrich, Aby Warburg. Eine intellektuelle Biographie, [London 1970], übers. v. M. Fienbork, Hamburg 1992, Europäische Bibliothek 12, 375.

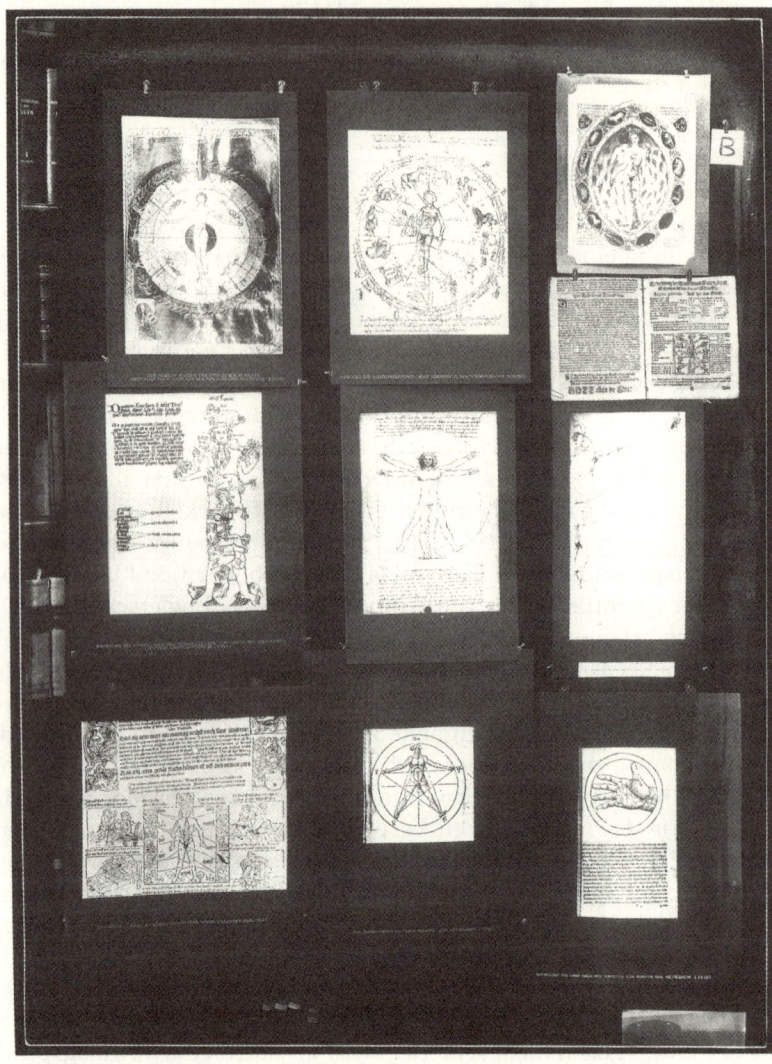

Abb. 1: Aby Warburg: Tafel B (zur »Harmonikalen Entsprechung von Makrokosmos und Mikrokosmos«) aus dem Bilderatlas MNEMOSYNE, um 1928.

die kosmisch bedingte (Lionardo).«[2] In der durch Warburg hergestellten visuellen wie auch in der von Bing sprachlich formulierten These wird, wenn auch äußerst verknappt, ein folgenreicher geistesgeschichtlicher Wandel und damit zugleich ein entscheidender Umbau von Weltbildern während der Frühen Neuzeit benannt. Dieser Umbau symbolisiert sich bereits in der Gegenüber- oder hier besser: Übereinanderstellung der beiden nahezu gleich großen oberen Blätter der Mittelkolumne. Zwar wird beide Male ein aufrecht stehender, nackter männlicher Körper von der idealen geometrischen Grundform des Kreises umfangen, doch läßt sich trotz dieser formalen Verwandtschaft des Zodiakus-Manns aus einer heute in der Pariser Nationalbibliothek aufbewahrten Handschrift des 15. Jahrhunderts mit Leonardos Proportionsmann aus dem selben Jahrhundert nicht darüber hinwegsehen, daß sich zwischen diesen beiden Bildern eine bedeutsame Verschiebung des Blicks auf den Menschen und seiner Stellung in der Welt ereignet hat. Gertrud Bing hatte diese Verschiebung, in der ihr gebotenen Kürze, begrifflich als eine Reduktion zu fassen versucht, doch ist damit nur eine Seite dieses Prozesses benannt. Denn der in den von Warburg versammelten Blättern sich abzeichnende Wandel des Weltbildes bedeutete nicht allein eine Rücknahme, sondern zugleich auch eine Aufladung der in allen diesen Bildern repräsentierten Vorstellung vom Menschen.

Bei einer solchen Gegenüberstellung und Absetzung von visuellen Darstellungsmöglichkeiten des Menschen habe ich das Konzept ›Weltbild‹ bereits unausgesprochen vorausgesetzt. Doch möchte ich mich im Folgenden gerade gegen die damit implizit unterstellte Selbstverständlichkeit eines solchen Sprechens wenden[3]. Bereits Arthur O. Lovejoy war in seinen methodologischen Überlegungen zur Ideengeschichte von den Schwierigkeiten einer Beschäftigung mit jenen historischen Phänomenen ausgegangen, die allenfalls »stillschweigende oder nur unvollständig ausgesprochene Annahmen« sind »oder auch mehr oder weniger unbewußte Gewohnheiten des Denkens, welche im Einzelnen oder in einer Generation wirksam sind.«[4] Doch hatte Lovejoy an gleicher Stelle auch die Notwendigkeit einer solchen ideengeschichtlichen Perspektive betont: »Gerade die Überzeugungen, die so selbstverständlich sind, daß sie eher stillschweigend vorausgesetzt als ausdrücklich formuliert und

---

2   A. Warburg, Der Bilderatlas MNEMOSYNE, hg. v. M. Warnke, Berlin 2000, Gesammelte Schriften II.1, 10. – Zu Gertrud Bings stichwortartigen Kommentaren siehe auch Martin Warnkes kurzen Hinweis in seinen »Editorischen Vorbemerkungen«, ixf.
3   Für eine erste Orientierung über das Begriffsfeld ›Weltbild‹ siehe insbesondere die umfängliche Darstellung von K. Stock/M. Moxter/F.-M. Kuhlemann/R. Hempelmann/W. Gantke/M. Oeming/A. Scriba/W. Sparn, Art. Welt/Weltanschauung/Weltbild, TRE 35, Berlin/New York 2003, 536–611.
4   A.O. Lovejoy, Die große Kette der Wesen. Geschichte eines Gedankens, [Cambridge, Mass. 1936], übers. v. D. Turck, Frankfurt a.M. 1985, 15f.

begründet werden, die Denkweisen, die so natürlich und unvermeidbar scheinen, daß sie nicht der strengen Prüfung des bewußten begrifflichen Denkens unterzogen werden – gerade sie nämlich prägen oft die Lehre eines Philosophen und noch häufiger die vorherrschenden geistigen Strömungen einer Epoche«[5]. Eine nicht unbeträchtliche Schwierigkeit in der Beschäftigung mit dem Begriff ›Weltbild‹ liegt gerade in dieser Ambivalenz aus stillschweigender, unbewußter Annahme eines mit ihm gefaßten Konzeptes und gleichzeitiger eminenter Wirkung auf grundlegende philosophische Überzeugungen und Denkeinstellungen. Geht man jedoch weiter und unterstreicht, wie Wolfgang Gantke dies tat, daß Weltbilder als »Interpretationskonstrukte gedeutet werden« sollten, »die durch bestimmte reduktionistische Zugriffe auf die verwirrende Phänomenvielfalt des Ganzen eine möglichst einheitliche und damit verbindliche Betrachtungsweise erlauben«[6], so ist damit zugleich auch gesagt, daß Weltbilder mehr sein können als ein bloß virtuelles und in eigentümlicher Abstraktion belassenes intellektuelles Orientierungskonzept. Nimmt man gerade den konstruktiven Charakter von Weltbildern ernst, so werden sie als Symbolisierungsleistungen für ein angenommenes Ganzes beschreibbar und stehen damit einer hermeneutischen Befragung offen. Zugleich bedeutet dies, die Geschichte von Weltbildern nicht, wie es Günter Dux[7] tat, einer imaginären Abfolge-Logik übereignen zu müssen, sondern sie in der Geschichte ihrer Repräsentationen aufsuchen zu können. Die Chance einer solchen Ausrichtung der Fragen an das ›Weltbild‹ besteht in der Aufhebung eben jener von Lovejoy angesprochenen Unausdrücklichkeit, vermeintlichen Natürlichkeit und scheinbaren Unvermeidbarkeit. Betrachtet man das Weltbild als einen Akt der Symbolisierung, so läßt sich präziser und detaillierter seine Entwicklung nachzeichnen.

Es war in diesem Zusammenhang Martin Heidegger, der in seinem Aufsatz »Die Zeit des Weltbildes« in pointierter Weise die Schüsselfrage gestellt hat: »Was ist das – ein Weltbild? Offenbar ein Bild von der Welt. Aber was heißt hier Welt? Was meint da Bild?«[8] Heideggers Befragung des Begriffs sollte ernst genommen werden, scheint doch die spezifische Schwierigkeit im Blick auf den Terminus ›Weltbild‹ gerade darin zu liegen, daß die beiden Wortkomponenten – ›Welt‹ und ›Bild‹ – je für sich genommen aus alltagssprachlichen, vortheoretischen Kontexten durchaus vertraut sind, sie jedoch eben diese (vielleicht auch nur scheinbare)

---

5   A.O. Lovejoy, Geschichte eines Gedankens (wie Anm 4), 16.
6   K. Stock et al., Art. Weltbild (wie Anm. 3), Abschnitt IV/1: »Weltbild. Religionsgeschichtlich«, 566.
7   Für einen solchen Ansatz siehe G. Dux, Die Logik der Weltbilder. Sinnstrukturen im Wandel der Geschichte, Frankfurt a.M. 1982, suhrkamp taschenbuch wissenschaft 370.
8   M. Heidegger, Die Zeit des Weltbildes [1936], in: Ders., Holzwege, Frankfurt a.M., 6., durchgesehene Aufl. 1980, 73–110; hier: 87.

Evidenz spätestens dann verlieren, wenn sie zum Kompositum ›Weltbild‹ zusammentreten. Insistiert man aber auf eine präzise Verständigung über diesen Begriff, so scheint es mir geboten, Heideggers zweite Frage nach der spezifischen Bildlichkeit des Weltbildes – »Was meint da Bild?« – neuerlich zu stellen. So zu fragen heißt, das metaphorische Potential nicht vorschnell zu akzeptieren, das dieser Begriff für die Reflexion über philosophische Totalitäten wie ›Welt‹, ›Dasein‹, ›Existenz‹ etc. bereithält. Denn Weltbilder sind, so meine These, nicht allein in einem übertragenen, sondern in einem sehr konkreten Sinn immer auch Bilder. In einem solchen Begriff von Welt*bild* durchdringen sich in komplexer Weise abstrakte philosophische Konzepte und konkrete visuelle Beschreibungsmittel[9]. Gerade diese Möglichkeiten der Verknüpfung einer intellektuellen Dimension von ›Welt‹ mit einer gänzlich anschaulichen gehören aber – spätestens seit Aby Warburg – zum Kern des kunstwissenschaftlichen Forschungsinteresses. Der *Mnemosyne*-Atlas gewinnt dabei paradigmatische Geltung; ist er doch, wie bereits Fritz Saxl unterstrich, nichts anderes als »ein grundlegender Versuch, philosophische und bildgeschichtliche Betrachtungsweise zu verbinden«[10].

II

Das Weltbild, wörtlich verstanden, ist die *imago mundi*[11]. Es handelt sich hierbei um eine bis in die Antike zurückführende, reiche Tradition kosmographischer Entwürfe, die allesamt ein differenziertes Zeichenreservoir mobilisieren, um in komplexen visuellen Systemen die für gültig angesehene Ordnung des Universums zu beschreiben[12]. Anhand einer von dem römischen Humanisten Andrea Bacci entworfenen und erstmals 1581 von Natale Bonifacio gestochenen Karte (Abb. 2)[13] läßt sich das Prinzip einer solchen *imago mundi* idealtypisch beobachten. Hier ist in

---

9 Bereits Heidegger hat darauf hingewiesen, daß solche Bilder nicht mit einem traditionellen Bildnisbegriff gleichzusetzen sind: »Bei dem Wort Bild denkt man zunächst an ein Abbild von etwas. Demnach wäre das Weltbild gleichsam ein Gemälde vom Seienden im Ganzen. Doch Weltbild besagt mehr. Wir meinen damit die Welt selbst, sie, das Seiende im Ganzen, so wie es für uns maßgebend und verbindlich ist. Bild meint hier nicht einen Abklatsch, sondern jenes, was in der Redewendung herausklingt: wir sind über etwas im Bilde.« – M. Heidegger, Die Zeit des Weltbildes (wie Anm. 8).
10 Fritz Saxl um 1930 in einem Brief an den Verlag B.G. Teubner Leipzig. Auszugsweise abgedruckt in A. Warburg, Bilderatlas (wie Anm. 2), XVIII.
11 Zur genaueren, hier zunächst gerade in Frage gestellten Abgrenzung von *imago mundi*, *cosmographia* und Weltbild siehe Walter Sparns begriffsgeschichtliche Einleitung des Abschnitts IV/4: »Weltbild. Kirchengeschichtlich« im TRE-Artikel, (wie Anm. 3), 587.
12 Zur kosmographischen Bildnistradition siehe S.K. Heninger, Jr., The Cosmographical Glass. Renaissance Diagrams of the Universe, San Marino (California) 1977; für den vorliegenden Kontext der vorkopernikanischen Kosmologie vor allem das zweite Kapitel: »The Geocentric Universe«.
13 Die philologischen Aspekte von Baccis Karte sind vorzüglich aufbereitet durch H.D.

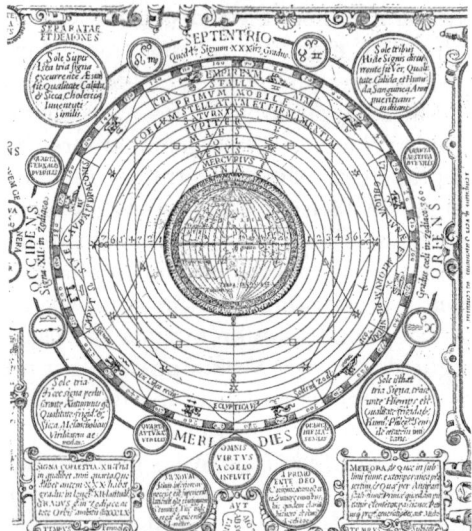

Abb. 2: Andrea Bacci (Entwurf), Natale Bonifacio (Ausführung): »Ordo universi et humanarum scientiarum prima monumenta«, Einblattdruck (Kupferstich auf Pergament), Rom 1581, (Ausschnitt).

das Zentrum des kosmischen Systems das, in der zweidimensionalen Projektion, perfekte Rund der Erdkugel gerückt. Auf dieses wiederum ist ein Netz von Längen- und Breitengraden mit einer markanten Äquatorlinie projiziert. Die Darstellung ist differenziert genug, um deutlich den Umriß und die Bezeichnung der verschiedenen Kontinente sowie die Weltmeere erkennen zu können. Sind damit bereits die beiden Elemente Erde und Wasser repräsentiert, so wird deren traditionelle Vierzahl durch die sich anschließenden Sphären aus Luft und Feuer komplettiert[14]. Die ptolemäische Beschreibung des Kosmos als einer harmonisch gegliederten Staffel von Kugelschalen, die sich um die Erde als sublunares Zentrum der Welt schließen, bildet sich in der perfekten Rhythmisierung der sieben Planetenbahnen sowie der darauf folgenden vier äußeren Sphären des Fixsternhimmels, der Sphäre des ersten Bewegers, des Kristallhimmels und des Empyreums ab[15]. Der äußerste Ring schließlich markiert die

---

    Saffrey, L'homme-microcosme dans une estampe médico-philosophique du seizième siècle, Journal of the Warburg and Courtauld Institutes 57, 1994, 89–122.

14 Genaueres zu den kosmologischen Implikationen der Vier-Elemente-Theorie bei G. Böhme/H. Böhme, Feuer, Wasser, Erde, Luft. Eine Kulturgeschichte der Elemente, München 1996, Kulturgeschichte der Natur in Einzeldarstellungen.

15 Die ausführlichste Darstellung der vorkopernikanischen Kosmologiegeschichte ist noch immer P. Duhem, Le système du monde. Histoire des doctrines cosmologiques de Platon à Copernic, 10 Bde., Paris 1913–1959. – Für neuere Darstellungen siehe R. Simek, Erde und Kosmos im Mittelalter. Das Weltbild vor Kolumbus, München 1992.

360 Winkelgrade dieses Weltkreises, auf welchem zugleich die Folge der zwölf Tierkreiszeichen – jeweils doppelt symbolisiert – abgetragen ist.

Andrea Baccis Entwurf scheint im Jahr 1581 mit eigentümlicher Verspätung in die Druckerpresse gegangen zu sein. Es handelt sich indes um eine Verspätung, die erst von heute aus erkennbar wird. Denn selbst wenn der kopernikanische Traktat *De revolutionibus orbium coelestium libri sex* und mit ihm die Theorie einer heliozentrischen Ordnung des Universums zu diesem Zeitpunkt bereits seit beinahe vier Jahrzehnten in der Welt war, die folgenreiche Rezeption dieser Thesen bis hin zur Indizierung der Schrift im Jahr 1616 setzt zu Baccis Zeit gerade erst ein[16]. Der Reiz dieser Karte des Kosmos besteht, mindestens für den hier verfolgten Zusammenhang, im Gegenteil gerade darin, bei erster Betrachtung scheinbar wenig Überraschendes zu bieten, hingegen vielmehr, und eventuell sogar zum letzten Mal, jene Lehrmeinungen über die Ordnung des Universums visuell zu reformulieren, die seit der Antike Gültigkeit besaßen und die während des gesamten Mittelalters und in der Frühen Neuzeit intensiv rezipiert wurden[17].

– E. Grant, Planets, Stars, and Orbs. The Medieval Cosmos, 1200–1687, Cambridge 1994.

16 Die epochemachende Durchschlagskraft der 1543 erstmals publizierten kopernikanischen Thesen ist eine nachträgliche Stilisierung des 17. Jahrhunderts, die bekanntlich noch in Kants Vorrede zur zweiten Auflage der *Kritik der reinen Vernunft* sowie ferner bei Sigmund Freud und dessen Idee der drei neuzeitlichen »Kränkungen« nachklingt. Wohl vor allem von hier aus entfaltet diese Stilisierung bis heute ihre nachhaltige geistesgeschichtliche Wirkung. So steht zum Beispiel noch immer ganz in dieser anfechtbaren Tradition die umfängliche Einleitung einer jüngeren Teilausgabe von *De revolutionibus*: N. Copernicus, Das neue Weltbild. Lateinisch-deutsch, übers. und hg. v. H.G. Zekl, Hamburg 1990, Philosophische Bibliothek 300, XIII–LXXXIV. – Für eine differenziertere Darstellung siehe T.S. Kuhn, The Copernican Revolution. Planetary Astronomy in the Development of Western Thought, Cambridge 1957. – H. Blumenberg: Die kopernikanische Wende, Frankfurt a.M. 1965, edition suhrkamp 138. – Vor allem aber die hinsichtlich ihrer Gründlichkeit vorzügliche rezeptionsgeschichtliche Studie von O. Gingerich, An Annotated Census of Copernicus' *De Revolutionibus* (Nuremberg 1543 and Basel 1566), Leiden/Boston/Köln 2002, Studia Copernicana – Brill's Series 2.

17 Die Geschichte der mittelalterlichen und frühneuzeitlichen Rezeption der antiken, und hierbei insbesondere der aristotelischen, Kosmologie ist hervorragend dokumentiert. Für das Mittelalter siehe vor allem die Artikelfolge von C.H. Lohr, Medieval Latin Aristotle Commentaries, Traditio 23, 1967, 313–413 (Authors: A–F); 24, 1968, 149–245 (Authors: G–I); 26, 1970, 135–216 (Authors: Jacobus–Johannes Juff); 27, 1971, 251–351 (Authors: Johannes de Kanthi–Myngodus); 28, 1972, 281–396 (Authors: Narcissus–Richardus); 29, 1973, 93–197 (Authors: Robertus–Wilgelmus); 30, 1974, 119–144 (Supplementary Authors). Für die Zeit der Renaissance hieran anschließend ders., Latin Aristotle Commentaries, Bd. 2: »Renaissance Authors«, Firenze 1988. – Eine nach thematischen Gesichtspunkten (*questiones*) aufgeschlüsselte Diskursgeschichte findet sich tabellarisch aufgearbeitet in E. Grant, Planets (wie Anm. 15); Appendix I: »Catalog of Questions on Medieval Cosmology, 1200–1687«, 681–741.

Die bei Baccis Kosmos-Karte visuell hergestellte und unvermittelt ins Auge fallende Symmetrie, und dabei insbesondere die präzise konzentrische Staffelung der einzelnen Planeten- und Himmelssphären, verweist auf den pythagoreisch-platonischen Gedanken einer sich bereits in ihrer formalen Anlage anzeigenden perfekten Weltordnung[18]; sie schließt aber zugleich auch an die naturphilosophischen Erörterungen zur Kugelförmigkeit der Welt in der aristotelischen Kosmologie an[19]. Keine andere geometrische Grundform neben dem Kreis in der Fläche sowie der Kugel im Raum kann, vor allem aufgrund der Äquidistanz jedes einzelnen Punktes zum Mittelpunkt, eine größere formale Harmonie garantieren. Systematische und ästhetische Vollkommenheit, so lautet die seit der Antike tradierte Prämisse kosmologischen Denkens, verweisen in nicht auflösbarer Verknüpfung wechselweise aufeinander. Auch am Ende des 16. Jahrhunderts, Copernicus hierbei im übrigen eingeschlossen, gilt noch immer die wirkungsmächtige Idee: Der Kosmos ist ein vom Weltenschöpfer, dem Demiurgen, nach ästhetischen Prinzipien eingerichtetes, endliches Ganzes[20]. Die doppelte, systematisch-ästhetische,

---

18 Der *locus classicus* in Platons *Timaios* (33b): »Als Gestalt gab er [der Demiurg] ihm [dem Kosmos] die passende und artgemäße. Dem Wesen, dessen Bestimmung es sein sollte, alle anderen Wesen in sich zu fassen, ist ja wohl die Gestalt angemessen, die in sich alle Formen, die es gibt, eingefaßt hat. Daher hat er ihn *kugelförmig*, von der Mitte aus nach allen Seiten zu den Enden hin gleichen Abstand haltend, kreisrund gedrechselt, die vollkommenste aller Gestalten, die in sich selbst immer nur Ähnlichkeit mit sich hat; er meinte nämlich, unendlich viel schöner sei das in sich Gleiche als das Ungleiche.« – Zitiert nach: Platon, Timaios. Griechisch-deutsch, hg. und übers. v. H.G. Zekl, Hamburg 1992, Philosophische Bibliothek 444, 39.

19 In diesem Sinn konstatierte Aristoteles in *De caelo* (297a) denkbar knapp: »Daß sie [die Erde] kugelförmig sei, ist notwendig.« Um schließlich weiter auszuführen: »Denn jeder ihrer Teile hat seine Schwere bis zum Mittelpunkte hin und das Kleinere wird vom Größeren gestoßen und kann nicht aufgewogen, sondern wird nur mehr und mehr zusammengedrückt und eines macht dem andern Platz bis es zum Mittelpunkte kommt. [...] Klar ist auch, daß die Masse überall gleichmäßig werden wird, wenn sich die Teile überall von den Enden her gleichmäßig zur Mitte hin bewegen. Denn wenn überall gleichviel zugefügt wird, so muß der Abstand der Grenze zur Mitte immer derselbe sein. Und dies ist eben die Gestalt der Kugel.« – Zitiert nach: Aristoteles, Werke, Bd. 2, übers. v. O. Gigon, Zürich 1950, 135.

20 In diesem Sinn bereits Lovejoy: »Die Welt hatte einen einheitlichen übersichtlichen Plan und besaß nicht nur eine klar umgrenzte, sondern, wie man glaubte, auch die einfachste und zugleich vollkommenste Gestalt, genau wie die Körper, die ihre Bestandteile bildeten. Ihr Umriß hatte nichts Unfertiges, nichts Fehlerhaftes an sich.« A.O. Lovejoy, Kette (wie Anm. 4), 125. – Angesprochen sind damit jedoch einzig die zeitgenössisch herrschenden Lehrmeinungen, zu denen bekanntlich bereits im 15. Jahrhundert alternative Modelle, vor allem jene des Nikolaus von Kues, existierten. Zur Vorgeschichte der Auflösung des ästhetisch verfassten und endlich gedachten Universums siehe die klassische Darstellung von A. Koyré, Von der geschlossenen Welt zum unendlichen Universum, [Baltimore 1957], übers. v. R. Dornbacher, Frankfurt a.M. 1969; im vorliegenden Zusammenhang vor allem Kapitel 1. – Zur antiken Idee eines nach geometrischen Prinzipien verfassten Kosmos und zu deren Rezeption in

Vollkommenheit sichtbar und damit menschlicher Einsicht begreifbar zu machen ist die entscheidende Aufgabe der *imagines mundi*. Wie dominant dabei ein ästhetischer Begriff von ›Welt‹ wurde, zeigt bereits die auffallend geometrische Stilisierung des Kosmos. Aus diesen visuellen Systemen werden all jene kosmologischen Aspekte ausgeblendet, die gerade ihrer Wohlgestaltetheit entgegenstünden[21]. Nicht repräsentiert wird etwa die Annahme epizirkulärer Umlaufbahnen; und aus einem Planetensystem mit höchst differenten Abständen zur Erde als angenommenem sublunaren Zentrum wird eine überaus gleichmäßig geschichtete Folge planetarischer Sphären. Das eigentliche Ziel dieser *imagines* ist eine durch strenge diagrammatische Konsistenz abgesicherte, also mit Hilfe visueller Mittel hergeleitete Beweisführung, die für die Perfektion des durch den Demiurgen eingerichteten kosmischen Ganzen in anschaulicher Weise argumentieren will. »Weltbild, wesentlich verstanden«, so spitzte es Heidegger treffend zu, »meint daher nicht ein Bild von der Welt, sondern die Welt als Bild begriffen«[22].

Diese systematisch-ästhetische Perfektion der *imago mundi* beweist sich vollends in seiner Fähigkeit, eine Vielzahl kosmologischer Aspekte integrieren und harmonisch aufeinander beziehen zu können. Vermutlich ist kein universalphilosophisches Konzept geistesgeschichtlich so nachhaltig wirksam gewesen wie die bis in pythagoreische Zeit zurückreichende, spekulative Idee einer systematischen Verschränkung der mikrokosmischen mit der makrokosmischen Welt[23]. Die eminente Attraktivität eines solchen Weltentwurfs beruht wohl nicht zuletzt auf der Aussicht, eine einzige, das heißt sämtliche Dimensionen des Kosmos umfassende Erklärung für die Welt als ein Ganzes geben zu können. Ein solcher Holismus versteht es, das kosmisch Größte – die Sternensphäre – und das kosmisch Kleinste – das winzigste irdische Geschöpf Gottes – miteinander in Beziehung zu setzen. Solche Korrespondenzen sind auf Baccis Blatt explizit markiert: Einem Rahmenwerk gleich sind um den äußersten Ring der Karte des Kosmos in regelmäßiger Folge zwölf

---

Keplers kosmologischen Schriften in den ersten Jahrzehnten des 17. Jahrhunderts siehe J.V. Field, Kepler's Geometrical Cosmology, London 1988.

21 Die dem hier beschriebenen Muster folgende Darstellung des Kosmos aus konzentrisch und streng gleichmäßig gestaffelten Sphärenringen entwickelte sich, wie Simon Heninger unterstrich, in der kosmographischen Literatur des 15. und 16. Jahrhunderts zu einem verbreiteten Bildtopos: »Diagrams of a geocentric universe are legion in the renaissance and testify to widely accepted convention.« – S. Heninger, Cosmographical Glass (wie Anm. 12), 37.

22 M. Heidegger, Zeit des Weltbildes (wie Anm. 8), 87.

23 Die noch immer grundlegende ideengeschichtliche Studie zu diesem kosmologisch-metaphysischen Konzept stammt von R. Allers, Microcosmus. From Anaximandros to Paracelsus, Traditio 2, 1944, 319–407. Siehe hierbei vor allem seinen Versuch einer problemgeschichtlichen Differenzierung des Mikrokosmos-Makrokosmos-Komplexes, 321–337.

Tondi von unterschiedlicher Größe angeordnet, die wiederum in vier Gruppen aufgeteilt sind. Jede dieser Gruppen umfaßt drei, im Jahreslauf aufeinander folgende Tierkreiszeichen, deren Symbole in jeweils einem der Ringe eingetragen sind. In einem weiteren Tondo vergleichbarer Größe treten die hierzu korrespondierenden Jahreszeiten und zugleich die vier verschiedenen Mannesalter – *puer, iuventus, vir, senex* – hinzu. Ausführlicher expliziert wird das sich in den beiden kleinen Ringen nur andeutende Verhältnis schließlich aber in den ungleich größeren runden Schriftfeldern, welche die äußere Zone der Karte unübersehbar dominieren. Im linken unteren Feld heißt es etwa: *Sole tria Haec signa perlustrante Autumnus est, Qualitate frigida & sicca. Melancholicus, Virilitatem aemulans*. In eins gesetzt werden hier der Herbst mit seinen drei Sternzeichen (Waage, Skorpion und Schütze), die zwei ihm korrespondierenden Elementarqualitäten, hier Feuchtigkeit und Wärme, sowie das melancholische Temperament und – mit dem *vir* – das dritte von vier Mannesaltern.

Die Gleichung behauptet nicht weniger als eine kosmische Universalharmonie. Nichts kann außerhalb dieses Systems von räumlichen, zeitlichen und qualitativen Bestimmungen gedacht werden. Alles steht mit allem in einer unauflösbaren Verbindung – eine Behauptung, deren epistemologische Konsequenzen von großer Reichweite und zugleich von großer Anziehungskraft sind. Scheint es doch gerade die besondere Faszination dieses Bildes vom Weltganzen zu sein, einen Wissensbegriff in Aussicht zu stellen, der hinsichtlich seiner Erkenntnisobjekte nicht differenzieren muß, sondern der vielmehr die prinzipielle Gleichheit aller Schöpfung behauptet. Das Wissen um den Kosmos ist gleichbedeutend mit dem Wissen um den Menschen und umgekehrt[24]. Dank einer alles erfassenden harmonischen Struktur des Seins ist der Mensch nicht allein räumlich, das heißt als Bewohner der sublunaren Welt, in das Zentrum des Kosmos gerückt. Sein Erdenleben ist kein bloß kontingentes Dasein. Vielmehr partizipiert es in essentieller, unaufhebbarer Weise am Prinzip der kosmischen Ordnung überhaupt. Daher ist die Folge der Sternbilder gleichbedeutend mit dem Lauf der Jahreszeiten, mit der Folge der Mannesalter, mit der Reihe der Temperamente etc.[25].

---

24 »For Western civilization, to study man was to study the cosmos, and to know the cosmos was to know oneself.« – L. Barkan, Nature's Work of Art. The Human Body as Image of the World, New Haven/London 1975, 8.

25 »Microcosmism«, so resümierte es Rudolf Allers, »is one of the great ideas by which man attemps to understand himself and his relation to the totality of being.« Genauer noch: Es handelt sich um ein Verhältnis, das sich analogisch auf jeden Aspekt der Totalität des Seins erstreckt: »Man is compared to the universe of which he is the reproduction or reduplication. Within this view, the discovery of the world in man becomes possible. The relation between the micro- and the macrocosmic laws may be one of identity or one of analogy; in any case it is in the man that the key to the cosmo-

Ein solches Konzept von Weltbild, das heißt die Idee einer prinzipiellen Reduplizierung und Analogisierung aller im Kosmos vorfindbaren Dinge, hat für die mit ihm verbundene *imago mundi* entscheidende Konsequenzen. Denn der so wirkungsmächtige Gedanke eines wechselweisen Verweiszusammenhangs zwischen Mikro- und Makrokosmos läßt sich nicht bereits durch in der Welt sichtbare Korrespondenzen legitimieren und daran anschließend im Bild mimetisch nachvollziehen. Vielmehr findet diese Idee gerade in den *imagines mundi*, verstanden als kartographische Beschreibung der mikrokosmisch-makrokosmischen Welt, überhaupt ihre erste Gestalt. Sie müssen als visuelle Konstruktion kosmischer Universalharmonie verstanden werden und weisen sich damit als ein zuallererst visuelles Konzept von Welt und ihrer Ordnung aus. Die in diesen Bildern hergestellte Vielfalt von Analogien beschreibt den Kosmos als ein komplexes Gefüge von Korrespondenzen und will damit zugleich eben jene Prämisse beglaubigen, die in einem neuerlich runden Schriftfeld, einer systematischen Basis nicht unähnlich, unterhalb von Baccis Kosmos-Karte angebracht ist: *Omnis virtus a coelo influit*. Ausführlicher noch explizieren diesen alles betreffenden astralen Einfluß schließlich die beiden das mittlere Feld zur Linken und zur Rechten sekundierenden Tondi. Dort wird mit je einem kurzen Zitat aus der Meteorologie- sowie der Kosmologie-Schrift des Aristoteles das darüber stehende visuelle System makrokosmisch-mikrokosmischer Weltordnung philosophisch vollends legitimiert[26].

Zur Wende vom 6. zum 7. nachchristlichen Jahrhundert, mit der naturphilosophischen Schrift *De natura rerum* des Isidor von Sevilla, wird diese universalphilosophische Verschränkung von makrokosmischer und mikrokosmischer Welt nicht allein konzeptuell, sondern darüber hinaus auch lexikalisch – als *macrocosmus* und *microcosmus* – erstmals in den lateinischen Sprachraum eingeführt[27]. Der sich in den folgenden

---

logical riddle may be found. Man thus understands himself as imbedded in the whole of the κοσμος, an organic part of the latter, and determined by pancosmic principles. One arrives at the conception of an all-pervading harmony and correspondence.« – R. Allers, Microcosmus (wie Anm. 23), 406 sowie 322.

26 Für den linken Ring ein Zitat aus der Meteorologie-Schrift: *Mundum istum inferiorem necesse est superioribus lationibus esse contiguum ut omnis eius virtus inde regatur et gubernetur*. I Meteor (Meteorologica I.1, 339a21–23). – Für den rechten Ring hingegen: *A primo ente deo communicatum est esse et vivere omnibus, his quidem clarius, his vero obscurius*. I Celi 100 (De caelo I.9, 279a29–30). – Siehe hierfür H.D. Saffrey, L'homme-microcosme (wie Anm. 13), 114.

27 »Isidore semble avoir été le premier auteur latin à calquer, employer et commenter ce deux mots grecs, sous les formes à peine latinisées *macrocosmus* et *microcosmus*.« – J. Fontaine, Isidore de Séville. Genèse et originalité de la culture hispanique au temps des Wisigoths, Turnhout 2000, Témoins de notre histoire, 300. – Zur Entwicklung der griechischen Terminologie siehe R. Allers, Microcosmus (wie Anm. 23), 319f. – Zu Isidors folgenreicher Rezeption und Adaption der griechischen Überlieferung siehe J.

Jahrhunderten von dieser Schrift aus entfaltende Einfluß kann hinsichtlich seiner Bedeutung für mittelalterliche Konzepte von ›Welt‹ wohl nur schwerlich überschätzt werden[28]. Isidors Aneignung einer solch globalen Vorstellung des Weltganzen erschöpft sich dabei nicht allein in einer ausführlichen Kompilation, Adaption und Explikation der ihm zur Verfügung stehenden antiken Schriftquellen. Die nachhaltige Wirkung seines Traktats erklärt sich vielmehr, und gewiß nicht zuletzt, aus dem originellen Einsatz visueller Argumentationsmittel für die Beschreibung der angenommenen kosmischen Ordnung[29]. Konsequent werden bei Isidor Weltbild und *imago mundi* zusammengedacht, wie bereits eine der ältesten erhaltenen Isidor-Handschriften aus dem späten 8. Jahrhundert eindrucksvoll vor Augen führt. Dort ist es insbesondere das fünfte von insgesamt sieben Diagrammen aus dem sogenanntem *liber rotarum*, das die Prinzipien der kosmologischen Universalharmonie visualisiert (Abb. 3)[30]. Formal ist dieses Diagramm durch Kreisbänder

---

Fontaine, Isidore de Séville et la culture classique dans l'Espagne wisigothique, 2 Bde., Bd. 2, Paris 1959, 647–676.

28   Siehe hierfür vor allem B. Bischoff, Die europäische Verbreitung der Werke Isidors von Sevilla, in: Ders., Mittelalterliche Studien. Ausgewählte Aufsätze zur Schriftkunde und Literaturgeschichte, Bd. 1, Stuttgart 1966, 171–194.

29   Isidors auf diagrammatische Argumentation gestützte Naturphilosophie fand in der handschriftlichen Überlieferung des Mittelalters weite Verbreitung. Inwiefern sie sich in ihrem Einsatz diagrammatischer Zeichen selbst wiederum auf antike Vorbilder stützt, lässt sich von heute aus nicht mehr absehen. Barbara Obrist erachtet solche antiken Vorlagen jedoch für wahrscheinlich: »Au Moyen Âge, le diagramme isidorien de l'année et des saisons (no. 2), ainsi que celui du monde (no. 5), qui en présente une extension, sont omniprésents dans les passages de cosmologie physique. On peut raisonnablement supposer une fréquence semblable de diagrammes pour les manuels de l'Antiquité. L'absence de personnifications de concepts physiques ou de forces de la nature, en l'occurrence, des saisons, des mois et des vents, dans les schéma isidoriens des manuscrits les plus anciens, indiquerait que les exemplaires dont s'était servi Isidore avaient dû être des manuels élémentaires peu élaborés du point de vue esthétique.« – B. Obrist, Le diagramme isidorien des saisons, son contenu physique et les représentations figuratives, Mélanges de l'Ecole Française de Rome, série Moyen Âge 108, 1996, 95–164; hier: 101f. – Entschiedener noch argumentierte in diesem Sinn Jacques Fontaine: »Toutes ces figures sont donc issues, à des degrés divers, des manuels scolaires qui vulgarisaient pour les écoliers antiques la philosophie d'Aristote et celle de Platon. Elles reflètent d'une manière appauvrie, mais encore relativement fidèle, quelques doctrines fondamentales de la cosmographie antique.« – Isidore de Séville, Traité de la nature, übers. und hg. v. J. Fontaine, Paris 2002, Collection des Études Augustiniennes, Série Moyen Âge et Temps Modernes 39, 17f.

30   Die Handschrift Clm 16128 der Bayerischen Staatsbibliothek München wird ausführlich beschrieben in K. Bierbrauer, Die vorkarolingischen und karolingischen Handschriften der Bayerischen Staatsbibliothek, Wiesbaden 1990, Katalog der illuminierten Handschriften der Bayerischen Staatsbibliothek in München 1, 71f. (Kat.-Nr. 133). – Zur genaueren Beschreibung des Diagramms im einzelnen siehe S. Bogen/F. Thürlemann, Jenseits der Opposition von Text und Bild. Überlegungen zu einer Theorie des Diagramms und des Diagrammatischen, in: Die Bildwelt der Diagramme Joachims von Fiore. Zur Medialität religiös-politischer Programme im Mittelalter, hg. v. A. Pat-

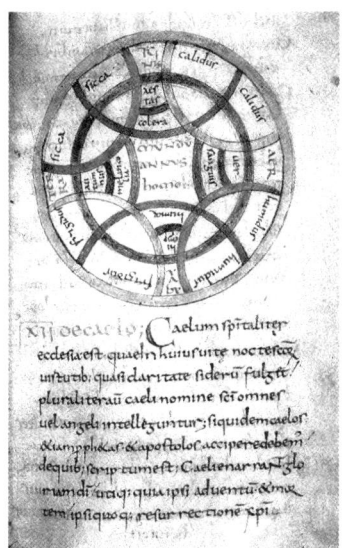

Abb. 3: Das Prinzip der kosmischen Universalharmonie, dargestellt in einem Kreisdiagramm. Aus: Isidor von Sevilla: De rerum natura, Handschrift des späten 8. Jahrhunderts.

beziehungsweise verschieden große Segmente solcher Bänder strukturiert, die aufgrund korrespondierender Einfärbung jeweils paarweise gegenüber angeordnet sind. Von dem in das mittlere Feld eingetragenen Dreisatz MUNDUS – ANNUS – HOMO aus wird das Prinzip dieses Diagramms verständlich. Alle drei Aspekte von Kosmos werden jeweils in eine Vierzahl differenziert: Für den *mundus* sind dies die vier Elemente; für den *annus* die vier Jahreszeiten; für den *homo* schließlich die vier Körpersäfte beziehungsweise Temperamente. Jedes Terzett, also etwa Feuer (*ignis*) – Sommer (*aestas*) – Choleriker (*colera*) im oberen Register, wird nun von einem Bogen unterfangen, der auf der linken sowie auf der rechten Seite zugleich ein Feld anschneidet, in welchem jeweils eine der Elementarqualitäten eingetragen ist; für das gewählte Beispiel also *sicca* und *calidus*, warm und trocken. Die damit visuell hergestellte These läßt sich vierfach aufschlüsseln: Jedem der vier Elemente entspricht eine der vier Jahreszeiten und eines der menschlichen Temperamente. Die für jede dieser Gruppen behauptete Korrespondenz wiederum erklärt sich aus der kombinatorischen Zuordnung der Binome Trockenheit oder Feuchtigkeit sowie Hitze oder Kälte[31]. Zwar schreibt das Mittelfeld mit den drei makrokosmisch-mikrokosmischen Grundeinheiten von

---

schovsky, Ostfildern 2003, 1–22; hier: 5f. Dort findet sich, im Abbildungskorpus auf Seite 216, eine vorzügliche farbige Reproduktion von fol. 16ʳ.

31 Zur Herkunft dieses Systems tetradischer Zuordnungen aus der pythagoreischen Phi-

›Welt‹ (*mundus*), ›Jahr‹ (*annus*) und ›Mensch‹ (*homo*) eine Orientierung des Diagramms auf der Buchseite vor, doch bleibt dieses visuelle System grundsätzlich von allen Seiten gleichermaßen lesbar. Gerade aber weil dieses Diagramm ausschließlich mit Hilfe von Kreisen sowie Kreissegmenten konstruiert ist, und gerade weil (von den drei kosmischen Kategorien *mundus–annus–homo* abgesehen) die in diese verschiedenen Zirkel eingetragenen Begriffe grundsätzlich konzentrisch ausgerichtet sind, kann diese diagrammatische Systematisierung eines Weltbildes prinzipielle Abgeschlossenheit, anfangs- und endlose Zirkularität, mit einem Wort: Universalität behaupten. Eben diese kosmische Verkettung hat Isidor selbst in den in seinem *liber rotarum* gegebenen Erläuterungen sehr prägnant mit einem getanzten Reigen verglichen: *[A]tque ita sibi per hunc circuitum quasi per quendam chorum concordi societate conueniunt*[32].

Steht dieses Diagramm ganz am Beginn der Überlieferung des Traktats *De natura rerum*, so ist die wahrscheinlich bekannteste, da vom Warburg Institute in London seit Jahrzehnten als Signet verwendete Fassung zugleich eine der jüngsten Visualisierungen (Abb. 4). Erstmals gedruckt wurde sie für die Isidor-Ausgabe aus der Augsburger Offizin des Günther Zainer im Jahr 1472[33]. Diese Fassung ist von besonderem Reiz, da sie, wie keine andere der zahlreichen Adaptionen von Isidors Entwurf, den Gedanken der Verknüpfung von makrokosmischer und mikrokosmischer Dimension visuell äußerst ernst nimmt. Neuerlich werden die bereits bekannten vier Terzette der Elemente, Jahreszeiten und Temperamente in einem komplexen Schema konzentrischer Kreise abgetragen und jeweils zum gemeinsamen Mittelpunkt hin ausgerichtet. Besonderes Interesse verdient jedoch die in dieser Figur gefundene visuelle Lösung für die Zuordnung der je zwei entsprechenden Elementarqualitäten. *Siccus, calidus, humidus* und *frigidus* werden jeweils von einer an eine Mandorla erinnernden Schlaufe umfangen. Die unteren Enden dieser Bänder schwingen bogenförmig zur jeweils benachbarten Schlinge durch und fügen sich dort nahtlos zu einer weiteren solchen Schleife. Gleichzeitig ist das sich dabei bildende, ohne jede Unterbrechung, also auch ohne Anfang und Ende reihum führende Band so über beziehungsweise unter die insgesamt drei konzentrischen Doppelkreise der diagrammatischen Grundfigur geblendet, daß ein, wenigstens scheinbar, unentwirrbares

---

losophie und zu dessen weiterer Entwicklung siehe vor allem die Darstellung von R. Klibansky/E. Panofsky/F. Saxl, Saturn und Melancholie. Studien zur Geschichte der Naturphilosophie und Medizin, der Religion und der Kunst, übers. v. C. Buschendorf, Frankfurt a.M., gegenüber der englischen Originalausgabe erweiterte Ausgabe 1990, 39–54.

32 Isidor von Sevilla: De natura rerum, XI.3. – Hier zitiert nach der kritischen Isidor-Ausgabe von J. Fontaine (wie Anm. 26), 215/217.

33 Isidori iunioris Hispalensis episcopi ethimologiarum libri numero viginti, [Augsburg] 1472.

Abb. 4: Das Prinzip der kosmischen Universalharmonie. Aus: Isidori iunioris Hispalensis episcopi ethimologiarum libri numero viginti, Augsburg 1472.

Geflecht von Bändern und Ringen entsteht. Die These der Universalharmonie von Welt, Jahr und Mensch, von Makrokosmos und Mikrokosmos, wird damit visuell überprüfbar: Eine aus miteinander verschlungenen Linien hergestellte diagrammatische Textur ist das wohl verdichtetste Argument für die prinzipielle Verflechtung aller kosmischen Elemente zu einem einzigen, harmonisch verfaßten, universalen Weltbild.

III

Gertrud Bing hatte eine solche Verflechtung in ihrem eingangs zitierten stichwortartigen Kommentar zur Tafel B von Aby Warburgs *Mnemosyne*-Atlas als »Abtragung des kosmischen Systems auf den Menschen« im Sinne »harmonikale[r] Entsprechung«[34] gedeutet. Bereits die hier angesprochene »Abtragung« verweist darauf, daß dieses weltbildliche Konzept makrokosmisch-mikrokosmischer Harmonie prinzipiell auf den Menschen bezogen bleibt. So kann Isidors kategoriale Bestimmung des Kosmos etwa erst dann als vollständig gelten, wenn zum Raum (*mundus*) und der Zeit (*annus*) als Drittes der Mensch (*homo*) tritt. Es handelt sich dabei um eine Trias, die insbesondere für die mittelalterliche Imagination von der spezifischen Beschaffenheit menschlicher Natur eine hohe und ausdauernde Produktivität entfaltet hat und die schließlich, wie dies für

---

34 Wie Anm. 2.

die Geschichte der mittelalterlichen Medizin gut dokumentiert ist, bis in höchst pragmatische Kontexte vordringen konnte. Warburg hat auf seiner Tafel hierfür sogleich mehrere Beispiele versammelt. So ist etwa das mittlere Bild der linken Kolumne aus einer deutschen Handschrift des 15. Jahrhunderts nur einer von unüberschaubar zahlreichen Belegen für die Identifizierung des menschlichen Körperbaus mit der Folge des Zodiaks. Diese visuelle Gleichung wird in eben dieser Weise auch noch in Johannes de Kethams vielbeachtetem *Fasciculus medicinae* von 1491 gezogen (Abb. 5)[35]. Bekanntermaßen besaßen solche Bilder eine klar definierte medizinische Funktion, wurden doch anhand eines solchen Schemas die Zeit und – auf den menschlichen Körper bezogen – der Ort bestimmt, an welchen insbesondere Aderlässe, aber auch Bäder, Medikationen und andere Behandlungen überhaupt zur Anwendung kommen durften[36]. Gerade aber die eigentümliche Übersteigerung, mit welcher im Bild die Vorstellung einer Entsprechung von einzelner Körperpartie und jeweils korrespondierendem Sternbild ernst genommen wird, veranschaulicht jenseits jedes pragmatischen Kontextes prägnant die enge Verknüpfung von Mensch und Kosmos. Auf Blättern wie jenem aus de Kethams *Fasciculus* mag diese Verknüpfung indes eher die Assoziation einer nahezu klaustrophobisch anmutenden Einschnürung hervorrufen. Der menschliche Körper, heißt dies, wird zum Träger kosmischer Zeichen; er wird zum *homo signorum*[37]. In eins gesetzt sind damit das Binom Welt – Mensch und daher folgerichtig auch die *imago mundi* und die *imago hominis*.

Fraglos ist im letzten Drittel des 16. Jahrhunderts diese Universalgleichung von Mikrokosmos und Makrokosmos, von Mensch und Welt längst zu topischem Gemeingut aufgestiegen. Entsprechend beiläufig und augenfällig unambitioniert kann daher im Jahr 1579 der erste Satz

---

35 Johannes de Ketham, *Fasciculus medicinae*, Venedig 1491. – Bereits zwei Jahre darauf, 1493, erschien ebenfalls in Venedig die italienische Ausgabe *Fasciculo de medicina*. – Die frühe Editionsgeschichte des reich illustrierten und weithin rezipierten *Fasciculus* ist dokumentiert in V. Prince d'Essling, Les livres à figures vénitiens de la fin du xve siècle et du commencement du xvie, Bd. II.1, Florenz/Paris 1908, 53–60 (Katalog-Nummern 585–593).

36 Zur Funktionalisierung der Makrokosmos-Mikrokosmos-Darstellungen im Kontext der Medizingeschichte siehe die ausführlich kommentierte Sammlung von Bildbeispielen in J.E. Murdoch, Antiquity and the Middle Ages, New York 1984, Album of Science; hier vor allem Kapitel 23: »Medical Theory: Diagnosis, Prognosis, and Therapy«.

37 Zum Bildnistypus des *homo signorum* siehe F. Saxl, Macrocosm and Microcosm in Medieval Pictures [1927/28], in: Ders., Lectures, 2 Bde., Bd. 1, London 1957, 58–72. – H. Bober, The Zodiacal Miniature of the *Très Riches Heures* of the Duke of Berry – Its Sources and Meaning, Journal of the Warburg and Courtauld Institutes 11 1948, 1–34; insbesondere 7–16. – M.-T. d'Alverny, L'homme comme symbole. Le microcosme, in: Simboli e simbologia nell'alto medioevo, Bd. 1, Spoleto 1976, Settimane di studio del Centro italiano di studi sull'alto medioevo 23, 123–183.

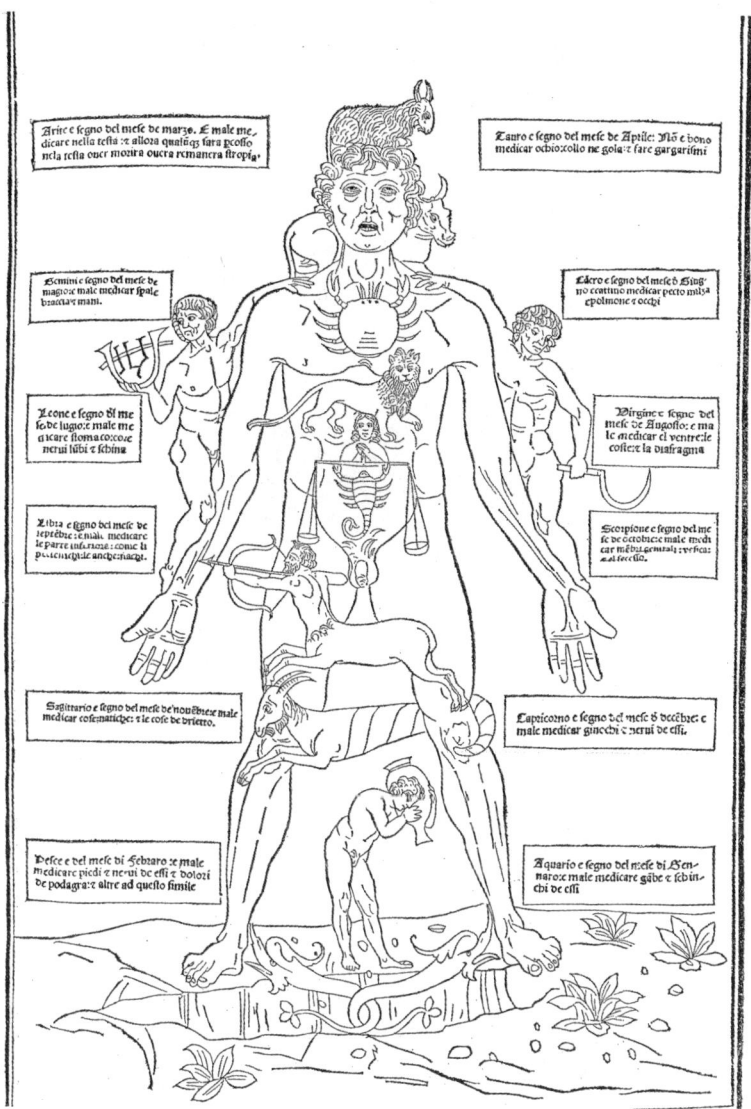

Abb. 5: Die Identifikation von anatomischer und makrokosmischer Ordnung. Aus: Johannes de Ketham: Fasciculus medicinae, Venedig 1491.

Abb. 6: Titelblatt von Laurens van Haecht Goidtsenhoven: Μιϰροϰοσμοσ. [sic] Parvus mundus, Frankfurt am Main 1644, Ausführung: Gerard de Jode.

in der *Expositio tituli* des in den folgenden Jahrzehnten noch mehrfach aufgelegten Emblembuchs Μικροκοσμοσ. *Parvus mundus* des Laurens van Haecht Goidtsenhoven lauten: *Homo recte, Microcosmus, hoc est, parvus mundus appellatur, propter eam quam cum mundo habet similitudinem*[38]. Vor allem das vom Antwerpener Kupferstecher Gerard de Jode ausgeführte Titelblatt (Abb. 6) nimmt die hier angesprochene Ähnlichkeit auffallend ernst: Es zeigt die schon von den Bildbeispielen auf Warburgs Tafel B her bekannte, aufrecht stehende, nackte männliche Figur – das Zeichen für den Mensch als Mikrokosmos. Hinterfangen wird diese scheinbar frei im Raum schwebende Figur von der mächtigen Kugel des makrokosmischen Globus. So formelhaft sich dieses Blatt ausnehmen mag, denkbar konzise hat de Jode die universale Analogie hier markiert: Das mächtige, den Globus krönende griechische Kreuz wiederholt sich, nun deutlich verkleinert, formal aber exakt vergleichbar, auf jener Aureole, die hinter den Kopf des Mikrokosmos-Mannes geblendet ist. In einer solchen visuellen *mise en abîme* gewinnt der Gedanke einer Reduplikation aller Teile des Kosmos unmittelbare Anschaulichkeit. Keinesfalls zufällig wird dabei, wie die *Expositio* eingehender erläutert, gerade der menschliche Kopf durch die Aureole so auffällig ausgestellt und damit zum synekdotischen

---

[38] Hier zitiert nach der Ausgabe: [L. van Haecht Goidtsenhoven]: Μικροκοσμοσ [sic]. Parvus mundus, Frankfurt a.M. 1644, 1ᵛ. – Für die Unterstützung bei der Beschaffung einer Abbildung des Titelblatts dieses seltenen Traktats danke ich Andreas Pietzsch (Münster).

Zeichen des Mikrokosmos genommen: *nam quemadmodum mundus rotundus est, duo habens Lumina, stellas, calorem & frigus, & quatuor [sic] elementis regitur: sic etiam caput humanum rotundum est, habetque duos oculos, capillos fulgentes: caeteraque quae de mundo, apte etiam de homine vereque dicuntur*[39].

Zum einen ist der Kern von Goidtsenhovens Argument eine logische Ableitung oder, mit Gertrud Bings Worten, eine Abtragung: *Mundus rotundus est, [...] sic etiam caput humanum rotundus est*. So sehr diese Behauptung von der Kugelförmigkeit des menschlichen Kopfes gegen alle augenfällige Empirie stehen mag, sie kann sich auf eine bereits in der platonischen Kosmologie formulierte und seither zuverlässig tradierte Idee stützen. Die entscheidende These aus dem *Timaios* wird hier fast wörtlich aufgegriffen: »Also, die göttlichen Umläufe – zwei waren es – banden sie, in Nachahmung der Gestalt des Alls – kreisrund ist es – in einen kugelförmigen Körper ein, wir nennen den heutzutage ›Haupt‹, er ist das göttlichste Stück und übt über alle Vorgänge in uns die Herrschaft aus.«[40] Kam Platon in seiner Beschreibung des perfekt kugelförmigen Kosmos bereits ohne eine Anspielung auf den menschlichen Körper nicht aus[41], so wird nun hier, in der Erzählung von der Erschaffung des Menschen der Vergleich des aus kreisrunden Sphärenschalen aufgebauten Kosmos und des kugelförmigen menschlichen Kopfes sowie die sich hieraus ergebende logische Ableitung vollends bedeutsam. Diese Annäherung verfolgt unverkennbar eine höchst abstrahierende Vergleichsstrategie[42]. Gerade mit Hilfe einer solchen Abstraktion wird die Idee einer analogischen Verschränkung von makro- und mikrokosmischer Welt hinsichtlich ihres Charakters endgültig formalisiert[43].

---

39 L. van Haecht Goidtsenhoven, Parvus mundus (wie Anm. 38).
40 Platon, Timaios, 44d. – Zitiert nach der Übersetzung von H.G. Zekl (wie Anm. 18), 65.
41 Es handelt sich bei der entsprechenden Stelle (*Tim.* 33b–c) um eine Anspielung *ex negativo*, benötigt der Kosmos doch gerade jene Sinnesorgane nicht, die für das menschliche Haupt wiederum unabdingbar sein werden: »Von außen her hat er [der Demiurg] ihn [den Kosmos] ganz im Kreise sorgfältig glattgearbeitet, aus vielerlei Überlegungen: Augen brauchte er ja nicht – da war nichts Sichtbares außen übriggeblieben; auch Ohren nicht – da war nichts Hörbares; und Lufthauch war nicht um ihn herum, der des atmenden Einzugs bedurft hätte, auch war er nicht bedürftig, irgendein Werkzeug erhalten zu müssen, mithilfe dessen er einerseits Nahrung in sich aufnehmen könnte, andererseits das inzwischen Verdaute von sich geben.« – Zitiert nach: Platon, Timaios (wie Anm. 18), 39.
42 »Der Mensch ist nicht primär seine Körperform, sondern seine Geistigkeit; die Körperform ist allein der irdischen und erotischen Präsenz des Menschen geschuldet. Seine Seele hingegen hat nicht die sinnlichen und körperlichen Auswüchse, sie weiß sich analog zur kosmischen Kugelseele und zur Vollkommenheit des Selbstbezugs.« – W. Schmidt-Biggemann: Philosophia perennis. Historische Umrisse abendländischer Spiritualität in Antike, Mittelalter und Früher Neuzeit, Frankfurt a.M. 1998, 212.
43 In diesem Sinn kommentierte bereits Francis Macdonald Cornford die entsprechenden Passagen des *Timaios* (33b; 44d): »This description of the human body has the same oddly archaic character as that of the World's body at 33A–34A; but it is hard for a

Der Blick auf den Menschen selbst ist – zum anderen – wesentlich synekdotisch konstruiert. War schon in Platons kosmologischer Urschrift das menschliche Haupt, ganz für sich genommen, »das göttlichste Stück« und damit »le microcosme par excellence«[44], so wird es im Anschluß an den *Timaios* stets zuallererst der Kopf sein, der mit großem argumentativen Aufwand als Zeichen *pars pro toto* für das ganze menschliche Wesen eingesetzt wird[45]. Bereits an einem Teil jener Diagramme, die Isidors Traktat *De rerum natura* beigegeben sind, läßt sich dieser synekdotische Verweis auf den Menschen präzise beobachten. Anstelle des lexikalischen Verweises *homo* ist dort das Haupt eines Menschen eingerückt[46]. So zeigt etwa – wiederum in der Handschrift aus dem späten 8. Jahrhundert – ein Kreisdiagramm (Abb. 7) ausschließlich die, direkt unterhalb des Kragens abgeschnittene Profilansicht eines bärtigen Männerkopfes. Um diesen ist schließlich, vollkommen regelmäßig, das Rad der zwölf verschiedenen Windrichtungen gefächert[47]. Ansichtig wird, wie dies bereits Jacques Fontaine unterstrichen hat, in diesen Rädern nicht zuletzt die zentrale Stellung des Menschen[48]. Doch steht damit der Mensch im Zentrum des kosmischen Systems, so ist es streng genommen vor allem sein Kopf, der als eigentlicher Dreh- und Angelpunkt innerhalb dieser Ordnung funk-

---

modern reader to gauge the effect. [...] The evidences of design in the human body were a serious matter to Plato. A more systematic account of the body's structure will be given in the third section of the dialogue. This paragraph [44d] is mainly intended to compare and to contrast the human body and its motions with the body and motions of the universe.« – F.M. Cornford, Plato's Cosmology. The *Timaeus* of Plato Translated with a Running Commentary, London (1937), ⁴1956, 151.

44   A. Olerud, L'idée de macrocosmos et de microcosmos dans le Timée de Platon. Etude de mythologie comparée, Uppsala 1951, 23. – Siehe hier vor allem Kapitel 3, Paragraph 5: »L'idée de la tête et du cœur de l'homme comme siège pour l'âme cosmique et comme microcosme« sowie die das Buch abschließenden »Conclusions sur le Timée«. – Siehe außerdem R.D. Mohr, The Platonic Cosmology, Leiden 1985, Philosophia Antiqua 42.

45   Andere Anthropologien, etwa jene des Aristoteles, bevorzugen bekanntlich hingegen das Herz. Siehe hierzu S.M. Stevens, Sacred Heart and Secular Brain, in: The Body in Parts. Fantasies of Corporeality in Early Modern Europe, ed. by D. Hillman/C. Mazzio, New York/London 1997, 263–282.

46   In der Isidor-Handschrift Lat. 6400 G der Nationalbibliothek in Paris wird der Verweis auf den Menschen sogar verdoppelt: Zur Trias *mundus–annus–homo* tritt hier als Viertes das *en face*-Bildnis eines Menschenkopfes. Für eine Abbildung siehe B. Teyssèdre, Un exemple de survie de la figure humaine dans les manuscrits précarolingiens: Les illustrations du ›De natura rerum‹ d'Isidore, Gazette des Beaux-Arts 102 1960, 19–34; hier: 26, Abb. 9 und 10.

47   Siehe hierzu B. Obrist, Wind Diagrams and Medieval Cosmology, Speculum 72 1997, 33–84.

48   »Les profils et visages qui décorent au centre quatre des six ›roues‹ du *Traité* expriment nettement la position centrale de l'homme au cœur de l'univers et sont comme l'emblème par excellence de l'anthropologie d'Isidore de Séville.« – Fontaine, Genèse et originalité (wie Anm. 27), 306.

Die Sichtbarkeit des Weltbildes 133

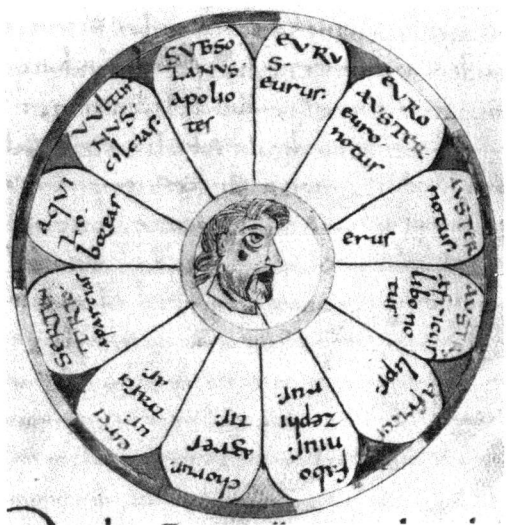

Abb. 7: Die zwölf Windrichtungen. Aus: Isidor von Sevilla: De rerum natura, Handschrift des späten 8. Jahrhunderts.

tioniert und damit für die Idee eines makrokosmisch-mikrokosmischen Weltbildes unverzichtbar wird.

Die mit eben diesem menschlichen Kopf verbundenen Vermutungen und Vorstellungen sind im Lauf des 16. und des frühen 17. Jahrhunderts einem nur schwer zu überschätzenden Wandel unterworfen. Nicht zuletzt für die sich in diesem Jahrhundert – spätestens seit Andreas Vesalius' *De humani corporis fabrica* von 1543 sowie dem zwei Jahre darauf erschienenen *De dissectione partium corporis humani* des Pariser Anatomen Charles Estienne – rasch verbreitende anatomische Praxis ist tatsächlich zuallererst der Kopf eine wahre *idée fixe*[49]. Diese anatomische Arbeit erschöpft sich nirgends bereits in der Zergliederung und anschließenden Dokumentation des menschlichen Leibes. Denn nahm der Anatom mit

---

[49] A. Vesalius, De humani corporis fabrica libri septem, Basel 1543. – C. Estienne, De dissectione partium corporis humani libri tres, Paris 1545. – Für ausführliche Darstellungen zur Geschichte frühneuzeitlicher Anatomie und dabei insbesondere zur Kopf- und Hirnanatomie siehe G. Wolf-Heidegger/A.M. Cetto, Die anatomische Sektion in bildlicher Darstellung, Basel/New York 1967. – P. Galluzzi et al., La Fabbrica del Pensiero. Dall'Arte della Memoria alle Neuroscienze, Milano 1989. – K.B. Roberts/J.D.W. Tomlinson, The Fabric of the Body. European Traditions of Anatomical Illustration, Oxford 1992. – J. Sawday, The Body Emblazoned. Dissection and the Human Body in Renaissance Culture, London/New York 1995. – E. Clarke/K. Dewhurst, An Illustrated History of Brain Function. Imaging the Brain from Antiquity to the Present, San Francisco, 2., durchges. und erw. Aufl. 1996. – H. Böhme: Der Körper als Bühne. Zur Protogeschichte der Anatomie, in: Bühnen des Wissens. Interferenzen zwischen Wissenschaft und Kunst, hg. v. H. Schramm, Berlin 2003, 110–139.

der Sektion des Menschen die Schöpfung überhaupt in den Blick, so blieb seine Aufmerksamkeit nicht allein auf die physische Seite dieses Körpers gerichtet. Jede Sektion war zugleich immer auch eine Suche nach der in diesem Körper sich abbildenden metaphysischen Dimension des Menschen, das heißt nach der in diesen Mikrokosmos eingeschriebenen universalen Ordnung[50]. Ununterscheidbar fallen in der frühneuzeitlichen Anatomie die sezierende Vermessung des menschlichen Körpers und die Suche nach harmonischer kosmischer Ordnung in einer einzigen Praxis zusammen. Das Interesse am mikrokosmischen Leib läßt sich vom Interesse an universaler Harmonie nicht abtrennen. Die Beschaffenheit des Körpers, und hierbei insbesondere des Kopfes abzubilden bedeutet daher zugleich auch, eine Karte zu entwerfen, die eine weit über den Körper, oder speziell: den Kopf, hinausreichende Verweisfunktion besitzt.

Dieses Zusammenspiel von kosmischer und anatomischer Architektur ist es, das Andrea Bacci auf seinem großformatigen Einblattdruck *Ordo universi et humanarum scientiarum prima monumenta* (Abb. 8) in wohl kaum zu überbietendem Detailreichtum ernst genommen hat[51]. Die Idee des menschlichen Kopfes als Dreh- und Angelpunkt der kosmischen Ordnung wird visuell präzise formuliert, ist doch die nach links gewendete Profilansicht eines männlichen Kopfes exakt auf den Schnittpunkt der beiden Diagonalen gerückt, so daß die – einem ersten Blick wohl nur schwerlich entwirrbare – Fülle von Text-Vignetten und diagrammatischen Figuren gänzlich auf ihn hin bezogen zu sein scheint. Eine auf den Scheitel dieses Kopfes eingetragene dreizeilige Inschrift *Homo qui ad universi ordinem conformatus dicitur* Μικροκοσμος klärt dabei unmißverständlich die eminente Reichweite und die systematische Absicht dieser pikturalen Synekdoche[52]. Hier wird vom menschlichen Kopf aus, der selbst wiederum für den Menschen als Ganzes steht, die Ordnung des

---

50 »Anatomical truth was not based simply on the observation and enumeration of parts of a dissected body; an anatomist also claimed the ability to see how each part of the body revealed the divine purpose of its creation. The anatomist's pursuit of the final cause of structure, and his frequent ability to find it, made him seem both a metaphysician of godlike powers and a skilled investigator of sensible phenomena.« – D.L. Hodges, Renaissance Fictions of Anatomy, Amherst 1985, 4.
51 Siehe hierfür auch Barbara Bauers Kommentar in: Deutsche illustrierte Flugblätter des 16. und 17. Jahrhunderts, hg. v. W. Harms, Bd. 1: »Die Sammlung der Herzog August Bibliothek Wolfenbüttel. Kommentierte Ausgabe, Teil I: Ethica. Physica«, Tübingen 1985, 12f.
52 Zur Praxis und den damit verbundenen Implikationen eines synekdotischen Sprechens über den Körper, insbesondere während der Frühen Neuzeit, siehe jeweils die Einleitung der Herausgeber in zwei jüngst erschienenen Sammelbänden: The Body in Parts. Fantasies of Corporeality in Early Modern Europe, ed. by D. Hillman/C. Mazzio, New York/London 1997, xi–xxix. – Körperteile. Eine kulturelle Anatomie, hg. v. C. Benthien/C. Wulf, Reinbek bei Hamburg 2001, rowohlt enzyklopädie 55642, 9–26.

Abb. 8: Andrea Bacci (Entwurf), Natale Bonifacio (Ausführung): »Ordo universi et humanarum scientiarum prima monumenta«, Einblattdruck (Kupferstich auf Pergament), Rom 1581.

Universums faßlich und beglaubigt. Diesen Kopf zu vermessen bedeutet daher, die *imago mundi* nicht von ihrer makro-, sondern vielmehr von ihrer mikrokosmischen Dimension aus zu entwerfen.

Die Verdopplung der kosmischen Perspektive läßt sich auf Baccis Blatt in bemerkenswerter visueller Prägnanz nachvollziehen. Das nach dem alles dominierenden, zentral plazierten Profilportrait wohl augenfälligste Element ist die differenzierte Darstellung des Makrokosmos im rechten oberen Viertel. Von dort erstreckt sich, fast das gesamte darunter liegende Feld ausfüllend, eine gleichmäßige Staffel von insgesamt sieben, formal identischen Vignetten. Jedes dieser Textfelder bezeichnet jeweils einen der Planeten, absteigend von der äußersten Planetensphäre des Saturn, über Jupiter, Mars, die Sonne, Venus, Merkur bis hin zum Mond. Jedes Gestirn wird eingehend expliziert hinsichtlich seines Volumens im Bezug auf die Erde, seiner Umlaufbahn, seiner Umlaufdauer, seines Verhältnisses zu den anderen Planeten, seiner Elementarqualitäten, seines Geschlechts, seiner Farbe sowie schließlich hinsichtlich der ihm zugeschriebenen Einflüsse auf den menschlichen Körper. Getragen wird diese vertikale Folge von einer horizontal angeordneten Gruppe aus vier runden Schriftfeldern, welche, etwas weniger ausführlich, die vier Elemente Feuer, Luft, Wasser und Erde, nach ihrem Gewicht in aufsteigender Folge, ebenfalls hinsichtlich ihrer spezifischen Eigenschaften erläutern[53]. Auf diese Weise tritt zur darüber stehenden diagrammatischen Darstellung der Ordnung des Makrokosmos ein ausführlich formulierter, textueller Kommentar[54].

Auf der gegenüberliegenden Seite des Blattes, und damit direkt vor das Profil des Kopfes geblendet, wird dieses Verfahren der Kommentierung in Vignetten von Bacci ein weiteres Mal eingesetzt. Die hier plazierte Gruppe von Kommentarfeldern scheint in eine gewisse Unordnung geraten zu sein; tatsächlich sind diese jedoch jeweils streng entlang einer auf den Kopf weisenden Zeigerlinie ausgerichtet und dadurch enger noch, als dies bei den Feldern für die Planeten der Fall ist, als unmittelbar auf das Bild bezogene Erläuterung verständlich. Die Explikation der fünf äußeren menschlichen Sinne, die in der linken Mittelpartie von Baccis Blatt eingerichtet ist, setzt sich für jeden einzelnen Sinn – hier als *visus*,

---

53 Zur kulturgeschichtlichen Herausbildung der Zuschreibung von Eigenschaften für jedes der vier Elemente, die Bacci auf seiner Tafel als längst fixierte Topoi referieren kann, siehe G. Böhme/H. Böhme, Feuer, Wasser, Erde, Luft (wie Anm. 14).

54 In der obersten, dem Saturn geltenden Vignette heißt es zum Beispiel: *Planeta masculus et omnium supremus, magnitudine nonagenis et quinque uicibus maior quam terra, orbis ambitus graduum nouem, zodiacum circuit 32 annis. Iovi, Soli et Lunae amicus, tum Veneri tum Marti inimicus, humanae naturae adversarius, uitam destruens, maleuolus, frigidus et siccus. Ex membris humanis dexteram aurem et splenem, uessicam; ex humoribus malencholiam cum phlegmatis commistione; ex coloribus nigredinem, habet.* – Siehe H.D. Saffrey, L'homme-microcosme (wie Anm. 13), 115f.

odor, sapor, sonus und *tangibile* bezeichnet – aus drei Teilen zusammen[55]. Einem Pfeil nicht unähnlich ist auf jedes einzelne der Sinnesorgane, wie sie im Kopfbildnis ansichtig werden, eine gerade durchgezogene und entsprechend beschriftete Linie gerichtet. Für den Sehsinn etwa: *Visus fit per medium extraneum.* Jeweils direkt unter- beziehungsweise oberhalb dieser Achse ist eine mit vergleichsweise aufwendig gestaltetem Rahmenwerk ausgestattete Vignette (für den Geruchssinn zwei) plaziert, die sehr viel ausführlicher noch als der einzeilige Hinweis die Prinzipien des betreffenden Sinns darlegt. So heißt es für das Sehen: *Potentia uisiva fundatur in neruo optico circundato humore aqueo & chrystallino, ut similitudines colorum possit appraehendere.* Den ungewöhnlichsten Teil dieses Kommentars bildet aber jeweils, am anderen Ende der pfeilartigen Linie, ein kleines Schema aus zwei konzentrischen Kreisen. Zwischen diesen ist der Name des betreffenden Sinns eingetragen; von deren gemeinsamem Mittelpunkt öffnet sich eine aus drei Linien gebildete Figur, die das Spektrum des jeweiligen Sinns umschreibt – für das Sehen zum Beispiel die Farbskala von *albus* bis *niger*. Eine Sonderstellung nimmt schließlich die annähernd quadratische Vignette zwischen den beiden Spektren für *visus* und *odor* ein. Unter dem Titel *Visus excellentia* wird dort ausgeführt: *Nobilissimus omnium sensuum ac aptissimus ad omnem rerum cognitionem visus, quia complures is compraehendit rerum differentias et eas intime imprimit animae quam caeteri sensus, nec modo propriorum sensibilium et colorum, sed etiam communium, magnitudinem, locum, situm, numerum et figuram rerum, quae amplissimam praebent omni cognitioni materiam.* Mit dieser Auszeichnung des Sehens wird der traditionsreiche Gedanke einer hierarchischen Ordnung der fünf menschlichen Sinne aufgegriffen, wobei dem Gesichtssinn hier stets die höchste Stellung zukam[56].

Die Idee mikrokosmischer Ordnung ist auf Baccis Blatt zweifach formuliert. Denn tragen die fünf Sinne diesen Gedanken gewissermaßen von außen her am Bildzeichen des Kopfes ab, so wird, in analoger Weise, diese Strategie in seinem Inneren ein weiteres Mal aufgegriffen. Gleichmäßig auf den oberen Teil des Hauptes verteilt, sind insgesamt drei, jeweils hälftig geteilte, Kreisfelder eingetragen[57]. Zur Abbildung gelangt hier die bereits in der antiken Physiologie begründete und noch im 16. Jahrhundert wirksame Lehre vom Aufbau des menschlichen Hirns. Dieses setze sich, so die grundlegende Annahme, aus einer Folge von funktional voneinander unterschiedenen, doch miteinander verbunde-

---

[55] Siehe auch H.D. Saffrey, L'homme-microcosme (wie Anm. 13), 118f.
[56] Zur bereits in der Antike entwickelten und seither tradierten Idee einer Hierarchisierung der Sinne siehe R. Jütte, Geschichte der Sinne. Von der Antike bis zum Cyberspace, München 2000, vor allem 65–83.
[57] Siehe hierzu auch H.D. Saffrey, L'homme-microcosme (wie Anm. 13), 112f.

nen Kammern, sogenannten Ventrikeln, zusammen[58]. Bereits die Bezeichnung dieser Ventrikeln, wörtlich verstanden handelt es sich um Hirnmägen, macht darauf aufmerksam, daß Kognition hierbei nach dem Modell des Verdauungsvorgangs, also prozessual beschrieben wird. In der ersten – mit A bezeichneten – Hirnkammer wurde der *sensus communis* lokalisiert[59]. Der dort herrschenden Einbildungskraft (B: *imaginativa*) kam es zu, äußere Reize aufzunehmen und in einem ersten Stadium zu verarbeiten. In der sich anschließenden zweiten – hier mit *phantasia* (C) bezeichneten – Hirnkammer mit der Denkkraft (D: *cogitativa*) wurde diese Fülle externer Reize zerlegt sowie verbunden, mithin differenziert und systematisiert. In der dritten, im hinteren Teil des Kopfes gelegenen Kammer der *memoria* (E) mit der *virtus motiva* (F) wurden die verarbeitenden Wahrnehmungsphänomene schließlich gespeichert und für die Erinnerung bereitgehalten. Es ist augenfällig, daß Baccis visuelle Beschreibung dieser funktionalen Differenzierung des menschlichen Gehirns jede anatomische Anspielung vermissen läßt. Nicht als Schnittdarstellung, sondern vielmehr auf das Haar geblendet wird hier die Folge der drei Hirnventrikel sichtbar gemacht. Betonten traditionelle Darstellungen, wie etwa jene in Gregor Reischs *Margarita philosophica* (Abb. 9), vor allem den zellulär-organischen Charakter des Hirns und stellten sie dieses in einer schnittähnlichen, sich der anatomischen Ikonographie annähernden Zeichnung dar, so fällt bei Bacci insbesondere das hohe Maß an formaler Abstraktion ins Auge. Es scheint, als reagiere seine Darstellung mit den drei perfekten Kreisfeldern noch einmal auf Platons Erzählung; dachte sich dieser doch das Gehirn als ein Organ, das in einer »Kugel aus Knochenmasse«[60] ruht. Eine solche formale Stilisierung der internen Ordnung des Mikrokosmos entspricht eben jenem Abstraktionsprinzip, das bereits in der diagrammatischen Darstellung des Makrokosmos sichtbar wurde[61]. Die funktional-hierarchische Einrichtung der »kleinen Welt«, und die ihr geltende streng systematisierende visuelle Beschreibung

---

58 W. Sudhoff, Die Lehre von den Hirnventrikeln in textlicher und graphischer Tradition des Altertums und Mittelalters, Leipzig 1913. – E. Clarke/K. Dewhurst, Brain Function (wie Anm. 49), 8–58. Hier findet sich eine große und gut kommentierte Fülle weiterer Beispiele für die bildliche Darstellung der Hirnventrikeln.
59 Die Bezeichnung und Funktionsdifferenzierung der drei Hirnkammern ist nie zu einer einheitlichen und abgeschlossenen Systematisierung gelangt, sondern vielmehr von Autor zu Autor verschieden. Für eine hilfreiche Synopse des Begriffsgebrauchs siehe W. Sudhoff, Lehre (wie Anm. 58), 33f.
60 Platon, Timaios, 73e. – Zitiert nach der Übersetzung v. H.G. Zekl (wie Anm. 18), 141.
61 Siehe hierzu auch B. Bauer, Die Philosophie auf einen Blick. Zu den graphischen Darstellungen der aristotelischen und neuplatonisch-hermetischen Philosophie vor und nach 1600, in: Seelenmaschinen. Gattungstraditionen, Funktionen und Leistungsgrenzen der Mnemotechniken vom späten Mittelalter bis zum Beginn der Moderne, hg. v. J.J. Berns/W. Neuber, Wien/Köln/Weimar 2000, Frühneuzeit-Studien N.F. 2, 481–519; vor allem 503f.

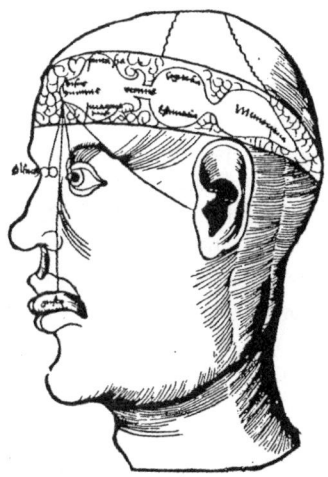

Abb. 9: Die Folge der drei Hirnventrikel. Aus: Gregor Reisch: Margarita philosophica, Basel 1503.

zielen nicht auf eine mimetische Deskription der fünf äußeren Sinne oder der Folge von Hirnventrikeln. Gestiftet wird vielmehr eine davon abstrahierende Beschreibung mikrokosmischer Ordnung. Andrea Baccis Taxonomie der Sinne sowie des Hirns wird verständlich als eine Konstruktion des menschlichen Mikrokosmos nach geometrischen Prinzip und proportionaler Regel[62]. Zu sehen ist, Heideggers bereits zitierten Kommentar abwandelnd, nicht ein Bild vom Menschen, sondern der Mensch als Bild begriffen.

IV

Betrachtet man den Wandel der Weltbilder als das Ergebnis einer stetigen Produktion und Interpretation von Ideenkonzepten, so wird die Konstruktion sowie der fortwährende Umbau von Weltbildern nicht als ein diffus sich ereignender, sondern als ein anhand der Symbolisierungsstrategien präzise ablesbarer Prozeß greifbar. Als »Interpretationskonstrukte« von Wirklichkeit entwerfen Weltbilder »eine möglichst einheitliche und damit verbindliche Betrachtungsweise«[63]. Indem ein so abstraktes und globales Konzept wie ›Welt‹ durch partikulare Zeichensysteme beschreibbar gemacht wird, erhält die abstrakte Idee eine konkrete Gestalt. Die Auseinandersetzung um die Verbindlichkeit von Weltbildern erfordert

---

62 Siehe hierzu L. Barkan, Nature's Work (wie Anm. 24); insbesondere Kapitel 3: »The Human Body, Esthetics, and the Construction of Man«.
63 Wie Anm. 3.

die stete Überprüfung und Infragestellung der Gültigkeit jener durch sie produzierten Zeichensysteme. Dies heißt: Die Arbeit am Weltbild ist die Arbeit an einer Welt als Zeichen, und hierbei nicht zuletzt die Arbeit an einer Welt als Bildzeichen. Die Ausbildung einer Ikonographie für die ›Welt‹ als ein Ganzes übersetzt den für sie gefundenen abstrakten Begriff in eine konkrete – und dies heißt vor allem: sichtbare – Bildformel. Im einzelnen Bild gewinnt die Metapher des Weltbildes seine konkrete, und damit deut- und umdeutbare Gestalt. Dabei halten die universalen Bildformeln nicht allein sichtbar, was ihnen als abstraktes Konzept jeweils stets vorgängig ist, vielmehr sind nicht zuletzt gerade sie jener Ort, an welchem die Kontinuität und der Wandel dieser universalen Konzepte von ›Welt‹ verhandelt wird. Die Arbeit am Weltbild ist immer zugleich auch eine detaillierte ikonographische Arbeit am Kanon ihrer Bildformeln.

»Harmonikale Entsprechung« – so lautete Gertrud Bings Formel für das Verhältnis von Mikrokosmos und Makrokosmos. Die hiermit angesprochene ›Harmonie‹ wird mit Blick auf Warburgs Tafel B wie auch auf Baccis *Ordo universi* als eine durch Zeichen hergestellte und beglaubigte Ordnung verständlich. Es sind Zeichen, die eine Verkettung prinzipiell aller Dinge im Kosmos herzustellen in der Lage sein sollen und die damit das Kleinste wie das Größte miteinander in Beziehung treten lassen[64]. Tatsächlich setzt dieses Weltbild eines universalen Verweiszusammenhangs das freie Spiel, das heißt die Möglichkeit einer vollständigen Kombinatorik aller kosmischen Zeichen voraus. Es bleibt aber dennoch stets ein limitiertes Spiel. Denn zu dieser Idee universaler Semiotik gehört, wie Michel Foucault nachdrücklich betont hat, zugleich immer auch die Idee der Grenze: »[D]ie Ähnlichkeiten, die sich durch das Spiel der von ihnen erforderten Zeichen aufeinander stützen, [laufen] nicht Gefahr, sich ins Unendliche zu verflüchtigen; sie haben, um sich zu stützen und zu stärken, ein vollkommen abgeschlossenes Gebiet. Die Natur als Spiel der Zeichen und der Ähnlichkeiten schließt sich in selbst gemäß der reduplizierten Gestalt des Kosmos.«[65] Dieses Spiel und dessen implizite Grenze erhalten in den *imagines* ihre Gestalt. Wohl nirgends ist die Verschlingung von Makrokosmos und Mikrokosmos – »schneckenförmig und ohne Ende«[66], wie Foucault meint – so deutlich sichtbar wie auf dem *mundus–annus–homo*-Diagramm des Isidor von

---

64 Siehe hierzu die klassische ideengeschichtliche Darstellung: A.O. Lovejoy, Kette (wie Anm. 4).
65 M. Foucault, Die Ordnung der Dinge. Eine Archäologie der Humanwissenschaften, [Paris 1966], übers. v. U. Köppen, Frankfurt a.M. [14]1997, suhrkamp taschenbuch wissenschaft 96, 62.
66 M. Foucault, Die Ordnung der Dinge, (wie Anm. 65), 63.

Sevilla. Scheinbar unaufhebbar treten Welt, Jahr und Mensch zu einem Weltbild zusammen.

Bereits der Fortgang von Bings knappem Kommentar zeigt indes an, daß dieser harmonische Verweiszusammenhang zwischen der makrokosmischen und der mikrokosmischen Dimension zwar über Jahrhunderte hinweg Bestand gehabt und seine Wirkungsmacht entfaltet haben mochte, aber dennoch nicht vollends unwandelbar ist: »Später Reduktion der Harmonie auf die abstrakte Geometrie statt auf die kosmisch bedingte (Lionardo).«[67] Es handelt sich um eine Reduktion, die – wie der in Klammern gesetzte Zusatz zudem verdeutlicht – in Warburgs Beispielsammlung sich wohl vor allem durch Leonardos Zeichnung des Proportionsmannes ausdrücken soll. Zwar ist hier neuerlich das neben der Darstellung des Kopfes wohl prominenteste Bildzeichen des Mikrokosmos, die aufrecht stehende, nackte männliche Figur, in ein diagrammatisches Zeichensystem integriert, doch beschränkt sich dieses nunmehr auf das minimale graphische Vokabular eines Quadrats und eines Kreises, die, zu einer Doppelfigur übereinander geblendet, die ausgestreckten Arme und Beine des Mannes umfangen. Die Vermessung des Mikrokosmos, das heißt der visuelle Ausweis einer in seinen Körper eingeschriebenen und durch diesen ausgedrückten Harmonie, kann auf jede externe Beglaubigung durch die makrokosmische Dimension verzichten. Hier, bei Leonardo, genügt das ideale Maß der Proportion, um die Idee der internen Ordnung des Mikrokosmos, nach mathematischem wie ästhetischem Prinzip, sichtbar machen zu können[68].

Ist Leonardos Blick auf den Menschen aus der Perspektive der Ikonographie der Proportionszeichnung und hierbei der des Vitruv-Mannes gerichtet, so präsentiert das einhundert Jahre jüngere Blatt des Andrea Bacci eine erstaunlich ambivalente visuelle Beschreibung der Identifizierung von Makrokosmos und Mikrokosmos. Ist sie doch in eigentümlicher Weise durch die Anwesenheit einer Abwesenheit bestimmt. Baccis *imago mundi* (Abb. 2) unterläuft den traditionellen Dreisatz *mundus–annus–homo*, wie er bei Isidor und in dessen Folge formuliert wurde. Zwar ist mit dem Erdglobus und den ihn umgebenden Sphärenschalen der *mundus* sowie mit dem Zodiak der *annus* repräsentiert, der *homo* nimmt hier jedoch einzig im Rahmenwerk der *imago mundi* noch Platz und steht damit allenfalls auf der Schwelle zu dieser Repräsentation des Kosmos. Einzig die auf die runden Schriftfelder verteilten vier menschlichen Temperamente und Lebensalter geben hier noch einen Hinweis auf Isidors

---

67 Entsprechend Anm. 2.
68 Zur Verschränkung von Mikrokosmos und Proportionsfigur im 16. Jahrhundert siehe F. Zöllner, Vitruvs Proportionsfigur. Quellenkritische Studien zur Kunstliteratur im 15. und 16. Jahrhundert, Worms 1987, Manuskripte zur Kunstwissenschaft in der Wernerschen Verlagsgesellschaft 14, vor allem 184–190.

dritte kosmische Kategorie, den Menschen. Die explizite und umfassende Repräsentation des *homo* ist hingegen in einen Raum außerhalb dieses Schemas verlegt worden. Dieser Raum nimmt mehr als die Hälfte von Baccis großformatigem Einblattdruck ein. Eben so groß wie das Schema des Makrokosmos in der rechten oberen Ecke, befindet sich der Kopf des Menschen im Zentrum dieses visuellen *Ordo universi*. Dabei ist die gesamte linke Seite des Blattes, ausgehend von der zentral plazierten figürlichen Repräsentation des Menschen und unter Einsatz desselben Zeichenreservoirs, wie es für den Makrokosmos auf der rechten Seite des Blattes Verwendung findet[69], einer detaillierten Vermessung sowohl der physischen als auch der psychischen Dimension des Mikrokosmos, des Menschen also, gewidmet.

Nimmt man den Charakter diagrammatischer Repräsentation ernst, Bedeutung durch Relationen auf der Fläche und im Raum zu generieren, so bedeutet die von Bing angesprochene Reduktion zugleich eine enorme Aufwertung des Menschen. Bei Bacci findet die Repräsentation des Makrokosmos und des Mikrokosmos noch auf einem einzigen Blatt Platz, gleichzeitig hat sich jedoch der traditionelle und ikonographisch seit Jahrhunderten ausformulierte Symbolisierungszusammenhang zwischen diesen beiden Dimensionen entscheidend gelockert. Zwar muß noch, wie Hartmut Böhme die folgenreiche Gewinnung der allein dem Menschen geltenden Betrachterperspektive in der Frühen Neuzeit charakterisierte, »der selbst-behauptende und distanzwahrende Blick mit seinen gesetzten Lage- und Abstandsbeziehungen erst erfunden werden«[70], doch setzt auf Baccis Blatt bereits ein Prozeß ein, in dessen weiterem Verlauf der Mensch vollends aus dem kosmischen System harmonischer Entsprechungen herausgezogen und die enge Verknüpfung von Makrokosmos und Mikrokosmos entflochten werden wird. Am Ende des 16. Jahrhunderts scheint, wenn auch einzig an dessen Horizont, ein folgenreicher Wandel des Bildes von der Welt und vom Menschen auf. Diese neuen Bilder vollends zu entwerfen, wird indes einem späteren Jahrhundert vorbehalten bleiben.

---

69 Martin Kemp hat die Visualisierungsstrategien für Kosmos und Mensch, für Astronomie und Anatomie im 16. Jahrhundert detailliert nachgezeichnet und betonte dabei insbesondere die Differenz von abstrakter Diagrammatizität im astronomischen Diskurs einerseits und naturalistischer Repräsentation im Kontext der Anatomie. Baccis visuelle Strategien unterlaufen indes diese Differenzierungen. – M. Kemp, Vision and Visualisation in the Illustration of Anatomy and Astronomy from Leonard to Galileo, in: 1543 And All That. Image and Word, Change and Continuity in the Proto-Scientific Revolution, ed. by G. Freeland/A. Corones, Dordrecht/Boston/London 2000, Australian Studies in History and Philosophy of Science 13, 17–51.
70 H. Böhme, Sinne und Blick. Zur mythopoetischen Konstitution des Subjekts, in: Ders., Natur und Subjekt, Frankfurt a.M. 1988, edition suhrkamp 1470, 215–255; hier: 217.

Das Weltbild als konstruierte Ordnung.
Kommentar zu Steffen Siegel

DOMINIK PERLER

Weltbilder, so betont Steffen Siegel in seinem äußerst reichhaltigen und anregenden Aufsatz, sind nicht nur in einem übertragenen, sondern auch in einem konkreten Sinn Bilder. In ihnen »durchdringen sich in komplexer Weise abstrakte philosophische Konzepte und konkrete visuelle Beschreibungsmittel«[1]. Philosophiehistoriker interessieren sich natürlich für die Frage, welche philosophischen Konzepte jeweils vorliegen und welche Rolle sie bei der Entstehung von Weltbildern spielen. Konkret heißt dies: Welche philosophischen Konzepte waren erforderlich, damit Andrea Bacci das Weltbild eines harmonischen Zusammenspiels von Mikro- und Makrokosmos entwerfen konnte? Wie konnte es zur Annahme einer »harmonikalen Entsprechung« kommen? Welche metaphysischen und kosmologischen Thesen verbergen sich hinter dieser Annahme? Und wie selbstverständlich oder kontrovers waren diese Thesen im 16. Jahrhundert? Es scheint mir wichtig, diese Fragen aufzugreifen, um den Status des von Bacci entworfenen Weltbildes zu verstehen. Wenn Weltbilder nämlich einen konstruktiven Charakter haben, wie Steffen Siegel betont[2], stellt sich unweigerlich die Frage, was Bacci mit seinem Weltbild denn konstruiert hat: eine zu seiner Zeit allgemein anerkannte kosmische Ordnung oder eine durch eine bestimmte Theorie vorgegebene Ordnung, die er mit visuellen Mitteln gleichsam festhalten und gegenüber anderen Ordnungskonzepten verteidigen wollte? Um diese Frage zu beantworten, werde ich in einem ersten Schritt näher auf Baccis *ordo universi* eingehen, um dann in einem zweiten Schritt auf Alternativen zu dieser Ordnung und damit auch auf Alternativen zu einem Weltbild von einer »harmonikalen Entsprechung« hinzuweisen.

Werfen wir also zunächst einen Blick auf Baccis *ordo universi*. Aus philosophischer Sicht fällt sogleich auf, daß hier auf einem einzigen Bild zahlreiche Teiltheorien des spätscholastischen Aristotelismus eingefangen werden. So finden wir auf der rechten Seite eine Darstellung der aristotelischen Physik und Kosmologie, die auf einer Theorie der vier Elemente – ganz unten dargestellt – aufbaut. Die Grundsätze dieser Naturlehre werden gleichsam eingerahmt durch die Grundsätze der Metaphysik, die zum einen oben in der Mitte festgehalten werden, wo die aristotelische Lehre von den zehn Kategorien dargestellt ist, zum

---

1 Vgl. Steffen Siegel, »Kosmos und Kopf. Die Sichtbarkeit des Weltbildes«, in diesem Band, 117.
2 Vgl. in diesem Band S. Siegel, 116.

anderen aber auch am rechten Rand, wo in einer Vignette die Lehre von den sogenannten transzendentalen Bestimmungen des Seienden (*bonum, verum, unum* usw.) zusammengefaßt wird. Es gibt hier also so etwas wie eine metaphysische Klammer für Kosmologie und Physik. Ähnlich verhält es sich auch auf der linken Seite, wo die Darstellung des menschlichen Kopfes ebenfalls durch eine schematische Darstellung metaphysischer Prinzipien eingerahmt wird. In der linken oberen Ecke findet sich nämlich das metaphysische Grundgerüst der Seelenlehre mit einer Darstellung der verschiedenen Seelenvermögen und der *anima rationalis*, die in einen *intellectus agens* und einen *intellectus possibilis* unterteilt wird. Dies ist nichts anderes als eine Skizze der metaphysischen Voraussetzungen für die kognitiven Tätigkeiten eines Menschen. Die äußeren und inneren Sinne eines Menschen können gemäß der aristotelisch-scholastischen Auffassung nämlich gar nicht aktiv werden, wenn in ihnen nicht bestimmte Vermögen angelegt sind – Vermögen, die gleichsam zur metaphysischen Grundausstattung eines beseelten Lebewesens gehören. Eine weitere metaphysische Voraussetzung wird in der mittleren Vignette ganz am linken Rand festgehalten. Dort heißt es: *Deus in quo omnes formae sunt in actu.* In Gott, so wird behauptet, sind die Formen aller Gegenstände enthalten, und zwar aktuell und nicht nur potentiell. Weil Gott der Schöpfer aller Dinge ist, hat er diese Formen auch in den Dingen angelegt, und er hat den Menschen als sein Geschöpf mit genau jenen Vermögen ausgestattet, die es ihm erlauben, die Formen in sich aufzunehmen und eine Erkenntnis von ihnen zu gewinnen. Verkürzt ausgedrückt könnte man sagen: Gäbe es Gott als Inbegriff aller Formen nicht, könnte es auch keine Formen in der Natur geben, und der Mensch könnte diese Formen auch nicht mit Hilfe seiner äußeren und inneren Sinne aufnehmen. Daher muß man das Bild nicht nur ausgehend vom dominanten menschlichen Kopf in der Mitte betrachten, sondern immer auch ausgehend von den Vignetten an den Rändern. In ihnen werden die metaphysischen Voraussetzungen festgehalten, die erfüllt sein müssen, damit der menschliche Kopf überhaupt zu einer kognitiven Tätigkeit fähig ist. Schließlich fällt noch ein weiterer Punkt auf, wenn man das Bild von oben nach unten betrachtet. Es gibt so etwas wie eine absteigende metaphysische Ordnung von den höchsten intelligiblen Entitäten zu den niedrigsten materiellen Dingen. Ganz oben in der Mitte steht nämlich Gott, unter ihm das *ens naturale*, das zunächst allgemein in die zehn Kategorien eingeteilt wird. Je weiter man dann absteigt, desto materieller wird das Seiende, bis man schließlich am unteren Ende bei den vier Elementen angelangt ist.

Wir können das Bild in metaphysischer Hinsicht somit auf mindestens dreifache Weise betrachten: erstens indem wir es in eine linke und eine rechte Seite gliedern und dadurch Mikro- und Makrokosmos aufeinander beziehen; zweitens indem wir es von außen nach innen betrachten und dadurch die metaphysischen Grundprinzipien auf konkrete Vorkommnisse in der natürlichen Welt beziehen; drittens indem wir es von oben nach unten durchgehen und dadurch von den höchsten zu den niedrigsten Dingen absteigen. Entscheidend ist dabei, daß wir in diesen drei Betrachtungsweisen immer einer bestimmten metaphysischen Ordnung folgen. Nur im Rahmen einer solchen Ordnung ergibt die Zuordnung von »Kopf und Kosmos« überhaupt einen Sinn. Ich betone diesen Punkt, um zu verdeutlichen, daß Baccis Weltbild ein metaphysisch konzipiertes – oder wie man in der heutigen Wissenschaftstheorie sagen würde – ein theoretisch aufgeladenes Weltbild ist. Hier wird nicht einfach eine natürliche Ordnung visualisiert, sondern eine aristotelisch-scholastische *konstruierte* Ordnung dargestellt. Man könnte daher von einer doppelten Konstruktionsleistung des Weltbildes sprechen. Zum einen schafft es Zusammenhänge zwischen verschiedenen, auf den ersten Blick disparaten Bereichen der Welt und macht dadurch eine einheitliche Ordnung sichtbar; zum anderen bedient es sich der begrifflichen Mittel des Spätaristotelismus und konstruiert eine Ordnung, die es an sich gar nicht gibt, sondern eben nur als eine begrifflich geschaffene Ordnung. Überspitzt ausgedrückt könnte man sagen: Erst durch die spätaristotelische Brille betrachtet wird die bunte, vielfältige Welt überhaupt als eine einheitliche, geordnete Welt erfaßbar, und nur so betrachtet wird sie auch mit visuellen Mitteln darstellbar.

Nun könnte man einräumen, daß im Bild eine metaphysische Ordnung konstruiert wird, gleichzeitig aber betonen, daß diese Art von Konstruktion im 16. Jahrhundert doch selbstverständlich war. Verstanden nicht alle Autoren dieser Zeit die Welt als einen *ordo universi*, in dem Mikro- und Makrokosmos so perfekt aufeinander abgestimmt sind, daß wir stets vom einen zum anderen übergehen können und Entsprechungen finden? In der Tat war die Vorstellung einer umfassenden Ordnung weit verbreitet, aber das von Bacci visualisierte Ordnungskonzept wurde nicht von allen Philosophen seiner Zeit geteilt. Es ist vielmehr Ausdruck einer thomistischen Synthese, die im 16. Jahrhundert keineswegs selbstverständlich war. Daher würde ich hier nicht von einer »harmonikalen Entsprechung« sprechen, die für das 16. Jahrhundert schlechthin charakteristisch ist. Ich möchte dies anhand verschiedener Bildelemente erläutern.

Betrachten wir oben im Bild die Kategoriendarstellung, die gleichsam über dem menschlichen Kopf thront. Wie selbstverständlich wird hier angenommen, es gebe zehn Arten von Seiendem, die sich kreisförmig darstellen lassen, nämlich Substanz, Qualität, Quantität usw. Bereits im

14. Jahrhundert hatte Ockham diese realistische Deutung der Kategorien zurückgewiesen[3]. Wie wissen wir denn, so fragte er, daß es tatsächlich zehn Arten von Seiendem gibt? *Prima facie* verfügen wir nur über zehn Arten von kategorialen Ausdrücken, wir dürfen aber nicht vorschnell annehmen, daß jedem Ausdruck auch ein distinktes Seiendes in der Welt entspricht. Daher dürfen wir auch nicht annehmen, daß es in einem Menschen verschiedene Arten von Seiendem gibt. So dürfen wir nicht behaupten, in ihm stecke so etwas wie die Quantität oder die Relation. Es wäre unzulässig, eine bloß sprachlich etablierte Einteilung von Kategorien auf den Menschen zu übertragen. Ähnlich verhält es sich auch mit den Transzendentalien, die in der Vignette am mittleren rechten Rand dargestellt sind[4]. Wie können wir denn sicher sein, so fragten Ockham und seine Nachfolger, daß es tatsächlich so etwas wie transzendentale Bestimmungen des Seienden gibt? Natürlich sprechen wir vom Guten oder Wahren, aber das heißt noch lange nicht, daß es auch in den Dingen selbst das Gute oder das Wahre als eine Entität oder als eine intrinsische Bestimmung gibt. Folglich dürfen wir einem Menschen nicht vorschnell derartige Bestimmungen zuschreiben. Auch hier gilt wieder: Die sprachliche Ordnung, die wir mit Hilfe transzendentaler Ausdrücke herstellen, darf nicht einfach als eine reale Ordnung aufgefaßt werden[5]. Die Welt könnte sich auch ganz anders verhalten, als wir dies aufgrund unserer sprachlichen Einteilungsschemata annehmen.

Wenden wir uns schließlich der Vignette am mittleren linken Rand zu. Dort wird Gott, in dem sich alle Formen befinden, als Garant dafür dargestellt, daß es auch in der Welt Formen gibt und daß wir diese Formen erkennen können. Doch können wir sicher sein, so fragten Ockham und die Ockhamisten bis weit in das 16. Jahrhundert hinein, daß Gott tatsächlich ein solcher Garant ist? Gott verfügt nämlich über eine uneingeschränkte Allmacht, und zwar nicht nur über die *potentia ordinata*, mit der er gemäß der etablierten Schöpfungsordnung handelt, sondern auch

---

3   Vgl. Expositio in librum Praedicamentorum Aristotelis, cap. 7, in: Opera philosophica II, ed. G. Gál, St. Bonaventure, New York 1978, 157–162. Eine detaillierte Analyse bietet M. McCord Adams, William Ockham, Notre Dame 1987, 143–167.

4   Vgl. zur Debatte über die Transzendentalien, die bereits im 13. Jahrhundert einsetzte, J.A. Aertsen, Medieval Philosophy and the Transcdentals. The Case of Thomas Aquinas, Leiden 1996, und M. Pickavé (Hg.), Die Logik des Transzendentalen, Berlin/New York 2003.

5   Ockham betont in Summa Logicae I, 10, in: Opera philosophica I, ed. P. Boehner/G. Gál/S. Brown, St. Bonaventure, N.Y., 1974, 38, daß transzendentale Ausdrücke wie ›wahr‹ oder ›gut‹ lediglich konnotative Termini sind, die keine besonderen Entitäten bezeichnen, sondern lediglich bestimmte Substanzen oder Eigenschaften mitbezeichnen. Es wäre daher irreführend, für jeden transzendentalen Ausdruck ein eigenes Bezeichnungsobjekt anzunehmen. Vgl. zu diesem methodischen Ansatz D. Perler, Ockhams Transformation der Transzendentalien, in: Die Logik des Transzendentalen, (wie Anm. 4), 361–382.

über die *potentia absoluta*, mit der er unabhängig von dieser Ordnung etwas bewirken kann, solange es nicht das Gesetz der Widerspruchsfreiheit verletzt[6]. Wenn Gott wollte, könnte er Formen, die bislang existiert haben, plötzlich zum Verschwinden bringen. Oder er könnte ganz neue Formen hervorbringen. Oder er könnte auch in unseren Erkenntnisapparat eingreifen und dort Formen entstehen lassen. In seinem *Sentenzenkommentar* präsentiert Ockham folgendes Beispiel[7]: Wenn Gott wollte, könnte er einem Menschen die Erkenntnis von einem Stern eingeben, ohne daß ein Stern existiert und ohne daß dieser Mensch mit seinen äußeren Sinnen irgendeinen Zugang zu einem Stern hat. Gott ist absolut frei, einen Erkenntnisakt hervorzubringen. Ebenso frei ist er auch, einen solchen Akt zu zerstören. So könnte Gott die Erkenntnis von einem Stern tilgen, obwohl ein Stern existiert und wahrnehmbar ist. Dieses Beispiel, das von späteren Autoren immer wieder erwähnt wurde (im 14. Jahrhundert etwa von Gregor von Rimini, im 15. Jahrhundert von Gabriel Biel)[8], legt natürlich die Grundlage für eine epistemologische Skepsis: Wie können wir denn sicher sein, daß das, was uns in unseren Erkenntnisakten präsent ist, auch tatsächlich existiert? Und wie können wir sicher sein, daß das, was wir sprachlich beschreiben, auch in der außersprachlichen Welt vorkommt? Oder allgemein gefragt: Welche Gewißheit haben wir, daß die Ordnung, die wir uns in unserem Geist zurechtlegen, tatsächlich existiert? Vielleicht ist die Welt um uns herum ganz anders beschaffen, als wir dies vermuten. Und selbst wenn sie im Moment tatsächlich so beschaffen ist, könnte sie im nächsten Moment ganz anders sein, weil Gott sie jederzeit verändern kann. Wenn es eine Ordnung gibt, kann sie höchstens kontingenter Natur sein.

Überlegungen dieser Art prägten die philosophischen Debatten im Spätmittelalter und begünstigten zwei Entwicklungen. Zum einen förderten sie skeptische Tendenzen, die in Frage stellten, daß wir kraft unserer kognitiver Vermögen überhaupt eine stabile, unveränderliche Ordnung in der Natur feststellen können. Verstärkt wurden diese Tendenzen im 16. Jahrhundert durch die Wiederentdeckung des antiken Skeptizismus. Als 1562 Sextus Empiricus' *Grundriß der pyrrhonischen Skepsis* ins Lateinische übertragen wurde, entstand eine »pyrrhonische Krise«, wie Richard

---

6   Vgl. zu dieser Lehre von der zweifachen Allmacht T. Rudavsky (Hg.), Divine Omniscience and Omnipotence in Medieval Philosophy, Dordrecht 1985, und W.J. Courtenay, Capacity and Volition. A History of the Distinction of Absolute and Ordained Power, Bergamo 1990.
7   Vgl. Scriptum in primum librum Sententiarum (Ordinatio), in: Opera theologica I, ed. G. Gál/S. Brown, St. Bonaventure, New York 1967, 38–39.
8   Es löste eine ausführliche Debatte über die sog. intuitive Erkenntnis von nicht existierenden Gegenständen aus. Vgl. dazu K.H. Tachau, Vision And Certitude In The Age Of Ockham. Optics, Epistemology, And The Foundations Of Semantics 1250–1345, Leiden 1988.

Popkin gezeigt hat[9]. Viele Philosophen fragten, ob wir denn überhaupt so etwas wie die Natur der Dinge und ihre Ordnung erkennen können, oder ob wir uns nicht damit begnügen müssen, einfach die Phänomene, die sich uns präsentieren, zu beschreiben und zu klassifizieren. Zum anderen entstanden im späten 16. Jahrhundert auch neue Theorien über mögliche Ordnungen in der Welt, etwa die Theorien der atomistischen Physik oder der Korpuskularphysik. Wenn Gott nämlich jederzeit eine andere Ordnung erlassen kann als jene, die von den traditionellen Aristotelikern dargestellt wird, lassen sich ganz andere Ordnungen konzipieren. Die Aufgabe der Philosophie und der Naturwissenschaften besteht dann darin, verschiedene Ordnungsschemata zu entwerfen und auf ihre Konsistenz hin zu prüfen. Diese Suche nach alternativen Ordnungen trug entscheidend zur »wissenschaftlichen Imagination« bei, wie Amos Funkenstein treffend festgestellt hat[10].

Von alledem scheint Andrea Bacci unberührt zu sein. Ohne von Erkenntniszweifeln geplagt zu werden, ohne alternative Ordnungen zu entwerfen und ohne verschiedene Ordnungen zu vergleichen, präsentiert er die traditionelle thomistische Synthese. Sein *ordo universi* ist eine Art visualisierte *Summa thomistica*, die umstrittene metaphysische Thesen kritiklos voraussetzt. Im späten 13. Jahrhundert wäre eine solche Summe noch originell gewesen, doch im späten 16. Jahrhundert hat sie, wie Steffen Siegel an einer Stelle zu Recht bemerkt, »eine eigentümliche Verspätung«[11]. Man vergleiche die Annahme einer umfassenden Ordnung nur mit der Kritik an einer solchen Ordnung, wie sie Montaigne in seinen *Essais* ausdrückt, die genau ein Jahr vor Baccis Werk, nämlich 1580, in der ersten Auflage erschienen sind. Bereits im allerersten Essay weist Montaigne die Vorstellung zurück, es gebe eine perfekte Harmonie, in der dem Menschen ein fester Platz zugewiesen werden kann. Kritisch hält er fest: »Certes, c'est un subject merveilleusement vain, divers, et ondoyant que l'homme. Il est malaisé d'y fonder jugement constant et uniforme.«[12] Montaigne zufolge müssen wir uns eines konstanten und uniformen Urteils über Menschen schlechthin enthalten und dürfen höchstens einzelne Urteile über einzelne Menschen in konkreten Situationen bilden. Alles, was darüber hinausgeht, ist pure philosophische Illusion. Ich betone diesen Punkt, um auf eine These zu reagieren, die Steffen

---

9 Vgl. R. Popkin, The History Of Scepticism. From Savonarola To Bayle, Oxford 2003. Freilich löste nicht allein die Wiederentdeckung der antiken pyrrhonischen Tradition skeptische Debatten aus. Zu anderen Quellen vgl. D. Perler, Was There A »Pyrrhonian Crisis« In Early Modern Philosophy? A Critical Notice Of Richard Popkin, Archiv für Geschichte der Philosophie 86 (2004), 209–220.
10 Vgl. A. Funkenstein, Theology and the Scientific Imagination from the Middle Ages to the Seventeenth Century, Princeton 1986.
11 Vgl. den Beitrag von S. Siegel in diesem Band, 119.
12 Les Essais I, 1, ed. P. Villey und V.-L. Saulnier, Paris 1965, 9.

Siegel am Ende seines Textes formuliert. Seiner Ansicht nach bringen die Darstellungen einer harmonischen Entsprechung von Mikro- und Makrokosmos eine »enorme Aufwertung des Menschen« zum Ausdruck[13]. Dies trifft zweifellos zu, wenn man sich im Rahmen einer metaphysischen Theorie bewegt, die gewisse Prinzipien kritiklos annimmt. Doch die Aufwertung ist natürlich erkauft um den Preis eines Ausblendens skeptischer Überlegungen. Wie Hans Blumenberg gezeigt hat, könnte die Aufwertung auch ganz anders erfolgen: Gerade weil der Mensch des 16. Jahrhunderts sich bewußt wird, daß er nicht einfach eine perfekte Ordnung annehmen darf, und gerade weil er feststellt, daß Gott jederzeit alles ändern könnte, wird er auf sich selber zurückgeworfen und versucht dadurch ein Wissenssystem aufzubauen. Die Aufwertung des Menschen erfolgt dann durch Selbstbehauptung, wie Blumenberg dies nannte, und nicht durch Einfügung in eine kosmische Ordnung[14].

Wie ist Baccis Konstruktion einer kosmischen Harmonie angesichts der Kritik an Harmonievorstellungen, wie sie zu seiner Zeit immer mehr an Bedeutung zunahm, zu verstehen? Man könnte hier das Phänomen einer Gleichzeitigkeit des Ungleichzeitigen sehen. Dann würde der römische Humanist gleichsam mit philosophischer Unschuld das Bild von einer perfekten Harmonie konstruieren, während die Ockhamisten in Oxford oder Paris und Montaigne in Bordeaux dieses Bild bereits zerstört haben. Daß Bacci keine Kenntnis von der Kritik an einer thomistischen Synthese hatte, ist allerdings unwahrscheinlich, denn die Auseinandersetzungen zwischen Thomisten und Ockhamisten waren zu seiner Zeit auch in Italien gut bekannt[15]. Deshalb legt sich eine andere Erklärung nahe: Bacci beschwört mit seinem *ordo universi* eine Ordnung, die bereits zerfällt. Seine Konstruktion eines Weltbildes ist daher, wie mir scheint, in apologetischer Hinsicht zu verstehen. Sie dient dazu, mit visuellen Mitteln eine Sicht auf die Welt zu verteidigen, die im 16. Jahrhundert alles andere als selbstverständlich war und zunehmend unter Kritik geriet. So betrachtet besteht die Funktion eines Weltbildes nicht nur darin, einer abstrakten Idee von der Welt eine konkrete Gestalt zu geben, wie Steffen Siegel sicherlich zu Recht betont[16]. Die Funktion besteht auch und vornehmlich darin, eine bestimmte abstrakte Idee zu verteidigen und den Betrachter des Bildes genau zu dieser Idee hinzuführen. Ein Weltbild ist daher nicht nur deskriptiv zu verstehen, nämlich als eine Darstellung

---

13 Vgl. den Beitrag von S. Siegel in diesem Band, 142.
14 Vgl. H. Blumenberg, Die Legitimität der Neuzeit, Frankfurt a.M. ²1988, Teil II.
15 Vgl. zu diesen Auseinandersetzungen, die sich bis weit in das 17. Jahrhundert hinein fortsetzten, R. Ariew, Descartes and the Last Scholastics, Ithaca/New York 1999.
16 Vgl. den Beitrag von S. Siegel in diesem Band, 139.

der Welt, wie sie *ist*. Es ist immer auch präskriptiv zu sehen, als eine Darstellung der Welt, wie sie gemäß einer bestimmten philosophischen Konzeption sein *sollte*.

Geometrisches Modell der Welt vs. die Welt als Bild – Johannes Kepler und Robert Fludd[1]

MICHAEL WEICHENHAN

Mysterium cosmographicum hat der junge Kepler sein erstes Hauptwerk genannt. Terminologisch schloß das an Sebastian Münsters 1544 publizierte *Cosmographia* an[2]. Beabsichtigt aber war, den ursprünglichen Wortsinn einer Darstellung bzw. Beschreibung des gesamten Kosmos – nicht bloß der Erde – wiederherzustellen[3].

Darstellung bzw. Beschreibung (als *historia*) der Welt bietet einige Jahre später auch Fludd, nicht nur einer Welt, sondern beider: der großen des geschaffenen Kosmos und der kleinen des Menschen. Anders als Kepler strebte Fludd nach gleichsam »enzyklopädischer« Vollständigkeit und behandelte ausgehend vom Ursprung des Makrokosmos dessen Aufbau und den Einklang seiner Teile. Über den Begriff der Nachahmung ist der Bereich menschlichen Wissens vom Kosmos mit diesem selbst, sofern er ist, innerlich verklammert: In Mathematik, Musik, aber auch verschiedenen technischen Künsten, in Physik, Kosmologie und Astrologie legt der menschliche Geist die Strukturen der Welt frei und operiert mit ihnen. Dabei erweist sich der Mensch als keineswegs den Gegenständen gegenüber in der Position des bloß betrachtend Rezipierenden, sondern als Nachahmender ist er tätig, und zwar insofern, als er die Produktivität der Natur und damit Gottes imitiert[4]. Der Gedanke

1   Erweiterte Fassung des Korreferates zu einem Vortrag von W. Schmidt-Biggemann über das Weltbild Robert Fludds. Hinweise insbesondere auf die Sekundärliteratur sind auf ein Mindestmaß beschränkt.
2   Johannes Kepler, Gesammelte Werke, hgg. v. W. von Dyck und M. Caspar, München 1937ff. [von jetzt an: KGW], Bd. 8, 15.
3   Im Sinne von »Abhandlung vom Kosmos« wird das Wort in dem von Diogenes Laertios überlieferten Titel von Demokrits gleichnamiger Abhandlung verwendet (Fragment 68 A 1, H. Diels/W. Kranz, Die Fragmente der Vorsokratiker, 3 Bd., Berlin ^{9}1959/60.), ebenso bspw. bei Klemens von Alexandrien (str. VI 4): Behandlung der Anordnung von Sonne, Mond und den übrigen fünf Planeten; vgl. auch Isidor von Sevilla (Etym. VI 2,1). Die bei Münster verwendete Bedeutung »Erddarstellung«, »Geographie«, begegnet bspw. bei Cassiodor (Inst. div. I 25); unter diesem Titel wurde die von Jacopo Angelo zwischen 1401 und 1406 angefertigte lateinische Übersetzung von Klaudios Ptolemaios' Γεωγραφικὴ ὑφήγησις publiziert und später auch gedruckt. Vgl. A. Stückelberger, Klaudios Ptolemaios, in: Geographie und verwandte Wissenschaften, hg. v. W. Hübner, Geschichte der Mathematik und der Naturwissenschaften in der Antike 2, Stuttgart 2000, 207. Auch Robert Fludd verwendet den Ausdruck in diesem Sinne: Utriusque cosmi maioris scilicet et minoris metaphysica, physica atque technica historia [...] Tractatus 2: De naturae simia seu technica macrocosmi historia [...] Oppenheim 1618, 531–533.
4   Vgl. das berühmte *integrae naturae speculum artisque imago* in Fludds Utriusque cosmi historia, tr. 1: De macrocosmi historia, Oppenheim 1617, 4–5, das den Menschen als den – nachahmenden – Affen darstellt, dessen linke Hand durch eine Kette mit der

der Harmonie wiederum läßt die Behandlung des Menschen als eines Mikrokosmos an die Abhandlungen zum Makrokosmos anschließen[5]. Hier traktiert Fludd medizinische Themen.

Es gibt gewisse Gründe, wie sich zeigen wird, den Titel des Keplerschen Frühwerkes direkt auf das Thema der Geschichte und der unterschiedlichen Problemfelder bildlicher Darstellung dessen zu beziehen, was nie Gegenstand der Anschauung werden kann und deshalb in besonderer Weise bildlicher Darstellung bedarf – der Welt. Denn die Welt ist als Gesamtheit alles Sichtbaren nicht mehr anschaulich gegeben. Wohl aber läßt sich das, was nicht als ein Etwas angesehen werden kann, bildlich darstellen. Die Bildern eigene Fähigkeit, sowohl Sichtbares wie Unsichtbares darstellen zu können, ermöglicht die Herstellung von ganz verschiedenen Bildern: von bestimmten Landschaften, Stadtansichten, ganzen Kontinenten, Menschen, monströsen Tieren und eben auch von der Welt. In Bildern vom Kosmos »spiegelt« sich insofern nicht die – unanschauliche – Welt, sondern anschauliche Gestalt gewinnen in ihnen die Konzeptionen, die von ihr entwickelt werden. Weil Bilder von der Welt diesen konzeptionellen Charakter auf eine besondere Weise aufweisen, stellen sie Indikatoren von Zuständen bzw. beschleunigten Veränderungen dar, die in Kultur- und Wissenschaftsgeschichte thematisiert werden; sie gehören beispielsweise nicht in eine Geschichte der technischen Perfektionierung der Abbildungen von der Außenwelt. Denn sie machen allererst etwas sichtbar und beziehen sich wiederum auf etwas, was prinzipiell nicht gesehen werden kann.

Von den »Weltbildern«, die sich begriffsgeschichtlich erst in das 19. Jahrhundert zurückführen lassen, unterscheiden sich die hier gemeinten Bilder von der Welt u.a. insoweit, als sich die »Weltbilder« Albert Einsteins, der Physik, der neuzeitlich seinsvergessenen Metaphysik oder auch des mittelalterlichen Menschen zumeist gar nicht auf Bilder beziehen, sondern eher auf Gesamtheiten individuellen oder kollektiven Wissens, an dem intellektuelle und praktische Handlungen orientiert werden. Im Bereich unserer Fragestellungen hingegen stehen visuelle Darstellungen im Vordergrund, also Bilder im buchstäblichen Sinn des Wortes, deren Spezificum darin besteht, den Kosmos und nicht etwa einen sichtbaren Teil der Welt darzustellen. Auch von der platonischen Auffassung, die Welt *als* Bild zu verstehen, d.h. als die Gesamtheit des Seienden, das im Spannungsfeld zwischen Identität und Diversität auf

---

    die Natur symbolisierenden Frau verbunden ist, deren Rechte wiederum mit der göttlichen Hand verkettet ist. Zur Interpretation von Matthäus Merians prächtigem Stich vgl. R. Fludd, Utriusque cosmi historia, 7–8.

5 Vgl. R. Fludd: Utriusque cosmi historia, tr. 2, 166: *haud etiam dissimili nodo anima cum microcosmi corpore connectitur. unde mirabiles vitae actiones procedunt, humorumque consensus tum ad vivificationem tum ad vegetationem.*

das »urbildliche« Eine als seine Quelle zurückweist, sind Bilder von der Welt im hier gemeinten Sinne unterschieden: Die *Welt als Bild* setzt eine spezifische, in Henologie bzw. Theologie kulminierende Ontologie voraus; sie ist zentriert um das Problem, wie die in der Verschiedenheit der Gegenstände unanschauliche Einheit für den menschlichen Geist zugänglich zu werden vermag und verwendet ein anagogisches Verständnis des Seienden, das insofern als »Bild« bezeichnet wird[6]. Es ist klar, daß diese Form der Metaphysik zwar auch bestimmte Typen bildlicher Repräsentation freisetzen kann (bspw. bei Nicolaus Cusanus oder Fludd), aber insgesamt gerade nicht die Welt, sondern an ihr deren Ursprung wenn nicht sichtbar, so doch einsichtig zu machen strebt.

Die knapp skizzierenden Überlegungen über Bilder von der Welt bei Johannes Kepler und Robert Fludd nehmen ihren Ausgang (1.) bei den traditionellen Darstellungen des Kosmos, versuchen auf diesem Hintergrund (2.) die Besonderheiten des Keplerschen Modells im *Mysterium cosmographicum* herauszustellen, um sie dann (3.) mit einigen Darstellungen Fludds zu vergleichen, für die die Konzeption der Welt als Bild ausschlaggebend ist.

1. Bilder von der Welt und was sie zeigen

Das berühmte Kosmosmodell[7] des *Mysterium Cosmographicum* (1596/ ²1621) mit seinen ineinandergeschachtelten fünf platonischen Körpern steht in einer langen ikonographischen Tradition, von der es sich zugleich deutlich abhebt. Ihr zugehörige Abbildungen zeigen die Reihenfolge der Planeten, angefangen von der unbewegt im Zentrum stehenden

---

6   Innerhalb des platonischen Denkens lassen sich, wie Beierwaltes unterstrichen hat, zwei Akzentuierungen des Gedankens unterscheiden, die Welt als Bild zu verstehen. Einerseits diejenige, wonach der inferiore Charakter des *Abbildes* und damit die ontologische Abhängigkeit vom urbildlichen Einen hervortritt, auf der anderen Seite der das urbildliche Eine repräsentierende Charakter des Vielfältigen. Demzufolge ist der Kosmos das schöne und anagogische Bild des Einen, das als differenzierte Einheit und in zeitlicher Sukzession vorliegt. (W. Beierwaltes, Denken des Einen, Frankfurt a.M. 1985, 73–78). Nach Scotus Eriugena bringt der Kosmos als das sichtbare Bild das Unsichtbare zur Erscheinung, er wird damit sogar zur Gesamtheit der *Theophanien*. Vgl. Periph. III, CCCM 163, 105 (Jeauneau).
7   So bei M. Kemp, Bilderwissen. Die Anschaulichkeit naturwissenschaftlicher Phänomene, Köln 2003, 60–62. – Einen (nicht immer zuverlässigen) Überblick über die Geschichte astronomischer Darstellungen bietet S. Krifka, Zur Ikonographie der Astronomie, in: H. Holländer (Hg.), Erkenntnis, Erfindung, Konstruktion. Studien zur Bild-Geschichte von Naturwissenschaften und Technik vom 16. bis zum 19. Jahrhundert, Berlin 2000, 409–448; insbesondere die mittelalterliche Bildtradition des bei Martianus Capella tradierten Ägyptischen Systems stellen dar: B. Eastwood/G. Graßhoff, Planetary Diagrams – Descriptions, Models, Theories. From Carolingian Deployments To Copernican Debates, in: W. Lefèvre/J. Renn/U. Schoepflin (Hgg.), The Power Of Images In Early Modern Science, Basel 2003, 197–226.

Erde, gefolgt von Mond, den inneren Planeten, der Sonne, den äußeren Planeten und schließlich dem Fixsternhimmel. Auch das nicht mehr geozentrische, sondern heliozentrische Diagramm der *Revolutiones orbium caelestium* des Nicolaus Copernicus visualisiert eine Reihe, in der die Planeten von einem Mittelpunkt aus in konzentrischen Ringen bis hinauf zum – hier dann unbewegt vorzustellenden – Fixsternhimmel angeordnet sind. Sichtbar sind stets konzentrische Kreise, die als Markierungen von Abständen gedeutet und diese als Zeichen für die planetarischen *orbes* interpretiert werden müssen, innerhalb deren sich die Planeten bewegen, deren Bahnen wiederum mit Hilfe von epizyklischen Kreisen mathematisch rekonstruiert werden, die (allerdings nicht bei Copernicus) auf exzentrisch gelagerten Kreisen rotieren. Der Betrachter einer solchen Abbildung erfährt also nichts über Bahnverläufe oder über Entfernungen, sondern wird (1.) lediglich darüber »ins Bild gesetzt«, in welcher Abfolge die Gestirne sich von einem zentralen Körper (also traditionell der Erde, bei Copernicus der Sonne) befinden. Neben dieser Information liefert eine solche Darstellung eine kosmologisch anspruchsvollere. Sie zeigt die Welt als aus konzentrischen Sphären aufgebaut.

Das besagt für einen kundigen, zu Interpretationen des Gesehenen fähigen Betrachter unmittelbar (2.) eine Konvergenz (freilich keine Übereinstimmung) mit dem insbesondere mit der Kosmologie des Aristoteles in Verbindung stehenden Grundsatz, wonach sich die Bewegungen im Bereich des »ersten Elements«, des Äthers, sämtlich kreisförmig vollziehen, und zwar um den einen Mittelpunkt der Erde. Obwohl konkrete Bewegungsabläufe nicht dargestellt werden, die sich nach dem Stand der Astronomie, der mit Ptolemaios erreicht wurde, nicht um ein einziges Zentrum, in Wahrheit nicht exakt um die Erde und auch nicht gleichförmig hinsichtlich eines Punktes wenigstens in der Nähe der Erde vollziehen, zeigt ein solches schematisches Bild der Welt den Kreis bzw. die Kugel als die für den Kosmos konstitutiven geometrischen Formen. Auf sie läßt sich, unter Vernachlässigung der konkreten Gestirnsbewegungen, jedenfalls die Struktur der Welt zurückführen.

Darüber hinaus läßt das scheinbar anspruchslose Diagramm (3.) zwischen Zentrum und Peripherie unterscheiden. Die Darstellung spiegelt damit die Auffassung von objektiv unterscheidbaren Richtungen und Orten innerhalb der Welt. Die Erde befindet sich innen, d.h. unten, alle anderen Gegenstände außen, d.h. oben, ihr folgen gegebenenfalls die drei Elemente Wasser, Luft und Feuer. Dem entspricht eine Kinematik, die örtliche Bewegung als Durchmessen von Strecken versteht, die mit der Einnahme des dem bewegten Körper eigenen Ortes endet, während alles im supralunaren Raum an seinem Ort rotiert. Wenngleich naturphilosophisch weitgehend Konsens darüber besteht, das Zentrum – freilich wiederum nur, soweit es mit der Erde besetzt ist – mit dem minderwertigen Platz des Universums zu identifizieren[8], so stellt das geozentrische Bild der Welt doch vor Augen, daß die Bewegungen der Gestirne sich buchstäblich *um* ihren Betrachter vollziehen. Ein solches Bild reproduziert deshalb die Ordnung, die ein Beobachter auf die Außenwelt projiziert: Objekte befinden sich in unterschiedlichen Entfernungen von ihm, wobei er sich selbst in der Mitte eines durch den Horizont abgesteckten Feldes positioniert. Für die Astronomie und die von ihr behandelten Phänomene besagt das vor allem die Nichtreduzierbarkeit der Schleifenbewegungen der Planeten in der synodischen Periode auf eine lediglich perspektivische Täuschung, die aus der relativen Bewegung zweier bewegter Objekte resultiert. Nach der ebenfalls bis auf Aristoteles zurückgehenden Ansicht erscheinen die Planeten nicht nur als solche, sondern sind sie wahrhaft »herumirrende« Gestirne[9]. Daß auch der Gedanke, die Bewegungen der Planeten so auf die Erde zu beziehen, daß ihnen ein bestimmter Einfluß auf den sublunaren Raum zuzuschreiben ist, innerhalb einer solchen Vorstellung als ausgesprochen plausibel erscheint, liegt auf der Hand. Unmittelbar mit der Unterscheidung zwischen Zentrum und Peripherie ist (4.) die Auffassung von der Endlichkeit des Kosmos verknüpft.

Betrachtet man auf diesem hier nur grob umrissenen Hintergrund das Bild des Modells im *Mysterium cosmographicum*, so zeigt sich eine Reihe signifikanter Unterschiede.

(1) Das von Kepler entworfene Bild erweist sich, gemessen an den konzentrischen Kreisen, die die Himmelssphären von der Erde (bzw. bei Copernicus der Sonne) bis hinauf zur Sphäre der Fixsterne darstellen, als unvollständig, da es lediglich die Planeten berücksichtigt, die äußere Umfassung des Kosmos in Gestalt des Fixsternhimmels aber nicht mehr erfaßt. Insofern bietet Kepler eigentlich gerade kein Bild des Kosmos, sondern die Illustration eines bestimmten Ausschnittes, und zwar dessen, der unter dem Aspekt der Bewegung erfaßt wird[10].

---

8   So grundlegend Aristoteles, Cael. II 13, 293b1–15, in Auseinandersetzung mit der Lehre der Pythagoräer. Diese Auffassung basiert auf dem Gedanken der Bewegungslosigkeit der Erde; sie tritt u.a. dort in kritischer Brechung in Erscheinung, wo bestritten wird, daß etwas schlechthin Bewegungsloses im All überhaupt existieren könne, beispielsweise in Nicolaus Cusanus' *Docta ignorantia* (II 11–12; n. 159–164, hgg. v. P. Wilpert und H.G. Senger, Hamburg ³1999, 90–96). Es ist klar, daß unter diesem Aspekt betrachtet die Einreihung der Erde unter die Gestirne deren Aufwertung bedeutet.

9   Vgl. Aristoteles, Metaph. XII 8, 1073a26–1074a22; Cael. II 6, 288a14–17, sowie die Behandlung der beiden Aporien in *Cael.* II 12, 291a29–293a14. Im Unterschied dazu postulierte der späte Platon die reale Einfachheit der Bahnen der nur scheinbar irrenden Gestirne (Lg. VII, 822a). Auf diesen Unterschied weist Simplikios in seinem Kommentar nachdrücklich hin: in Cael., CAG 7, 488,10–14; 492,31–493,5, Heiberg.

10 Vgl. KGW 8, 23; 13, 35. Zum *mundus quietus* gehören hingegen die im Zentrum stehende Sonne, der Fixsternhimmel und der Radius der Weltkugel. Diese Gegenstände

(2) Anders als bei der Reihe konzentrischer Ringe liegt der Akzent der Darstellung bei Kepler auf den Abständen zwischen den einzelnen »Schalen«. Für deren Wiedergabe beansprucht Kepler außerdem Maßstäblichkeit.

(3) Das Bild wird nicht mehr von Kreis bzw. Kugel dominiert, sondern von Polyedern, genauer den fünf platonischen Körpern, die die Abstände zwischen den Planetenbahnen bestimmen.

2. Die Konstruktion des Kosmosbildes im *Mysterium cosmographicum*

Kepler war sich wie andere Astronomen, die der Auffassung waren, daß der von Copernicus angenommene *ordo sphaerarum* mit der Sonne als Zentralkörper der richtige war, darüber im klaren, daß dessen Wahrheit *einzusehen* etwas anderes bedeutet als Phänomenen lediglich *zuzusehen*. Denn diese zeigen sich unausweichlich in der Mitte eines Horizontes, den der Betrachter definiert. Sehen – und damit selbstverständlich die Interpretation des Gesehenen – beginnt mit der beiläufigen Selbstpositionierung im Zentrum, um das herum die Dinge in unterschiedlichen Richtungen und Entfernungen gruppiert werden. Im Unterschied beispielsweise zur platonischen Philosophie hatte die phänomenologisch orientierte des Aristoteles daraus eine sehr weitreichende kosmologische Konzeption entwickelt, der zufolge sich die Erde unbeweglich in der Mitte befand, so daß eine andere Anordnung der Himmelskörper als diejenige, die dem optischen Eindruck entspricht, nicht nur als im Widerspruch zum Wahrnehmbaren stehend, sondern als falsch anzusehen ist.

Allerdings führt gerade diese Auffassung auf dem Gebiet der wissenschaftlichen Astronomie, die mit der Zeit zu einer sehr viel genaueren Erfassung der Phänomene in der Lage war, in unauflösliche Schwierigkeiten. Ohne sie an dieser Stelle auch nur andeuten zu können, treten die quasi physikalische Seite der aristotelischen Kosmologie, die mit dem Gedanken der um den von der Erde eingenommenen Mittelpunkt rotierenden Sphären verbunden ist, und die auf Hipparch und Apollonios

---

analogisiert Kepler mit den drei Personen der Trinität: KGW 8, 45–46. In gewisser Weise als verwandt kann die bei Nicolaus Cusanus geäußerte Veranschaulichung Gottes mit dem Kreis im 6. Kapitel der *theologica complementa* angesehen werden, wobei gewichtige Unterschiede ins Auge fallen (De theologicis complementis, hgg. von A.D. Riemann und K. Bormann, Op. om. X 2a, Hamburg 1994, 32–33). Vor allem weist die Reihenfolge bei Nicolaus (Mittelpunkt – Radius – Peripherie) auf den Gedanken der dynamischen Entfaltung der ursprünglichen Wesenheit (*unitas, entitas*) in Gleichheit (*aequalitas*) und Verbindung (*nexus*), der für Kepler in diesem Zusammenhang gerade nicht konstitutiv ist.

zurückgehenden Modelle, die Exzenter und Epizykel zur Wiedergabe erscheinender Bewegungen verwenden, auseinander.

Der zentral positionierte Zuschauer sieht bewegte Lichter am Himmel und ist darauf angewiesen, geometrische Modelle zu entwerfen, mit deren Hilfe sich die Bewegungen als regelmäßige rekonstruieren lassen. Ob es sich dabei aber um die Gründe der Erscheinungen handelt oder nicht, ob die verwendeten Modelle der Wahrheit zum mindesten nahekommen[11], derer tatsächlich ansichtig zu werden dem sterblichen Menschen nicht vergönnt ist, all das ließ sich in der herkömmlichen Astronomie nie befriedigend beantworten. Die resignative Einsicht, die Ungewißheit über die Ursachen der Phänomene für irreduzibel zu erklären und astronomische Erkenntnis lediglich auf Erscheinungen zu beschränken, die alternativ rekonstruiert werden können, kennzeichnet daher die Reflexionen zum wissenschaftstheoretischen Status der Astronomie vor Copernicus und Kepler, sie bestimmt auch die Diskussionen um unterschiedliche Weltsysteme, die im letzten Viertel des 16. Jahrhunderts aufgestellt wurden. Das *Mysterium cosmographicum* hingegen, auf das Kepler in seinem *Prodromus* Kurs nahm, bestand nicht in dem stets verbleibenden Anteil von Unsicherem, da Erkennen und Anschauen des Kosmos sich stets als »Stückwerk« erweisen. Für Kepler gilt vielmehr umgekehrt: Das Mysterium ist zu enthüllen, es ist das, was seine *Cosmographia* überhaupt erst ermöglicht. Es läßt das überschreiten, was erscheint, und macht dieses einsichtig als Resultat einer bestimmten perspektivischen Sicht auf die Welt.

Eine nicht perspektivisch verzerrte Sicht auf die Welt kann also keine andere als diejenige Gottes sein. Versucht man aber, eine Vorstellung davon zu entwickeln, was bei einer solchen Sicht in den Blick kommen könnte, so erweist sich das Unternehmen sogleich in doppelter Hinsicht als aporetisch. Gerade die traditionell geozentrische Darstellung des Weltganzen bestand ja in der Visualisierung einer Vorstellung davon, wie die Welt von einem extramundanen Punkt betrachtet aussah: eben so, wie es jene Bilder zeigen. Da diese aber nach Keplers Auffassung falsch waren, ohne daß andererseits einfach davon ausgegangen werden

---

11 Vgl. Ptolemaios, Almag. III 3 (Bd. 1, 216 Heiberg), wo die gleichförmigen und kreisförmigen Bewegung der Planeten postuliert werden, besonders aber XIII 2 (Bd. 2, 532–534 Heiberg). Hier verteidigt Ptolemaios das komplizierte System mit dem Hinweis darauf, daß einfachere Hypothesen den Erscheinungen in geringerem Maße Rechnung tragen, vor allem aber der menschliche Maßstab für Einfachheit nicht ohne weiteres auf die Bewegungen der himmlischen Körper angewandt werden könne. Ähnlich und in eingehenderer philosophischer Reflexion bei Proklos, Hyp. 1, 33–35; 7, 52–58 (16–18; 236–238 Manitius). Wichtig ist festzuhalten, daß bei der philosophischen Kritik, die Proklos an den astronomischen Hypothesen des Ptolemaios übt, dennoch gilt, sie seien die einfachsten und der göttlichen Natur der Gestirne angemessensten (αἱ ἁπλούστεραι καὶ οἰκειότεραι θείοις σώμασιν): 7, 58 (238 Manitius).

konnte, daß das *systema Copernicanum* das richtige war, mußte von der Anschauung abgesehen und ein Weg zu dem Konstruktionsprinzip der Welt gefunden werden, das Gott bei der Schöpfung verwandt hatte[12].

Zuerst nach der göttlichen Konstruktion zu fragen, nicht aber nach dem Aussehen der Welt von einem außerhalb der Welt gelegenen Ort aus – wie ihn beispielsweise der Betrachter einer Armillarsphäre oder einer Darstellung des *ordo sphaerarum* gegenüber seinem Modell einnimmt –, bedeutet, die Schwierigkeit zu umgehen, ein Sehen Gottes zu postulieren, das wie das menschliche lediglich einen Gegenstand betrachtet, allerdings nicht nur ein Modell der Welt, sondern diese selbst. Denn als problematisch daran erweist sich, daß es tatsächlich kein Wissen darum gibt, was und auf welche Weise Gott sieht. Sicher hingegen scheint, daß er keinesfalls die Welt so ansieht, wie ein Mensch beispielsweise ein Modell der Welt wahrnimmt, d.h. ein Gebilde sieht und es als solches erkennt: als ein bestimmtes fertiges Produkt, in dem bestimmte Elemente (Kreise, Ringe und dergleichen) in gewisser Weise angeordnet (konzentrisch) und mit bestimmten Markierungen (Schriftzeichen, Symbole usw.) versehen sind. Denn nach Keplers Voraussetzung ist Gott kein bloßer Betrachter der Welt, sondern deren Urheber[13]. Ihn mit einem intramundanen Wesen zu vergleichen, könnte deshalb sinnvoll nur heißen, ihn einem Astronomen zu parallelisieren, der kreativ ein Modell der Welt entwickelt. In diesem gelangt ein Konzept zur Anschaulichkeit: Was hernach gesehen werden kann, ist nichts anderes als das Ergebnis der Konstruktion, die der Einsicht, dem Scharfsinn oder der Phantasie ihres Schöpfers entsprungen ist. Wichtig ist der methodologisch bedeutsame Aspekt der Rekonstruierbarkeit. Denn von der göttlichen Weltkonstruktion gilt für Kepler, daß sie als solche richtig erkannt werden kann, wie er nicht müde werden wird zu versichern[14]. Auf diese Weise wird aus einer

---

12 Vgl. u.a. KGW 8, 32: *unde apparet ex eo, quod Ptolemaeus ex falsa mundi dispositione vera tamen et coelo, nostrisque oculis consonis demonstrauit, ex eo inquam, nullam esse causam, simile quid etiam de Copernicanis hypothesibus suspicandi.*

13 Kepler verknüpft den Gedanken der Ewigkeit der Welt bei Aristoteles mit der Ablehnung von der Weltkonstruktion zu Grunde liegenden Archetypen, die wiederum Bedingungen der Erkennbarkeit des Kosmos sind: *Aristoteles Creatorem negauit, mundum aeternum statuit: non mirum, si archetypos reiecit: fateor enim nullam illis vim futuram fuisse, si non Deus ipse in illos respexisset in creando* (KGW 8, 62). Es liegt freilich auf der Hand, daß die Ewigkeit der Welt durchaus mit der Annahme von mathematischen Archetypen vereinbar ist, wie Kepler als aufmerksamer Leser gerade des Proklos wußte; vgl. bspw. die Proklos folgende Kritik an Aristoteles in KGW 6, 218–219.

14 Es sei nur hingewiesen auf die Streitschrift gegen Raimundus Ursus über die astronomischen Hypothesen, in der die Anforderung an die astronomischen Hypothesen gestellt wird, Darstellung der *vera et genuina forma systematis mundani* zu sein. N. Jardine, The Birth Of History And Philosophy Of Science: Kepler's »A Defense Of Tycho Against Ursus« With Essays On Its Provenance And Significance, Cambridge 1984, 92. Ähnlich KGW 6, 296: *vera corporum mundi dispositio*.

ins Leere gehenden Frage nach dem Aussehen der Welt aus göttlicher »Perspektive« die Suche nach den Gedanken, die für die Herstellung der Welt konstitutiv sind. Darin besteht der Sinn des kosmographischen *Mysteriums*.

Im Brief vom 3. Oktober 1595 an seinen Lehrer Michael Maestlin, dem Kepler das Vorhaben seines *Mysterium cosmographicum* skizzierte, heißt es dazu:

»Wir sehen, daß Gott die Weltkörper in einer bestimmten Anzahl geschaffen hat. Die Zahl aber ist das Akzidenz der Quantität, wobei ich von der Zahl innerhalb der Welt spreche. Denn vor (Erschaffung) der Welt gab es keine Zahl, ausgenommen die Dreiheit, die Gott selbst ist. Wenn daher die Welt nach dem Maß der Zahl geschaffen worden ist, dann auch nach dem Maß der Quantität. Aber bei der Linie gibt es keine (bestimmte) Zahl, ebensowenig wie bei der Fläche, sondern lediglich Unbegrenztheit. Folglich (gibt es sie nur) bei den Körpern.«[15]

Den knappen Bemerkungen läßt sich entnehmen, welcher Konzeption Kepler bereits zu Beginn seiner Tätigkeit als Astronom folgte, der höhere Ziele als nur die Berechnung von zuverlässigen Tafeln erstrebte und dabei persönlich von der Wahrheit der copernicanischen Hypothese überzeugt war. Das wissenschaftliche Ziel bestand darin, über den Bereich der bloßen Hypothesen hinauszugelangen und die Ursachen der Erscheinungen zu finden, also die Struktur zu erhellen, nach der die Welt geschaffen worden war. Freilich veränderte Kepler im Laufe seines Lebens die Auffassungen, wie solche Begründungen im einzelnen zu gestalten seien, an der Zielsetzung einer im aristotelischen Sinne wissenschaftlichen, d.h. begründenden Astronomie, einer *astronomia* αἰτιολογητός also, hielt er unverändert fest. Das erste Problem, das einer Lösung bedurfte, bestand in der Anzahl der die Sonne umkreisenden Himmelskörper. Da auf Grund der göttlichen Urheberschaft der Welt undenkbar erschien, daß die Existenz von sechs Planeten auf bloßem Zufall beruhte, überdies diese Bestimmung von der traditionellen Zählung abwich, da ja der Erdmond nicht mehr unter die Planeten gerechnet wurde, sah sich Kepler (wie vor ihm bereits Georg Joachim Rheticus) genötigt, dafür einen Grund anzugeben. Nur konnte es kein äußerlicher, kein rein »symbolischer« sein wie etwa die sechs Tage der Schöpfungswoche[16]. Wie

---

15 KGW 13, 35: *videmus, deum creasse corpora mundana ad certum numerum. Numerus autem est quantitatis accidens, numerus inquam in mundo. Nam ante mundum nullus erat numerus, praeter Trinitatem, quae est ipse deus. Quare si ad numerorum mensuram est conditus mundus, ergo ad quantitatum mensuram. At in linea nullus numerus nec in superficie, sed infinitas. In corporibus igitur.*

16 Vgl. die Kritik an Rheticus in der »Praefatio« zum »Mysterium« (KGW 1, 10; 8, 24): *neque enim ab vllius numeri nobilitate coniectari poteram, cur pro infinitis tam pauca mobilia extitissent: Neque verisimilia dicit Rheticus in sua Narratione, cum a sanctitate Senarij argumentatur ad numerum Sex Coelorum mobilium. Nam qui de ipsius mundi conditu dispu-*

später in Diskussionen um die Grenzen, innerhalb deren die Astrologie als sinnvolles interpretatorisches Unterfangen zu verteidigen war, nicht anders auch in der Auseinandersetzung mit Robert Fludd, lehnte Kepler bloße Analogien zwischen divergenten Bereichen als Begründungen ab. Zahlen, womit vor allem deren durch zahlentheoretische Überlegungen gewonnene symbolische Bedeutung gemeint ist, verdanken sich allein dem menschlichen Geist und stellen insoweit eine von der physischen Wirklichkeit verschiedene Struktur dar. Sie begründen somit nichts, sondern ermöglichen lediglich das zu ordnen, was bestimmten Archetypen konform bereits ins Sein versetzt worden ist. Derartige paradigmatische Formen sind bei Kepler ausschließlich geometrischer und harmonischer Natur, worauf gegenüber der pythagoräischen Tradition kritisch insistiert wird[17].

---

 tat, non debet rationes ab ijs numeris ducere, qui ex rebus mundo posterioribus dignitatem aliquam adepti sunt. Vgl. G.J. Rheticus, Narratio prima cap. 10 (Édition critique par H. Hugonnard-Roche et J.-P. Verdet, Wrocław 1982, 60). – Rheticus steht damit in einer Tradition, die sich mindestens bis zu Philon zurückverfolgen läßt, der die kleinste der vollkommenen Zahlen als die zur Erzeugung der Dinge geeignetste (ἀριθμῶν δὲ φύσεως νόμοις γεννητικώτατος ὁ ἕξ) bezeichnet und damit die Zahl der Schöpfungstage begründet hatte (op. mundi 13; Opera, Band 1, 4 Cohn); der vollkommenste der geschaffenen Gegenstände, der Kosmos, kann deshalb nur nach einer vollkommenen Zahl geschaffen sein (ἔδει γὰρ τὸν κόσμον τελειότατον μὲν ὄντα τῶν γεγονότων κατ' ἀριθμὸν τέλειον παγῆναι τὸν ἕξ, op. mund 14; Opera Band 1, 4 Cohn), ohne daß hier natürlich die Anzahl der Himmelssphären im Blick stünde. Grundsätzlich zur Bedeutung von Zahlen für die Kosmologie des Philon vgl. W. Schmidt-Biggemann, *Philosophia perennis*. Historische Umrisse abendländischer Spiritualität in Antike, Mittelalter und Früher Neuzeit, Frankfurt a.M. 1998, 337–344. – Für Kepler hingegen haben bloße Zahlen prinzipiell keine zur Erfassung der körperlichen Wirklichkeit konstitutive Bedeutung. In dieser Hinsicht ähnelt die Kritik Keplers an den *numeri numerantes* durchaus der Auffassung des Aristoteles, wonach Zahlen lediglich als gedankliche Gebilde anzusehen sind (vgl. Aristoteles, Ph. II 2, 193b34; Metaph. IV 2, 1004b5–17). Vgl. ausführlicher KGW 8, 29–30; 59–60; 77, sowie die Auseinandersetzung mit Jean Bodin in KGW 6, 218–225. Dazu vor allem: J.V. Field, Kepler's Rejection Of Numerology, in: B. Vickers (Hg.), Occult And Scientific Mentalities In The Renaissance, Cambridge/London/New York 1984, 273–296; F. Krafft, Die Zahlen des Kosmos – Platon und die pythagoräische Lehre, in: U. Schultz (Hg.), Scheibe, Kugel, Schwarzes Loch. Die wissenschaftliche Eroberung des Kosmos, München 1990, 71–85; E. Knobloch, Harmony And Cosmos: Mathematics Serving A Teleological Understanding Of The World, in: Physis Nuova Serie 32, 1995, 55–89, hier 63–65.

17 Vgl. z.B. Nikomachos von Gerasa, Ar. I 4, 2 (9, Hoche): ἔστι δὲ αὕτη ἡ ἀριθμητικὴ οὐ μόνον, ὅτι ἔφαμεν αὐτὴν ἐν τῇ τοῦ τεχνίτου θεοῦ διανοίᾳ προϋποστῆναι τῶν ἄλλων ὡσανεὶ λόγον τινὰ κοσμικὸν καὶ παραδειγματικόν, πρὸς ὃν ἀπερειδόμενος ὁ τῶν ὅλων δημιουργὸς ὡς πρὸς προκένημά τι καὶ ἀρχέτυπον παράδειγμα τὰ ἐκ τῆς ὕλης ἀποτελέσματα κοσμεῖ καὶ τοῦ οἰκείου τέλους τυγχάνειν ποιεῖ [...]. Den paradigmatischen Charakter der Zahl für die Weltkonstruktion durch den Demiurgen unterstreicht I 6, 1 (12, Hoche): die Dinge dieser Welt erweisen sich als wohlgeordnet und von der göttlichen Vorsehung bzw. dem weltschöpferischen Geist zahlhaft – d.h. voneinander unterschieden und aufeinander bezogen – geschaffen (τὰ ὅλα φαίνεται κατὰ ἀριθμὸν ὑπὸ τῆς προνοίας καὶ τοῦ τὰ ὅλα δημιουργήσαντος νοῦ διακεκρίσθαι τε καὶ κεκοσμῆσθαι. Im Hintergrund steht dabei (anders als bei Kepler) der Gedanke

Aber auch Linien, die sich beliebig teilen lassen, und Polygone, deren Zahl der Seiten beliebig erhöht werden kann, taugen nicht zur Bestimmung der Anzahl der Planeten. Lediglich die Zahl der sogenannten platonischen Körper ist begrenzt, nur diese können also die Abstände zwischen den einzelnen Planeten bestimmen und erweisen sich damit als tauglich, deren Anzahl abzuleiten.

Kepler, gern geneigt, seinen Lesern einen Eindruck von den verschlungenen Pfaden zu vermitteln, auf denen er jenem Geheimnis auf die Spur gekommen war, konnte schließlich stolz konstatieren, mehr als nur eine oberflächliche Korrespondenz gefunden zu haben: »Der Erdumlauf ist das Maß aller anderen, ihm umschreibe das Dodekaeder[18], der

---

der zur Einheit gebrachten Vielheit. In dieser Weise hat auch Johannes Reuchlin den Sinn der pythagoräischen Philosophie – die er kabbalistisch zu erneuern trachtete – verstanden und scharf von ihrer falschen Interpretation (*anili amentia*) abgegrenzt: Sie würde die Zahlen selbst, nicht aber die Einheit als Prinzip des Seienden verstehen. Denn jene seien den geschaffenen Dingen gegenüber nicht nur nicht primär, sondern würden zu ihnen erst akzidentiell hinzutreten: [...] *mercatorum calculos caeteraque id genus esse rerum omnium principia, quae non solum rebus non praesint, verum etiam secundum res accidant* (De arte cabalistica, Hagenau 1517, Fiiii^v, ND Stuttgart-Bad Cannstatt 1964, 168). – Einen anderen Aspekt, der der von Kepler bedachten Thematik nähersteht, bringt die Behandlung der Priorität der Zahlen gegenüber Figuren in Plutarchs *Quaestiones platonicae* in den Blick: Bereits der Punkt erweist sich als Übergang in eine gegenüber dem rein inneren Denken äußere Wirklichkeit: ἔστι γὰρ ἡ στιγμὴ μόνας ἐν θέσει (1003e). Daraus läßt sich die Priorität der Zahl gegenüber dem Geometrischen ableiten, für Kepler hingegen erweist sich gerade der Gedanke der Zugehörigkeit endlicher geometrischer Figuren zur äußeren, d.h. materiellen Wirklichkeit als konstitutiv: Die sichtbare Welt wird auf diese Weise exakt quantifizierbar und erweist sich als mathematisch strukturiert – sie ist damit nicht die »physische« Welt, auf die sich die Exaktheit der dann als »abstrakt« konzipierten Mathematik nicht anwenden läßt. Zur Mittelstellung des Geometrischen zwischen absoluter Identität und Diversität des Materiellen vgl. die knappe Formulierung in De fundamentis astrologiae certioribus § 20, KGW 4, 15.

18 Vgl. Alkinoos: Didasc. 13 (168–169, Hermann) und Pl., Ti. 55c: hier auf die der Kugel nächste Form bezogen, deren Grundform, das Fünfeck, nicht aus den elementaren Dreiecken konstruiert werden kann; vgl. auch den Vergleich der Erde mit einem aus zwölf Teilen bestehenden Lederball in Phaed. 110b, wobei dessen Zusammensetzung aus Fünfecken im Blick steht. Bei Alkinoos spielt wohl, vermittelt durch den zwölfteiligen Zodiakos, der Gedanke an die Grenze des Alls als Maß der Bewegung eine Rolle. Obwohl das 4. Kapitel des *Mysterium cosmographicum* darüber direkt nichts verlauten läßt, liegt doch die Annahme nahe, daß eine solche Assoziation bei Kepler im Hintergrund des Positionswechsels zur Erdrevolution steht. Kepler interpretiert allerdings das die Bahn der Erde einschließende Dodekaeder, das die besondere Positionierung der Erde zur Geltung bringt, nicht von den zwölf Flächen, sondern von deren Fünfeckigkeit aus, die der Zahl der Körper korrespondiert und damit deren Anzahl in sich umfaßt (KGW 8, 52–53). – An der besonderen Stellung der Erde wird noch in der *Epitome* (KGW 7, 276) festgehalten: *Unde censes initium faciendum esse indagandi corporum proportiones? A Tellure, 1. ut domicilium creaturae contemplatricis, 2. ejusdem etiam imaginis Dei creatoris ... 4. Est etiam Telluris orbis medium figurale inter planetas, et communis illorum maceries: et inter fines planetarum superiorum inferiorumque etiam Geometricum medium proportionale. 5. Denique ipsa fabrica proportionum harum clamat*

Kreis, der es einschließt, ist der des Mars, ihm umschreibe das Tetraeder. Der es umschließende Kreis ist der des Jupiter, ihm umschreibe den Kubus, der ihn einschließende Kreis gehört Saturn. Der Erde schreibe das Ikosaeder ein, ihm folgt der Kreis der Venus, der Venus schreibe das Oktaeder ein, ihm eingeschrieben folgt der Kreis des Merkur. Damit verfügst du über den Grund für die Anzahl der Planeten.«[19]

Anlaß der Genugtuung ist, nicht nur die Anzahl der Planeten, sondern auch manches andere mit Hilfe der platonischen Körpern begründen zu können – oder es wenigstens plausibel erscheinen zu lassen. Der Verfasser des *Mysterium cosmographicum* ging unmittelbar zu den Eigenschaften der Planeten und ihren astrologisch relevanten Beziehungen über, die sich daraus erheben lassen. Nach den kritischen Noten des Autors, der mittlerweile auf die monumentale *Epitome* (1618–1621) und die *Harmonice mundi* (1619) zurückblicken konnte, mochte dergleichen nur als eine bloße Spielerei auf dem Felde der Sterndeutung erscheinen; freilich beanspruchte er noch immer, den überkommenen Einfällen gegenüber etwas Überlegenes formuliert zu haben[20]. Denn auch hier spielten Qualitäten keine konstitutive Rolle – jedenfalls erschien Kepler das so –, sondern ausschlaggebend waren allein geometrische Verhältnisse. Und die Lehren von der Würde einzelner Zahlen stand nunmehr auf einem sichereren Fundament.

Selbst ästhetische Aspekte kommen zu ihrem Recht. Kepler unterscheidet primäre und sekundäre Körper: Primär werden Kubus, Tetraeder und Dodekaeder genannt, da sie ausschließlich aus den Flächen Quadrat, Dreieck und Fünfeck bestehen, während die beiden anderen, Oktaeder und Ikosaeder, das Dreieck des Tetraeders gleichsam imitieren. Bei primären Körpern stoßen an den Ecken lediglich drei, bei den sekundären vier oder fünf Flächen aneinander, darüber hinaus stehen sie nicht

---

    elata voce, Deum creatorem in accomodandis corporibus et intervallis ad corpus Solis, ut ad mensuram ortu priorem initium a Tellure fecisse.

19 KGW 8, 27: *Terra est Circulus mensor omnium: Illi circumscribe Dodecaedron: Circulus hoc comprehendens erit Mars. Marti circumscribe Tetraedron: Circulus hoc comprehendens erit Jupiter. Ioui circumscribe Cubum: Circulus hoc comprehendens erit Saturnus. Iam terrae inscribe Icosaedron: Illi inscriptus Circulus erit Venus. Veneri inscribe Octaedron: Illi inscriptus Circulus erit Mercurius. Habes rationem numeri planetarum* (Hervorhebung getilgt). Vgl. auch KGW 6, 119 zur Korrektur, die Anzahl der Abstände unmittelbar aus den platonischen Körpern abzuleiten, während diese selbst *und* die musikalisch relevanten Proportionen aus den regelmäßigen Flächen abzuleiten seien. – In den Bemerkungen zur 2. Auflage macht Kepler darauf aufmerksam, daß der Ausdruck *circulus* im Sinne von *orbis* bzw. *systema* zu verstehen sei, d.h. als der Bereich zwischen zwei zum Weltzentrum konzentrischen Kugeln, dessen Tiefe die Differenz zwischen Aphel und Perihel bestimmt, innerhalb dessen sich der Planet bewegt (KGW 8, 30).

20 KGW 8, 59: *Etsi nihil est hoc caput, nisi lusus astrologicus, nec pars operis censeri debet, sed excursus: conferat tamen illud lector cum Ptolemaei rationibus [...] videbit nostras Ptolemaicis non inferiores, ac forte meliores esse.*

wie jene auf einer Grundfläche, sondern »hängen«[21]. Diese und andere Eigenschaften lassen so etwas wie eine Logik in der Gruppierung der Planeten aufscheinen, die hier allerdings noch merklich von der Position der Erde bestimmt ist: Ihr gilt als Wohnort des Menschen mehr als nur die besondere Aufmerksamkeit des Schöpfers, sie steht vielmehr, wenn auch nicht mehr örtlich, im Zentrum des gesamten bewegten Kosmos[22]. Ihre Bahn ist es, die analog zur geozentrisch bestimmten Stellung der Sonne in der Mitte zwischen oberen und unteren Planeten unterscheidet. Freilich läßt sich diese »zentrale« Position auf den Darstellungen nicht mehr *sehen*. In ihnen verschwindet die Erdbahn geradezu und das bereits dann, wenn Kepler den Fixsternhimmel in nahezu unendlicher Entfernung von der Saturnsphäre befindlich aus der bildlichen Darstellung im Grunde ausschloß, wie es der heliostatischen Astronomie ja theoretisch entsprach, die wegen der Unmerklichkeit der Sternparallaxe die Bahn der Erde im Verhältnis zum Durchmesser des Universums für quasi punktgroß erklären mußte.

Auch die an dieser Stelle auf geometrische Überlegungen basierte Bestimmung der einzigartigen Bedeutung der um die Sonne kreisenden Erde war, wie die gesamte copernicanische Astronomie, das Resultat von Einsicht: einer Einsicht, die mit der menschlichen Perspektive auf die Welt nur schwer zu harmonisieren ist. Die Divergenz zwischen beiden hat Kepler sowohl markiert als überbrückt durch den Bezug auf das konstruktive göttliche Denken. Denn ebensowenig wie Gott die Welt »sieht«, sie vielmehr denkend schafft, ist wahre Erkenntnis auf dem Wege des Zusehens zu erlangen. Kepler muß deshalb davon ausgehen, daß die Formen, nach denen die Welt konstruiert ist, dem Menschen selbst präsent sind. Im menschlichen Geist, der damit als Bild des göttlichen Intellekts bezeichnet wird, wobei der Aspekt der Ähnlichkeit im Vordergrund steht, sind deshalb die Paradigmen der Schöpfung wie im göttlichen Geist enthalten.

Vor allem aber ließen sich, und darauf kam es Kepler auch noch mehr als zwanzig Jahre nach seinem ersten kosmologischen Wurf an, sinnvolle astronomische Fragen formulieren: zum Beispiel die nach der jeweiligen Größe der Tiefenbewegung der Planeten, die in der *Astronomia nova* (1609) zur Preisgabe der Vorstellung führte, die Bewegungen des

---

[21] KGW 8, 51: 3. *Primaria omnia simplici vtuntur angulo, nempe tribus planis comprehenso: secundaria quatuor aut quinque planis in vnum solidum adsciscunt. 4. Primaria nemini suam debent originem et proprietates: secundaria pleraque ex primariis, facta commutatione, adepta sunt, et quasi genita ex illis. [...] Primariorum est proprium stare: secundariorum pendere.* Detaillierter zu den Eigenschaften der Körper und ihrer Interpretation J.V. Field, Kepler's Geometrical Cosmology, Chicago 1988, 52–60; R. Martens, Kepler's Philosophy And The New Astronomy, Princeton 2000, 39–45.

[22] KGW 8, 52: [...] *nemo negabit, in domicilio mundi exornando Deum ad incolam futurum identidem respexisse. Finis enim et mundi et omnis creationis homo est.*

Himmels ausschließlich mit Hilfe von Kreisen und Kugeln rekonstruieren zu können. Von dem, was noch nicht nach einem ganzen Jahrhundert, nach Newtons *Principia mathematica* (1687), als Kern der Keplerschen Astronomie gelten wird, die bekannten drei Bewegungsgesetze, ist im *Mysterium cosmographicum* vorerst nicht mehr zu verspüren als die Richtung, in der die Suche erfolgen wird, den Bau des Kosmos auf der Basis präziser Beobachtungsdaten zu verstehen[23]. Die Ergebnisse, die Kepler hier präsentierte, lassen sich im wesentlichen darin zusammenfassen, daß mit relativ geringen Abweichungen von den aus Copernicus übernommenen Angaben zur Entfernung der Planeten von der mittleren Sonne die Abstände der Planeten voneinander durch Berechnung der Radien der Kreise (bzw. Kugeln) bezüglich der Kantenlänge desjenigen platonischen Körpers bestimmt werden, den sie jeweils einschließen bzw. in den sie eingeschrieben sind[24]. Daraus resultiert eine Maßstäblichkeit beanspruchende Darstellung der Ausdehnung der planetarischen Sphären sowie der Abstände zwischen ihnen.

Sowohl die Darstellung des dreidimensionalen Modells mit den eingezeichneten platonischen Körpern als auch die zweidimensionale Abbildung der *orbes* setzt also ins Bild, wie die Welt konstruiert ist, nicht wie sie erscheint. Das Bild erzeugt somit eine Evidenz, die dort einspringen muß, wo der Anblick der Welt etwas anderes zeigt, was als Schein zu durchschauen ist. Freilich handelt es sich auch bei dem geostatischen und geozentrischen Anblick des bewegten Kosmos um einen konzeptionell geformten, dessen Konventionalität aber in Erscheinung tritt, wird er durch eine alternative Vorstellung ersetzt. Die Evidenz, die jenes Bild konstituiert, ist die der Konstruktion: Dem entspricht, daß jenes das dreidimensionale Modell darstellende Bild in erster Linie die nicht selbst sichtbaren archetypischen platonischen Körper visualisiert. Sie sind das, was den Kosmos strukturiert, was die Positionen der einzelnen Gegenstände bestimmt – im *Mysterium cosmographicum* noch die als *orbes* behandelten Zonen, in denen sich die Planeten bewegen. Damit kommt ein weiterer und für die kosmologischen Auffassungen Keplers wichtiger Gesichtspunkt in den Blick, die Homogenität des Raumes. Da der Raum zwischen Peripherie und Zentrum von den Archetypen strukturiert ist, weist er selbst keinerlei Eigenschaften auf, die für das Verhalten der Dinge von Bedeutung sind. Für die Kinematik bedeutsame axiologische

---

23 Vgl. z.B. den Hinweis auf die Bedeutung der Braheschen Beobachtungsdaten in der Anmerkung zum 15. Kapitel KGW 8, 90. Überhaupt hat Kepler die kommentierte Neuausgabe seines Werkes damit gerechtfertigt, daß sie in kritischer Form den Punkt dokumentieren sollte, von denen sein die Astronomie grundlegend veränderndes Lebenswerk seinen Anfang genommen hatte (KGW 8, 10).

24 Dies ist Gegenstand des 13. Kapitels des *Mysterium*; vgl. dazu B. Stephenson, The Music Of The Heavens. Kepler's Harmonic Astronomy, Princeton 1994, 79–88.

Interpretationen von oben und unten, innen und außen spielen deshalb, anders als im Gefolge des Aristoteles, keine Rolle; im Zusammenhang der Erscheinung des neuen Sterns wird Kepler wenige Jahre später bspw. die Veränderlichkeit alles dessen, was sich im kosmischen Raum befindet, betonen. Fragen nach den Ursachen der Bewegungen der Planeten werden physikalisch gestellt und beantwortet[25].

Das Bild vom Kosmos, das Kepler entwirft, gleicht also einer Konstruktionszeichnung: es zeigt einen durch geometrische Proportionen metrisierten endlichen Raum[26]. Es ist dieser gegliederte Raum, der nicht gesehen, sondern gedacht wird. Gerade so »sieht« ihn Gott, indem er die Archetypen betrachtet – wie auch der Astronom Kepler knapp 6000 Jahre nach Realisierung der Welt. Ob der Kosmos aber existiert oder nicht, ist gegenüber der zeitlosen Realität dieser Proportionen ebenso sekundär wie seine faktische Ausdehnung. Die Welt ist somit kontingent, im Unterschied zu den geometrischen Archetypen, die sie organisieren. Der Sinn der Bezeichnung der Archetypen als ewig und damit ihrer Charakterisierung als genuine Objekte des göttlichen Denkens besteht darin, ihre Priorität gegenüber der realen und erscheinenden Welt zu postulieren, worauf wiederum deren adäquate Erkennbarkeit basiert. Den Kosmos richtig zu erkennen bedeutet, in ihm die geometrischen Formen zu erkennen, denen gemäß er verwirklicht worden ist. Folglich müssen menschliche und göttliche Einsicht an diesem Punkt koinzidieren[27]. Diese Form eines um den Gedanken der Weltschöpfung modifizierten Platonismus, der den Gedanken der Kontingenz der Welt trägt, stellt Kepler einer Naturphilosophie gegenüber, die die Ordnung der Dinge deren gewöhnlichem Verhalten entnimmt. Zugleich aber handelt es sich bei der so dargestellten Welt nicht um die Region, innerhalb derer sich das Göttliche selbst äußert, nicht um den quasi dynamischen Raum, in dem es sich zur Anschauung bringt. Sichtbar werden in Keplers visueller Darstellung ja nicht der Schöpfer, sondern die Objekte seines Denkens.

---

25 Auf Entwicklung und Interpretationskontexte der Keplerschen Himmelsphysik wird hier nicht eingegangen; vgl. dazu bspw. F. Krafft, The New Celestial Physics Of Johannes Kepler, in: S. Unguru (Hg.), Physics, Cosmology And Astronomy, 1300–1700, Dordrecht 1991, 185–227, hier 210–218.

26 Vgl. die Bemerkung über den Zusammenhang zwischen der Endlichkeit geometrischer Figuren und ihrer Wissbarkeit sowohl vom göttlichen wie vom menschlichen Intellekt am Anfang der *Harmonice* (KGW 6, 15): *infinita et indeterminata quatenus talia nullius scientiae, quae definitionibus comparatur, nullius demonstrationum repagulis coartari possunt. Prius autem figurae sunt in archetypo, quam in opere, prius in mente divina, quam in creaturis; diverso quidem subjecti modo, sed eadem tamen essentiae suae forma.*

27 Vgl. z.B. KGW 6, 93; 100–101; 215: *verissimae Harmoniae archetypus, qui intus est in Anima*; 404: *Ex divisione circuli* [...] *constituuntur termini Harmoniarum intellectalium* [...] *in mente divina, cuius exemplar hic est Humana, characterem rerum geometricarum inde ab ortu Hominis ex Archetypo suo retinens.* Vgl. damit die ersten Sätze der *Harmonice* (KGW 6, 15).

3. Fludd und Kepler:
Die Welt als Bild und die Welt im Diagramm

Ganz anders sieht die Welt aus, die Robert Fludd ins Bild setzte[28]. Auf dem Frontispiz der *Utriusque cosmi historia* tritt ein prächtiges Gewimmel von Gegenständen aller Seinsbereiche in Erscheinung, allegorische Figuren wollen im Horizont umfassender humanistischer Bildung interpretiert sein. Die Darstellung der Welt erfolgt in Form von Kreisen, deren Zentrum die vom kunstreichen Menschen bewohnte Erde einnimmt. Keine Konstruktionszeichnung also, sondern eher ein Inventar der geschaffenen Welt in seiner Fülle – das ist es, was Fludd seinen Lesern in Aussicht stellt.

Unterschiedlicher können Darstellungen der Welt kaum sein, und diese Differenz ist um so bemerkenswerter, als Fludd und Kepler mehr verbindet als ein Blick auf jene Bilder oder auch der schroffe polemische Ton ihrer Auseinandersetzungen zunächst nahelegen könnten. Beide präsentieren neue Formen von Wissenschaft, die sich von der an Aristoteles orientierten unterscheiden, gemeinsam ist beiden eine stärkere Orientierung an Formen des Platonismus, was sich im Bestreben manifestiert, den Kosmos nicht von den Eigenschaften einzelner Substanzen her, sondern als System zu fassen, d.h. nach den harmonischen Strukturen zu suchen, die ihn insgesamt konstituieren[29]. Die pythagoräische Idee der mathematischen Verfaßtheit der Welt und somit das harmonische Verhältnis aller ihrer Teile bestimmen sowohl Fludds *Historia* als auch die Werke Keplers, insbesondere seine *Harmonice mundi*, an der der Streit entbrannte. Ein jüngerer Zeitgenosse wie Pierre Gassendi, dem die Nachwelt eine beeindruckend sachliche Auseinandersetzung mit Fludds opus magnum verdankt, bemerkte Gemeinsamkeiten durchaus. Aus der Perspektive des dem Atomismus anhängenden Autors war Kepler ein zwar überragender Astronom, aber doch selbst dem Spiel mit Symbolen ergeben, dabei nur weit weniger hingebungsvoll und unkritisch als sein Gegner[30]. Wenn Gassendi der fundamentalen Kritik konform, die Mersenne an Fludd geübt hatte, feststellte, dessen Begriff der Harmonie

---

28 Vgl. v.a. P.J. Ammann, The Musical Theory And Philosophy Of Robert Fludd, Journal of the Warburg and Courtauld Institutes 30, 1967, 198–227; D.G. Burnett, The Cosmogonic Experiments Of Robert Fludd: A Translation With Introduction And Commentary, Ambix 46, 1999, 113–170.

29 Fludd verknüpft im Anschluß an Platon den Gedanken der Harmonie des Alls mit der Vorstellung einer Weltseele: *Monocordum mundi symphoniacum* [...], in: Anatomiae Amphitheatrum effigie triplici, Frankfurt 1623, 296: *Eandem musicam revera in omnibus dico, ut eadem Anima mundi.*

30 Vgl. P. Gassendi, Opera omnia, Lyon 1658 (ND Stuttgart-Bad Cannstatt 1964), III, 233^b. Georg Christoph von Schallenberg hatte am 14. September 1619 sogar an Kepler geschrieben, zur Vorbereitung auf die *Harmonice* die *Utriusque cosmi historia* gelesen zu haben; freilich sei aber auch bei gewisser sachlicher Nähe von Kepler etwas

basiere auf einem lediglich symbolischen Verständnis der Welt[31], so stellte das gleichwohl ein Echo auf Keplers Verdikt über die Ausführungen des Oxforder Gelehrten dar, die ihm als ebenso traditionsverhaftet wie phantastisch erschienen[32].

Schließlich gehören beide auch der Generation derer an, die explizit Stellung nehmen zu den alternativen Weltsystemen, die sich für oder gegen den heliostatischen *sphaerarum ordo* inklusive kosmologischer und physikalischer Implikationen entscheiden. Bruno, Gilbert, Galilei, Scheiner, Campanella, Kircher, Mersenne und Descartes zeigen wie auch Kepler und Fludd unterschiedliche Formen der Rezeption der neuen Astronomie, die mehr und etwas anderes geworden war als geometrische Rekonstruktion der Phänomene. In Fludds voluminösem Werk findet sich deshalb nicht nur eine lange Reihe traditioneller und selbst wiederum ziemlich disparater Elemente, die von einem integrativen Platonismus zusammengehalten werden. Auch wenn sich Kepler zutiefst verärgert zeigte über die an Ptolemaios orientierten musiktheoretischen und kosmologischen Annahmen und damit nicht zuletzt die Haltung zum System des Copernicus meinte, war Fludd doch alles andere als ein Relikt des vergangenen Jahrhunderts[33]. Vielmehr bot er Astronomie, Astrologie, Physik, Harmonik, christliche Kabbala zusammen mit medizinischen und alchemistischen Überlegungen auf, um eine neue Synthese des Wissens zu präsentieren, die – selbstverständlich neben anderem – reflektiert die überkommene geozentrische Position profilierte und verteidigte[34].

Versucht man in Kürze Unterschiede in den Darstellungen der Welt namhaft zu machen, so legt sich nahe, dabei von der auf Nicolaus Cusanus' *figura paradigmatica* zurückgehenden Abbildung auszugehen[35]. Das

---

Feinsinnigeres zu erwarten (KGW 17, 384). Kepler selbst hat sich in einem Brief an Joachim Tanckius dazu bekannt, mit Symbolen zu spielen – aber dabei nie zu vergessen, zu spielen: *Ludo quippe et ego cum Symbolis* [...] *sed ita ludo, ut me ludere non obliviscar. Non enim probatur Symbolis* [...] (KGW 16, 158).

31 [...] *harmoniam suam alligauerit meris symbolismis*, Opera omnia III, 227^b.
32 KGW 6, 374: *Primum quas ille* [sc.: Robertus de Fluctibus] *harmonias docere intendit, eae sunt meri Symbolismi, de quibus idem dico, quod de symbolismis* PTOLEMAEI, *poëticos potius esse aut oratorios, quam philosophicos aut mathematicos.*
33 Vgl. z.B. KGW 18, 75; 93–94.
34 Vgl. insbesondere Fludd, Utriusque cosmi historia, tr. 1, lib. 5, 153–167.
35 Nicolaus Cusanus, De coniecturis 9 n. 41–43 (Op. om. III, hgg. von J. Koch/K. Bormann/H.G. Senger, Hamburg 1972, (45–47) 204f.); Fludd, Utriusque cosmi historia, tr. 1, lib. 5, 165. Auf die Unterschiede zwischen der Funktion der Figur im Rahmen der Geistmetaphysik von *De coniecturis* und ihrer Verwendung bei Fludd kann hier nicht eingegangen werden. – Zur breiten Rezeption der Figur vgl. neben den Bemerkungen in der Edition auch P. Moffitt Watts, Pseudo-Dionysius The Areopagite And Three Renaissance Neoplatonists Cusanus, Ficino, And Pico On Mind And Cosmos, in: *Supplementum Festivum. Studies In Honor Of Paul Oskar Kristeller*, Binghampton 1987, 284–286; siehe St. Meier-Oeser, Die Präsenz des Vergessenen. Zur Rezeption der

Schema verdeutlicht mit Hilfe einer Analogie zum sich ausbreitenden Licht, wie der einheitliche Grund der Welt diese ins Sein bringt. Da Licht seine Wirklichkeit nicht statisch besitzt, sondern stets von einer Quelle erhält, resultiert daraus der »dynamische« und relationale Charakter der Gegenstände, die existieren, insofern sie »erleuchtet« im Sein gehalten werden. Somit sind sie nicht nur als Hinweis auf die Ursache zu verstehen, sondern diese ist in ihnen gleichsam präsent[36]. Die Einheit entfaltet sich, wie das auf der Basis stehende Dreieck zeigt, in die Vielheit, wobei das auf der Spitze (gemeint ist kosmologisch der von der Erde eingenommene »unterste« Punkt des Kosmos[37]) stehende Dreieck die Abnahme der Lichtstärke mit zunehmender Entfernung von dem einen Ursprung visualisiert. Die Figur läßt das Verhältnis von Formalität und Materialität in den einzelnen Sphären ablesen, sie zeigt die gesamte Realität als von der Spannung zwischen begrifflich verschieden gefaßten Dualitäten bestimmt[38]. Sowohl die Lehre von der Weltseele läßt sich damit in Verbindung bringen[39], wie sich auch Vorstellungen von der kosmischen Harmonie mit gewissen Modifikationen an der Figur zeigen lassen. Denn sie bildet keine quantitativen Beziehungen ab, son-

---

Philosophie des Nicolaus Cusanus vom 15. bis zum 18. Jahrhundert, Münster 1989, 160–168.

36 Fludd, Utriusque cosmi historia, 163: *Sic itaque* DEUM *praesentialiter ubique adesse dicimus, hoc est, radios ejus tanquam in speculo aliquo concipisci in spiritu universali* [...] *ut sua* [sc.: monadis] *praesentia tenebras omnes in terrae gremium refrenaret atque ita cum forma ejus trigonea sit per universae machinae capacitatem dispersa.*

37 Die »Mitte« nimmt, entsprechend der durch den *Radius* bestimmten Höhe der beiden Dreiecke bzw. der Länge des Monochords, die Sonne ein, so in dem System der Doppeloktave, das von der Erdoberfläche (entspricht dem προσλαμβανόμενος) bis zum obersten Rand des reinsten Teils des *caelum empyreum* (entspricht der νήτη ὑπερβολαίων) reicht. Fludd, Utriusque cosmi historia tr. 1, lib. 2, 89–90. Die Mittelstellung der Sonne auch in dem System bei Boethius, Inst. mus. I 28 (219 Friedlein), hier aber lediglich zwischen *hypate meson* (Saturn) und *nete* (Mond) oder in dem ebenfalls die Doppeloktave umfassenden System, das Kepler bei Ptolemaios angenommen hatte (zwischen Saturn und Mond in der Stellung von προσλαμβανόμενος und νήτη ὑπερβολαίων). Zur kreativen Rekonstruktion Ptolemaios' durch Kepler vgl. B. Stephenson, Music of the Heavens, (wie Anm. 24), 98–109.

38 Fludd, Utriusque cosmi historia, 45: Der Makrokosmos wird bestimmt als *totum illud materiae primae spatium* [...] *quod lux spiritualis seu spiritus Domini aquas ambiens circulari suo amplexu comprehendit. Quae quidem abyssi portio circularis substantiae ex vario lucis & tenebrarum concursu per dispositionem, hoc est, per puritatem & impuritatem gradibus temperierum distinctio, in tres partes natura formali differentes distribuitur.* Diese drei Teile sind der oberhalb der Fixsternsphäre lokalisierte Bereich der *substantia intellectualis*, der unvergängliche supralunare mittlere und der untere, von Werden und Vergehen und unreiner, grober Materialität bestimmte sublunare Bereich.

39 Vgl. v.a. die Ausführungen Utriusque cosmi historia, 121–122, insbesondere zur Assoziation mit dem Licht.

dern veranschaulicht die Äußerung des trinitarischen Grundes und seine Reflexion im Kosmos[40].

Kepler empfand derartige Auffassungen und ihre visuellen Darstellungen als wissenschaftlich unfruchtbar und darum die Beschäftigung mit ihnen als lästig. *Hieroglyphicae picturae* tituliert er sie[41]. Was einst von Nicolaus Cusanus als Anleitung konzipiert worden war, um Größtes und vielen Verborgenes ans Licht zu bringen und in die geheimen Abgründe der Natur vorzudringen[42], hatte sich in bloß symbolische Sinnbilder verwandelt, die nicht einzulösen vermochten, was sich der Autor der Schrift über konjekturales Wissen versprochen hatte. Hieroglyphen geben etwas zu verstehen, aber sie machen nichts verständlich, möglicherweise deuten sie im Bild etwas Wesentliches an, sicher erfassen sie keine Quantitäten. Gerade darauf aber kam es Kepler an. Was seit Plotin den Reiz der bildhaften Schrift ausgemacht hatte, den geistigen Prozeß in Gang zu setzen, etwas von seiner anschaulich entfalteten Gestalt auf seinen Grund zurückzuverfolgen[43], hatte für den Autor der *Harmonice mundi* den anagogischen Sinn verloren. Die Suche nach der Wahrheit vollzog sich nicht als Tasten entlang der in Büchern niedergelegten Weisheiten der Alten, sondern im Aufstellen und Prüfen von Hypothesen. Sie folgte nicht solchen Zeichen des Göttlichen, die sich bis in die unterste Region des Kosmos hinein erstrecken und die sich bei sorgfältiger Suche auffinden und kombinieren lassen, sondern man »erblickt« sie nach akribischer Auswertung exakter Beobachtungsdaten gegebenenfalls ganz. Nicht Sammeln von Ähnlichem führt so zur Einsicht, sondern das Wissen um die Geometrie läßt das enthüllen, was bisher unaufgedeckt und nur insofern

---

40 Utriusque cosmi historia, tr. 1, lib. 1, 19–20: Die innertrinitarische Spiegelung wird durch den Akt der Schöpfung zur offenbaren Spiegelung in der Welt: *Itaque* DEUS *occultus jam faciem suam splendidam in speculo mundano, suo lumine inactuato, manifestavit, ideamque suam nobis & creaturis suis per sanctosanctum illud donum assidue communicat, quia mundum hunc visibilem & externum ad opificis exemplum formatum dixerunt Sapientes. Ut igitur facies hominis in speculo per reflexionem videtur, sic trina unius essentiae distinctio in spiritum vniversum mundi reflectitur.* Im Hintergrund steht die platonische Lehre von der Identität der Ursache, dem Ausgang und der Rückkehr des Verursachten, wobei aber bei Fludd die Welt als Abbild der innertrinitarischen Relation verstanden wird; so auch Utriusque cosmi historia lib. 5, 164: *Trinitas realis sit extra omnia, ejusque reflexio intra omnia.* Vgl. die knappe Formulierung bei Proklos, Inst. §§ 35–37 (38–40 Dodds).
41 KGW 6, 400; weiterhin sind sie im Gegensatz zu seinen eigenen *diagrammata* bloße Bilder (*picturae*) (396), phantastische Vorstellungen (*imaginatio*) (401) und *aenigmata tenebrosa* (374; 398), die dessen Auge gefallen, der sich an der *philosophia mystica* ergötzt (397); schließlich spricht er (445) auch von einer rein persönlichen Weltdarstellung (*tua privata Mundi pictura*).
42 Vgl. De coniecturis I 10, n. 46 (49–50 Koch/Bormann/Senger).
43 Vgl. Plotin, Enn. v 8, 6 (Schriften III, 48 Beutler/Theiler): [...] εἴδωλον ἐν ἄλλῳ ἐξειλιγμένον ἤδη καὶ λέγον αὐτὸ ἐν διεξόδῳ καὶ τὰς αἰτίας, δι' ἃς οὕτως, ἐξευρίσκον [...]. Vgl. M. Kiefer, *Ex mysticis Aegyptiorum literis*. Überlegungen zum Verhältnis von Emblematik und Hieroglyphenkunst, in: A. Assmann/J. Assmann (Hgg.), Hieroglyphen. Stationen einer anderen abendländischen Grammatologie, München 2003, 195.

Geheimnis geblieben war. Das monumentale Werk über die in den regulären Polygonen fundierten Harmonien des Kosmos schmücken keine Bilder mehr, die die Welt als ein Abbild Gottes präsentieren, sondern im Text werden geometrische Sachverhalte illustriert.

Diese Welt Keplers ist kein Bild. Aber über diese Welt vermag der menschliche Geist, Abbild des kreativen göttlichen Geistes, um die Formulierung Heideggers aufzugreifen, im Bilde zu sein[44].

---

44   M. Heidegger, Die Zeit des Weltbildes, in: ders., Holzwege, Frankfurt a.M. 1950, 82.

Weltbild, Weltanschauung, Religion.
Ein Paradigma intellektueller Diskurse im
19. Jahrhundert

JOHANNES ZACHHUBER

Die meisten der an diesem Ort versammelten Beiträge stellen die Frage nach dem Weltbild als Frage danach, welches Bild wir uns von der Welt machen oder welches Bild sich Menschen in einer bestimmten Phase der Vergangenheit von der Welt gemacht haben. Dieser Text verfolgt ein prinzipiell anderes Ziel. Es geht ihm also, um das gleich eingangs deutlich zu machen, nicht um die Untersuchung der Entstehung und Ausbreitung von neuen, religionsanalogen ›Weltanschauungen‹ im 19. und 20. Jahrhundert, weder um deren politische und soziale Relevanz, noch um deren Ikonologie. Vielmehr geht es darum die Tatsache zu bedenken, dass *wir* für ein bestimmtes, einigermaßen präzise beschreibbares Phänomen den Begriff ›Weltbild‹ gebrauchen.

Denn das ist keineswegs selbstverständlich. Das zeigt die Probe auf Übersetzbarkeit in andere Sprachen. Schon das Englische hat keinen wirklich adäquaten Ausdruck für das, was wir mit ›Weltbild‹ meinen. Carl Friedrich von Weizsäckers Buch *Zum Weltbild der Physik* etwa heißt in der englischen Übersetzung *The World View of Physics*[1]. Aber es ist klar, dass *world view* nur partiell unserem Wort ›Weltbild‹ entspricht. In der Wissenschaftssprache hat sich wohl der Ausdruck *world picture* eingebürgert, und korrespondiert in diesem Kontext, wenn ich es recht sehe, annähernd dem deutschen ›Weltbild‹. So behandelt ein berühmtes Buch *The Elizabethan World Picture*[2]. Es handelt sich bei diesem Terminus jedoch, wie ich vermute, um eine Lehnübersetzung aus dem Deutschen.

---

1   C.F. von Weizsäcker, The World View of Physics, translated by M. Grene, London 1952.
2   E.M.W. Tillyard, The Elizabethan World Picture. A Study of the Idea of Order in the Age of Shakespeare, London ²1943. Dem Buch geht es, wie der Titel andeutet, um die Darstellung des geordneten Kosmos' der elisabethanischen Welt, der nach Ansicht des Autors dem Denken ihrer literarischen Protagonisten jederzeit zu Grunde lag. Das entspricht offenbar in etwa dem Verständnis von Weltbild, das, bezogen auf das Mittelalter, A. Gurjewitsch auf folgende Weise zum Ausdruck bringt: »Um das Leben, Verhalten und die Kultur der Menschen des Mittelalters zu verstehen, muß man offensichtlich bemüht sein, die ihnen eigenen Vorstellungen und Werte zu rekonstruieren. Man muß [...] das Verfahren ihrer Weltsicht aufdecken. [...] Wir meinen, dass die grundlegenden, universalen Kategorien der Kultur aufgedeckt werden müssen, ohne die es unmöglich ist und von denen sie in all ihren Werken durchdrungen ist. [...] Diese Universalbegriffe sind in jeder Kultur miteinander verbunden und bilden eine Art ›Weltmodell‹ - jenes ›Netz von Koordinaten‹, mittels dessen die Menschen die Wirklichkeit erfassen und das Weltbild aufbauen, welches in ihrem Bewußtsein existiert« (A. Gurjewitsch, Das Weltbild des mittelalterlichen Menschen, Dresden 1978 [Moskau 1972]).

Jedenfalls ist das Wort bislang nicht wörterbuchfähig. Im Französischen ergibt sich ein ähnlicher Eindruck. Die deutsch-französischen Lexika schlagen für ›Weltbild‹ vor: *image du monde, vision* oder *conception du monde*: wiederum scheint klar, dass keiner dieser Ausdrücke unserem Wort ›Weltbild‹ präzise entspricht.

Angesichts des bekannten Buches von Aaron Gurjewitsch ist zumindest erwähnenswert, dass auch im Russischen die Sache sich nicht viel anders darstellt. Der deutsche Titel übersetzt ein Original, das wörtlich *Kategorien mittelalterlicher Kultur* heißt. Das bedeutet nicht, dass hier schlecht übersetzt wäre. Jedoch zeigt sich, dass der russisch schreibende Autor, um vom Weltbild zu schreiben, ein semantisches Feld bemühen muss: Neben den genannten ›Kulturkategorien‹ umschreibt er das ›Weltbild‹, indem er ›Modellierung der Welt‹, ›Weltsicht‹, ›Weltmodell‹ u.a. Begriffe gebraucht[3]. Das wörtliche Äquivalent zu ›Weltbild‹, картина мира, wird stets in Anführungszeichen gesetzt und so als Kunstwort gekennzeichnet[4].

Auch im Lateinischen ergibt sich derselbe Befund. *Orbis sensualium pictus* – so lautet zwar der Titel eines Werkes von J.A. Comenius. Doch der deutsche Titel, den das Buch auch hat (es ist in vier Sprachen parallel zueinander gedruckt), zeigt, dass unser ›Weltbild‹ jedenfalls nicht direkt im Blick ist. Er lautet schlicht: *Die sichtbare Welt*[5]. Schließlich hat auch im Deutschen unser Wort eigentlich keine lange Geschichte[6], sondern ist ein echter Karrierebegriff des 19. Jahrhunderts, in dem es – gemeinsam mit dem oft parallel und nahezu bedeutungsgleich gebrauchten ›Weltanschauung‹[7] – beinahe über Nacht aus einem Neologismus zu einem zentralen Terminus wichtiger Diskurse wurde[8].

---

3   A.J. Gurevič, Категории средневековой культуры, Moskau 1972, 15f. Die russischen Begriffe lauten: моделирование мира, видение мира, модель мира.
4   Ebd. Vgl. die Überschrift der Einleitung: »Картина мира« средневекового человека, die offenbar für den deutschen Titel Pate gestanden hat.
5   J.A. Comenius, Orbis sensualium pictus, Leutschau (Löcse) 1685 (ND Prag 1989). W. Sparn sieht im Werk des Comenius immerhin eine »Vorlage« für das, worum es später beim Weltbild gehen wird: Art. Welt/Weltanschauung/Weltbild, IV: Weltbild, 4. Kirchengeschichtlich, in: TRE 35, Berlin/New York 2003, 587–605, hier 587.
6   Es hat freilich eine *Vor*-Geschichte, die bis zu Notker dem Deutschen zurückreicht. Vgl. R. Schröder, »Du hast die Welt nach Maß, Zahl und Gewicht geordnet.« Über einen Konsens im astronomischen Weltbildstreit des 16. und 17. Jahrhunderts, in: I.U. Dalferth/J. Fischer/H.-P. Großhans (Hgg.), Denkwürdiges Geheimnis. Beiträge zur Gotteslehre. FS E. Jüngel, Tübingen 2004, 479–506, hier 480–485.
7   Versuche, die beiden Begriffe zu differenzieren, sind ein ständiger Begleiter dieser Begriffsgeschichte. Es scheint unstrittig, dass es zu keiner Zeit zu einer allgemein anerkannten Differenzierung gekommen ist (W. Sparn, Art. Welt/Weltbild/Wetanschauung, IV: Weltbild, 5. Systematisch-theologisch, [wie Anm. 5], 605–611, hier 605). Die systematisch relevante Frage, ob man mit einer solchen Differenzierung arbeiten sollte, lasse ich im Folgenden beiseite.
8   Vgl. H. Thomé, Art. Weltbild/Weltanschauung, HWPh 12, Basel 2004, 453–460/460–463.

Es geht mir nicht darum zu bestreiten, dass wir sinnvoll nach dem Weltbild des Mittelalters, der alten Römer oder auch der Inka fragen können (unabhängig von andersgearteten methodischen Bedenken, die man gegen solch ein Vorgehen vielleicht dann auch wieder haben könnte[9]), jedoch scheint es mir wichtig, dass wir uns vergegenwärtigen, dass der terminologische – und damit *nolens volens* bis zu einem bestimmten Punkt auch der konzeptionelle – Rahmen, innerhalb dessen wir dies tun, bestimmt ist durch eine ganz bestimmte Tradition, in der wir stehen und in die wir uns stellen, indem wir unsere Frage als eine Frage nach der Welt als Bild artikulieren.

Versucht man, sich diese Besonderheit in einer ersten Annäherung vor Augen zu führen, dann besteht sie, so möchte ich behaupten, in der Bündelung von vier Sachverhalten, die in dem Wort ›Weltbild‹ irgendwie enthalten sind und bei seinen Verwendungen mitschwingen:

- Zum einen ist das der Gedanke einer Gesamtvorstellung der Welt, eines Systems, das verschieden sein kann, je nachdem, auf welchen Prinzipien es beruht, das jedoch, wenn man sich erst einmal über diese Prinzipien klar geworden ist, mit einer gewissen Zwangsläufigkeit eintritt.

- Dazu kommt, zweitens, der Gedanke der Konstitutionsbedingungen von Weltwahrnehmung überhaupt, sozusagen der Brille, die ich aufsetze, wenn ich die Welt betrachte: Die Rede vom Weltbild hat also eine erkenntnistheoretische und hermeneutische Dimension.

- Diese Form von Weltwahrnehmung verbleibt nun nicht in der reinen Theorie, sondern sie bestimmt die Grundorientierung des Handelns und insofern auch dessen institutionalisierte Gestalten in der Gesellschaft. Weltbildwandel und Weltbildkonflikte sind gerade auch deshalb so einschneidend und oft schmerzhaft.

- Durch den Gebrauch einer visuellen Metapher wird nun noch insbesondere der Aspekt des Sehens, der bildlichen Vor- bzw. Darstellung der Welt zum Teil dessen, was beim Gebrauch dieses Begriffs mitgesagt oder -gedacht ist: die Welt als Bild eben.

Hängen diese vier Aspekte miteinander zusammen oder handelt es sich einfach um eine unplausibel-assoziierende Begriffsbildung? Im Folgenden soll der Versuch unternommen werden, einen systematischen

---

9   Vgl. die kritische Replik auf das oben (Anm. 2) genannte Buch Tillyards von Helen Gardner: »The ›Elizabethan World Picture‹ tidily presented to us as a system of thought cannot tell us how much of that picture had truth and meaning for any single Elizabethan. And even if we could discover a kind of highest common factor of contemporary beliefs and attitudes, it could not tell us what any individual believed, and certainly not what Shakespeare believed« (H. Gardner, The Business Of Criticism, Oxford 1959=1966, 34).

Zusammenhang zwischen diesen Aspekten so herzustellen, dass sich eine bejahende Antwort auf diese Frage nahe legt. Natürlich kann es nicht darum gehen zu bestreiten, dass im Einzelnen der Bedeutungsgehalt beider Begriffe starken Schwankungen unterworfen gewesen ist. Es wird demgemäß nicht beansprucht, dass die nachfolgenden Rekonstruktionen sich bruchlos auf alle konkreten Verwendungen dieser Begriffe anwenden lassen. Beansprucht wird hingegen die Plausibilisierung des Zusammenhangs zwischen der Prägung der Begriffe Weltbild/Weltanschauung, ihrer rasanten Verbreitung und bestimmten intellektuellen Leitideen, die für das 19. Jahrhundert ausgesprochen typisch sind. Der Prüfstein der hier zu entwickelnden Argumentation wird also darin bestehen, wieweit sie in der Lage ist, die auf den ersten Blick verwirrende Vielfalt von Verwendungen der Begriffe Weltbild und Weltanschauung im Licht von für das 19. Jahrhundert typischen Anliegen zu deuten.

Der Versuch einer solchen systematischen Rekonstruktion wird hier im Wesentlichen unternommen an einem exemplarischen Autor des frühen 19. Jahrhunderts, nämlich Friedrich Schleiermacher. Es ist bekannt, dass Schleiermacher für die Geschichte dieses Begriffskomplexes eine bedeutsame Rolle gespielt hat. Dennoch geht es nicht darum zu behaupten, dass jeder, der im Laufe des 19. Jahrhunderts von Weltanschauung oder Weltbild redet, Schleiermacher oder gar seine Texte kennt. Das muss jedoch seine paradigmatische Bedeutung nicht beeinträchtigen. Ein Autor beeinflusst nicht nur seine Zeit, er ist auch von ihr beeinflusst. Der Erfolg meiner Darlegungen wird insofern nicht davon abhängen, dass sie zeigen können, dass und wie Schleiermacher den Gebrauch dieser Termini tatsächlich beeinflusst hat[10], sondern davon, dass sich an dem bei ihm zu eruierenden theoretischen Unterbau ihre typische Bedeutung paradigmatisch zeigt. Generell ist anzunehmen, dass die rasante Karriere, die die beiden neuen Wörter in wenigen Jahrzehnten gemacht haben, Indiz dafür ist, dass sie einen Nerv der Zeit getroffen haben. Ebenso wahrscheinlich ist, dass sich diese Evidenz nicht nur durch die interne Theorieentwicklung zumal der Geisteswissenschaften erheben lässt, sondern nach wissenssoziologischen und kulturgeschichtlichen Reflexionen verlangt, die freilich jenseits dessen liegen, was hier geleistet werden kann[11].

Ich werde meinen Gedankengang in sechs Schritten entwickeln. Zunächst (1) soll gezeigt werden, dass und wie eine bestimmte Form von

---

10 Ausführliche Untersuchungen zur Begriffsgeschichte liegen vor. Grundlegend ist aus philosophischer Sicht: H.G. Meier, »Weltanschauung«. Studien zu einer Geschichte und Theorie des Begriffs, masch. Diss., Münster 1967.

11 Auch hier liegen einschlägige Untersuchungen vor. Ich verweise ausdrücklich auf den diesen Beitrag kommentierenden und ergänzenden Text von J. Henrich in diesem Band, 195–210.

Differenzerfahrung der Rede von Weltbild und Weltanschauung zugrunde liegt. In einem zweiten Schritt wird diese Beobachtung ergänzt durch den Hinweis auf den Zusammenhang, der mit dem für das 19. Jahrhundert fundamentalen Erkenntnisthema besteht. Es wird sodann argumentiert (3), dass dieser Zusammenhang genauer in dem notwendigen, gleichwohl problematischen Bezug auf ein Ganzes besteht, der in jeder Erkenntnis enthalten ist. Sieht man genauer hin, dann wird dieser Bezug aufs Ganze auf der einen Seite lokalisiert als der Ursprung jeglichen Erkennens, auf der anderen Seite als deren (projiziertes) Endergebnis (4): in diesem doppelten Bezug auf die Totalität von möglicher Erkenntnis besteht die Wurzel des verschiedenartigen Gebrauchs des Weltbild- bzw. Weltanschauungsbegriffs im 19. Jahrhundert (5). Abschließend wird ein Blick auf bestimmte, in diesem Schema mögliche Varianten geworfen (6).

1. Die Entwicklung des Gebrauchs der zwei Termini im 19. Jahrhundert ist beeindruckend. ›Weltanschauung‹ nimmt seinen Ausgang um die Wende vom 18. zum 19. Jahrhundert in zunächst ganz spezifischen Diskursen. ›Weltbild‹ folgt mit einer Verspätung von einigen Jahrzehnten. Doch nur wenig später sind beide Begriffe in aller Munde. Blickt man allein auf die Titel von Veröffentlichungen, so ist man frappiert angesichts dieser Dynamik. Und zwar nicht nur, was die Quantität angeht, sondern auch – beinahe noch mehr – was die Bandbreite betrifft, die Zusammenhänge, in denen plötzlich mit der größten Selbstverständlichkeit von ›Weltbild‹ und ›Weltanschauung‹ gesprochen wird. Noch vor der Jahrhundertmitte gibt es Bücher zur Weltanschauung Pindars[12], des Tacitus[13], Ottos von Freising[14]; andere Titel sprechen von der Weltanschauung der Griechen[15] oder des Reformationszeitalters[16]. Es ist die Rede von »deutscher Welt-Anschauung«[17], von christlicher und sittlich-religiöser Weltanschauung[18]. Die Weltanschauung der Junghegelianer wird diesen sowohl von ihren Gegnern zugeschrieben[19] als auch von ihnen als Selbst-

---

12 G. Bippart, Pindars Leben, Weltanschauung und Kunst, Jena 1848.
13 K. Hoffmeister, Die Weltanschauung des Tacitus, Essen 1831.
14 B. Huber, Otto von Freising. Sein Charakter, seine Weltanschauung, sein Verhältniß zu seiner Zeit und seinen Zeitgenossen als ihr Geschichtsschreiber, aus ihm selbst dargestellt, München 1847.
15 A. Spieß, Die weiblichen Charaktere der griechischen Tragödie, entwickelt aus der Weltanschauung der Griechen, Dillenburg 1846.
16 M. Carriere, Die philosophische Weltanschauung der Reformationszeit in ihren Beziehungen zur Gegenwart, Stuttgart u.a. 1847.
17 J.J. Wagner, Strahlen deutscher Welt-Anschauung, Ulm 1839.
18 I.A. Dorner stellt seine Königsberger Antrittsvorlesung unter den Titel: Über die ethische Auffassung der Zukunft zu dem Lehrstücke der Sittenlehre von der christlichen Weltanschauung (Königsberg 1845).
19 J.P. Romang, Der neueste Pantheismus oder die junghegelsche Weltanschauung nach ihren theoretischen Grundlagen und praktischen Consequenzen. Allen Denkenden gewidmet, Stämpfli u.a. 1848.

beschreibung angenommen[20]. Spätestens seit der Jahrhundertmitte sind dann Publikationen mit solchen Titeln kaum noch zu zählen.

Seit etwa dieser Zeit bildet dann zunehmend die polemische Abgrenzung zwischen alter und neuer oder zwischen naturwissenschaftlicher und christlicher Weltanschauung einen neuen Schwerpunkt der Diskussionen[21], ohne freilich das historisch-kulturelle Interesse an der Weltanschauung von dem oder jenem merklich abzuschwächen. Von den 80er Jahren an und verstärkt seit der Jahrhundertwende kommen (wiederum ergänzend, nicht ersetzend) oft ganz ähnlich formulierte Titel hinzu, in denen von »Weltbild« statt von »Weltanschauung« die Rede ist[22].

Überblickt man diese Vielfalt auf der Suche nach Verbindendem, das vielleicht die Faszination für diese neuen Begriffen erklären kann, dann fällt zunächst einmal ganz grob eine Zweiteilung ins Auge. Es gibt nämlich zum einen eine Tendenz, die Begriffe in historisch-kulturwissenschaftlichen Zusammenhängen (das Weltbild/die Weltanschauung von x) zu gebrauchen. Daneben werden sie zunehmend in politischen, religiösen, ideologischen Kontroversen zur Selbst- und Fremdbezeichnung mit Epitheta wie ›naturwissenschaftlich‹, ›christlich‹, ›deutsch‹ gebraucht.

Für beide Erscheinungen liegen Erklärungen nahe: für Ersteres die Differenzerfahrung, die mit dem historischen Denken einhergeht und überhaupt erst dazu führt, dass anderes radikal *als* anderes wahrgenommen wird, die Einsicht, dass andere Menschen, Menschen zu anderen Zeiten oder in anderen Kulturen die Welt gewissermaßen mit anderen Augen gesehen haben. Dieses Denken im Paradigma von Weltanschauungen bzw. Weltbildern führte dann oft zu einem (z.B. »historistischen«) erkenntnistheoretischen Relativismus, zu einem Einschränken von Wahrheitsansprüchen, die nämlich nur noch innerhalb eines bestimmten weltanschaulichen Paradigmas Geltung haben. Die Pluralität von fundamentalen Zugängen zur Welt unserer Erfahrung ist in diesem Sinne unhintergehbar: es gibt immer schon Weltanschauung*en* und Weltbild*er*. Gleichzeitig ist diese Pluralisierung aber eine gebremste. Denn der im Begriff von Weltbild steckende Bezug auf ›Welt‹ indiziert den gemeinsamen Bezug auf *eine* Welt. Ich lasse hier die grundsätzliche Frage beiseite, ob und wie weit eine radikale Pluralisierung in diesem Sinn *überhaupt*

---

20 A.E. Biedermann, Unsere junghegelsche Weltanschauung oder der sogenannte neueste Pantheismus. Allen Denkenden J.P. Romangs gewidmet, Zürich 1849.
21 E. Baltzer, Alte und Neue Welt-Anschauung. Vorträge, Nordhausen u.a. 1850ff.; C.F.W. Held, Moderne Weltanschauung und Christentum. Ein Vortrag, Breslau 1866.
22 C. Semler, Das Weltbild der Ilias und seine Bedeutung für unsere Zeit, Dresden 1885; K. Heim, Das Weltbild der Zukunft. Eine Auseinandersetzung zwischen Philosophie, Naturwissenschaft und Theologie, Berlin 1904; E. Haeckel, Das Weltbild von Darwin und Lamarck. Festrede zur 100jährigen Geburtstag-Feier von Charles Darwin am 12.2.1909, gehalten im Volkshause zu Jena, Leipzig ²1909.

denkmöglich ist; auf der begrifflichen Ebene ist jedenfalls bemerkenswert, dass die Rede von ›Welten‹, die in bestimmten Kontexten im 20. Jahrhundert üblich geworden ist, im Zusammenhang mit der hier thematisierten Entwicklung nicht beobachtet wird. Es steht von vornherein zu vermuten, dass hinter der Pluralisierung von Weltanschauungen oder Weltbildern doch in vielen Fällen eine Einheitsvision stehen wird, wobei die Frage zunächst offen ist, wie sich eine solche Einheit zu der Pluralität von Geltungsansprüchen verhalten kann.

Eine solche ›gebremste‹ Pluralität kennzeichnet auch die zweite Gruppe. Denn auch für die Polemik von Weltbild A gegen Weltbild B gilt, dass sie nur unter der Voraussetzung einer Mehrheit von Weltbildern sinnvoll ist. Insofern liegt auch hier eine Differenzerfahrung zu Grunde. Eine solche kann zwischen Tradition und Gegenwart oder zwischen Lebenswelt und Wissenschaft aufreißen. Aus dieser Differenzerfahrung werden freilich hier ganz und gar keine relativistischen Schlüsse gezogen. Vielmehr ist die Tatsache – oder zumindest der Anspruch – impliziert, dass durch die Revolutionierung unserer Kenntnisse und unseres Wissens, durch grundstürzende neue Einsichten sich unser Bild, unsere Grundanschauung von der Welt zwangsläufig geändert habe und diese neue Weltanschauung, dieses neue Weltbild nun mit einem großen Einsatz an missionarischer Propaganda vermittelt werden muss, um möglichst viele Menschen der neu gefundenen Wahrheit zuzuführen, ihnen diese nahe zu bringen. So folgt für Ludwig Büchner in seinem 1855 in erster Auflage erschienen Buch *Kraft und Stoff* aus der Erkenntnis, dass es Kraft nicht außerhalb von Körpern gebe, die

> für unsere Weltanschauung bestimmende Forderung, [...] daß die bisherige Annahme, als habe eine als für sich bestehend gedachte Schöpferkraft Natur und Welt aus sich selbst oder aus dem Nichts hervorgebracht, mit dem ersten und einfachsten Grundsatz einer auf Logik und Erfahrung gebauten Naturbetrachtung in unversöhnlichen Widerspruch gerät.[23]

Hier scheint die Weltanschauung so etwas zu sein wie ein Resultat, ein Gesamtbild, das sich durch die Zusammenfügung vieler Einzelaspekte und -beobachtungen ergibt, das jedoch, wenn einem diese Detailkenntnisse vorliegen, sich mit logischer Zwangsläufigkeit einstellt.

Über die Gründe dieses Unterschieds wird noch zu reden sein. Ich halte zunächst fest, dass bei aller Verschiedenheit zwischen jener historisch-kulturellen und dieser polemischen Verwendung des Wortes die oben so genannte Differenzerfahrung beiden jedenfalls gemeinsam ist. Im einen wie im anderen Fall handelt es sich um Formen des Zugangs zur einen Welt, die auf einer so grundsätzlichen Ebene voneinander ver-

---

23 L. Büchner, Kraft und Stoff. Grundzüge der natürlichen Weltordnung. Nebst einer darauf gebauten Sittenlehre, Leipzig 1902, 3 (Erstausgabe: Frankfurt a.M. 1855).

schieden sind, dass jedenfalls eine rationale Vermittlung zwischen ihnen nicht möglich, aber auch nicht sinnvoll oder erstrebenswert erscheint. Der Grund dafür ist offenbar der, dass die Ebene, auf der diese Differenz besteht, ihrerseits den Rahmen bildet für das Zustandekommen von Rationalität bzw. von Erkenntnis überhaupt. Diese Verbindung von Weltbild und Erkenntnis bringt mich zu meinem zweiten Punkt.

2. Die beiden beobachteten Typen des Wortgebrauchs von Weltbild/Weltanschauung sind bezogen auf das Zustandekommen von Erkenntnis. Sie lenken den Blick auf den Zusammenhang zwischen dem Individuum, dem erkennenden Subjekt und seinem Wissen von der Welt. Indem sie diesen Zusammenhang thematisieren, lässt sich auf eine zunächst sehr vorläufige und eher unpräzise Weise die Beschreibung ihrer Einbindung in die geistige Grundverfasstheit des 19. Jahrhunderts fortsetzen. Denn dass das Problem der Erkenntnis eines der zentralen Probleme jener Zeit gewesen ist, das steht außer jedem Zweifel.

Es ist wichtig, diese Behauptung nicht zu eingeschränkt zu verstehen. Sicherlich: die Faszination des 19. Jahrhunderts für das Erkenntnisproblem zeigt sich *auch* an der letztlich durch Kant, unmittelbar unter anderem durch die Dialektikvorlesungen Schleiermachers angestoßenen Entwicklung der Erkenntnistheorie, also der Ausbildung einer eigenen philosophischen Disziplin, die sich mit der Frage nach dem Zustandekommen von Erkenntnis beschäftigt und als solche zur philosophischen Grundlagenwissenschaft schlechthin wird[24]. Nicht zuletzt in der Theologie ist diese Auffassung für lange Zeit maßgeblich geworden. Bei eben den Theologen, die die Religion ganz eng an den Begriff der Weltanschauung rückten und Theologie als Weltanschauungswissenschaft bestimmten, wurde ebenso die Notwendigkeit einer vorgehenden theologischen Erkenntnislehre betont[25].

Man geht trotzdem sicher nicht fehl, wenn man in diesem philosophischen und theologischen Interesse an Erkenntnistheorie seinerseits einen Reflex auf eine gesellschaftlich-kulturelle Situation sieht, in der Wissen und Erkenntnis zunehmend auf der Tagesordnung standen. Und zwar zum einen unter dem Aspekt der atemberaubenden Erweiterung des Wissens- und Erkenntnisstandes durch den Aufschwung der Naturwissenschaften, andererseits aber ebenso durch die Infragestellung traditioneller Gewissheiten auf *allen* Gebieten, nicht zuletzt im ethischen und religiösen Bereich. Die Frage: was kann ich (eigentlich noch) wissen? wurde so angesichts der eingangs konstatierten Differenzerfahrung zu

---

24 Vgl. z.B. C.K. Köhnke, Entstehung und Aufstieg des Neukantianismus. Die deutsche Universitätsphilosophie zwischen Idealismus und Positivismus, Frankfurt a.M. 1986, 58–105.
25 Vgl. Anm. 70–73.

einer längst nicht nur akademisch interessanten Frage, eine Situation, die bekanntlich bis heute anhält. Man muss auch rein wissenschaftspolitisch seinen Hut ziehen vor dem Scharfsinn von Christian Weiße und Immanuel Herrmann Fichte, die Mitte der 1840er Jahre, als die Philosophie nach dem Kollaps der idealistischen Systeme in der Defensive war[26], ihr dies Thema auf die Tagesordnung setzten[27].

Wie hängt nun mit dieser wesentlich unkontroversen Relevanz der Erkenntnisthematik die Frage nach Weltbild bzw. Weltanschauung zusammen? Die kurz gefasste Antwort lautet: Mit dem Erkenntnisproblem ist unmittelbar mitgestellt die Frage nach dem Ganzen, nach einer Totalität von Wissen. Hier ist systematisch der Ort der Frage nach einem Weltbild, einer Weltanschauung. Dieser wird unter dem Einfluss von Kant oft im Bereich der Ästhetik oder einer nach Analogie der Ästhetik verstandenen Religion gesucht.

3. »Unser Wissen ist Stückwerk« – an dieser Einschätzung des Apostels Paulus hat sich auch nach zweitausend Jahren im Grundsatz nichts geändert. Und anders kann es auch gar nicht sein. Wir haben uns längst an den Erfahrungssatz gewöhnt, dass hinter jeder beantworteten zehn neue Fragen auftauchen.

Gleichzeitig ist jedoch auch klar, dass es keinerlei Wissen und keinerlei Erkenntnis ohne Bezug auf die Idee eines Ganzen geben kann. Denn unser Bewusstsein davon, dass wir nur Ausschnitte eines größeren Bildes erkennen, setzt die Annahme der Existenz dieses größeren Bildes sowie auch eine gewisse Vorstellung davon voraus: kein Teil ohne dazugehöriges Ganzes. Umstritten ist freilich, was das konkret bedeutet. Denn eine ›Erkenntnis‹ des Ganzen, ein ›Wissen‹ vom Ganzen kann es ja gerade nicht sein. Die Erklärung würde sich im Kreis drehen, wenn eine solche Erkenntnis des Ganzen Voraussetzung konkreter Erkenntnis wäre. Sie kann natürlich ihr Ziel sein, wird als solches jedoch nie erreicht und wird insofern auch als Zielbegriff streng genommen nie zur Erkenntnis. Was ist dann der epistemische Status dieses in jeder Erkenntnis implizierten Bezugs auf das Ganze?

Wie man weiß, war Kant in dieser Hinsicht zurückhaltend. In der *Kritik der reinen Vernunft* bezeichnet er die Gesamtheit aller möglichen

---

26 Die Verlegenheit der Geisteswissenschaften angesichts einer naturwissenschaftlichen Entwicklung, die sie nicht mehr nötig zu haben schien, ist ein Gemeinplatz. Berühmt ist der Satz aus dem Vorwort der Logischen Untersuchungen von A. Trendelenburg: »Die Wissenschaften versuchen glücklich ihre eigenthümlichen Wege.« (Berlin 1840, Bd. 1, ivf.). »Wissenschaften« sind hier schon kommentarlos die Einzelwissenschaften!

27 C.H. Weiße, In welchem Sinn die deutsche Philosophie jetzt wieder an Kant sich zu orientieren hat. Eine akademische Antrittsrede, Leipzig 1847; I.H. Fichte, Grundsätze für die Philosophie der Zukunft. Ein Vortrag zur Eröffnung der ersten Philosophenversammlung in Gotha am 23. September 1847, Stuttgart 1847.

Erscheinungen (für ihn ist genau das die Bedeutung des Wortes »Welt«) als eine Idee der Vernunft, und zwar genauer und ausdrücklich als ›nur‹ eine Idee:

> Das absolute Ganze aller Erscheinungen ist nur eine Idee, denn, da wir dergleichen niemals im Bilde entwerfen können, so bleibt es ein Problem ohne alle Auflösung.[28]

Ein Weltbild kann es von daher gar nicht geben, eben weil die Welt als Ganze kein möglicher Gegenstand von Erfahrung sein kann. Man wird angesichts dessen im betonten Interesse der Romantik und des Idealismus an der Möglichkeit einer Anschauung der Welt, nämlich einer Weltanschauung, durchaus eine kantkritische Nuance hören können, ein bewusstes Ausspielen einer Einsicht, von der man meinte, man habe sie (und durch sie sei man) über Kant hinaus[29].

Dennoch wäre es vereinfacht, die Popularität der Begriffe Weltanschauung und Weltbild im 19. Jahrhundert nur oder primär als Verlängerung eines antikantschen Affekts der Romantiker und Idealisten zu sehen. Auf andere Weise hat Kant mit dieser Entwicklung wiederum auch direkt sehr viel zu tun. Dass Hegel in der *Phänomenologie des Geistes* das Kantkapitel unter die Überschrift setzt: *Die moralische Weltanschauung*, mag ein Hinweis darauf sein, dass Kant seine Skepsis gegenüber dem Bild der Welt ausdrücklich für den praktischen Vernunftgebrauch suspendiert hat[30]. An der eben zitierten Stelle aus dem *Ersten Buch der Transzendentalen Dialektik* fährt Kant fort:

> Dagegen, weil es im praktischen Gebrauch des Verstandes ganz allein um die Ausübung nach Regeln zu tun ist, so kann die Idee der praktischen Vernunft jederzeit wirklich, ob zwar nur zum Teil, in concreto gegeben werden, ja sie ist die unentbehrliche Bedingung jedes praktischen Gebrauchs

---

28 I. Kant, Kritik der reinen Vernunft (KrV), A 328.
29 Charakteristisch in dieser Hinsicht ist J.G. Fichtes Gebrauch des Begriffs im § 9 seiner 1792 erschienenen Schrift Versuch einer Kritik aller Offenbarung. Der Dualismus von Natürlichem und moralischem Gesetz wird überwölbt durch den Gottesbegriff: »Gott ist, laut der Vernunftpostulate, als dasjenige Wesen zu denken, welches die Natur dem Moralgesetze gemäss bestimmt. In ihm also ist die Vereinigung beider Gesetzgebungen, und seiner Weltanschauung liegt jenes Princip, von welchem sie beide gemeinschaftlich abhängen, zum Grunde.« (Ders., Sämmtliche Werke, hg. v. I.H. Fichte, Berlin 1845/46, Bd. 5, 108). Vgl. das 1825 ausgesprochene Urteil von Ernst Reinhold, dem Sohn des bekannten Kantianers: »Heut zu Tage entblödet sich freilich die Mittelmäßigkeit nicht, Kants Größe herabwürdigend laut zu werden, in einem vornehmen Tone von dem niedern Standpunkte, auf dem er stehen geblieben, und von den Vielen, was er wie blind übersehen, zu reden, keck auszusprechen: man könne Kants Werke nicht wohl ohne Lächeln lesen.« (Karl Leonhard Reinhold's Leben und literarisches Wirken ..., Jena 1825, 41; zit. nach: C.K. Köhnke, Entstehung [wie Anm. 24], 24).
30 G.W.F. Hegel, Phänomenologie des Geistes (1807). Werke 3, Frankfurt a.M. ³1991 (stw 603), 442f.

der Vernunft. Ihre Ausübung ist jederzeit begrenzt und mangelhaft, aber unter nicht bestimmbaren Grenzen, also jederzeit unter dem Einflusse des Begriffs einer absoluten Vollständigkeit.[31]

Aus dieser Formulierung spricht Kants bekannte Überzeugung, dass, was der spekulativen Vernunft verschlossen bleibe, der praktischen Vernunft möglich sei. Sofern wir also beim Verfolgen der Imperative der praktischen Vernunft solche Annahmen machen müssen, sind wir dazu berechtigt, solange uns dieser begrenzte Gebrauch dabei nicht aus dem Sinn kommt. Nicht gemeint ist also, dass der Umweg über die praktische Vernunft uns aufs Neue zu einem spekulativ gefassten Begriff von Totalität verhilft.

Nun ist gerade dieser kantsche Gedanke bei seinen unmittelbaren Nachfolgern auf wenig Gegenliebe gestoßen. Und wir können auch leicht sehen, warum. Er macht nämlich – so scheint es zumindest – um die epistemische Frage, was diese Beschränkung aufs Praktische denn nun für unseren Umgang mit den Ideen der Vernunft bedeute, offenbar einen Bogen. Das Unbefriedigende scheint darin zu bestehen, dass Kant zwar konzediert,

(a) der Mensch bediene auf der Suche nach Erkenntnis sich der Vernunftideen praktisch zwangsläufig und falle auf den transzendentalen Schein herein und

(b) die praktische Vernunft eröffne einen Weg, der der theoretischen Vernunft versperrt war.

Er weigert sich aber (und zwar offensichtlich mit Bedacht), nun den Schritt zu gehen, dass

(c) durch den praktischen Vernunftgebrauch oder auch auf noch einem anderen Wege dann doch wieder die der theoretischen Vernunft nötige, aber ihr aus eigener Kraft fehlende Begründung substituiert wird.

Einen gewissen Ausgleich freilich bietet Kant an, und dieser Fingerzeig dürfte für die weitere Entwicklung nicht unbedeutend gewesen sein. In seiner *Kritik der Urteilskraft* nämlich scheint er die Möglichkeit einzuräumen, dass in der ästhetischen Urteilskraft, und zwar im Begriff des Erhabenen, jener Hiatus, also der Abgrund zwischen dem Drängen der Vernunft auf Totalität und ihrem Mangel an Anschauung, doch überbrückt werden kann. Kant argumentiert dort, dass das Vermögen der Vernunft, »das gegebene Unendliche [...] ohne Widerspruch auch nur denken zu können, [...]« übersinnlich ist:

---

31 KrV A 328.

Denn nur durch dieses (sc. Vermögen) und dessen Idee eines Noumenons, welches selbst keine Anschauung verstattet, aber doch der Weltanschauung, als bloßer Erscheinung, zum Substrat unterlegt wird, wird das Unendliche der Sinnenwelt in der reinen intellektuellen Größenschätzung unter einem Begriffe zusammengefaßt.[32]

Das Fazit seiner Überlegung an dieser Stelle lautet: »Erhaben ist also die Natur in derjenigen ihrer Erscheinungen, deren Anschauung die Idee ihrer Unendlichkeit bei sich führt.«[33] Es handelt sich hier um überhaupt einen der frühesten, wenn nicht den frühesten Beleg für den Gebrauch des Wortes ›Weltanschauung‹[34]. Gemeint ist damit offenbar Folgendes: Anschauung der Welt wird zur Wahrnehmung der Unendlichkeit der Natur, indem ihr die Vernunftidee der Totalität zugeordnet wird. Weltanschauung gehört hier also ganz eindeutig auf die Seite der sinnlichen Wahrnehmung (»bloße Erscheinung«). Durch unser Betrachten scheint etwas auf von der wesentlichen Unendlichkeit (und insofern: Erhabenheit) der Natur, die die Weltanschauung, wie wir vielleicht sagen würden, symbolisiert.

Hier sind wir von dem, wie wir Weltanschauung oder Weltbild gewöhnlich verstehen, noch recht weit entfernt. Denn weder meint Kant hier so etwas wie ein Gesamtsystem von Ansichten, noch die transzendentale Bedingung der Möglichkeit von Erkenntnis. Es gibt, wie mir scheint, nur einen Punkt, der Kants Gebrauch von Weltanschauung mit der folgenden Entwicklung tatsächlich verbindet, und das ist seine Einbettung in den Bereich der Ästhetik. Auch dessen Relevanz wird allerdings erst von der Weiterentwicklung her im Rückblick deutlich.

Charakteristisch für den weiteren Fortgang der Entwicklung ist Schleiermachers Aufnahme der Begrifflichkeit in seinen *Reden über die Religion* von 1799[35]. Hier erhält der Gedanke wie auch der Begriff des Anschauens der Welt oder des Universums eine systematische Zentralstellung, die in der Fluchtlinie der von Kant gestellten Thematik liegt und doch in ihrer Intention und in ihrer Ausführung ganz andere Wege geht, als jener dies je hätte akzeptieren können.

Dennoch sei zunächst auf das Verbindende hingewiesen. Ebenso wie Kant (jedenfalls der Kant der dritten Kritik) nimmt auch Schleiermacher

---

32 I. Kant, Kritik der Urteilskraft (KdU) §26, B 93.
33 I. Kant, KdU ebd.
34 H.G. Meier, Weltanschauung (wie Anm. 10), 71–73. Zur Auslegung dieser Stelle siehe auch: E. Herms, »Weltanschauung« bei Friedrich Schleiermacher und Albrecht Ritschl, in: Ders., Theorie für die Praxis. Beiträge zur Theologie, München 1982, 121–143, hier 125f.
35 Für die Interpretation jener Stellen vgl. E. Herms, Weltanschauung (wie Anm. 34), 124–133 und – z.T. anders akzentuiert – M. Moxter, Art. Welt/Weltanschauung/Weltbild, III: Weltanschauung, 1. Dogmatisch und Philosophisch (wie Anm. 5), 544–555, hier 551f.

eine Dreiteilung der Vernunft (des »Gemüts«) an, deren Vermögen (Denken, Handeln, Fühlen) bei ihm allerdings auf die Trias von Metaphysik, Moral und Religion zielen. Das bedeutet – und wohl nicht zufällig –, dass Schleiermacher die Religion systematisch dort einordnet, wo bei Kant die Ästhetik ihren Ort gehabt hatte. Angesichts dessen ist es dann auch wenig verwunderlich, wenn genau in diesem Bereich für Schleiermacher der Begriff der Anschauung einen zentralen Platz einnimmt. Als Gemeinsames aller drei Vermögen bestimmt er den Bezug auf das Universum[36]; das Spezifische der Religion ist es dementsprechend dieses anzuschauen. Anschauen wird hier bestimmt als das »andächtige Belauschen« der »eigenen Darstellungen und Handlungen« des Universums, sich ergreifen und erfüllen lassend »in kindlicher Passivität« »von seinen unmittelbaren Einflüssen«[37]. Und weiter:

> Anschauen des Universums, ich bitte befreundet Euch mit diesem Begriff, er ist die Angel meiner ganzen Rede, er ist die allgemeinste und höchste Formel der Religion, woraus ihr jeden Ort in derselben finden könnt, woraus sich ihr Wesen und ihre Gränzen aufs genaueste bestimmen lassen. Alles Anschauen geht aus von einem Einfluß des Angeschauten auf den Anschauenden, von einem ursprünglichen und unabhängigen Handeln des ersteren, welches dann von dem letzteren seiner Natur gemäß aufgenommen, zusammengefaßt und begriffen wird.[38]

Weltanschauung – hier also eine ganz bewusste Bildung in Anbetracht dieses Verständnisses vom Anschauen des Universums – ist demnach eine rein rezeptive Berührung des Subjekts mit der Welt, in der diese ihm durch ihr eigenes, »ursprüngliches und unabhängiges Handeln« etwas von sich enthüllt, »offenbart«, wie Schleiermacher auch sagen kann[39]. Und zwar in ihrer Ganzheit: das ist gerade die Pointe dieser Theorie der Unmittelbarkeit, wie man dies wohl nennen kann. Die immer schon durch die Einwirkung der Erkenntniswerkzeuge gebrochene konkrete Erkenntnis der Einzelnen, in der das Denken aktiv auf die Sinneswahrnehmungen einwirkt – soll hier ausgeschlossen sein:

> Alles Einzelne als einen Theil des Ganzen, alles Beschränkte als eine Darstellung des Unendlichen hinnehmen, das ist Religion.[40]

---

36 F. Schleiermacher, Über die Religion. Reden an die Gebildeten unter ihren Verächtern, Berlin 1799, hg. v. G. Meckenstock, Berlin/New York 1999, 41.
37 F. Schleiermacher, Reden (wie Anm. 36), 50.
38 F. Schleiermacher, Reden (wie Anm. 36), 55f.
39 Schleiermacher spricht hier und an vergleichbaren Stellen vom »Anschauen des Universums« bzw. der »Welt«. An anderen Stellen der Reden gebraucht Schleiermacher das Kompositum ›Weltanschauung‹ in einer an den Kant der KdU erinnernden Weise und deshalb klar unterschieden von Religion (I. Kant, KdU [wie Anm. 32], 168). Vgl. M. Moxter, Art. Welt (wie Anm. 5), 551, der die systematische Bedeutung dieser Stellen jedoch m.E. überstrapaziert.
40 F. Schleiermacher, Reden (wie Anm. 36), 56.

Man sieht an solchen Formulierungen die in bestimmter Hinsicht dann doch wieder enge Verbindung zum Kant der *Kritik der Urteilskraft*, der freilich in diesem Zusammenhang vom Erhabenen gesprochen hatte. Was beide verbindet, ist die ästhetische Fundierung einzelner Erkenntnisakte. Auf diese Weise entsteht bei Schleiermacher gleichzeitig ein Perspektivismus, jedenfalls für dieses Verhältnis des einzelnen zum Universum: denn das ›Anschauen‹ ist, wie Schleiermacher ausdrücklich bemerkt, von jedem Punkt aus ein Verschiedenes:

> Dicht hinter Euch, dicht neben Euch mag einer stehen, und alles kann ihm anders erscheinen.[41]

Irgendein Wahrheitsanspruch bezüglich dieses letzten Standpunktes läuft demgegenüber ins Leere:

> Im Unendlichen steht alles Endliche ungestört neben einander, alles ist Eins und alles ist wahr.[42]

Offenbar besteht hier wiederum ein Zusammenhang mit der eingangs angesprochenen Differenzerfahrung. Ein umfassendes Verständnis des Verhältnisses des Einzelnen zum Universum führt nicht zu einer universal gültigen Form von Erkenntnis, sondern resultiert in einer Gleichberechtigung individueller Zugänge zur Welt.

Zwei Einschränkungen sind allerdings angebracht. Erstens: Schleiermacher systematisiert diese Zugänge an späterer Stelle in den *Reden* und gelangt so zu typisierten Formen, die die Grundlage der für ihn wiederum mit dem Religionsbegriff gegebenen Gemeinschaftlichkeit bilden[43]. Zum anderen ist wiederum festzuhalten, was eingangs grundsätzlich festgestellt wurde: es geht bei aller Perspektivität um Zugänge zur *einen* Welt. Gerade der Hinweis auf die All-Einheit im Unendlichen im angeführten Zitat belegt, wie wenig ein Einheitsdenken hier aufgegeben wurde. Eine Versöhnung der Verschiedenheit ist suspendiert für die Einheit stiftende Funktion der Ratio. Als ihr zugrunde liegender einheitlicher Grund ist eine solche Versöhntheit jedoch jederzeit vorauszusetzen.

Nun ist es freilich in den *Reden* Schleiermachers Absicht, die drei Weltzugänge (Denken, Handeln, Anschauen) radikal voneinander abzugrenzen. Man könnte also fragen, ob nicht damit gerade das Weltanschauen der Religion strikt vom Denken und also von der Erkenntnis getrennt werde. Aber das ist nicht Schleiermachers Position. In den *Reden* konnte

---

41 F. Schleiermacher, Reden (wie Anm. 36), 59.
42 F. Schleiermacher, Reden (wie Anm. 36), 64.
43 F. Schleiermacher, Reden (wie Anm. 36), 165–168. In der fünften Rede heißt es freilich über die positiven Religionen, sie entstünden, wenn ein Individuum seine Anschauung »aus freier Willkühr« zum Zentrum einer ganzen Religion macht (259f.). Die dort angebotenen Beispiele für Judentum (286–291) und Christentum (291–295) verzichten dann aber nicht auf eine religionsinterne Stufung: dem Christentum kommt eine besondere Stellung zu, weil es »die Religion selbst als Stoff für die Religion verarbeitet« (293).

er darauf verzichten zu erklären, wie denn nun Denken und Handeln konstituiert werden. Wo er auf diese Fragen einzugehen hat, in seinen Dialektikvorlesungen, wird sogleich deutlich, dass im Begriff des Wissens alle drei Zugangsformen zusammenkommen. Aber noch mehr. Die einflussreiche Schleiermachersche Konzeption zeigt gleichzeitig auf, inwiefern innerhalb der Erkenntnistheorie der Gedanke der Totalität einen gewissermaßen doppelten systematischen Ort hat, insofern er Ursprung und Ziel der Erkenntnis bezeichnet. Diese Beobachtung wird uns, so meine ich, dem Verständnis der Geschichte von Begriff und Konzeption von Weltbild/Weltanschauung im 19. Jahrhundert näher bringen.

4. Auf die Bedeutung dieser Vorlesungen für die Entwicklung der Erkenntnistheorie im 19. Jahrhundert wurde schon verwiesen[44]. Sie übten, wie Friedrich Überweg in seiner 1857 erschienenen Logik bemerkt, eine große Faszination aus bei allen, die Interesse hatten an der »Vermittlung zwischen den Gegensätzen der subjectivistisch-formalen und der metaphysischen Logik«[45], und das war seit den 40er Jahren die Mehrheit der Philosophen, die sich mit dem Problem der Erkenntnis befassten.

Das Spezifische an Schleiermachers Ansatz lässt sich kurz so zusammenfassen, dass auf der einen Seite die typischen Dualismen Kants: sinnliche Wahrnehmung – Denken; Denken – Handeln; Denken – Sein etc. ernst genommen werden und über weite Strecken die Darstellung strukturieren. Sie bleiben jedoch nie als Gegensätze erhalten. Das hat seinen Grund darin, dass für Schleiermacher diese Paare die gegensätzlichen Prinzipien eines Kontinuums sind, die jedoch als eine solche Zweiheit nur an den gedachten Polen dieses Kontinuums in Erscheinung treten würden, während das Kontinuum dadurch zu Stande kommt, dass die beiden in je unterschiedlichem Verhältnis miteinander gemischt und wechselseitig durchdrungen sind[46]. Was also auf den ersten Blick als ein Dualismus erscheinen kann, ist in Wahrheit ein kontinuierlich gedachter Übergang von der durch das eine zu der durch das andere Prinzip maßgeblich bestimmten »Seite«

Es ist unter diesen Umständen erklärlich, aber eben falsch, dass

---

44 F. Schleiermacher, Vorlesungen über die Dialektik, 2 Bde., hg. v. A. Arndt, Berlin/New York, 2002.

45 F. Überweg, System der Logik und Geschichte der logischen Lehren, Bonn ²1865, 55 (§ 34). Das Vorwort der 1. Auflage (1857) beginnt mit einem Hinweis auf Schleiermacher; auch dort wird dessen fundamentale Bedeutung für die weitere Entwicklung herausgehoben (iiif.). Über die Wirkungsgeschichte der Dialektik insgesamt vgl. I. Hübner, Wissenschaftsbegriff und Theologieverständnis. Eine Untersuchung zu Schleiermachers Dialektik, Berlin/New York 1997, 204–270.

46 Zu diesem fundamentalen Prinzip Schleiermacherschen Denkens vgl. M. Moxter, Güterbegriff und Handlungstheorie. Eine Studie zur Ethik Friedrich Schleiermachers, Kampen 1992, 198f.

Schleiermachers Konzeption schon früh als ›kantisch‹ identifiziert wurde. Vgl. Chr. v. Sigwart, Schleiermachers Erkenntnistheorie und ihre Bedeutung für die Grundbegriffe der Glaubenslehre, Jahrbücher für Deutsche Theologie 2, 1857, 267–327..

Diese Struktur kehrt in der *Dialektik* – wie auch in den anderen Werken Schleiermachers – immer wieder. Sie bestimmt hier unter anderem das Verhältnis von wahrnehmender (Schleiermacher sagt: »organischer«) und intellektueller Funktion im Denken[47], von Denken und Handeln[48], von Idealem und Realem im Sein[49]. Was Letzteres betrifft (diese Zweiheit konstituiert übrigens die Grundwissenschaften Ethik und Physik[50]), so zeigt dies Verhältnis sich für das Wissen darin, dass dieses in Begriff und Urteil fortschreitet und so beides ständig miteinander in Beziehung bringt und bringen muss[51]. Dabei repräsentiert der Begriff das Sein sofern es ideal und einheitlich ist, das Urteil hingegen, sofern es real und vielfältig ist. Rein ideal wäre demnach ein Begriff, der alle denkbaren Prädikate bereits in sich enthielte, und von dem man aus eben diesem Grund nichts mehr aussagen könnte. Er wäre die Negation aller Gegensätze, als solche freilich Begriff nur noch »der Materie«, nicht »der Form nach«[52]. Rein real wäre ein Urteil, das die Vielheit aller denkbaren Prädikate des Seins ausspräche: in diesem Fall gäbe es allerdings kein eigentliches Subjekt mehr, das durch eine solche Aussage bestimmt würde[53].

Beide Extreme können also offenbar kein Gegenstand des Wissens sein, obgleich sie es als seine Grenzwerte transzendental ermöglichen. Schleiermacher identifiziert nun »die Totalität des Seins als Vielheit gesetzt« mit der Welt, die Totalität des Seins als Einheit gesetzt aber mit Gott. Beide seien, so schreibt er, nicht identisch, aber *correlata*[54]. Die Idee der Welt sei dasjenige, woraufhin sich alles Wissen immer bewegt, ohne es je erreichen zu können, die Idee Gottes ist dagegen dasjenige, wovon es immer schon herkommt:

> Wie die Idee der Gottheit der transcendentale Terminus *a quo* ist, und das Prinzip der Möglichkeit des Wissens an sich: so ist die Idee der Welt der transcendentale Terminus *ad quem* und das Prinzip der Wirklichkeit des Wissens in seinem Werden.[55]

---

47 Schleiermacher, Vorlesungen zur Dialektik. Ausarbeitungen zur Dialektik 1814/15 (wie Anm. 44), Satz 107ff., 94f.
48 F. Schleiermacher, Dialektik 1814/15 (wie Anm. 44), Satz 212, 140.
49 F. Schleiermacher, Dialektik 1814/15 (wie Anm. 44), Sätze 132f., 100f.
50 F. Schleiermacher, Dialektik 1814/15 (wie Anm. 44), Satz 211, 139f.
51 F. Schleiermacher, Dialektik 1814/15 (wie Anm. 44), Sätze 138–152, 102–105.
52 F. Schleiermacher, Dialektik 1814/15 (wie Anm. 44), Sätze 149f., 105.
53 F. Schleiermacher, Dialektik 1814/15 (wie Anm. 44), Sätze 162f., 108.
54 F. Schleiermacher, Dialektik 1814/15 (wie Anm. 44), Satz 219, 147.
55 F. Schleiermacher, Dialektik 1814/15 (wie Anm. 44), Satz 222, 149.

Was die Idee der Welt betrifft, so drückt sich Schleiermacher regelrecht kantisch aus, wenn es heißt:

> Sie kann uns nie als Anschauung [gegeben sein,] in welcher speculatives und empirisches, ethisches und physisches Wissen sich durchdrängen, sondern sie bleibt immer ein unausgefüllter Gedanke zum dem das organische Element [sc. die sinnliche Wahrnehmung] nur in entfernten Analogien besteht.[56]

Und doch kann er dann auch wieder sagen, wir könnten uns die Möglichkeit denken, die Welt in unendlichem Fortschritt zu erkennen, da wir uns bei aller Erkenntnis gewissermaßen auf sie zu bewegen[57].

Demgegenüber verhält es sich mit dem anderen transzendentalen Prinzip, Gott, so, dass wir es immer im Rücken haben, sobald wir etwas erkennen:

> Die Idee der Gottheit nemlich ist nicht Grund unseres Wissens als eines fortschreitenden. Weder dadurch dass sich das Wissen ausdehnt kommen wir der Idee der Gottheit näher noch dadurch dass es sich vervollkommnet. Denn sie ist in jedem Act des bestimmten Wissens gleich sehr gegeben, sie ist das charakteristische Element des menschlichen Bewußtseins überhaupt.[58]

Schleiermacher, dem man ja immer wieder pantheistische Tendenzen vorgeworfen hat, ist hier also bemüht, Gott und Welt zwar aufeinander zu beziehen, doch gleichzeitig beide deutlich zu unterscheiden[59].

Und doch kann es nicht verborgen bleiben, dass die Art, wie hier von Gott die Rede ist, und die Einbindung der Gottesidee in eine Theorie des Wissens dem korreliert, was in den *Reden* »Anschauung des Universums« geheißen hatte. Das wird deutlich, wo Schleiermacher erklärt, wie wir denn nun in irgendein Verhältnis zu jenem transzendentalen Grund, also zu Gott, gelangen. Er sagt:

> Dem gemäß nun haben wir auch den transcendentalen Grund nur in der relativen Identität des Denkens und Wollens nemlich im Gefühl.[60]

Ganz so wie die ›Anschauung‹ der *Reden* ist hier Gefühl das *tertium quid* zwischen Denken und Wollen. Es hat seine systematische Stelle

---

56 F. Schleiermacher, Dialektik 1814/15 (wie Anm. 44), Satz 218.3, 147.
57 F. Schleiermacher, Dialektik 1814/15 (wie Anm. 44), Satz 220, 148.
58 F. Schleiermacher, Dialektik 1814/15 (wie Anm. 44), Satz 221.1, 148.
59 Die erste Edition der Dialektikvorlesungen durch L. Jonas hatte 1839 nicht zuletzt den Sinn, Schleiermacher gegen diesen Vorwurf in Schutz zu nehmen. Jonas selbst begründet in seinem Vorwort seine extensive Aufnahme handschriftlicher Fragmente in die Ausgabe mit dem »Bestreben, auch nicht den leisesten Schein aufkommen zu lassen, als hätte ich, geflissentlich oder aus Unkunde, irgend etwas von dem zurückgehalten oder auch nur verdunkelt, was den Acten angehört, aus welchen das Endurtheil darüber gefällt werden muss, mit welchem Rechte Schleiermacher, mag er sich die Ehre noch so ernstlich verbitten, von einigen standhaft für einen Spinozisten gehalten wird« (F. Schleiermacher, Dialektik, SW III/4,2, ix). Vgl. Dialektik 1814/15 (wie Anm. 44), Sätze 132f., 100f.
60 F. Schleiermacher, Dialektik 1814/15 (wie Anm. 44), Satz 215, 142.

an der genauen Mitte des Kontinuums, das auch diese beiden bilden. In der oben geschilderten Grundstruktur, die das Schleiermachersche Denken bildet, spielt dieser ›Mittelpunkt‹, an dem sich der Einfluss beider Pole die Waage hält, eine wichtige Rolle. Er ist zwar im Grunde immer nur Durchgang und insofern punktuell wirklich, andererseits jedoch der einzige denkbare Moment, an dem die ständige Bewegung (Schleiermacher sagt: »Oscillation«), die durch die gegensätzlichen Pole ausgelöst wird, prinzipiell zur Ruhe kommen kann[61].

Wie genau dieses so konstruierte »Gefühl« (»Anschauung Gottes«, nur »indirecter Schematismus«) und das psychologisch reale religiöse Gefühl sich zueinander verhalten, darüber drückt sich Schleiermacher an derselben Stelle einigermaßen unklar aus[62]. Auf die daraus resultierenden Probleme wird zurückzukommen sein. Wichtig ist jedoch zunächst Folgendes: Die ›Weltanschauung‹ der *Reden* korrespondiert offenbar in der Dialektik dem Gegebensein Gottes, des transzendentalen Grundes, des »Terminus a quo« unseres Wissens, im Gefühl. Dazu kommt in der Dialektik aber noch eine zweite transzendentale Bestimmung von Totalität, nämlich die der Welt als der Gesamtheit aller realen Bestimmungen, die der Zielpunkt unserer Erkenntnis ist.

Und auch wenn Schleiermacher an dieser Stelle die Möglichkeit der »Anschauung« der Welt in diesem letzteren Sinne ablehnt, scheint doch der Schluss plausibel, dass wir hier den Schlüssel haben zu einem doppelten Begriff von Weltanschauung oder auch Weltbild: nämlich auf der einen Seite mit Blick auf eine transzendentale Voraussetzung jeglicher Erkenntnis, auf der anderen Seite mit Blick auf das Ziel unserer Erkenntnis, das zwar auch transzendental ist, dennoch sich gegenüber unserem Wissen anders verhält als jener Ursprung oder Ausgang.

5. Wenn wir dem Schleiermacherschen Gedankengang bis hierhin folgen, haben wir eine geeignete Matrix, durch die die verschiedenen Aspekte, die eingangs dem Begriff Weltbild zugeordnet wurden, miteinander verbunden werden können. Es ist deutlich, dass es sich dabei zum einen um einen Ausgangspunkt von Erkenntnis zum anderen um deren Zielpunkt handelt. Ebenso klar ist der Zusammenhang der visuellen Metapher mit dem ästhetischen Hintergrund der Konzeption. Natürlich wird hier nicht in einem physischen Sinn ›gesehen‹. Jedoch ist die ›Weltanschauung‹ der visuellen Wahrnehmung analog, sofern beide eine intuitive Gewissheit erzeugen, ganzheitlich sind und individuelle Differenzen sich rationaler Vermittlung entziehen.

---

61 F. Schleiermacher, Dialektik 1814/15 (wie Anm. 44), Sätze 116f., 96. Zum systematischen Zusammenhang vgl. M.E. Miller, Der Übergang. Schleiermachers Theologie des Reiches Gottes im Zusammenhang seines Gesamtdenkens, Gütersloh 1970, bes. 30–36.
62 F. Schleiermacher, Dialektik 1814/15 (wie Anm. 44), Satz 215.2, 143.

Der Blick auf die *Dialektik* kann auch ohne weitere Mühe das noch fehlende Moment integrieren: nämlich die handlungsleitende Rolle, die Weltbildern zugesprochen wird. Denn der absolute Indifferenzpunkt im Gefühl ist nach Schleiermacher, wie gesehen, bezogen auf Denken und Wollen. Auch diese beiden bilden ein Kontinuum der oben beschriebenen Art (weil in jedem Denkakt und in jeder Handlung beide in unterschiedlichem Verhältnis gemeinsam vorkommen[63]). Schleiermacher lehnt den Weg zu Gott über beide ab:

> Philosophisch aber ist es unrecht nur die eine Wurzel [sc. des Gottesglaubens] gelten zu lassen und die andere zu verwerfen, wie Kant von der moralischen Seite, die meisten andern von der physischen gethan.[64]

Demgegenüber hält er fest, dass wir »den transcendentalen Grund nur in der relativen Identität des Denkens und Wollens nemlich im Gefühl« haben[65]. Diese Erschlossenheit des transzendentalen Grundes im Gefühl konstituiert demnach unser Handeln ebenso wie unser Denken.

Es steht außer Zweifel, dass diese Konstruktion eines transzendentalpragmatischen Rekurses auf einen letzten Gewissheitsgrund allen Denkens und Tuns weit reichende theoretische Probleme aufwirft[66]. Darum kann es hier jedoch nicht gehen. Worauf es einzig ankommt, ist, dass wir es hier mit einer Theorie zu tun haben, die einen elaborierten Rahmen zur Verfügung stellt, aus dem die auf den ersten Blick heterogenen Bestandteile der Begriffe Weltbild oder Weltanschauung erklärt werden können. Die eingangs semantisch konstatierte Bündelung von Aspekten in unserem Begriff von Weltbild bzw. Weltanschauung findet so zu einer systematischen Klärung. Aber noch mehr. Von dieser Theorie aus lässt sich ebenfalls zeigen, wie man zu den unterschiedlichen Akzentuierungen kommen musste, die im Gebrauch jener Begriffe beobachtet wurden. Akzentuierte man stärker die ›Weltanschauung‹, die aller konkreten Erkenntnis voraus liegt und diese jeweils so oder so strukturiert, kam man zu einem anderen Verständnis als wenn man die Weltanschauung bzw. das Weltbild vor allem im (vorläufigen) Resultat bzw. dem vorweggenommenen Ziel der Erkenntnis betrachtete.

6. An einem Punkt freilich löst der Blick auf die Dialektikvorlesungen ein Problem nicht, sondern scheint es eher zu verschärfen. Es war eingangs beobachtet worden, dass der Rede von Weltbild bzw. Weltanschauung schon immer eine gebremste Pluralisierung fundamentaler Weltzugänge zugrunde liegt. Nun kann man wohl sagen, dass das Schlei-

---

63 F. Schleiermacher, Dialektik 1814/15 (wie Anm. 44), Satz 212, 140.
64 F. Schleiermacher, Dialektik 1814/15 (wie Anm. 44), Satz 214, 142.
65 F. Schleiermacher, Dialektik 1814/15 (wie Anm. 44), Satz 215, 14.
66 Die klarste, wenngleich aporetische Ausarbeitung dieser Probleme bietet immer noch: F. Wagner, Schleiermachers Dialektik. Eine kritische Interpretation, Gütersloh 1974.

ermachersche Konzept von Dialektik als solches in der Tat eine Theorie gebremster Pluralität ist, denn es verzichtet demonstrativ auf eine starke Wissenschaftslehre vom Fichteschen oder Hegelschen Typ, da zunächst einmal nur die Vielfalt der Meinungen gegeben sei[67]. Gleichwohl verzichtet diese Theorie keinesfalls auf den Bezug zu einer Einheit, vielmehr behauptet sie diesen als in jedem Streit postuliert. Zu einem Problem für die hier gebotene Analyse von Weltanschauung wird diese Tatsache dadurch, dass der Bezug auf den transzendentalen Grund im »Gefühl« nun gerade nicht plural, sondern als Einheit stiftendes Moment konstruiert ist. Pointiert könnte man sagen, dass die Weltanschauung als einheitliche Erschlossenheit von Welt der empirischen Pluralität von Meinungen und Lebenseinstellungen immer schon voraus liegt und voraus liegen muss. Wie verhält sich das zu der eingangs behaupteten wesentlichen Pluralität von Weltanschauungen und Weltbildern?

Die Antwort erschließt sich, sobald wir uns klar machen, dass die Schleiermachersche Konzeption, so wie sie hier rekonstruiert wurde, transzendental argumentiert, dass sie jedoch mit nur geringfügigen Modifikationen in eine empirische umgewandelt werden konnte. Schleiermacher selbst schillert an diesem Punkt und hat Anlass gegeben, das eigentliche Fundament seines Denkens in der Psychologie zu sehen[68]. Der Grund dafür ist einfach: Schleiermacher will, dass der transzendental konstruierte Einheitspunkt, der aller Verschiedenheit zu Grunde liegt, zugänglich wird im religiösen Gefühl. Bei Letzterem muss es sich jedoch um etwas Empirisches handeln, da aus diesem Grunddatum die spezifischen Glaubens- und Sittenlehren historischer Religionen entfaltet werden können. Was diese empirisch-psychologische Bestimmung nun betrifft, so kann sie mitnichten universal sein, denn Schleiermacher will eine Religionstheorie auf eine Typisierung jener Grundstimmung bauen[69]. Damit aber haben wir Religion*en* als Weltanschauung*en*.

Es ist nun genau diese Linie, die sich im 19. Jahrhundert durchhält und zu der anfangs konstatierten doppelten Redeweise führt: Weltanschauungen oder Weltbilder sind entweder die psychologische Grundverfasstheit oder Grundgestimmtheit, die das Erkennen und Handeln von Menschen in ihrer Verschiedenheit fundamental bestimmt oder sie sind

---

67 Vgl. F. Schleiermacher, Dialektik, Einleitung (Reinschrift), (wie Anm. 44), 416f.
68 C. von Sigwart, Schleiermachers psychologische Voraussetzungen, insbesondere die Begriffe des Gefühls und der Individualität, Jahrbücher für Deutsche Theologie 2, 1857, 829–864 (ND Darmstadt 1974); W. Bender, Schleiermachers Theologie mit ihren philosophischen Grundlagen. Erster Theil: Die philosophischen Grundlagen, Nördlingen 1876, §§ 1–3, 3–46.
69 Siehe Anm. 43 und natürlich auch die berühmten Ausführungen der Glaubenslehre §§ 7–10 (Lehnsätze aus der Religionsphilosophie): Der christliche Glaube (1830/31), hg. v. M. Redeker, Berlin/New York ⁷1960 (=1999), 47–74.

ein systematischer Inbegriff von Einsichten in einem enzyklopädischen Sinn.

Im ersteren Sinn – nämlich als ein fundamentaler Zugang zur Welt – wird in der zweiten Hälfte des Jahrhunderts »Weltanschauung« zu einem Zentralbegriff der Theologie. So heißt es bei Wilhelm Herrmann:

> Es liegt auf der Hand, wie verschieden unsere Stellung zur Welt ist, wenn wir in metaphysischer Arbeit begriffen sind und wenn wir uns in religiöser Weltanschauung bewegen. Bei jener fragen wir danach, in welchen allgemeinen Formen alles Sein und Geschehen widerspruchsfrei vorgestellt werden könne. Für die Richtigkeit jener Vorstellungen kommt es gar nicht in Betracht, in welchem Verhältnis die Dinge zu den Zielen unseres Willens, zu unserem Wohl und Wehe stehen. Umgekehrt kommt in der religiösen Weltanschauung hierauf alles an, während jene metaphysischen Fragen gleichgültig sind.[70]

Und sein Lehrer Albrecht Ritschl formuliert:

> Die religiöse Weltanschauung ist in allen ihren Arten darauf gestellt, dass der Mensch sich in irgendeinem Grade von den ihn umgebenden Erscheinungen und auf ihn dringenden Wirkungen der Natur an Wert unterscheidet.[71]

In beiden Beispielen ist die »religiöse Weltanschauung« ein bestimmter »terminus a quo« (um den Ausdruck der *Dialektik* zu gebrauchen), also eine bestimmte Prädisposition für alle konkreten, einzelnen Erkenntnisakte. Er ist jedoch keinesfalls *der* universale Ursprung *aller* Erkenntnis, wie das in der Dialektik intendiert war (immerhin war jener »terminus a quo« dort Gott!), das wird aus den angeführten Stellen deutlich genug. Die religiöse Weltanschauung steht in jedem Fall neben anderen Weltanschauungen, mit denen sie inkommensurabel ist.

Letzteres gilt ebenso für die Rede von der Weltanschauung der Junghegelianer, der Monisten oder der Marxisten. Jedoch beziehen sich solche Ausdrücke fast ausschließlich auf jenen Aspekt des Gesamtbildes, eines Systems von Einzelansichten. Weltanschauungen oder Weltbilder sind hier große Gedankengebäude, die beanspruchen, auf alle Einzelfragen im Zweifelsfall eine Lösung anbieten zu können, handlungsleitend sowie sinnstiftend zu sein.

Oft werden die Begriffe ›Weltanschauung‹ und ›Weltbild‹ freilich auch gebraucht, um den Zusammenhang beider Aspekte deutlich zu machen. Dann geht es darum, dass eine bestimmte Gesamtsicht der Welt zustande kommt, weil sie auf einer Grundanschauung aufruht. Natürlich ist bei Ritschl und Herrmann im Blick, dass sich aus der keimhaft angelegten religiösen Weltanschauung eine Gesamtanschauung

---

70 W. Herrmann, Die Metaphysik in der Theologie, Halle a.d.S. 1876, 8.
71 A. Ritschl, Die christliche Lehre von der Rechtfertigung und Versöhnung, 3. Bd., Bonn ³1889, 17.

der Welt, ein Weltbild, ergibt. Ritschl kann der Theologie die Aufgabe zuweisen,

> die christliche Gesamtanschauung von Welt und menschlichem Leben [...] vollständig und deutlich im Ganzen und Einzelnen [... aufzuweisen].[72]

Derselbe Zusammenhang beider Aspekte von ›Weltbild‹ bzw. ›Weltanschauung‹ wird besonders schön, geradezu klassisch deutlich bei Wilhelm Dilthey. Dilthey, der sich Schleiermacher eng verbunden gewusst hat[73], gleichzeitig jedoch Kind eines positivistischen Zeitalters war, entwickelte eine ausgeprägte Philosophie der Weltanschauung, deren Leistungsanspruch ausdrücklich mit Blick auf die historistische Differenzerfahrung formuliert wird:

> Zwischen dem geschichtlichen Bewußtsein von der grenzenlosen Mannigfaltigkeit derselben [sc. der philosophischen Systeme] und dem Anspruch eines jeden von ihnen auf Allgemeingültigkeit besteht ein Widerspruch, welcher viel stärker als jede systematische Beweisführung den skeptischen Geist unterstützt. [...] Viel stärker aber als die skeptischen Schlüsse aus der Gegensätzlichkeit menschlicher Meinungen reichen die Zweifel, welche aus der fortschreitenden Ausbildung des geschichtlichen Bewußtseins erwachsen sind. [...] Die Entwicklungslehre, die so entstand, ist notwendig verbunden mit der Erkenntnis von der Relativität jeder geschichtlichen Lebensform.[74]

Der Rückgang auf Weltanschauungen soll in dieser Situation aufzeigen, wie diese unhintergehbare Mannigfaltigkeit doch wiederum nach bestimmten strukturellen Gesetzen aus dem menschlichen Geist hervorgeht:

> Die Auflösung liegt hier darin, dass die Philosophie sich den Zusammenhang der Mannigfaltigkeit ihrer Systeme mit der Lebendigkeit zum Bewußtsein bringt.[75]

In seiner Schrift *Die Typen der Weltanschauung und ihre Ausbildung in den metaphysischen Systemen*, die 1911 erschien, aber in ihren Grundgedanken wesentlich älter ist[76], führt Dilthey die »Struktur der Weltanschauung« aus[77], als etwas was allen Weltanschauungen gemeinsam sei. Dil-

---

72 A. Ritschl, Christliche Lehre (wie Anm. 72), 25.
73 Dabei versteht er, wie Sigwart und Bender, Schleiermacher ›psychologisch‹: »Zurückführung des in der Geschichte der Menschheit sich entfaltenden natürlichen Systems auf die psychologische Gesamtwurzel ist der Standpunkt Schleiermachers.« (W. Dilthey, Zur Weltanschauungslehre. 1. Kritik der spekulativen Systeme und Schleiermachers, in: Ders., Gesammelte Schriften VII, Stuttgart/Göttingen ³1963, 170).
74 W. Dilthey, Die Typen der Weltanschauung und ihre Ausbildung in den metaphysischen Systemen (wie Anm. 74), 75–77.
75 W. Dilthey, Das geschichtliche Bewußtsein und die Weltanschauungen (wie Anm. 74), 8.
76 W. Dilthey, Typen der Weltanschauung (wie Anm. 74), 75–118. Zur Vorgeschichte des Textes vgl. ebd., 245.
77 W. Dilthey, Typen der Weltanschauung (wie Anm. 74), 82–84.

they rekonstruiert als diese Struktur eine Abfolge von Weltbild, Wertung und höchsten Idealen. Die Grundlage sind psychologisch verstandene »Lebensstimmungen«, eine »Wirklichkeitsauffassung«, eben: ein »Weltbild«[78]. Darauf baut auf die »Wertung der Zustände und Gegenstände in Lust und Unlust etc.«[79], darauf dann wiederum die »Willensbestimmungen«: »die Ideale, das höchste Gut und die obersten Grundsätze, in denen die Weltanschauung erst ihre praktische Energie empfängt«[80]. Weltanschauung ist all dies zusammengenommen. In ihrer Ganzheit ist sie ein soziales und kulturelles Phänomen: Dilthey nennt unter anderem Klima, Rassen, Nationen, aber auch Epochen und Zeitalter als die speziellen »Bedingungen, die auf die Entstehung der Mannigfaltigkeit in den Weltanschauungen wirken«[81].

Diltheys Pluralismus von Weltanschauungen beruht auf der empirischen Verschiedenheit von Grundbedingungen des Erkennens und den dadurch ausgelösten, im Grundsatz sich unterscheidenden Gesamtansichten von der Welt, einschließlich metaphysischer und moralischer Gesetze. Klar scheint, dass diese hier ausgeführte, bei Schleiermacher freilich angelegte empirische, historisch-psychologische Systematik von Weltbild/Weltanschauung von zentraler Bedeutung war für die quasi universale Akzeptanz der beiden Begriffe in der zweiten Hälfte des 19. Jahrhunderts. Klar scheint weiterhin, dass auch in dieser Modifikation die charakteristische Viererheit von »Gesamtsystem der Welterkenntnis«, »Bedingung der Möglichkeit von Wissen«, »Handlungsorientierung« und »visueller Wahrnehmung« erhalten bleibt, von der gesagt wurde, sie gebe dem Wort »Weltbild« im Deutschen seine eigentümliche Nuance. Und auch dies scheint (zumal bei jemandem wie Dilthey) einleuchtend: dass auch eine solche historisch-psychologische Form der Weltbildproblematik die für diese konstitutive Pluralität von Weltbildern bzw. Weltanschauungen wiederum in den Blick bekommt und so ihrerseits als Reflex auf die eingangs bedachte Differenzerfahrung verstanden werden kann.

* * *

Dass nun eine solche Reflexion der Differenzerfahrung, wie sie im Gedanken einer irreduziblen Mehrzahl von Weltbildern/Weltanschauungen/Religionen vorliegt, in ihren verschiedenen Ausprägungen zu einem toleranten Relativismus ebenso führen kann wie zu einem ideologischen Fanatismus – das scheint freilich in der Natur der Sache zu liegen. Das Eingeständnis, dass es Wahrheitsansprüche gibt, zwischen denen die

---

78 W. Dilthey, Typen der Weltanschauung (wie Anm. 74), 83.
79 W. Dilthey, Typen der Weltanschauung (wie Anm. 74), 82.
80 W. Dilthey, Typen der Weltanschauung (wie Anm. 74), 84.
81 W. Dilthey, Typen der Weltanschauung (wie Anm. 74), 84.

Vernunft aus prinzipiellen Gründen nicht mehr Schiedsrichter sein kann, erlaubt sowohl die Konsequenz einer leicht resignativen Toleranz wie die eines irrationalen, dezisionistischen Fanatismus. Genau darauf bezog sich Max Weber mit seinem bekannten Wort von den »alten Göttern«, die »entzaubert und daher in Gestalt unpersönlicher Mächte« ihren Gräbern entsteigen, nach Gewalt über unser Leben streben und so wieder ihren »ewigen Kampf« untereinander beginnen[82]. Das Denken in Weltbildern und Weltanschauungen hat als ein exemplarisches Phänomen der intellektuellen Kultur des 19. Jahrhunderts Teil an all seinen Ambivalenzen.

---

82 M. Weber, Wissenschaft als Beruf (1919), in: Ders., Gesammelte Aufsätze zur Wissenschaftslehre, hg. v. Marianne Weber, Tübingen 1924, 524–555, hier 547.

Bild- und Weltbildaspekte der analytischen Mechanik und Himmelsmechanik

JÖRN HENRICH

Die Philosophie hat sich seit der Antike auf sprachliches Wissen und den Umgang mit ihm konzentriert. Die Gründe dafür sind mannigfaltig. Mit der kategorialen Syllogistik von Aristoteles war das Verhältnis von Argumentation, Beweis, Erkenntnis und Wissen aufs Engste miteinander verknüpft. Die Axiomatik der Elemente Euklids entwickelte sich in der Neuzeit zum Leitbild: In den Naturwissenschaften wurde sie zur Strukturvorgabe von Theorien (Galilei, Newton, Euler), im Rationalismus etablierte sich die logische Deduktion zur conditio sine qua non von gesicherter Erkenntnis (Descartes). Für das Verständnis der Geschichte des Rückgangs von Visualisierungen, insbesondere des Rückgangs von Weltbildern, ist die Entwicklung der Mathematik und der Naturwissenschaften von höherer Bedeutung als die Philosophiegeschichte: Über die Handhabung von Bildern in den Wissenschaften wurde weitgehend unabhängig von zeitgenössischen philosophischen Strömungen entschieden; der Umgang mit Bildern folgte der wissenschaftlichen Praxis und deren Bedürfnissen.

Die Bildwissenschaft hat zu ihrem Gegenstand ein vielleicht zu wohlwollendes Verhältnis. Es fehlt das Wissen um die Gründe des kurzzeitigen Verlustes von Visualisierungen in den Wissenschaften des 18. Jahrhunderts, der sich aber bis heute auf Lehrbücher und die Auffassungen von Wissenschaften auswirkt, und zwar durch die Tradition der quantitativen Wissenschaften und die Wissenschaftstheorie vermittelt[1]. Auch fehlt das Wissen darum, daß Mathematik und Physik der Unabhängigkeit von der Anschauung erst viele ihrer Erfolge zu verdanken haben. Die Kenntnis der historischen Gründe, die zur Suspendierung von Bildern als Erkenntnismittel geführt haben, ist für die systematische Erörterung der Grenzen von Bildern gewinnbringend. Immerhin ist der Rationalismus sowohl in der Philosophie- als auch in der Wissenschaftsgeschichte eine der wichtigsten Geisteshaltungen, der Unschätzbares nicht nur für die Wissenschaften, sondern auch für die aufgeklärte Kultur zu verdanken ist.

Die wissenschaftliche Disziplin, die wie keine andere die Themenbereiche Anschauung, Visualisierung und Weltbild berührt, ist die Astronomie. Sie bestand bis zur Begründung der Astrophotographie durch

---

1 Mathematik und Logik sind über einen langen Zeitraum relativ bildarme, um nicht zu sagen bildfeindliche, Wissenschaften gewesen. (Vgl. P. Schreiber, Mathematik und Logik, in: Bildwissenschaft. Disziplinen, Themen, Methoden, hg. v. K. Sachs-Hombach, stw 1751, Frankfurt am Main 2005, 68–78, hier 68.)

John Herschel (ca. 1840) und der Entwicklung der Spektralanalyse durch Kirchhoff und Bunsen (ca. 1859/60) ausschließlich in der Himmelsmechanik. Erst dann verließ sie ihre thematische Beschränkung und erschloß das Feld der Astrophysik[2]. Die Bild- und Weltbildgeschichte der wissenschaftlichen Astronomie im 18. Jahrhundert ist die Geschichte des Verlusts von Visualisierungen in der Himmelsmechanik. Die Systematik dieser Verlustgeschichte ist komplex: Physikalische, naturphilosophische, methodische und wissenschaftstheoretische Aspekte gehen in den Prozeß der Entvisualisierung der Himmelsmechanik ein. Darauf reagierten die romantischen Philosophen bei der Ausgestaltung der Anschauung als Erkenntnisprinzip und des Weltbildbegriffs, was Gegenstand des Beitrags von Johannes Zachhuber im vorliegenden Band ist.

Ich möchte in diesem Beitrag zunächst die Gründe für den Anschauungs- und Visualisierungsverlust in der analytischen Mechanik und seine Geschichte aufzeigen und dann darstellen, wie sich die analytische Methode auf Laplace' Philosophie der Astronomie auswirkt. Ein abschließendes Kapitel deutet auf die Rezeption der analytischen Methode in der Weltanschauungsphilosophie hin.

Die Entvisualisierung der Mechanik

Die Geschichte der Entvisualisierung der Mechanik hat ihren Anfang bei Galilei und Kepler; sie haben die Bahnen fallender Körper und Planeten mit Kegelschnitten identifiziert. Methodisch ist bedeutend, daß Galilei mit den Discorsi den Grundstein für die neuzeitliche Axiomatisierung der Mechanik legt. Worum es inhaltlich geht, sind funktionale Zusammenhänge, die sich nicht im naiven Sinn beobachten lassen. Galileis Fallgesetz besagt, daß die Fallstrecke proportional zum Quadrat der Zeit wächst: $s \sim t^2$ (Abb. 1).

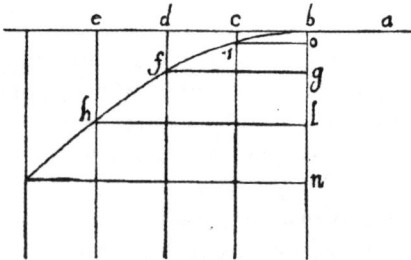

Abb. 1: Galileis Skizze zur Fallparabel[3]

---

2   Siehe B. Kanitscheider, Kosmologie, Stuttgart 1991, 132.
3   G. Galilei, Discorsi e Dimostrazioni matematiche, intorno à due nuove scienze Attenenti alla Mecanica & i Movimenti Locali, Leiden 1638, 242.

Bei Apollonios von Perga (ca. 262–190) war die Parabel noch der Schnitt eines Kegels mit einer Ebene, bei Galilei ist die Parabel die nachgezeichnete Bewegung eines Punktes, bei der auf einer Koordinatenachse die Zeit aufgetragen ist. Nun können wir aber weder die Zeit oder deren Quadrat sehen, noch ist es möglich, einen Strich von einem Zeitpunkt t^1 bis zum Zeitpunkt t^2 zu ziehen; der Zeitstrahl hat kein empirisches Korrelat. Galilei belegt die eine Dimension des Koordinatensystems mit der Zeit, die andere mit der Strecke. Daß die Parabel des Strecken-Zeit-Diagramms mit der Wurfparabel geometrisch übereinstimmen kann, – es gehen Faktoren wie Anfangsgeschwindigkeit, Luftwiderstand etc. in die Wurfgleichungen ein, – liegt daran, daß sich der waagerechte Wurf aus gleichförmiger Translationsbewegung in x-Richtung und dem freien Fall in y-Richtung zusammensetzt. Ein in seiner Trägheitsbewegung ungestörter Körper gäbe ein ideales Maß der Zeit ab; einen solchen Körper gibt es aber nicht. Galileis Verdienst besteht darin, daß er gezeigt hat, wie sich ein Körper bewegen würde, wenn er idealen Bedingungen unterstünde.

Descartes hat 1637 die analytische Geometrie begründet. Er führt in seiner Geometrie die Geometrie auf die Algebra zurück. Der Schritt war für die Methodenentwicklung der Mathematik und Physik äußerst folgenreich; in der Erstveröffentlichung ist die Geometrie in den *Discours de la Méthode* integriert. Zur Beschreibung einer Ellipse benötigt man keine Konstruktionsanweisung mit einem Kegel und einer Ebene, sondern der analytische Zusammenhang begründet ihre Form. Diese Begründungsabhängigkeit wurde nicht immer so gesehen. Die entgegengesetzte Auffassung der Priorität der Geometrie gegenüber der Arithmetik kam in der Antike dadurch zustande, daß es irrationale Verhältnisse wie Seite/Diagonale im Pentagramm oder im Quadrat gibt, die sich geometrisch, nicht aber arithmetisch darstellen lassen.

Eine so grundlegende wissenschaftliche und methodische Veränderung benötigt zur Etablierung Zeit. Diese Zeit war das 18. Jahrhundert. Newton hatte zuvor in den *Philosophiae naturalis principia mathematica* die geometrische Begründung der Dynamik geleistet. In der Wissenschaftsgeschichte berühmt ist sein geometrisches Verfahren der Ermittlung von Zentralkräften (Abb. 2).

Doch auch bei Newton wird die Anschauung induzierten Prinzipien untergeordnet. Das erste Newtonsche Axiom, das Trägheitsprinzip, besagt, daß eine isolierte Masse ewig in ihrem gleichförmigen Bewegungszustand verharrt, wenn nicht eine Kraft auf sie einwirkt. Das Trägheitsprinzip, oder genauer: eine absolute Trägheitsbewegung, läßt sich nicht beobachten, dennoch stellt Newton es an den Anfang der *Principia*. Wir haben uns an den Trägheitsbegriff gewöhnt, doch die Aristotelische Auffassung, dergemäß der natürliche Zustand eines Körpers die Ruhe

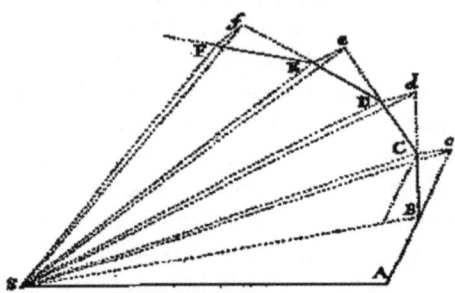

Abb. 2: Graphik aus Newtons *Philosophiae naturalis principia mathematica*[4]

ist, hat sich aber über zwei Jahrtausende gehalten; offenbar entspricht sie der naiven Intuition: Unsere Lebenswelt zeigt nicht an, daß wir uns mit ca. 30 Kilometern pro Sekunde um die Sonne bewegen, wobei die Erde am Äquator noch mit ca. 480 Metern pro Sekunde um ihre Achse rotiert. – Wenn der Wagen nicht anspringt, halten wir ihn in dem Moment nicht für schnell.

Die nach-Newtonische Aufgabe der Physik war die Verbindung von analytischer Methode und Mechanik. Die disziplinäre Einordnung der Mechanik im 18. Jahrhundert unterschied sich von der heutigen. Die Entwicklung der analytischen Mechanik konnte nur von brillanten Mathematikern geleistet werden: Euler, d'Alembert, Lagrange und Laplace. Letztlich geht es um die Entwicklung dessen, das heute als Theoretische Mechanik benannt ist. Theoretische Mechanik ist für uns ein Teilbereich der Physik, im 18. Jahrhundert wurden ihre Vorläufer als mathematische Disziplin bestimmt. Bei Galilei war die Mechanik noch Naturphilosophie.

Euler hat auf der Differentialgeometrie aufbauend die *Mechanica sive motus scientia analytice exposita* (1736) verfaßt. Er rühmt sich, die Mechanik *methodo analytica et commodo ordine*[5] darzustellen, wobei das Ziel die Problemlösung durch die mathematische Analyse ist. In Eulers Mechanik kommen noch Graphiken vor, sie sind aber kein Bestandteil der Beweisführung mehr. Die mechanischen Überlegungen emanzipieren sich von der Anschauung.

D'Alembert hat zur analytischen Geometrie Beiträge geleistet und eine Theorie analytischer Funktionen und Differentialgleichungen verfaßt. Auch er überträgt die Verfahren und die Mentalität der analytischen Methode auf die Mechanik. Letzteres wird in der Literatur dahingehend interpretiert, daß er den Positivismus von Auguste Comte praktisch

---

4 I. Newton, Philosophiae Naturalis Principia Mathematica, London 1687, 38.
5 L. Euler, Mechanica sive motus scientia analytice exposita, St. Petersburg 1736, fünfte Seite der nicht paginierten Praefatio.

vorweggenommen habe[6]. Auch der *Traité de Dynamique* von 1758 kommt prinzipiell ohne Visualisierungen aus. Am Ende des Traité gibt es noch fünf Seiten mit erläuternden Skizzen, sie sind aber kein unabdingbarer Bestandteil der Beweisführung. D'Alembert behandelt in der Einleitung des Traité die Preisfrage der Preußischen Akademie, ob die Gesetze der Statik und der Mechanik notwendig oder kontingent sind. Diese Frage allein zeigt, daß die Methodenentwicklung der neuzeitlichen Mechanik von Aristoteles' Ontologie und Syllogistik abhängt, die von Bildverfahren grundsätzlich unabhängig sind, auch wenn sie sich durch Diagramme darstellen lassen und dargestellt wurden.

Lagrange setzt das Programm der anschauungsunabhängigen Mechanik als erster radikal um. Die *Mécanique analitique* (1788) ist ausschließlich in algebraischer Form ausgestaltet: *réduire la théorie de la Mécanique à des formules générales*. Das führt zu einer Zielsetzung, die widersprüchlich anmutet: eine Mechanik entwickeln, die frei von mechanischen Überlegungen ist: »On ne trouvera point de Figures dans cet Ouvrage. Les méthodes que j'y expose ne demandent ni constructions, ni raisonnemens géométriques ou méchaniques, mais seulement des opérations algébriques [...].«[7]

Die *Mécanique analitique* zeigt, daß eine Beschränkung auf die analytische Methode letztlich eine Frage des wissenschaftlichen Geschmacks ist: »Ceux qui aiment l'Analyse, verront avec plaisir la Mécanique en devenir une nouvelle branche, & me sauront gré d'en avoir étendu ainsi le domaine.«[8] In der Philosophiegeschichtsschreibung werden Geschmacksfragen selten gestellt, da Geschmack kein seriöses Kriterium ist. Bei der Frage nach den Gründen des Visualisierungsverlusts in der Mechanik ist er vielleicht zentral. Niemand verbietet Lagrange, wie Euler und d'Alembert Graphiken zu verwenden, die Aufgabe der rationalen Mechanik bestand aber im Ausbau der Unabhängigkeit von der Anschauung. Genau das – die methodische Strenge, die Trockenheit und die Ferne zur Anschauung – wird in der Rezeption der Naturwissenschaft zum Vorwurf.

Die analytische Methode ist durch die Überwindung der Anschauung äußerst erfolgreich gewesen, doch hat sie die zentrale Frage der qualitativen Mechanik nicht berücksichtigt. Seit Galilei geht die Mathematisierung der Mechanik mit einer Suspendierung der Erklärung der Mechanismen der Kraftübertragung einher; die Cartesianer stellen hier den Gegenpol dar. Die Frage nach den Wirkungsmechanismen der Gravitationskraft ist ein so großes Problem, daß es bei der analytischen Methode schlichtweg außen vor gelassen wird. Zu welchen metaphy-

---

6 »D'Alembert was clearly a precursor of positivistic science.« (J. Morton Briggs, Alembert, in: DSB, Bd. I, New York 1970, 112.)
7 J.L. Lagrange, Mécanique Analitique, Paris 1788, vi.
8 J.L. Lagrange, Mécanique analitique (wie Anm. 7), vi.

sischen Verlusten das führt, verdeutlicht das Beispiel der Kraft: In der vorklassischen Mechanik wurde der Kraftbegriff mit zahlreichen außerwissenschaftlichen, z.B. theologischen, teleologischen, animistischen oder spirituellen Konnotationen versehen[9]. Leibniz und Newton sind beide noch vom Aristotelismus beeinflußt. Für Newton ist Kraft nicht nur die Ursache von Bewegung oder Beschleunigung, sondern auch das Prinzip ihrer Aufrechterhaltung. Eine solche Definition ist als Zugeständnis zur ›vorgalileischen‹ Mechanik zu sehen, in der Dynamis eine duale Natur hat, »an active one insofar as it affects other objects, and a passive one as susceptible of external changes«[10]. Diese Definitionen haben ihre konzeptuelle Grundlegung im Dynamisbegriff in Aristoteles' Metaphysik, IX 1. Dort bestimmt Aristoteles δύναμις als ἀρχὴ μεταβολῆς ἐν ἄλλῳ ἢ ᾗ ἄλλο[11], das heißt als Anfang oder Prinzip der Veränderung in einem anderen oder als ein anderes: Der Umstand, daß ein Körper eine Veränderung erfahren kann, wird als eine δύναμις verstanden, wobei der Begriff darauf nicht beschränkt ist und als frühes Stadium des Kraftbegriffs den weiten Umfang in die Mechanik transportiert hat. In der analytischen Mechanik wird dagegen die Kraft auf einen Vektor oder eine Größe reduziert: »En prenant une force quelconque, ou son effet pour l'unité, l'expression de toute autre force n'est plus qu'un rapport, une quantité mathématique qui peut être représentée par des nombres ou des lignes; c'est sous ce point de vue que l'on doit considérer les forces dans la Mécanique.«[12]

Ein Kraftvektor in einem dreidimensionalen Koordinatensystem stimmt praktisch nie mit der tatsächlich vorliegenden Kraft überein, was für Berechnungen aber völlig unerheblich ist. Kräfte werden in einem rechtwinkligen Koordinatensystem durch drei zu den Achsen parallele Vektoren dargestellt. Welcher Art die vorliegende Kraft ist, sie kann z.B. die Summe aus mehreren Kräften sein, ist gleichgültig. In der analytischen Mechanik sind nur die Richtung und der Betrag von Interesse. Das Erkenntnisziel hat sich vom Aristotelismus zum Cartesianismus und zur analytischen Mechanik gewandelt: Es verschiebt sich vom qualitativen zum quantitativen Schwerpunkt, bzw. von der Metaphysik zur mathematischen Naturwissenschaft.

Das Weltsystem von Laplace

Der bedeutendste Astronom des 18. Jahrhunderts ist Pierre Simon Laplace. Die paradigmatische Schrift wissenschaftlicher Weltentwürfe ist seine *Exposition du système du monde*. Die Exposition ist in erster Auflage

---

9 Siehe M. Jammer, Concepts of Force, S. vi.
10 M. Jammer, Concepts of Force (wie Anm. 9), 120.
11 Aristoteles, Metaphysik, Bd. 2, Hamburg 1991, Buch IX, 1, 1046a, 10–11.
12 J.L. Lagrange, Mécanique analitique (wie Anm. 7), 2.

1796 erschienen; 1797 veröffentlichte Johann Karl Friedrich Hauff eine Übersetzung unter dem Titel: *Darstellung des Weltsystems*. Die Philosophen in Deutschland haben Laplace wahrgenommen, was sich philologisch anhand von Schleiermacher oder Hegel nachweisen läßt. Herder nennt ihn den »Newton unsrer Zeit«[13].

Die *Exposition du système du monde* bietet eine philosophische Interpretation der Himmelsmechanik; zu ihr hat Laplace in der fünfbändigen *Mécanique céleste* wichtigste Beiträge geleistet, und zwar durch die Anwendung der analytischen Mechanik auf Planetenbewegungen. Der Systembegriff im *Système du monde* erhält keine weitere Spezifizierung. Er steht für das Gesamte aus Planetenbewegung, Bewegungsgesetzen und dem Gravitationsgesetz, wobei Laplace eine realistische Beschreibung und Erklärung anvisiert. Der Streit um konkurrierende Weltsysteme ist entschieden[14]. Im Groben geht es um die Theorie planetarer Störungen. Die bedeutendste Störung ist die Jupiter-Saturn-Ungleichheit, die durch Kepler bekannt wurde. Das Sonnensystem weist Schwankungen auf und mußte aufgrund der Störungen neu verstanden werden. Die alte Annahme der Stabilität und Gleichförmigkeit konnte nicht aufrecht gehalten werden. Clarke und Leibniz führten darüber die philosophische Debatte. Newton sagte durch Clarke vermittelt, daß Gott gelegentlich den Kosmos wieder einrichte, wogegen Leibniz die Auffassung des perfekten kosmischen Uhrwerks vertritt. Die wissenschaftliche Debatte machte die Stabilität des Sonnensystems zur zentralen Aufgabe der Kosmologie im 18. Jahrhundert. Laplace konnte nachweisen, daß die Störungen säkular sind und um Mittelwerte schwanken, wozu eine erhebliche Niveauerhöhung der Himmelsmechanik erforderlich war. Er berücksichtigt Veränderungen der Exzentrizität der Planetenbahnen, die Planetenformen und beider Auswirkungen auf die gravitative Wechselwirkung zwischen den Planeten. Das Sonnensystem sei perfekt. Laplace sagt nicht, daß Leibniz recht hatte, es läuft aber darauf hinaus.

Auch für Laplace gilt, daß die Beurteilung der Anschauung negativ ausfällt: Erstens leite sie fehl, wie die lange Geschichte der Geozentrik verdeutliche: »Ainsi l'Astronomie s'est élevée à travers les illusions des sens, et ce n'a été qu'après les avoir dissipées par un grand nombre

---

13 J.G. Herder, Gott. Einige Gespräche über Spinoza's System nebst Shaftesbury's Naturhymnus, 2. Auflage, zitiert nach: Sämmtliche Werke, hg. v. B. Suphan, Band 16, Berlin 1887, ND Hildesheim 1994, 473.
14 Richard Schröder weist darauf hin, daß sich »die Bedeutung des Wortes systema in der neuzeitlichen Kosmologie von der Seite des Gegebenen auf die Seite der (Re-)Konstruktion des Gegebenen« verschiebt. (R. Schröder, »Du hast die Welt nach Maß, Zahl und Gewicht geordnet.« Über einen Konsens im astronomischen Weltbildstreit des 16. und 17. Jahrhunderts, in: I.U. Dalferth/J. Fischer/H.-P. Großhans (Hgg.), Denkwürdiges Geheimnis. Beiträge zur Gotteslehre. FS Jüngel, Tübingen 2004, 479–506, hier 484.)

d'observations et de calculs que l'homme enfin a reconnu les mouvements du globe qu'il habite et sa vraie position dans l'univers.«[15]In der Korrektur der Fehlleitung der Sinne bestehe die Aufgabe der Astronomie.

Zweitens sei die unmittelbare Betrachtung für die astronomische Arbeit unnötig. Ein einzelner Mensch könne gar nicht den erforderlichen ›grand nombre d'observations‹ leisten, und für die Berechnungen der Planetenbewegung genüge das Studium der Kataloge. Auch ohne eigene sinnliche Eindrücke lassen sich Aussagen über das Weltsystem herleiten, wie Laplace im Fall der himmelsmechanischen Bestimmung der Polabplattung der Erde betont: »Il est très remarquables qu'un Astronome, sans sortir de son observatoire, en comparant seulement ses observations à l'Analyse, eut pu déterminer exactement la grandeur et l'aplatissement de la Terre, et sa distance au Soleil et à la Lune, éléments dont la connaissance à été le fruit de longs et pénibles voyages dans les deux hémisphères.«[16]

Laplace setzt das Theorieideal der Analyse in der *Exposition du système du monde* und der *Mécanique céleste* um; in den sechs Bänden kommt nicht eine einzige Abbildung vor. Zu welchem Weltbild führt eine analytische Methode, in der die Wahrnehmung auf die Ermittlung von Planetenkoordinaten beschränkt ist, die ausschließlich auf planetare Bewegungsgesetze abzielt und aus der Visualisierungen ausgeschlossen sind? Durch Laplace verändert sich das Weltbild zu einem Geflecht funktionaler Abhängigkeiten. Naturphilosophische Folgen sind:

1. *Determinismus*: Das Weltsystem wird auf gravitativ interagierende Materieteilchen beschränkt. Relevant sind ausschließlich Bewegungsgesetze und Initialbedingungen. Neben den mechanischen Ursachen gibt es keine weiteren, und darüber hinaus gehende Naturauffassungen sind wissenschaftlich indiskutabel. Die differentielle Betrachtungsweise umfaßt die Natur dadurch, daß der Übergang von einem Zustand zum nachfolgenden eindeutig berechnet werden kann. Das erkenntnistheoretische Fazit, das Laplace aus der Berechenbarkeit des Bewegungsverhaltens von Planeten durch Differentialgleichungen zieht, ist der häufig erwähnte Laplacesche Geist: »Une intelligence qui, pour un instant donné, connaîtrait toutes les forces dont la nature est animée et la situation respective des êtres qui la composent, si d'ailleurs elle était assez vaste pour soumettre ces données à l'Analyse, embrasserait dans la même formule les mouvements des plus grands corps de l'univers et ceux du plus léger

---

15   P.S. Laplace, Exposition du système du monde, Système du monde in: Œuvres Complètes, Ausgabe der Académie des sciences, 14 Bände, Paris 1878–1912, hier Bd. 6, 114.
16   P.S. Laplace, Système du monde (wie Anm. 15), 252.

atome: rien ne serait incertain pour elle, et l'avenir, comme le passé, serait présente à ses yeux.«[17]

Zwecks einer angemessenen wissenschaftshistorischen Beurteilung der analytischen Methode ist zu bemerken, daß am Ende des 18. und zu Beginn des 19. Jahrhunderts die Himmelsmechanik eine der leistungsfähigsten Disziplinen war, wobei Leistungsfähigkeit an der Prognosefähigkeit gemessen wurde. Es gab keinen anderen Bereich, der hinsichtlich des Erfolgs und der Geschlossenheit der Himmelsmechanik auch nur annähernd entsprach.

2. *Metaphysikkritik und die Metaphysikfreiheit der Himmelsmechanik*: Laplace baut die Metaphysikferne der analytischen Mechanik zu einer weltsystematischen Metaphysikfeindlichkeit aus: Gott und Zweckmäßigkeiten dürfen in der Astronomie keine Rolle mehr spielen. Dabei geht es nicht nur um scholastischen Aristotelismus, sondern auch um neuzeitliche Teleologie. Der Grund für die Übernahme der Geisteshaltung der Mechaniker für den Kosmologen Laplace liegt in der Identität der grundlegenden Prinzipien. Es gab seit Aristoteles Versuche, die Trennung in sub- und translunare Physik zu ersetzen. Descartes macht dies durch die Wirbeltheorie in den *Principia Philosophiae*, Newton durch die Theorie der universellen Attraktion.

Ein Beispiel für die metaphysische Verwertung der analytischen Mechanik in Laplace' Weltsystem ist die Diskussion der teleologischen Deutung des Prinzips der kleinsten Wirkung. Es gibt Differential- und Integralprinzipien: Differentialprinzipien der Mechanik beschreiben den differentiellen Verlauf einer Bewegung, Integralprinzipien die Bewegung als Ganze. Das Prinzip der kleinsten Wirkung ist ein Integralprinzip und wurde von Maupertuis metaphysisch als Ökonomieprinzip der Natur vorbereitet und von Euler analytisch formuliert. Wie es zu verstehen ist, hängt davon ab, ob man der Mechanik theologische Relevanz zubilligt. Die historischen Sichtweisen sind durch die ursprüngliche Fragestellung, das Brachystochronenproblem, beeinflußt: Welche Kurve zwischen zwei Punkten A und B führt dazu, daß eine Kugel nur durch ihre Schwere beschleunigt die Strecke in kürzester Zeit durchläuft (Abb. 3)?

---

17   P.S. Laplace, Œuvres Complètes (wie Anm. 15), Bd. 7, S. vii. Das ist auch die Erkenntnishaltung in der *Exposition du système du monde*.

– »Alors on pourra remonter par la pensée aux changements successifs que le système planétaire a éprouvés; on pourra prévoir ceux que les siècles à venir offriront aux observateurs, et le géomètre embrassera d'un coup d'œil dans ses formules tous les états passes et futurs de ce système.« (P.S. Laplace, Système du monde (wie Anm. 15), 217)

– »Ces lois [les lois de la nature], en embrassant l'univers, dévoilent a nos yeux ses états passés et à venir« (P.S. Laplace, Système du monde (wie Anm. 15), 466).

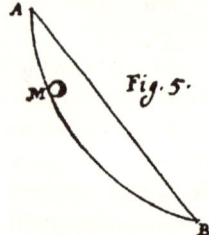

Abb. 3: Johann Bernoullis Skizze zum Brachystochronenproblem

Im Fall des Brachystochronenproblems ist die Antwort die Zykloïde. Sämtliche alternativen Kurven unterscheiden sich von der Zykloïde dadurch, daß deren Integrale $\int m \cdot v \cdot dt$ einen höheren Betrag annehmen würden, bzw. $\int m \cdot v \cdot dt$ hat einen Minimalwert. Die zweite Sichtweise ergibt sich aus den Differentialgleichungen. Was läßt sich über den Gesamtverlauf einer Bewegung sagen, die durch differentielle Bewegungsgleichungen bestimmt ist? Das Ergebnis ist das gleiche. Beim Prinzip der kleinsten Wirkung geht es nicht um das Zeit-, sondern um das Streckenelement: Das Prinzip ist ein Variationsprinzip und sondert aus unendlichen vielen möglichen Trajektorien diejenige aus, bei der das Wirkungsintegral den Minimalwert besitzt[18]. Euler selbst hat die Ableitung des Prinzips der kleinsten Wirkung aus den Bewegungsgleichungen im zweiten Anhang der *Methodus inveniendi lineas curvas* vorgeführt[19].

Die Übereinstimmung der differentiellen und der integralen Sichtweise auf eine Bewegung bietet philosophischen Zündstoff und wurde ausgiebig diskutiert. Euler deutet sie in den Begriffen der Ursachenlehre von Aristoteles: Die causa efficiens führe zum selben Ergebnis wie die causa finalis, was er zum Anlaß nimmt, die Zweckmäßigkeit der differentiellen Bewegung zu behaupten: *Cum enim mundi universi fabrica sit perfectissima, atque a Creatore sapientissimo absoluta, nihil omnino in mundo contingit, in quo non maximi minimiv ratio quaepiam eluceat: quamobrem dubium prorsus est nullum, quin omnes mundi effectus ex causis finalibus, ope methodi maximorum & minimorum aeque feliciter determinari queant, atque ex*

---

18 Zur Frage nach $m \cdot v \cdot ds$ oder $m \cdot v^2 \cdot dt$ bemerkt Klaus Mainzer: »Mit Hinweis auf den Differentialquotienten der Geschwindigkeit v = ds/dt aus Wegelement ds und Zeitelement dt verweist Leibniz auf die äquivalente Formulierung aus Zeitelement und ›lebendiger Kraft‹ mv^2 [... vis viva] mit $\int mv^2 dt = A$.« A bezeichnet die Zusammensetzung aller unmittelbaren Wirkungen. (K. Mainzer, Prinzip der kleinsten Wirkung, in: J. Mittelstraß (Hg.), Enzyklopädie Philosophie und Wissenschaftstheorie, 3, Mannheim 1995, 342.
19 Siehe L. Euler, Methodus inveniendi lineas curvas maximi mimive proprietate gaudentes, sive solutio problematis isoperimetrici latissimo sensu accepti, Lausanne/Genf 1744, 309–320.

ipsis causis efficientibus.[20] »Da nämlich die Erstellung der gesamten Welt die vollkommenste und von dem weisesten Schöpfer vollendet ist, so geschieht überhaupt nichts auf der Welt, in dem nicht irgendein Verhältnis des Maximums oder Minimums hervortritt. Deshalb kann weiter kein Zweifel bestehen, daß doch alle Wirkungen in der Welt aus den Endursachen mit Hilfe der Methode der Größten und Kleinsten gleicht gut bestimmt werden können wie aus den bewirkenden Ursachen selbst.«

Laplace' Kritik an Eulers teleologischer Deutung setzt bei der differentiellen Bewegung an, führt nur zu einem anderen Ergebnis: Die Naturökonomie sei kein Zweck, sondern neutral und eine mathematisch-physikalische Gegebenheit. Die Ableitbarkeit des Prinzips der kleinsten Wirkung aus den Bewegungsgleichungen ist sein Argument dafür, daß die Natur nicht teleologisch strukturiert ist:»Le principe de la moindre action ne doit donc point être érigé en cause finale, et loin d'avoir donné naissance aux lois du mouvement, il n'a pas même contribué à leur découverte, sans laquelle on disputerait encore sur ce qu'il faut entendre par la moindre action de la nature.«[21]

Die Interpretation der mechanischen Prinzipien und der Differentialgleichungen ist die Naturphilosophie, weil sich der gesamte Kosmos nach den Gesetzen der Mechanik verhält. Die weltsystematische Bedeutung von Laplace' Œuvre ergibt sich also aus der Vorgeschichte, deren metaphysische Spekulationen aus seiner Sicht ohne jeden Erfolg verlaufen sind. Daher ist das wichtigste Anliegen die säkularisierte Durchführung des mechanistischen Programms. Berühmt wurde das diesbezügliche Gespräch zwischen Laplace und Napoleon, in dem Laplace die Gotteshypothese als nicht mehr erforderlich ausweist: »›Sire‹, répondit Laplace, ›je n'avais pas besoin de cette hypothèse.‹«[22]

Das heißt nicht, daß ein naturwissenschaftliches Weltsystem keine orientierende Funktion besitzt, die als Bestandteil von Weltbildern gesehen wird[23]. Die anthropologische Aussage besteht in der kosmologisch realistischen Beurteilung des Menschen. Die Menschen seien »trompés par les apparences et par le penchant qui porte l'homme à se regarder comme le principal objet de la nature«[24]. Religiös oder anthropologisch überzogene Selbsteinschätzungen sind für Laplace physikalisch irrelevant und systematisch sogar fehl leitend. Sein Wissenschaftsverständnis

---

20 L. Euler, Methodus inveniendi lineas curvas (wie Anm. 19), 245. Übersetzung nach H. Linsenbarth, Abhandlungen über das Gleichgewicht und die Schwingungen der ebenen elastischen Kurven von Jakob Bernoulli und Leonh. Euler, Leipzig 1910, 18.
21 P.S. Laplace, Système du monde (wie Anm. 15), 151.
22 V. Hugo, Choses vues, in: Œuvres complètes, Paris 1987, 686.
23 Siehe G. Abel, Die Macht der Weltbilder und Bildwelten, in: G. Abel et al., Neuzeitliches Denken, Festschrift für Hans Poser zum 65. Geburtstag, Berlin 2002, 38, vgl. außerdem in diesem Band den Aufsatz von J. Zachhuber, 171–194.
24 P.S. Laplace, Système du monde (wie Anm. 15), 119.

entspricht dem Zeitgeist des französischen Materialismus der Aufklärungszeit. Diese Theorien sind durchweg Säkularisierungen und Befreiungen von überkommenen religiösen Illusionen und Ängsten, die eine Orientierung an der Wahrheit verhindert haben[25]. Der gesellschaftliche Wert der Astronomie besteht nicht nur im geographischen und nautischen Nutzen, sondern in der dauerhaften Befreiung von unbegründeten Ängsten und einer nicht-anthropozentrischen Weltauffassung.

Dieser Wert geht mit Bemühungen einer Verwissenschaftlichung der Gesellschaft einher, der in mannigfaltigen Formen konkretisiert wird, z.B. im metrischen System oder in sozialen Sicherungssystemen, für die statistische Methoden die mathematische Voraussetzung sind. Die entsprechende Disziplin bekam den Namen *Arithmétique Politique*, worunter die Beschäftigung mit denjenigen Themen fällt, die sich quantitativ behandeln lassen, z.B. Landwirtschaft, Lebensmittelversorgung, Arbeit etc.[26] Die Einsicht in den kulturellen und sozialen Wert der Wissenschaften wird nicht erst in der Aufklärungszeit entdeckt; sie reicht bis in die Antike zurück, für die Neuzeit ist Bacons Wissenschaftsutilitarismus bedeutender, für Laplace wohl auch Voltaires Geschichtsphilosophie, dergemäß die Geschichte eine Fortschrittsentwicklung von der Barbarei zur Zivilisation ist. Letztlich geht es um die Rationalisierung, Objektivierung und Einforderung der Konsensfähigkeit jeder Art von gesellschaftlich relevanten Urteilen, worin die Analogie zur quantitativen Wissenschaft besteht. Das bedeutet auch, daß gesellschaftliche Prozesse und ihre Prinzipien quantifizierbar sind. Der immanente Rationalitätsoptimismus findet seinen prägnantesten Ausdruck in der Kampfansage an Ungerechtigkeit am Ende der ersten Edition der *Exposition du système du monde*. Sie schließt in kultureller Euphorie mit einem Wahrheits- und Gerechtigkeitsappell, bei dem Willkür durch Gesetzmäßigkeit ausgetauscht wird: »Vérité, justice: voilà ses loix immuables.«[27] Auch die Ethik, die lange vor allem in der Auslegung des mosaischen Dekalogs bestand, bekommt eine mathematische Struktur.

Ausblick auf die Rezeption in der Philosophie

Durch die analytische Methode und die Auffassung der Fruchtlosigkeit metaphysischer und theologischer Spekulationen entfällt die traditionelle

---

25 Vgl. H. Meyer, Abendländische Weltanschauung, Bd. 4, Paderborn/Würzburg 1950, Kapitel 3.3: Die Aufklärung – Natur und Geschichte, 267–273.
26 Siehe Diderots Artikel zur »Arithmétique politique in der Encyclopédie«. (Diderot, Arithmétique politique, Encyclopédie, Bd. 1.) Auch Lagrange hat eine Abhandlung zur arithmetischen Politik verfaßt (J.L. Lagrange, Essai d'arithmétique politique sur les besoins de l'intérieur de la République, Paris 1791).
27 P.S. Laplace, Exposition du système du monde, 1. Auflage, Paris 1796, 351.

anthropologisch-religiöse Verwertung der Astronomie, die in älteren bildlichen Kosmosdarstellungen vorlag (Abb. 4).

Abb. 4

Solche Weltbilddarstellungen sind holistisch und visualisieren das Universum als Ganzes. Durch das hohe künstlerische Niveau entsprechen sie einer Weltfrömmigkeit, deren metaphysisches Korrelat in einer Teleologie und in religiösen Interpretationen besteht. In der wissenschaftlichen Himmelsmechanik, spätestens seit Copernicus, fällt das weg (Abb. 5).

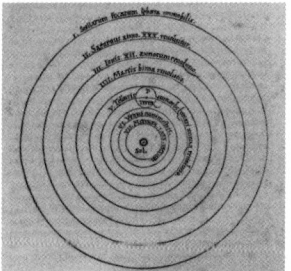

Abb. 5

Laplace bricht auch noch mit der sachlichen Visualisierung (Abb. 6).

Abb. 6: Eine typische Seite der *Mécanique céleste*.

Der für Weltbilder charakteristische Holismus wird durch einen mechanistischen Holismus ersetzt, der in einer Vereinheitlichung des

Weltsystems durch die Vereinheitlichung der Wissenschaft besteht. In Laplace' wissenschaftlichem Holismus spielt die Dynamik des Himmels die entscheidende Rolle, weshalb die traditionellen Darstellungen einer Momentaufnahme des Kosmos sich nicht mehr zur angemessenen Repräsentation des himmelsmechanischen Weltsystems eignen. Die bildhaften Darstellungen religiöser Weltbilder gestatten die Sicht auf den Kosmos in seinen metaphysischen Zusammenhängen, die Laplacesche Himmelsmechanik dagegen die Einsicht in die dynamische Kohärenz von Vergangenheit, Gegenwart und Zukunft.

Für das Verständnis der Reaktionen auf die analytische Weltbetrachtung ist voraus zu stellen, daß die Philosophie am Ende des 18. Jahrhunderts nicht auf die Kosmologie konzentriert ist. Kants Erkenntnistheorie und die Anthropologie in der Folge von Lamettries *L'homme machine* (1784) sind die Themen der Zeit. Die materialistische Anthropologie hatte sich nicht zuletzt durch Kants Kritiken in der Hinsicht als defizitär erwiesen, daß sie jeden Erkenntnisbeitrag des Subjekts und das Phänomen der Freiheit nicht erklären konnte. Fichte kritisiert, »daß alle Einwirkung mechanisch sey, und daß durch Mechanismus keine Vorstellung entstehe, kann kein Mensch, der nur die Worte versteht, läugnen. Aber gerade da liegt die Schwierigkeit. Es gehört schon ein Grad der Selbstständigkeit und Freiheit des Geistes dazu, um das geschilderte Wesen der Intelligenz, worauf unsere ganze Widerlegung des Dogmatismus sich gründete, zu begreifen. Viele sind nun einmal mit ihrem Denken nicht weiter gekommen, als zum Fassen der einfachen Reihe des Naturmechanismus«[28].

Die Frage nach der Herkunft des Geistes ist eine der wichtigsten Fragen der zeitgenössischen Naturphilosophie; die Verbindung von Naturphilosophie und Anthropologie ist noch sehr eng. Doch die Darstellungen naturwissenschaftlicher Weltsysteme lassen gerade solche Fragen außen vor.

Analoges gilt für die religionsphilosophische Betrachtung der Natur. Ihr Ziel ist der Nachweis des göttlichen Schöpfungsplans mit seinen zahlreichen Implikationen wie Güte, Einheit, Weisheit, Allmacht etc. Schleiermacher tendiert dazu, daß die Beschränkung der Wahrnehmung auf die Ermittlung von Planetenpositionen und ihre mathematische Berechnung eine der Perfektheit der Schöpfung unangemessene Reduktion ausmache: »Die Unfähigkeit Eurer Sinne kann nicht der Stolz Eures Geistes sein, und was macht sich der Geist aus Zahlen und Größen, da er

---

28 J.G. Fichte, Erste Einleitung in die Wissenschaftslehre, Erstdruck in: Philosophisches Journal, Bd. 5, 1797, Heft 1, 1–47, hier zitiert nach: J.G. Fichte, Sämmtliche Werke hg. v. I.H. Fichte, Bd. 1, Berlin 1845/1846, 439.

ihre ganze Unendlichkeit in kleine Formeln zusammenfassen und damit rechnen kann wie mit dem unbedeutendsten?«[29]

Dem wird die Anschauung als methodisches Prinzip entgegengesetzt: »Erhebt Euch einmal – es ist doch für die meisten unter Euch ein Erheben – zu jenem Unendlichen der sinnlichen Anschauung, dem bewunderten und gefeierten Sternenhimmel. Die astronomischen Theorien, die tausend Sonnen mit ihren Weltsystemen um eine gemeinschaftliche führen, und für diese wiederum ein höheres Weltsystem suchen, welches ihr Mittelpunkt sein könnte, und so fort ins Unendliche nach innen und nach außen, diese werdet Ihr doch nicht ein System von Anschauungen als solchen nennen wollen?«[30]

Die Anschauung ist das Erkenntnisprinzip, um das Schleiermacher die naturwissenschaftliche Methode ergänzt. Die Kritik an der analytischen Methode liegt nicht in deren Falschheit, sondern in der Unzulänglichkeit für das Ganze. Schleiermacher empfindet das himmelsmechanische Weltsystem als nicht holistisch, die geschaffene Welt sei vielmehr ein Kunstwerk, von dem die mathematische Analyse nur einen Ausschnitt behandeln könne: »Wenn Ihr von einem großen Kunstwerke nur ein einzelnes Stück betrachtet, und in den einzelnen Teilen dieses Stücks wiederum ganz für sich schöne Umrisse und Verhältnisse wahrnehmt, die in diesem Stück geschlossen sind, und deren Regel sich aus ihm ganz übersehen läßt, wird Euch dann nicht das Stück mehr ein Werk für sich zu sein scheinen, als ein Teil eines Werkes?«[31]

Damit fehlt aus religionsphilosophischer Perspektive den naturwissenschaftlichen Weltsystemen eine der Bedingungen von Weltbildern: Es fehle die »majestätische Offenbarung des Weltgeists«, der den Menschen zur »innige[n] Ehrfurcht vor dem Ewigen und Unsichtbaren« und zur »wahre[n] ungekünstelte[n] Demut« bewegt[32].

Doch auch in der Kosmologie blieb die Anschauungsferne der analytischen Himmelsmechanik nicht ohne Kritik. Auf die Bildlosigkeit wissenschaftlicher Literatur reagierte insbesondere die Popularastronomie mit einer Revisualisierung[33]. Friedrich Wilhelm Bessel erklärt 1832 noch ganz im Geist von Laplace: »Die Bewegungen aller Himmelskörper so vollständig kennen zu lernen, daß für jede Zeit genügende Rechenschaft davon gegeben werden kann, dieses war und ist die Aufgabe,

---

29 F. Schleiermacher, Über die Religion: Reden an die Gebildeten unter ihren Verächtern, Göttingen 1991, 69.
30 F. Schleiermacher, Über die Religion (wie Anm. 29), 55.
31 F. Schleiermacher, Über die Religion (wie Anm. 29), 71.
32 F. Schleiermacher, Über die Religion (wie Anm. 29), 85.
33 Siehe zur Visualisierung in der Popularastronomie die Monographie von S. Utzt, Astronomie und Anschaulichkeit – Die Bilder der populären Astronomie des 19. Jahrhunderts, Frankfurt a.M. 2004.

welche die Astronomie aufzulösen hat.«[34] Schulze schreibt wenig später eine Popularastronomie, deren Titel bereits seine Haltung gegenüber der analytischen Himmelsmechanik gegenzeichnet: »Das veranschaulichte Weltsystem oder die Grundlehren der Astronomie und deren leichte und sichere Veranschaulichung durch eigenthümliche Versinnlichungswerkzeuge dargestellt und nachgewiesen« (1838). Alexander von Humboldt sieht »die Wissenschaft wie verödet«[35] und hält die »Versinnlichung« von kosmischen Größen für das Verständnis erforderlich[36]. Das »Erstaunen, das Zahl- und Raumgrößen ohne Beziehung auf die geistige Natur oder das Empfindungsvermögen der Menschen erregen«, sei »unfruchtbar«[37]. Für Humboldt fehlt der Astronomie die sensualistische Nähe. Visualisierungen dienen nicht bloß zur Unterhaltung, sondern sie werden als Erkenntnismedium auch von der wissenschaftlichen Avantgarde reflektiert und geschätzt.

Für die philosophische Interpretation der Kosmologie spielt die wiedergewonnene Bildlichkeit keine entscheidende Rolle: Mädler zum Beispiel wendet sich gegen Astrologie, Teleologie und die Geozentrik, die noch immer gegen den »Zorneseifer ihrer [der Astronomie] Feinde«[38] zu widerlegen sei. Eine religiöse Deutung der Astronomie liest man dagegen im Vorwort von Adolph Drechslers illustriertem Lexikon der Astronomie: »[...] wir bewundern mit Freude die Allmacht des Schöpfers in der unzählbaren Menge der Welten, ahnen seine Weisheit, [...] preisen seine Güte, welche uns befähigt, des Erhabenen in der Schönheit des All uns bewußt zu werden [...].«[39] Die Weltbilder der Astronomie sind nur in der Akzeptanz der wissenschaftlichen Ergebnisse und der Methode einheitlich; die Revisualisierung erbrachte keine zusätzlichen verbindlichen Elemente.

---

34 F.W. Bessel, Populäre Vorlesungen über wissenschaftliche Gegenstände, hg. v. H.C. Schumacher, Hamburg 1848, 6.
35 A. von Humboldt, Kosmos, in der Ausgabe von O. Ette/O. Lubrich, Frankfurt a.M. 2004, 39, in der Originalausgabe Stuttgart/Tübingen 1845, 82. Wilhelm Bölsche empfiehlt später den Naturwissenschaften, dem »Musterexempel des Spröden«, einen »humanistische[n] Schliff«. (W. Bölsche, Wie und warum soll man die Naturwissenschaft ins Volk tragen?, in: ders., Stirb und Werde! Naturwissenschaftliche und kulturelle Plaudereien, Jena 1913, 297.)
36 A. von Humboldt, Kosmos (wie Anm. 35), 76, 1845, 155.
37 Siehe A. von Humboldt, Kosmos (wie Anm. 35), 76, 1845, 156/157.
38 J.H. Mädler, Der Himmel: gemeinfaßliche Darstellung des Wichtigsten aus der Sternkunde, Hamburg 1871, VI.
39 A. Drechsler, Illustriertes Lexikon der Astronomie, Leipzig 1888, VI.

Die astronomischen Fenster der Anschauung

Erwin Sedlmayr

Wie keine andere Wissenschaft hat *Astronomie* das Denken der Menschen und ihr Bild von der Welt, – ihr Weltbild – beeinflußt und geprägt. Durch alle Zeittalter war es ein Bedürfnis der Menschen, den Sternenhimmel zu betrachten und seine Gesetzmäßigkeiten zu erforschen, um die Welt zu verstehen und in ihr einen Standpunkt zu finden. In diesem Jahrtausende währenden Bemühen, Beobachten und Erforschen hat sich das heutige astronomische Weltbild herausgebildet, das im echten Sinne universell ist, d.h. Gemeingut aller modernen Kulturen, unabhängig von Nationalität, Rasse, politischer Einstellung und Religionszugehörigkeit. Um an Schiller zu denken, ist so Astronomie in ihrer Perspektive, ihrem Werdegang und in ihrem Anspruch konkrete Universalgeschichte, eine Sichtweise auf die meines Wissens nach zuerst Hans Elsässer aufmerksam gemacht hat.

Das heute landläufige Weltbild der Astronomie basiert auf allgemein vertrauten Tatsachen: jeder einigermaßen Gebildete weiß, dass die Erde Kugelgestalt besitzt und nicht, wie früher als selbstverständlich angenommen, im Zentrum des Universums ruht, sondern auf einer Ellipsenbahn um die Sonne wandert; dass aber auch die Sonne keine Zentralstellung einnimmt und gleicherweise um die Mitte der Milchstraße kreist, welche ihrerseits wiederum nur eine von Myriaden von Galaxien darstellt, die das Weltall erfüllen und das konsequenterweise ungeheuer groß sein muß. Allein diese Größe, die alles menschliche Maß überschreitende räumliche und zeitliche Dimension der Welt, entmutigt die Einen, sich tiefer darauf einzulassen, stellt aber für die Anderen gerade eine besondere Faszination und Herausforderung für ihr Denken dar.

Zum heutigen populären Weltbild gehört aber auch so etwas wie der *Urknall*, die Metapher von einem abrupten Ins-Sein-Treten der Welt durch ein mysteriöses Urereignis, gestützt durch das Bild einer allseitigen kosmischen Expansion, fälschlicherweise häufig als Explosion aufgefaßt, von deren Mittelpunkt aus die materiellen Objekte in alle Richtungen auseinanderfliegen und so dem irdischen Beobachter eine Zentralstellung zuzuweisen scheint. Der hierin liegende Trugschluß wird erst durch die Theorien der modernen Kosmologie aufgelöst, welche die beobachtete allseitige Fluchtbewegung der fernen Objekte unmittelbar durch ein dem kosmischen Raum selbst inhärentes Expansionsverhalten erklärt, ähnlich z.B. der sich vergrößernden Oberfläche beim Aufblasen eines Luftballons, auf der sich auch beliebig markierte Punkte voneinander entfernen, um eine in diesem Zusammenhang oft benutzte zweidimensionale Veranschaulichung zu gebrauchen.

Als aufregend oder beunruhigend empfunden wird auch die Spekulation oder das Wissen um Schwarze Löcher, meistens aufgefaßt als Grenzvorstellungen aus Science-fiction Geschichten, als Raum-Zeit-Tore und Anderswelten; Sujets, welche viele Menschen in ihren Bann ziehen und gerade ob ihrer anhaftenden geheimnisvollen mythischen, psychologischen oder fantastischen Aspekte Allgemeingut des populären Interesses darstellen. So gesehen stellt Astronomie nicht nur eine wichtige Säule unseres heute verbindlichen naturwissenschaftlich-technischen Weltbilds dar, sondern ist seit jeher auch Urgrund und Inspirationsquelle mannigfacher künstlerischer oder religiöser Ausstrahlungen. Die Sicht und Begeisterung der Wissenschaftler, der Astronomen und Astrophysiker ist nüchterner, aber nicht weniger faszinierend: ihr Weltbild wurde geschaffen durch Beobachtung und Theorie, d.h. durch das Studium der Erscheinungsformen und Verhaltensweisen der kosmischen Objekte sowie deren quantitative naturgesetzhafte Beschreibung mittels geeigneter physikalischer Theorien.

Unser heutiger wissenschaftlicher Blick auf den Kosmos und seine Objekte ist somit bestimmt vom allgemein akzeptierten Paradigma einer naturwissenschaftlich-technischen Sicht. Diese Perspektive, in der viele den Beginn unserer europäischen Neuzeit sehen – Blumenbergs treffendes Wort[1], wonach der Mensch erkannte: »dass man sehen konnte, was man wissen wollte« – und die mit den Umwälzungen durch Johannes Kepler, Galileo Galilei und Isaac Newton etabliert wurde, und mit der eine entsprechende Entwicklung der verfügbaren Beobachtungstechnik einherging, hat von da an in unvergleichlich erfolgreicher Weise das menschliche Denken und Wissen über den Himmel und seine Objekte beherrscht und bestimmt heute, im Kontext der Astrophysik, mehr denn je wissenschaftliches Arbeiten und die Interpretation der dadurch gewonnenen Ergebnisse und Einsichten.

Die Grundlagen sind die Erkenntnisse, Methoden und Theorien der heutigen Naturwissenschaften, besonders der Physik, sowie der Mathematik, durch deren Anwendung auf astronomische Fragestellungen wir in der Lage sind, nicht nur die Himmelsobjekte, sondern sogar das Universum selbst, als physikalische Systeme zu begreifen, deren raumzeitliche Organisation, deren Struktur und lokaler oder globaler Zusammenhang, quantitativ berechnet und dadurch physikalisch interpretiert und verstanden werden können.

Von einer philosophischen Warte aus mag geklärt werden, inwiefern ein so umfassender Zugriff auf die Natur des Universums, wie ihn uns Physik und Mathematik ermöglichen, allgemeine und grundsätzliche

---

1 H. Blumenberg, Das Lachen der Thrakerin: eine Urgeschichte der Theorie, Frankfurt a.M. 1987 (= 2001).

Bedeutung hat oder eben auch nur eine, wenn auch ungemein erfolgreiche, »Interpretationswelt« im Kontext anderer Perspektiven darstellt[2], also nur einen durch die gemachten Annahmen und verwendeten besonderen Methoden eingeengten Projektionscharakter besitzt und somit grundsätzlich vom gewählten »Fenster unserer Anschauung« abhängt, worin wir nicht nur unser begründetes Vorurteil einbringen, sondern auch bereits unsere Ergebniserwartung in gewisser Weise präjudizieren.

Moderne Astronomie ist also in ihrem Wesen, wie heute jede Naturforschung, eine *beobachtende*, d.h. seit Beginn der Neuzeit eine *messende* Wissenschaft, deren Erkenntnisse nicht mehr, wie z.B. in der antiken Astronomie, durch deduktive Schlüsse im Kontext einer allgemein akzeptierten Weltvorstellung gewonnen werden, sondern ausschließlich durch gezielte Beobachtung der Himmelsobjekte oder -phänomene und deren möglichst widerspruchsfreie Interpretation im Rahmen einer theoretischen Beschreibung. Dies weist den Beobachtungsmöglichkeiten, und damit den verfügbaren Teleskopen, Auswerte- und Analysetechniken eine zentrale Rolle für das zeitgemäße wissenschaftliche Arbeiten und Forschen zu, und indirekt auch für die daraus gewonnenen Erkenntnisse und Einsichten, wie sie zu allen Zeitaltern die menschliche Vorstellung vom Kosmos und seiner Objekte geprägt haben. Betrachtet man diesen hieraus nahegelegten Zusammenhang zwischen dem jeweiligen Stand der Astronomie und dem ihrer verfügbaren Technik genauer, kann man mit einem gewissen Recht feststellen, dass Sprünge in der Technik fast immer auch Sprünge in der grundlegenden Erkenntnis, d.h. im Hinblick auf die Astronomie, neue Weltvorstellungen – neue *Weltbilder* – nach sich gezogen haben.

Dieser enge Zusammenhang zwischen der praktischen Fähigkeit und den theoretischen Möglichkeiten erfolgreicher Forschung einerseits und ihrem technischen Stand andererseits, ist seit jeher für jede Gesellschaft zentraler Bestandteil ihres wissenschaftlichen Fortschritts und ihrer kulturellen Entwicklung. Darum hat Astronomie zu allen Zeiten eine besondere Bedeutung für das Selbstverständnis und die Entwicklung der Menschheit gehabt. Alle Hochkulturen widmeten ihr ein hohes Maß an geistigen und wirtschaftlichen Kräften und betrachteten sie als Spiegel ihres Entwicklungsstandes. Als besonders eindrucksvolle Beispiele seien hier nur der steinzeitliche, etwa 7000 Jahre alte Sonnenkalender bei Meisternthal in Niederbayern oder die sogenannte Himmelsscheibe von Nebra erwähnt, aber auch die gewaltige urzeitliche Steinanlage von *Stonehenge* in Südengland oder auch die Pyramiden Ägyptens oder der

---

2 Siehe G. Abel, Interpretationswelten. Gegenwartsphilosophie jenseits von Essentialismus und Relativismus, Frankfurt a.M. 1993 und G. Abel, Sprache, Zeichen und Interpretation, Frankfurt a.M. 1999.

Mayas, in deren Konstruktions- und Positionsmerkmalen offensichtlich astronomische Bezüge zu erkennen sind.

Wie eine neue Beobachtungsmöglichkeit, hier ein neues Instrument, ein ganzes Weltbild verändern kann, ist besonders deutlich beim ersten astronomischen Einsatz des Fernrohrs durch Galileo Galilei zu sehen, mit dem es ihm gelang, vier bahnbrechende, unerwartete Beobachtungen zu machen, von denen jede für sich jeweils einen Eckstein für das kommende astronomische Weltbild der Neuzeit bildete: die Entdeckung der Jupitermonde, der Venusphasen, der Mondkrater und die Auflösung des hellen Bandes der Milchstraße in Myriaden von Einzelsternen.

Gerade die Aufklärung der tatsächlichen Struktur der Milchstraße und damit einhergehend der wahren Natur der sogenannten Spiralnebel vor etwa einhundert Jahren, welche auch den Schritt zur extragalaktischen Astronomie bedeutete, war nur mit einer neuen Klasse von Teleskopen, für die für mehr als ein halbes Jahrhundert lang zuvorderst die amerikanischen Sternwarten Mount Wilson und Mount Palomar standen, möglich. Auf dieser hier gelegten Grundlage wurde durch die rasanten Weiterentwicklungen der letzten Dekaden, mit dem Betrieb der Großsternwarten und Satellitenteleskope, das heute akzeptierte astronomische Weltbild eines expandierenden Kosmos geschaffen, der uns erlaubt, sowohl die raum-zeitliche Dynamik des Universums als auch die damit einhergehende Entwicklung der materiellen Strukturen und Organisationsformen als evolutionären Prozess im Sinne einer hierarchischen Ordnung zu verstehen, wo die jeweils unterschiedlichen Stufen der Materieorganisation als mehr oder weniger langlebige Zustände in Erscheinung treten, wie wir im Weiteren des Beitrags noch sehen werden.

Astronomie ist die Wissenschaft, die vom Licht lebt. Licht ist die kosmische Botschaft aus den Tiefen von Raum und Zeit an die irdischen Beobachter, das zeitlose Medium der Übermittlung, das über die unvorstellbaren Entfernungen des Weltalls das Hier und Heute mit dem Dort und Damals in einer Entwicklungskette verbindet und so das sichtbare Universum als ein einheitliches evolutionäres System zu erkennen erlaubt. Licht bildet eine Brücke zwischen den isolierten Himmelsobjekten und schließt das Universum zu einer Informationseinheit zusammen, welche es dem menschlichen Geist zugänglich macht und zu umfassen ermöglicht.

Der Lichtfluss astronomischer Objekte besitzt im allgemeinen eine sehr differenzierte Struktur in seiner Energieabhängigkeit – wir nennen das sein Spektrum – welche vielfältige Informationen über die spezifischen physikalischen Zustände und die dort ablaufenden Prozesse enthält. Direkt ersichtlich ist uns ausschließlich der sogenannte visuelle Bereich zwischen 400 bis 700 nm, der der Empfindlichkeit des mensch-

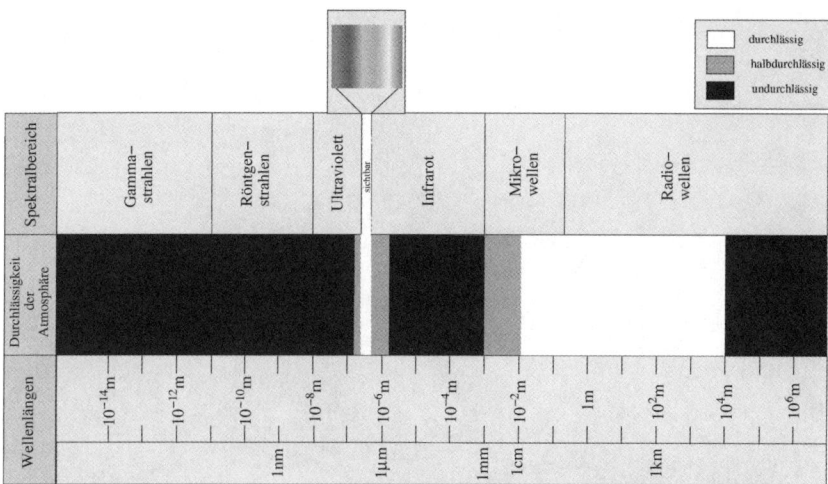

Abb. 1: Optisches Fenster der Erdatmosphäre (Aus Brockhaus: Mensch. Natur. Technik: Vom Urknall zum Menschen, Hrsg.: Gernot Gruber, F.A. Brockhaus, Leipzig-Mannheim, 1999.

lichen Auges entspricht und daher das »natürliche Fenster unserer Anschauung« definiert. Im Vergleich zum physikalischen Spektralbereich, vom höchstenergetischen Ende der γ-Quanten bis zum anderen Extrem der niederenergetischen Radiowellen, welche jeweils nur durch geeignete Instrumente detektiert werden können, ist dies im Energiespektrum ein nahezu verschwindender Ausschnitt.

Spezifisch ist diesen Bildern, dass uns die unterschiedlichen Spektralfenster auch jeweils unterschiedliche physikalische Prozesse auf ihrerseits unterschiedlichen Theorieebenen enthüllen, die im Gesamtkontext eines Objekts zusammengedacht und zu einer geschlossenen Beschreibung und Interpretation physikalisch zusammengeführt und konsistent behandelt werden müssen. Das vorhin angesprochene »natürliche Fenster« vermittelt also nur einen kleinen, meistens nicht einmal den wichtigsten Ausschnitt der tatsächlichen Verhältnisse. Diese zu erfassen, bedienen wir uns physikalischer Theorien – Mechanik, Thermodynamik, Hydrodynamik, Quantentheorie, Atomphysik, Kernphysik, Strahlungstheorie, spezielle und allgemeine Relativitätstheorie, ... – die, je nach spezifischer Wichtigkeit ausgewählt, bei der Beschreibung eines Objektes oder Prozesses als relevant erachtet werden und so eigene »theoretische Fenster der Anschauung« definieren. Lassen sie mich das anhand der Sonne an wenigen Beispielen näher erklären:

1. *Fenster (zeitlose Sicht):* Aus astronomischer Sicht ist die *Sonne* ein relativ kleiner, ganz normaler Stern bestimmter Masse, bestimmter Leuchtkraft und bestimmter chemischer Zusammensetzung, welcher wegen

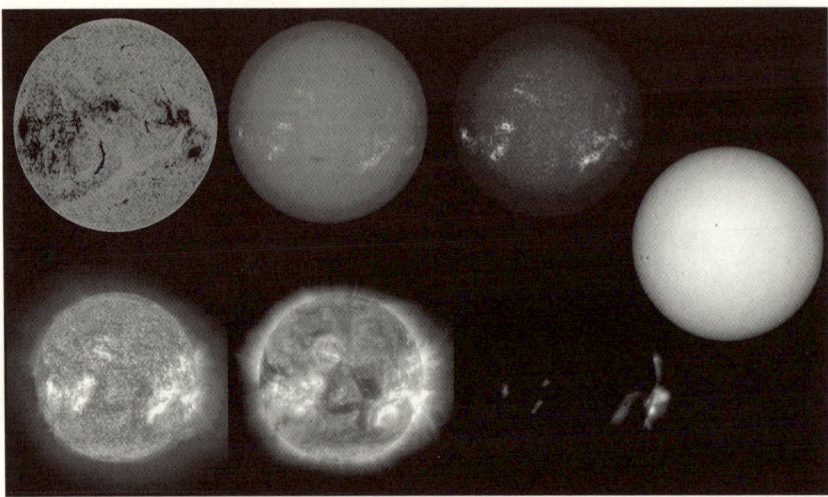

Abb. 2: Aussehen der Sonne in verschiedenen Wellenlängenbereichen: [obere Reihe] He I bei 1083 nm (Infrarot), Hα bei 676,7 nm (Rot), Ca II K bei 393,4 nm (Blau); [untere Reihe] He II bei 30,4 nm (extremes UV), Fe XII bei 19,5 nm (extr. UV) und weiche Röntgenstrahlung; [rechter Rand] die Sonne im gesamten sichtbaren Licht (weiß) (Quelle: Solar Data Analysis Center at NASA Goddard Space Flight Center, Maryland USA, http://umbra.nascom.nasa.gov/).

seiner Langlebigkeit (heutiges Alter etwa 4,6 Milliarden Jahre) zeitlos erscheint. Dieser stabile Zustand wird physikalisch wesentlich durch zwei Gleichgewichte bestimmt: das mechanische Gleichgewicht und das energetische Gleichgewicht. Beachten wir weiter, dass diese Gleichgewichte nur durch ein entsprechend großes Energiereservoir über lange Zeit aufrecht erhalten werden können und hierfür die Verfügbarkeit von Kernenergie die einzige bekannte Möglichkeit darstellt, werden wir von der Physik notwendig dazu geführt, dass die Sonne ein sehr stabiler, gasförmiger Fusionsreaktor ist, der in seinem Inneren Wasserstoff zu Helium verbrennt und dessen Aufbau und Abstrahlung durch vier einfache Strukturgleichungen aus Thermodynamik, Hydrostatik und Kernphysik beschrieben werden können. Gleiches gilt für eine Vielzahl von Sternen (etwa 90%), welche die sogenannte Hauptreihe des Hertzsprung-Russel-Diagrammes bevölkern. Sterne sind also in dieser ersten Ansicht sehr langlebige Strahlungsquellen, wie sie sich landläufig im Kosmos manifestieren. In diesem Sinne dürfen wir die Sonne geradezu als Paradigma für das, was wir landläufig mit dem Begriff Stern verbinden, auffassen.

2. *Fenster (zeitaufgelöste Sicht):* Auf einen zweiten, zeitaufgelösten Blick ist die Sonne zwar ein im Mittel stabiler und relativ unveränderlicher Stern, ihre Leuchtkraft, d.h. ihre Lichtemission, zeigt aber deutlich kurzfristige und langfristige Variationen. Am auffälligsten ist hier der

22-Jahre-Zyklus, der durch die Veränderung der Sonnenaktivität (Sonnenflecken, Ausbrüche) gekennzeichnet und dessen Ursache in ihrer Magnetfeldstruktur – genauer in der Dynamik des sogenannten Sonnendynamos – zu verorten ist. In dieser Sicht ist die Sonne also eine gewaltige Dynamomaschine, welche durch Turbulenz und Rotation getrieben, die beobachteten Aktivitätsphänomene generiert. Derartiges gilt selbstverständlich ebenfalls für eine große Klasse von Sternen.

3. *Fenster (mikrophysikalische Sicht):* Die Energiequelle der Sterne ist Kernfusion, d.h. Sterne sind Fusionsreaktoren, wo leichtere Atomkerne zu schwereren Atomkernen fusioniert werden. Da Wasserstoff, und auch der weit überwiegende Teil von Helium, bereits in den frühesten Phasen des Universums entstanden, der weitere Aufbau aber bei Helium abbricht, ist man heute der Meinung, dass alle vorkommenden chemischen Elemente schwerer als Helium in Sternen gebrütet werden. Sterne sind also in dieser mikrophysikalischen Sicht die Quellen aller schweren Elemente und liefern somit auch die materielle Grundbedingung aller organischen Verbindungen (C, O, . . .), d.h. auch allen Lebens.

4. *Fenster (evolutionäre Sicht):* Aufgrund ihres immensen Energievorrats sind Sterne zwar sehr langlebig, können aber wegen ihrer Abstrahlung nicht ewig existieren. Wie lange ihre »Lebenszeit« auch immer ist, Sterne entstehen, existieren und sterben. Sie sind deshalb in großen Zeiträumen transistente Gebilde, deren Werden und Vergehen in einer definierten Generationsfolge die kosmische Evolution der Materie in Richtung schwerer Elemente, zu chemischen Strukturen, zu wachsender Komplexität und schließlich, wenn auch vielleicht nur singulär, zur Selbstorganisation und Leben durch den sogenannten kosmischen Materiekreislauf vorantreibt. Auch in diesem evolutionären Sinn – und nicht nur durch das Sonnenlicht – sind Sterne notwendige Bedingungen unserer menschlichen Existenz.

Jedes dieser Fenster impliziert einen spezifischen theoretischen Kontext, mit dem je nach Sicht – objekthaft oder prozesshaft – das in Rede stehende »Wesen« eines astronomischen Objekts einzufangen versucht wird. Nehmen wir z.B. »Sterne« und versuchen die an sich einfache Frage »Was sind für den Astrophysiker Sterne?« zu beantworten. Je nach der spezifischen fachlichen Orientierung des angesprochenen Wissenschaftlers oder dem Kontext seines aktuellen Denkens und Interesses werden wir sehr verschiedene Antworten erwarten können:

- Langlebige metastabile leuchtende Gaskugeln,
- natürliche Kernfusionsreaktoren zur Bildung schwerer Elemente,
- turbulente Dynamomaschinen zur Erzeugung großer Magnetfelder,
- effektive Neutrino-Quellen,

- Realisierung von Zuständen höchster Magnetfeldstärken und komplexen Quantenzuständen,
- Lieferanten von prozessierter Materie für das interstellare Medium,
- Quellen des Sternenstaubs,
- Motoren des kosmischen Materiekreislaufs und der chemischen Entwicklung der Materie,
- Hauptkonstituenten von Galaxien und Induktoren von mannigfachen kollektiven Phänomenen,
- notwendige Voraussetzung für Planetensysteme und Leben,
- etc.

Unter all diesen spezifischen Fragestellungen werden Sterne betrachtet und theoretisch beschrieben. Zu einem endgültigen Gesamtbild müssen alle diese Aspekte und ihre Konsequenzen auf einer gemeinsamen Basis der unterschiedlichen Beschreibungsebenen konsistent zusammengeführt werden, um schließlich modellhaft das Wesen der Sterne und ihre Rolle in der Astronomie angemessen zu verstehen.

Dies stellt seinem Ziel und seiner Natur nach ein in vielen Schleifen rückgekoppeltes, iteratives Problem dar. Für alle ins Auge gefassten Systeme hängen die Begriffe »Beschreiben«, »Modellieren«, »Verstehen« von den eingebrachten geeigneten Methoden und insbesondere dem gewählten Niveau des physikalischen und technischen Zugriffs ab, begründet durch die spezifischen, praktischen und theoretischen Erfordernisse der in Rede stehenden Fragestellungen, Phänomene, Prozesse etc., d.h. durch ihre in dieser Perspektive definierten »Fenster der Anschauung«, die für jede Klasse von Objekten, Phänomenen und Problemstellungen den Rahmen ihrer jeweiligen Beschreibung konstituieren.

Dieser Rahmen kann z.B. definiert sein durch die grundlegenden Annahmen über das globale und lokale Erscheinungsbild sowie die Eigenschaften eines Objekts oder durch die seine wesentlichen Phänomene bestimmenden ersichtlichen Längen- und Zeitskalen, aber natürlich auch durch den als angemessen erachteten Satz von physikalischen Grundgleichungen, welche für eine adäquate Beschreibung hinsichtlich einer ins Auge gefassten Fragestellung erforderlich sind, und nicht zuletzt durch die Auswahl dazu geeigneter mathematischer Methoden und die Konstruktion ihrer numerischen Lösungsstrategien. In dieser Sicht fokussiert jeder Beschreibungsansatz spezielle Aspekte des Gesamtproblems und liefert nur Projektionen gewisser Eigenschaften, d.h. partikuläre Erkenntnisse, welche ihrerseits unabdingbare Voraussetzung für die endgültige quantitative Modellierung eines Objekts und dessen umfassendes Verstehen sind. Auf diese Weise werden die wichtigen Bausteine erarbeitet, aus welchen letztendlich der Gesamtbau unserer Objekte materiell und erkenntnismäßig zusammengefügt ist, und dessen Architektur somit wissenschaftlich offenbar wird.

Die hier anhand der Sterne exemplarisch vorgestellte wissenschaftliche Sicht und prinzipielle Herangehensweise gilt grundsätzlich auch im Hinblick auf alle anderen astronomischen Objekte und Vorgänge, wie Sternhaufen, Galaxien, Galaxienhaufen u.s.w., deren raumzeitliche Organisation und Evolution in sehr verschiedenen Perspektiven Gegenstand und Interesse praktischer Untersuchung und theoretischer Beschreibung sind – und in größter Ausweitung auch für unseren wissenschaftlichen Zugriff auf das Ganze des Universums selbst, welches in dieser Perspektive als evolutionäres System verstanden und interpretiert wird.

Unter dem Paradigma einer wissenschaftlich technischen Weltinterpretation sind wir als Astrophysiker im tiefsten überzeugt, für alle lokalen und globalen astronomischen Probleme und Fragenkomplexe hauptsächlich zuständig zu sein und die passenden Schlüssel für hier zu öffnende Türen, wenn nicht schon zu besitzen, so sie doch im voranschreitenden Wachsen unseres physikalischen »body of knowledge« irgendwann zur Verfügung zu haben. Zu beanspruchen, nicht nur die Teile, sondern stets auch das Ganze der physikalischen Wirklichkeit in den großen Rahmen ihrer Zuständigkeit zu nehmen und auf die hier zentralen Fragen Antworten zu erarbeiten, ist für fast alle Naturwissenschaftler seit jeher ausgesprochener Anspruch und somit kein unziemlicher Ehrgeiz, sondern tief im intensionalen Wesen der Naturwissenschaft, besonders der Physik und ihrer visionären Zielsetzung, begründet. Physik kann von daher grundsätzlich auch als Anstrengung verstanden werden, die einschlägigen Eigenschaften, in der Beschreibung ihrer Sachverhalte und Phänomene begrifflich, theoretisch und mathematisch so zu konzipieren, dass sie sich nicht nur am speziellen Teil, sondern bezogen aufs Ganze als leistungsstark, erkenntnisfördernd und aufschlussreich neustrukturierend erweisen.

Die atemberaubende Entwicklung der Astrophysik in den vergangenen 150 Jahren hat, begründet durch die Erkenntnisse und Theorien der Physik und die Verfügbarkeit höchster technischer Hilfsmittel, die Überzeugung gestärkt, dass die Wirklichkeit der Welt in menschlicher Sicht wesentlich physikalisch ist. In dieser Perspektive stellt sich das ganze Universum, von den kleinsten Bausteinen der Materie bis zu den größten beobachteten Ansammlungen von Galaxien, vorrangig als eine Domäne der Physiker, speziell der Astrophysiker, dar; es erscheint von diesem Fenster aus betrachtet als ein unermeßliches Laboratorium, in dem sich die Gegebenheit der Welt in Raum und Zeit naturgesetzlich vollzieht und in dieser Sicht studiert werden kann.

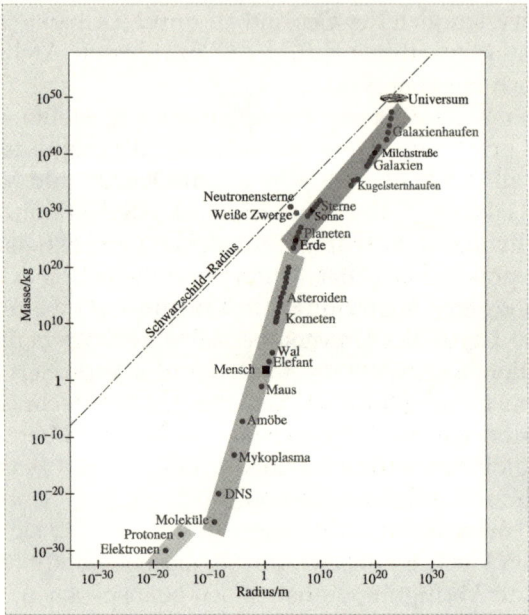

Abb. 3: Größen-Massen-Relation kosmischer Objekte.

Die bemerkenswertesten Ergebnisse dieser Untersuchungen sind:

1. Die im System der Physik formulierten und in irdischen Laboratorien geprüften Naturgesetze gelten in allen der astronomischen Beobachtung zugänglichen Bereichen des Kosmos und scheinen somit ubiquitärer Natur zu sein. Der Kosmos stellt sich uns, zumindest in all seinen uns zugänglichen Teilen, als *naturgesetzliche Einheit* dar, welche letztlich die Rechtfertigung und den großen Rahmen seiner physikalischen Beschreibung und Interpretation darstellt.

2. In allen Bereichen des Universums, über die sich unsere Beobachtungen erstrecken, ist die Materie aus den gleichen physikalischen und chemischen Grundbausteinen aufgebaut, wie sie auch auf der Erde oder in der Sonne vorkommen. Alle Materie im Kosmos bildet daher eine *stoffliche Einheit*, welche auf einen gemeinsamen Ursprung verweist, der mit dem großräumigen Aufbau des Universums und seiner Entwicklung zusammenhängen muss.

Gesetzliche und stoffliche Einheit des Kosmos sind in physikalischer Perspektive Grundtatsachen, die auf allen Größenskalen eine physikalische Erfassung der unterschiedlichen Systeme, nicht nur als isolierte individuelle Gegebenheiten, sondern als realisierte Teile eines Ganzen rechtfertigen, um sie im großen Zusammenhang zu beschreiben und in ihrem funktionellen Zusammenwirken zu erkennen.

Die astronomischen Fenster der Anschauung   221

Tabelle 1: Wechselwirkung/Grundkräfte

Wechsel-wirkung	starke Kraft	schwache Kraft	Elektro-magnetismus	Gravitation
Reichweite	$\sim 10^{-15}$ m	$< 10^{-17}$ m	(unendlich) < 1 km	unendlich
relative Stärke	1	10^{-13}	10^{-2}	10^{-38}
Wirkung auf	Quarks, indirekt auf Hadronen	Leptonen, Quarks	elektrisch geladene Teilchen	alle Teilchen

Um die kosmische Materieorganisation in diesem Sinne zu verstehen, betrachten wir die Abbildung 3, in der, von den kleinsten bis zu den größten Einheiten, die Objekte, abhängig von ihrer Masse und Größe, eingetragen sind.

Wir sehen, wider Erwarten, eine sehr einfache Anordnung. Ist dies ein Zufall oder ein Auswahleffekt (zurückzuführen auf die Natur unserer Beobachtung!) oder offenbart sich hier ein universelles physikalisches Bauprinzip? Astronomische Objekte und ihre Bausteine müssen, damit sie von uns mit einer gewissen Häufigkeit beobachtet werden können, eine längerlebige Stabilität besitzen. Ihre aktuellen Zustände müssen somit realisierte Gleichgewichtszustände der sie bestimmenden Kräfte sein. Ein Stern ist beispielsweise in dieser Sicht ein (meta-)stabiler Gleichgewichtszustand, bewirkt durch die an jeder Stelle auftretende kontraktive Gravitationskraft und der entsprechenden expansiven Druckkraft, eine Galaxie ein Gleichgewicht zwischen der Gravitationskraft und den expansiven Zentrifugal- und Turbulenzkräften. Atome und Festkörper werden durch Gleichgewichte der elektromagnetischen Kräfte, Atomkerne durch entsprechende Kernkräfte stabilisiert.

In der Physik sind vier sogenannte *fundamentale Wechselwirkungen*, d.h. Kräfte, bekannt, auf deren Wirken die ganze beobachtete Materieorganisation ursächlich zurückgeführt wird. Betrachten wir die jeweilige Reichweite dieser Wechselwirkungen und ihre relative »Stärke«, sehen wir, dass *starke* und *schwache Wechselwirkung* für den subatomaren, *elektromagnetische Wechselwirkung* für den atomaren, molekularen und mesostopischen, die *gravitative Wechselwirkung* für den astronomischen Bereich relevant sind. Himmelsobjekte und noch mehr das Universum selbst werden also hauptsächlich von der Gravitation als strukturierender Kraft bestimmt.

Nach allgemeiner Auffassung versteht man heute unter dem Begriff Universum das prinzipiell größtmögliche System, als welches versucht wird, die »Welt als Ganzes« zu denken, sich objekthaft vorzustellen und abstrakt begrifflich zu fassen, und so im Sinne der antiken Kosmologen die Ur-Sache zu benennen, aus der die uns zugängliche Welt der Wahrnehmung hervorgegangen und gemäß der sie gestaltet ist.

In diesem Anspruch, in dem sich grundlegende Vorstellungen und Theorien der modernen Naturwissenschaft, Philosphie, religiöse Überlegungen sowie vielfältige spekulative Erwägungen berühren, liegt die auch für den Außenstehenden spürbare besondere Faszination derartiger Fragen, welche in ihrer Bedeutung weit über den engen Bereich der Wissenschaft hinauszielen. Aus diesem Grund taten sich Astronomie und Physik, trotz der Fülle von in Jahrhunderten akribisch zusammengetragenen Beobachtungsbefunden, schwer, eine akzeptable Formulierung der kosmologischen Fragestellung auf dem Boden ihres ureigenen Wissenschaftsverständnisses zu entwickeln und sie als wissenschaftlich im Rahmen der Kosmologie als Gravitationstheorie beantwortbar zu begreifen.

Kosmologie stellt die Frage nach dem »Universum als Ganzem«, seiner globalen Struktur, seinem Werden, seiner Zeitentwicklung und schließlich seinem finalen Schicksal. Im Rahmen der Physik ist diese Fragestellung nur sinnvoll, wenn nicht nur die Erscheinungsformen der Materie, sondern auch die fundamentalen Entitäten der realen Welt, *Raum* und *Zeit*, – etwa im Unterschied zu Anschauungsformen a priori bei Kant –, selbst als physikalische Objekte begriffen werden können, deren lokale und globale Struktur durch physikalische Gesetze und Zusammenhänge – genauer durch Gravitation – bestimmt ist.

Die heute allen kosmologischen Betrachtungen zu Grunde liegende Gravitationstheorie ist die 1916 von Albert Einstein geschaffene Allgemeine Relativitätstheorie, in der die Gravitation als geometrische Eigenschaft (Krümmung!) der vierdimensionalen Raum-Zeit verstanden wird, welche einerseits durch die Materieerfüllung des Raumes bestimmt ist, andererseits aber gerade dadurch eben auch die räumliche Organisation der Materie und ihre Dynamik (Gravitation!) festlegt. In dieser gegenseitigen Bedingtheit von Raum-Zeit-Struktur und Materieorganisation liegt der Schlüssel, der uns erlaubt, nicht nur das materielle Verhalten der kosmischen Objekte, sondern auch die damit induzierte Raum-Zeit-Dynamik geschlossen zu beschreiben.

Da die hier maßgeblichen Einsteinschen Gravitationsgleichungen nur lokal gelten, erfordert deren Anwendung auf das »Universum als Ganzes« eine zusätzliche Generalisierungsannahme, welche man als *kosmologisches Prinzip* bezeichnet. Das kosmologische Prinzip ist ein durch die Beobachtungen motiviertes (Isotropie der Hubble-Expansion, Homogenität und Isotropie der Mikrowellen-Hintergrundstrahlung, Homogenität der großräumigen Materieverteilung), aber letztlich physikalisch nicht weiter begründbares Postulat. Es besagt, dass der unseren Beobachtungen zugängliche Ausschnitt des Universums für das Ganze repräsentativ ist, genauer; dass das Universum über entsprechend große Volumina gemittelt, sowohl hinsichtlich der mikroskopischen Bewegungsgesetze als auch dem beobachteten Zustand der fernen Umgebung gleich aussieht; das Universum soll also »im Großen« homogen und isotrop sein.

Ein solches Postulat wurde in seinem Kern bereits von Nikolaus von Kues in einem »theologischen Fenster der Anschauung« ausgesprochen, nach dessen Begründung die Welt überall ein Zentrum und nirgends einen Rand haben sollte, weil Mittelpunkt und Umfassung Gott selbst ist, der sich überall und nirgends befindet[3].

Erst die im kosmologischen Prinzip formulierte Extrapolationsaussage, welche ihrem Wesen nach weder durch Beobachtungen noch sonst in irgend einer Weise global physikalisch zu begründen ist und die deshalb ein nicht weiter wissenschaftlich zu rechtfertigendes Weltanschauungselement in die Wissenschaft »Kosmologie« einführt, ermöglicht einerseits die Ausweitung des Anwendungsbereichs der gesicherten Erkenntnisse der lokalen Physik auf das ganze Universum, und damit die Konstruktion globaler kosmologischer Modelle, und andererseits deren Test an den Beobachtungen der zugänglichen Bereiche.

Das kosmologische Prinzip, als Grundannahme zur globalen Beschreibung der Welt, ist historisch gesehen das letzte Glied einer Reihe von Weltpostulaten, die ausgehend vom anthropozentrischen Standpunkt der mythenhaften Weltbilder der alten Kulturen über die geozentrische Auffassung der griechischen Astronomie und des Mittelalters zur heliozentrischen Weltsicht bei Copernicus und Kepler führten, um schließlich in unserem Jahrhundert, welches den gesamten Kosmos als physikalisches System begreift, den dazu adäquaten Ausdruck zu finden. Es enthält in seinem Wesen nicht nur die maximal mögliche Ausweitung des Gültigkeitsbereichs der Naturgesetze, sondern insbesondere auch die explizite Verneinung der Existenz sowohl eines definierbaren Mittelpunkts der Welt, als auch eines sonst irgend ausgezeichneten kosmischen Standortes, wie z.B. den der menschlichen Beobachter oder den der Erde bei Newton. Dies ist der Preis, der gezahlt werden muss, damit im Kontext der heutigen Physik die Frage nach der globalen Struktur des Universums und seiner Geschichte sinnvoll formuliert und beantwortet werden kann.

Die Frucht dieser Bemühungen sind sogenannte *Weltmodelle*, in welchen die zeitliche Evolution der Raumstruktur des Kosmos simultan mit den in ihm enthaltenen Energiefeldern (Materie, Strahlung, etc.) beschrieben werden. Mit dem kosmologischen Prinzip sind grundsätzlich drei Lösungstypen unterschiedlicher Geometrie der Raum-Zeit-Struktur verträglich, die jeweils einem hyperbolisch offenen, euklidisch offenen bzw. sphärisch geschlossenen Kosmos entsprechen. Welche dieser Mög-

---

3   Nicolaus de Cusa, De Docta Ignorantia, liber secundus, ed. P. Wilpert, Berlin 1967.

lichkeiten für unser Universum tatsächlich realisiert ist, kann nur durch Beobachtungen entschieden werden; nach dem heutigen Stand der Beobachtungen muss deutlich ein ewig expandierendes Modell favorisiert werden.

Die mit der kosmischen Expansion einhergehende zeitliche Abnahme der lokalen Energiedichte bestimmt zu jeder Epoche und an jeder Stelle die physikalischen Bedingungen, die für die Existenz und die Häufigkeit der jeweils vorkommenden unterschiedlichen Materie- und Feldkomponenten verantwortlich sind. Im frühen Universum überwiegt die Energiedichte der Strahlung bei weitem die Energiedichte der materiellen Teilchen. Man bezeichnet es deshalb als strahlungsdominiert. Energiedichte und Temperatur wachsen bei hinreichender Annäherung an den hypothetischen mathematischen Anfangspunkt, der dem Limes Weltalter entspricht, über alle Grenzen. Da es in der Physik aber keinen Sinn macht, von unendlichen Werten der physikalischen Größen zu sprechen, drückt sich in diesem Verhalten die Frage aus, bis wie tief in die Vergangenheit uns die bekannten Modelle verlässlich führen, wo zeitliche Grenzen liegen, jenseits derer Erweiterungen und Modifikationen unserer physikalischen Beschreibungen unumgänglich sind, ja ob es nicht eine letzte Grenze, d.h. einen frühesten Zeitpunkt gibt, jenseits dessen keine wissenschaftliche Erfassung mehr denkbar und damit jedes konkrete Sprechen über solche Zustände sinnlos ist. In dieser Phase des Anbeginns verlieren sich die Konturen einer rationalen Kosmologie, wodurch allen diesbezüglichen, gegenwärtigen physikalischen Extrapolations- und Beschreibungsversuchen dieser frühesten kosmischen Zustände unvermeidbar ein vorläufiger und hochgradig spekulativer Charakter anhaftet. Manche Autoren bezeichnen deshalb diese früheste Epoche des Universums nicht ganz unzutreffend als *Mythenära* der Kosmologie. Sie endet nach der sogenannten Planck-Zeit t_P, die dem unvorstellbar kurzen Zeitraum von 10^{-43} s entspricht, nach dem man glaubt, wieder auf einigermaßen physikalisch gesichertem Boden zu stehen.

Darauf folgend lassen sich in der Entwicklung des Universums drei aufeinander aufbauende Zeitalter erkennen, welche sich hinsichtlich der jeweils herrschenden Bedingungen und Zustände, der maßgeblichen physikalischen Prozesse, sowie der hierfür erforderlichen konzeptionellen Beschreibungen unterscheiden, in der sich stufenhaft die Entwicklung des Kosmos und seiner Materieorganisation vollzieht:

- die Ära der Elementarteilchen $(t_P < t < 10^{-10}\text{ s})$[4],

- die Ära der Nukleonenbildung, der primodialen Kernsynthese und des Wasserstoff-Helium-Plasmas $(10^{-10}\text{ s} < t < 300\,000\text{ Jahre})$,

- die Materie-Ära, d.h. der Zeitraum der Galaxien, Galaxienhaufen und Sterne $(300\,000\text{ Jahre} < t <$ heute$)$.

In dieser letzten Ära des kalten Universums findet im kosmischen Materiekreislauf der Galaxien die Herausbildung von komplexen chemischen Strukturen statt und schließlich das Entstehen lebendiger Formen, als dessen höchste Stufe sich der Mensch betrachtet. Dieser Sachverhalt erfordert aber seinerseits eigene »Fenster der Anschauung« auf Bereiche, welche jedenfalls heute, noch außerhalb des astronomisch-physikalischen Kontexts liegen und hier nicht behandelt werden sollen, obwohl wir überzeugt sind, dass auch solche Fragen, wie die nach »Leben im Weltall« wesentlich astronomische Fragen sind.

Im umfassendsten »Fenster der kosmologischen Anschauung«, in dem letztlich alle partikulären astronomischen Fenster als referentieller Hintergrund und wenigstens im Prinzip falsifizierbarer Faktenzusammenhang enthalten sind, stellt sich uns das Universum als ein in vielen Aspekten und in weiten Zeiträumen physikalisch verständliches evolutionäres System dar, das entlang seiner Zeitpfeile von Determinismus und kausaler Prozesshaftigkeit, aber ebenso auch von Nichtlinearität, Chaos und momentaner und lokaler Unvorhersagbarkeit bestimmt ist.

In der ersten Phase des Anbeginns verliert sich die Beschreibungskraft unserer gesicherten Theorien, so dass heute darüber keine verlässlichen wissenschaftlichen Aussagen möglich sind. Hier lösen sich die physikalischen Theorien in mathematische Konzepte auf (Supergravitation, Stringtheorie), mit welchen, bisher jenseits jeder Möglichkeit einer experimentellen Überprüfung oder astronomischen Beobachtung, versucht wird, hinter den Vorhang der Planckzeit zu blicken. Solche Anstrengungen werfen ein Schlaglicht auf die Rolle der Mathematik als Grundingredienz aller unserer physikalischen Theorien, auf die alte, vielleicht ewig unbeantwortbare Frage, warum Mathematik so ungemein erfolgreich auf die Beschreibung der Natur passt, ja die Natur auf alle gestellten physikalischen Fragen wesentlich mathematisch antwortet. Es ist nicht entschieden, ob Mathematik ein wie auch immer in der Welt bereits vorhandenes und daher von den Mathematikern zu findendes Ingredienz ist, oder ein immanentes, spezifisches Element des Baus und der Struktur unseres Gehirns und unseres Bewußtseins selbst, in dem sich die kosmischen Gegebenheiten spiegeln und damit im Urgrund unseres Denkens – und somit auch unserer Theorien – die astronomischen Fen-

---

4 Zeitangaben nach dem kosmologischen Standardmodell, d.h. für $\Lambda = 0$.

ster der Anschauung evozieren, eingedenk von Goethes Maxime: »Das Höchste wäre zu erreichen, dass alles Faktische schon Theorie ist.«[5]

---

5   J.W. von Goethe, Einzelne Betrachtungen und Aphorismen über Naturwissenschaft im Allgemeinen, Weimarer Ausgabe II, 131.

Das Weltbild in den Wissenschaften – Geschichte einer Konzeption

Eberhard Knobloch

Was Aristoteles seiner Analyse des Bewegungsbegriffs entnahm, wies Otto von Guericke experimentell mit Hilfe seiner Luftpumpe nach: die Existenz Gottes. Mag der unbewegte Beweger des Stagiriten vom christlichen Gott des Magdeburger Bürgermeisters auch noch so verschieden gewesen sein: Der Befund zeigt, daß ein Diskurs über Weltbilder unter Naturwissenschaftlern, Mathematikern, Ingenieuren nicht ohne Bezug zur Theologie geführt werden konnte. Ich will versuchen, die Geschichte dieses Diskurses an Hand von fünf Beispielen nachzuzeichnen:

1. Mathematik versus Physik
2. Punkte und Oberflächen
3. Hypothesen
4. Mathematik und Physik
5. Kometen versus Sphären
   Epilog

1. Mathematik versus Physik

Das aristotelische Weltbild beruhte auf platonischen Vorgaben und war untrennbar mit der aristotelischen Materie- und Bewegungslehre verwoben. Sein Charakteristikum war die strenge Trennung von Mathematik und Physik, wie sie Aristoteles in der Physik (II 2) lehrte und in der Metaphysik (XII 8) praktizierte.

Die Mitte der endlichen, kugelförmigen Welt, des Kosmos, der nach der pseudo-aristotelischen Schrift *Über die Welt* ein System (σύστημα) aus Himmel und Erde und den darin enthaltenden Naturen ist[1], nimmt die Erde ein. Die Naturen sind – von der Erde aus geordnet – Mond, Sonne, Merkur, Venus, Mars, Jupiter, Saturn. Was aber ist dann der Himmel? Aristoteles klärt diese Frage in seiner Abhandlung *Über den Himmel* und gibt drei Antworten: Es ist das Wesen (οὐσία) des äußersten sich drehenden Gewölbes (περιφορά) des Alls (πᾶν) oder der natürliche Körper in diesem äußersten Gewölbe des Alls. Zweitens ist es der Körper, der auf das äußerste Gewölbe des Alls folgt. Drittens aber ist es der von dem äußersten Gewölbe enthaltene Körper, also das Ganze und das All[2].

Danach gibt es nur einen Himmel. Dieser ist ewig, unvergänglich, ungeworden, er enthält die endlose Zeit (ὁ ἄπειρος χρόνος), er ist eine

---

1 Ps.-Arist., Mu. II 391b.
2 Arist., Cael. I 9.

Art göttlicher Körper (σῶμα γάρ τι θεῖον)[3]. Keine Frage: das aristotelische Weltbild ist ebenso wenig wie das platonische ohne Theologie denkbar, ein Befund freilich, der noch auf Renaissance und Aufklärung zutrifft.

Außerhalb des Himmels gibt es weder Ort, noch Leeres, noch Zeit: οὐδὲ τόπος οὐδὲ κενὸν οὐδὲ χρόνος ἐστὶν ἔξω τοῦ οὐρανοῦ. Ist dort das Nichts? Keineswegs: was dort ist, so Aristoteles, altert angesichts der fehlenden Zeit nicht, ohne Wandel und Leid führt es das herrlichste Leben, sich selbst genug, für ewige Dauer[4]. Kein Wort darüber freilich, was dieses Es (αὐτά) sein könnte, was ohne Ort und Zeit existiert, gleichwohl sich nicht im Leeren befindet. Denn das Leere gibt es nicht, dessen war sich Aristoteles nicht zuletzt auf Grund seiner Bewegungstheorie sicher. Seine Analyse des Bewegungsbegriffs mündete in einen aprioristischen Existenzbeweis des Äthers. Diese Himmelssubstanz erhielt im Gebäude der aristotelischen Naturphilosophie nie eine einheitliche, konsistente Theorie. Anders als seine Nachfolger hat Aristoteles nie vom fünften Element gesprochen, das in der lateinischen Welt zur *quinta essentia* wurde, sondern vom ersten Körper, ersten der Elemente, ersten Wesen der Körper[5].

Die Sterne sind Kreisbahnkörper (κύκλικα σώματα), die den sich bewegenden Kreisen eingegeben sind, sich also nicht selbst bewegen. Halten wir fest: Der Himmel, die Sterne, die unsichtbaren Sphären und Kreise, sie alle sind aus dem ersten Körper, dem Äther. Der Begriff Materie (ὕλη) tritt nicht auf, ebenso wenig die Vorstellung fester, kristalliner Sphären. Die Beziehung zwischen erstem Körper und Materie wird in der Schrift *Über den Himmel* nicht geklärt, nicht einmal angesprochen. Anders steht es mit der *Metaphysik*: doch bleibt die dortige Ätherlehre inkonsistent. Sie spricht dem Äther sowohl Materie zu wie ab. Fest steht jedoch, daß Aristoteles den Äther nirgends als fest, undurchdringlich charakterisierte: Die Lehre von den festen Kristallsphären stammte nicht von ihm, auch wenn dies Autoren zur Zeit Tycho de Brahes annahmen, als sie sich daran machten, diese festen Sphären wieder abzuschaffen.

Bleibt noch die physikalische Frage nach der Ursache der Bewegungen. Denn jede Sphäre brauchte für ihre ewige gleichförmige Kreisbewegung eine bewegende Intelligenz. Aus Liebe zum unbewegten Beweger bewegt sich die oberste Sphäre: physikalisches Weltbild und rationale Theologie bilden bei Aristoteles eine Einheit. In den *Meteorologica* findet sich der Abschnitt, den Melanchthon 1549 den jungen Leuten wie einen

---

3 Arist., Cael. II 3, 286a.
4 Arist., Cael. I 9, 279a.
5 E. Knobloch, Materie des Himmels – neue Antworten des 16. und 17. Jahrhunderts auf eine alte astronomische Frage, Acta historica Leopoldina 31 (2000), 89–107, besonders 90–93.

Orakelspruch ans Herz legte[6]: »Es gibt aber auf Grund einer Notwendigkeit eine Art Zusammenhang von dieser (Welt um der Erde) mit den oberen Bewegungen, so daß deren gesamte Kraft von dort gelenkt wird. Was nämlich für alle der Beginn der Bewegung ist, muß für jene erste Ursache gehalten werden.«

Die Frage nach der Zahl dieser Ortsbewegungen ist nicht Sache der Physik, sondern derjenigen mathematischen Wissenschaft, die der Philosophie am nächsten steht, der Astronomie[7]. Und so führt Aristoteles – erkennbar ohne größeres Interesse – die Ansichten einiger Mathematiker an, um eine begrenzte Zahl von solchen Bewegungen annehmen zu können. Jedenfalls soll man den Genauesten folgen: er referiert die mathematische Theorie der homozentrischen Sphären des Eudoxos, der 26 Sphären für die Planeten benötigte, des Kallippos, der acht weitere Sphären hinzufügte. Ziel und Aufgabe der Mathematik war danach die Erscheinungen wiederzugeben (τὰ φαινόμενα ἀποδιδόναι). Die drei mathematischen Randbedingungen waren: (1) Es gibt nur ein Bewegungszentrum. (2) Die Bewegungen sind kreisförmig. (3) Die Bewegungen sind gleichförmig.

Unzulässigerweise physikalisierte Aristoteles die mathematische Aufgabe. Um die Wirkung der von außen nach innen wirkenden Sphären für die Sphären des nächsten Planeten aufzuheben, glaubte er, zurückrollende Sphären (σφαῖραι ἀνελίττουσαι) einführen zu müssen – nur die erdnächsten fünf Sphären des Mondes bedürfen dieser nicht: 55 Sphären und entsprechend viele unbewegliche, ewige bewegende Wesen setzte er an, ohne sich auf diese Zahl festzulegen. Das hier Notwendige zu sagen, überlasse er Stärkeren (ἰσχυροτέροις), sagte er großmütig[8]. Kein Zweifel: Aristoteles maß dieser Frage keine größere Bedeutung bei. Kein Wort zu dem nicht behebbaren Defizit der Homozentrik, verschieden große Entfernungen der Himmelskörper vom Bewegungszentrum wiederzugeben, ein Defizit, das den islamischen und westeuropäischen Homozentrikern wie Ibn Rušd (1126–1198) oder Girolamo Fracastoro (1483–1553) unüberwindliche Schwierigkeiten bereitete und noch Copernicus zur Ablehnung dieser Theorie veranlaßte.

Die physikalischen Grundlagen des Weltbildes hatte er bis zu Keplers Zeiten verbindlich vorgegeben. Die Mathematiker waren frei, unter

---

6 Arist., Meteor. I 2, 339a, 21–24; Ph. Melanchthon, Praefatio zu: Ioannes de Sacrobusto, Libellus de sphaera, Wittenberg 1549, A5; E. Knobloch/K. Reich, Melanchthons Vorreden zu Sacroboscos »Sphaera« und »Computus ecclesiasticus«, Beiträge zur Astronomiegeschichte 7 (Acta Historica Astronomiae 23), Frankfurt am Main 2004, 14–44.
7 Arist., Metaph. XII 8, 1073b.
8 Arist., Metaph. XII 8, 1074a.

Wahrung der drei Randbedingungen, die ihnen übertragene Aufgabe zu lösen.

2. Punkte und Oberflächen

Der Copernicus der Antike hieß Aristarch von Samos, ein Mathematiker, der keinen Einfluß des Aristotelismus erkennen läßt. Wir wissen davon durch einen Brief des Archimedes an Gelon, Sohn des Königs Hieron von Syrakus, der nach 240 v.Chr. zum Mitkönig eingesetzt wurde. *Psammites*, »Aus Sand«, heißt diese kosmologische Schrift. Gemeint ist *Zahl* aus Sand, Sandzahl. Die Schrift will nachweisen, daß es auch bei noch so riesigen Ausmaßen des kugelförmigen, mit Sandkörnern gefüllten Kosmos Zahlen gibt, die die Zahl jener Sandkörner übertrifft. Aristarch habe, heißt es da, Hypothesen der folgenden Art veröffentlicht[9]:

(1) Fixsterne und Sonne seien unbeweglich.

(2) Die Erde bewege sich um die Sonne als Mittelpunkt auf einem Kreis.

(3) Die Fixsternsphäre sei so groß, daß sich die Peripherie der Erdbahn zum Abstand der Fixsterne wie der Mittelpunkt der Kugel zu ihrer Oberfläche verhalte.

Archimedes versäumte nicht, tadelnd zu bemerken, daß dies unmöglich ist, da der Mittelpunkt der Kugel keine Größe hat, man also eine Nichtgröße zu einer Größe, zur Kugeloberfläche, in Beziehung setze – eine Überlegung, die in modifizierter Form bei Copernicus wie Guericke wieder auftreten sollte.

Archimedes verwendet das Reizwort Hypothesen – und nur diese werden Aristarch zugeschrieben – während nach Plutarch etwa 100 Jahre später der Babylonier Seleukos die aristarchische heliozentrische Hypothese zu beweisen versuchte[10]. Bekanntlich hat Copernicus seine Kenntnis von Aristarchs Kosmologie nicht aus Archimedes, sondern aus einer anderen Schrift Plutarchs entnommen, dem *Gesicht, das im Kreis des Mondes erscheint*. Danach wollte der Stoiker Kleanthes Aristarch wegen Gottlosigkeit vor Gericht stellen. Hatte er doch gewagt, die Erde, den Herd des Kosmos, zu bewegen. Er habe die Phänomene dadurch zu retten versucht, daß er der Erde eine Rotationsbewegung um ihre Achse und eine Bewegung um die Sonne zugeteilt habe: Plutarch sagt »die Phänomene retten« ($\sigma\dot{\omega}\zeta\epsilon\iota\nu$ τὰ φαινόμενα), nicht wiedergeben (ἀποδιδόναι)

---

9 Archim., Aren. I 4–6.
10 Plut., Quaestiones Platonicae, quaestio 8; B.L. van der Waerden, Die Astronomie der Griechen, Darmstadt 1988, 149.

Das Weltbild in den Wissenschaften – Geschichte einer Konzeption   231

wie Aristoteles, und nimmt damit eine poseidonische Forderung auf[11]. Wir kommen darauf zurück.

Ein Nachklang dieser Kontroverse findet sich in den *Naturwissenschaftlichen Untersuchungen* Senecas des Jüngeren[12]: Ob die Welt oder die Erde sich dreht, sei ein bedenkenswertes Problem – keine Polemik gegen den nicht genannten Aristarch, genauso wenig wie bei Archimedes.

Anders dagegen Ptolemaios rund hundert Jahre später[13]. Namentlich nennt er den Heliozentriker nicht. Großmütig räumt er ein, vielleicht hindere nichts, daß dies sich angesichts des einfacheren Gedankens (ἁπλουστέρα ἐπιβολή) so verhalte: Gemeint ist die Achsendrehung der Erde. Dennoch sei dies höchst lächerlich (γελοιότατον). Ptolemaios polemisiert und zählt nun die physikalischen Gründe gegen eine Erdrotation auf, die seitdem – bis zur Zeit von Copernicus – immer wieder vorgebracht wurden: Bei ihrer Drehung (στροφή) nach Osten müßte die Erde alles, was nicht niet- und nagelfest wäre, in deren Zug nach Westen hinter sich lassen. Denn es wäre die heftigste (σφοδροτάτη) aller in ihrem Bereich existierenden Bewegungen. Den möglichen Einwand, die Luft werde mit herumgerissen (συμπεριάγεσθαι), läßt er nicht gelten, und zwar mit einer merkwürdigen Begründung: Mindestens das, was Bestandteil des zusammengesetzten Ganzen (συγκρίματα) werde, müsse zurückbleiben oder wenn es mit der Luft wie vereinigt (ἡνωμένα) herumgerissen werde, so würde dies keine recht- oder rückläufige Bewegung haben, es würde am Fleck verharren. Kurz: die feste Verschmelzung von Luft und Gegenstand hätte ein Ausbleiben jeder langsamen oder schnellen Bewegung zur Folge. Von der (zweiten) Bewegung der Erde, derjenigen um die Sonne, ist nicht die Rede.

Wenig beachtet worden scheint bisher ein anderer Abschnitt zu sein[14]: Περὶ τῆς κατὰ τὰς ὑποθέσεις τῶν πλανωμένων προθέσεως, über die Aufstellung der Planeten gemäß den Hypothesen. Er spricht davon, daß Hipparch, der größte Freund der Wahrheit (φιλαληθέστατος), jedem Planeten eine doppelte Anomalie zuweise – die auf den synodischen und die auf den siderischen Umlauf bezogene – oder daß bei jedem ungleiche Voranrückungen (προηγήσεις) von einer bestimmten Länge aufträten. Die anderen Mathematiker (μαθηματικοί) aber führten ihre Beweise über ein und dieselbe Anomalie und Vorrückstrecke mittels Linien (das heißt geometrisch). Kein Wort darüber, wer diese Mathematiker waren – aber Hipparch sei jedenfalls der einzige bei seiner Vorgehensweise gewesen. Waren die anderen etwa Heliozentriker? Van der Waerden[15] hat

---

11 Plut., De facie in orbe lunae 6, 922F.
12 Sen., Nat. VII 2,3.
13 Ptol., Alm. I 7.
14 Ptol., Alm. IX 2.
15 B.L. van der Waerden, Die Astronomie (wie Anm. 10), 150–151.

die Verwendung des Wortes ἐπιδείχνυμι (beweisen) hervorgehoben, wie es bei Plutarch und Geminos im Zusammenhang mit dem heliozentrischen System auftritt. Ptolemaios kritisiert damit die namentlich ungenannten Astronomen, die an Hand der sogenannten »Tafeln für ewige Zeiten« die gleichförmige Bewegung auf Kreisen nachweisen wollten, es aber grundfalsch anstellten und den Beweis dafür schuldig blieben.

3. Hypothesen

Auch Klaudios Ptolemaios war Mathematiker. Er hat mit der *Mathematike syntaxis* ein mathematisches Lehrbuch verfaßt, dem er einen allgemeinen Teil vorausschickte, die Darlegung seines geozentrischen Weltbildes. Es gründet sich, wie er ausdrücklich sagt, auf die augenfälligen Himmelserscheinungen und ausschließlich solche Beobachtungen, die mit zweifelloser Sicherheit von den Alten wie zu seiner Zeit angestellt wurden[16]. Er verweist auf die Alten, wenn er sich daran macht, fünf Feststellungen als richtig nachzuweisen:

(1) Der Himmel (οὐρανός) – gemeint ist das Himmelsgewölbe – hat Kugelgestalt (σφαιροειδής) und dreht sich wie eine Kugel: Ptolemaios spricht von der Himmelskugel. Himmel ist die konkave Innenseite des Fixsternhimmels.

(2) Ihrer Gestalt nach ist die Erde für die sinnliche Wahrnehmung, als Ganzes betrachtet, gleichfalls kugelförmig.

(3) Ihrer Lage nach nimmt die Erde einem Zentrum vergleichbar die Mitte des ganzen Himmelsgewölbes ein.

(4) Ihrer Größe und Entfernung nach steht die Erde zur Fixsternsphäre in dem Verhältnis eines Punktes.

(5) Die Erde hat keinerlei Ortsveränderung hervorrufende Bewegung.

Diese Annahmen begründet er mit den Beobachtungen, logischen und physikalischen Erwägungen, die auf Aristoteles fußen. Daß die Erde zu den Himmelskörpern im Verhältnis eines Punktes steht, erinnert überdeutlich an die aristarchische Formulierung bei Archimedes. Daß diese vergleichsweise winzige Erde nach keiner Seite hin wankt oder fällt, liegt am Gegendruck des sie allenthalben umgebenden Äthers. Dieser hält die Erde durch seinen von allen Seiten gleichmäßig auch in gleichförmiger Richtung ausgeübten Gegendruck; ein Oben oder Unten gibt es im Weltall mit Bezug auf die Erde nicht, ein Gedanke, der u.a. von Guericke im 17. Jahrhundert wieder aufgegriffen wird.

---

16 Ptol., Alm. I 2.

Was aber befindet sich zwischen Himmelsgewölbe und Erde? Tychos Zeitgenosse Rothmann schrieb Ptolemaios die Lehre von der *soliditas* der *orbes* zu[17]. Doch hatte er damit Recht? Die Frage stellen heißt, sie zu verneinen. Ganz offenbar saß er einem Mißverständnis auf. Ptolemaios fußte auf der aristotelischen Lehre vom Äther als erstem Körper: körperlich heißt στερεός, lateinisch *solidus*. Die für στερεός auch belegte Bedeutung fest, massiv war nicht gemeint. Mehr noch: Im 13. Buch läßt Ptolemaios keinen Zweifel, wie er sich den interstellaren Raum vorstellt[18]: Alle Erscheinungen können durch alle Flüssigkeiten (χύματα) hindurchdringen und durchscheinen. Nur wenige Scholastiker wie Alexander von Hales wußten vom Äther ptolemäischen Typs und sprachen sich dafür aus[19].

Über die Anordnung der Himmelskörper herrschte bereits im Altertum keine einhellige Meinung. Ptolemaios erörtert in Buch IX, Kapitel 1 des *Almagest* die Reihenfolge der Sphären der Sonne, des Mondes und der fünf Planeten. Die Uneinigkeit betraf die Lokalisierung der Planeten Venus und Merkur. Diese Lokalisierung machte den eigentlichen Spielraum der vorcopernicanischen Astronomie aus[20]. Was Wunder, daß Joachim Rheticus in seinem *Ersten Bericht* zum copernicanischen Weltbild 1540 schreiben wird[21]: »Außerdem, unsterbliche Götter, welch erbitterten Kampf, welch großen Streit gab es über die Lage der Bahnen von Venus und Merkur und darüber, wie sie in Bezug auf die Sonne zu lokalisieren sind.«Nach Ptolemaios gab es damals zwei Ansichten:

(1) Die älteren Astronomen, von ihm μαθηματικοί genannt, setzten Venus und Merkur *unter* die Sonnensphäre. Bei Copernicus[22] werden dies Ptolemaios und viele Jüngere sein.

(2) Einige der *späteren* setzten diese Planeten über die Sonnensphäre, und zwar mit der Begründung: Nie habe ein Vorübergang dieser Planeten vor der Sonne stattgefunden.

Ptolemaios lehnte diesen zweiten Standpunkt aus zwei Gründen ab. *Erster Grund: Nichtbeobachtbarkeit.* Die unteren Planeten können in einer anderen Bahn liegen als derjenigen, die durch die Sonne und unser Auge geht. In diesem Fall gibt es keinen sichtbaren Vorübergang. So treten auch meistens keine Finsternisse zur Zeit der Konjunktionen im Falle des Mondes ein. In der Tat müssen Sonne und Mond zugleich in der Nähe

---

17 E. Knobloch, Materie (wie Anm. 5), 96.
18 Ptol., Alm. XIII 2.
19 M.-P. Lerner, Le monde des sphères, 2 Bde., Paris 1996–1997, hier Bd. 2, 5.
20 H. Blumenberg, Die Genesis der kopernikanischen Welt, Frankfurt a.M. 1975, 276.
21 G.J. Rheticus, Narratio prima, Danzig 1540. Ich zitiere den Wiederabdruck in: Johannes Kepler, Gesammelte Werke, Bd. 1, hg. v. M. Caspar, München 1938, 81–126, hier 105.
22 N. Copernicus, De revolutionibus orbium caelestium, Nürnberg 1543, Buch I, Kapitel 10.

der Knotenlinie bei Neumondstellung sein, um eine Sonnenfinsternis zu verursachen.

Zweiter Grund: Unentscheidbarkeit. Entfernungen lassen sich allein durch wahrnehmbare Parallaxen bestimmen. Keiner der beiden Planeten zeigt aber eine solche Parallaxe. Also ist die Frage nicht entscheidbar. Allerdings darf die Nähe der beiden Planeten zur Erde nicht so groß sein, daß die Annäherung eine bemerkenswerte Parallaxe zur Folge hat.

Deshalb plädiert Ptolemaios für die älteren Astronomen. Halten wir fest: Die Anordnungsfrage ist für Ptolemaios mit astronomischen Mitteln im strengen Sinn unentscheidbar[23]. Also hält er sich an den älteren Standpunkt, eine grundsätzlich vernünftige Entscheidung aus wissenschaftstheoretischer Sicht: Das neue System muß sich legitimieren, um das alte ablösen zu können.

Entscheidend für die Rezeptionsgeschichte der ptolemäischen Ausführungen ist, daß er zwischen seinen kosmologischen Aussagen und dem Ziel der auf philosophischer Grundlage beruhenden mathematischen Wissenschaft unterscheidet, die scheinbaren Anomalien der Planeten, von Sonne und Mond vermöge gleichförmiger Bewegungen auf Kreisen darzustellen. Entscheidend ist seine Trennung der physikalischen Kosmologie, die das Weltbild beschreibt, von der mathematischen Kinematik, die auf theoretischen Hypothesen ohne Wirklichkeitsanspruch beruht. Erst Kepler sollte diese Aufgabenteilung zwischen Physik und theoretischer, das heißt mathematischer Astronomie beseitigen.

Ausdrücklich betont Ptolemaios wiederholt[24], daß die zu beobachtenden Ungleichförmigkeiten nur scheinbar sind und als Folge der Lagen und Stellungen der an den Sphären der Gestirne verlaufenden Kreise eintreten, auf denen sie ihre Bewegungen vollziehen. Woher hat er diese Gewißheit? Er verdankt sie der Theologie, und dieser bahnt die Astronomie die Wege. Die Göttlichkeit der ewigen Himmelskörper schließt Regellosigkeit und Ungleichförmigkeit aus. Die Regellosigkeit der Erscheinungen kann nur in der Vorstellung existieren. Denn Regellosigkeit ist mit einem göttlichen Wesen unvereinbar, kann also in Wirklichkeit nicht auftreten. Es ist diese Einstellung, die die Astronomie zum Gottesdienst werden läßt, wie es bei Kepler der Fall sein wird. Es ist diese Einstellung, die Copernicus sagen lassen wird, diese Wissenschaft sei mehr göttlich als menschlich[25]. Es ist diese Einstellung, die zum Apotheosemotiv führt, wie es am ergreifendsten im Epigramm des Ptolemaios zum Ausdruck kommt, das sowohl Tycho de Brahe wie Kepler ins Lateinische übersetzten[26] und das in der Anthologia Graeca überliefert ist:

---

23 H. Blumenberg, Die Genesis (wie Anm. 20), 276.
24 Ptol., Alm. III 3; IX 2.
25 Copernicus, De revolutionibus (wie Anm. 22), Prooemium.
26 F. Boll, Das Epigramm des Claudius Ptolemaeus, Sokrates 9, 1921, 2–12; Wiederabdruck

Sterblich bin ich, mein Leben ist kurz; doch seh ich im Geiste,
wie in unnennbarer Zahl kreisend die Sterne sich drehen,
o, dann fühl ich nicht mehr mit meinen Füßen die Erde,
hoch am Tische des Zeus speis' ich ambrosische Kost.
Οἶδ' ὅτι θνατὸς ἐγὼ καὶ ἐφάμερος· ἀλλ' ὅταν ἄστρων
μαστεύω πυκινὰς ἀμφιδρόμους ἕλικας,
οὐκέτ' ἐπιψαύω γαίης ποσίν, ἀλλὰ παρ' αὐτῷ
Ζανὶ θεοτρεφέος πίμπλαμαι ἀμβροσίης.[27]

Die mathematischen Hypothesen hatten ihm seine Vorgänger bereitgestellt. Apollonios von Perge hatte im dritten bis zweiten vorchristlichen Jahrhundert die Epizykeltheorie eingeführt, um die scheinbaren Rückläufigkeiten der Planeten in synodischer, also auf die Sonne bezogener Periode zu erklären, die sogenannte zweite Anomalie:

Aufkreise (Epizykel) haben ihren Mittelpunkt fest auf einem sogenannten Deferenten, also einem größeren Kreis, der sich in derselben Richtung wie der Aufkreis dreht und dabei den Epizykelmittelpunkt mitführt (Abb. 1)[28].

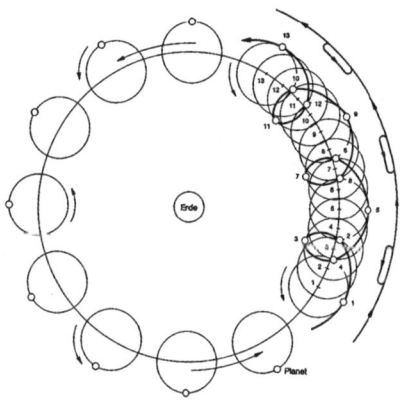

Abb. 1

Wenig später entwickelte Hipparch die Exzentertheorie, um die ungleichförmige Umlaufgeschwindigkeit der Sonne in siderischer Periode um die Erde zu erklären, die sogenannte erste Anomalie. Der »Exzenter« genannte Kreis heißt so, weil er sich nicht um das Erdzentrum, sondern um einen eigenen, aus dem Erdzentrum »herausgerückten«

---
in: ders., Kleine Schriften zur Sternenkunde des Altertums, hg. v. V. Stegemann, Leipzig 1950, 143-155.
27 Anthologia Graeca IX 577, hg. v. H. Beckby, 4 Bde., München ²1965 (1. Aufl. 1957/58), hier Band 3, 353. Dort auch die deutsche Übersetzung.
28 Abbildung nach F. Krafft, Die Tat des Copernicus, Voraussetzungen und Auswirkungen, Humanismus und Technik 17, 1973, 79-106, hier Bild 2, 89.

Mittelpunkt dreht: Erd- und Exzentermittelpunkt liegen um die Exzentrizität auseinander. Teilt man den Exzenter von der Erde aus in Neunziggradabschnitte, so durchläuft die Sonne die gleichgroßen Mittelpunktswinkel auf verschieden langen Bögen, also in verschieden großen Zeiten (Abb. 2)[29].

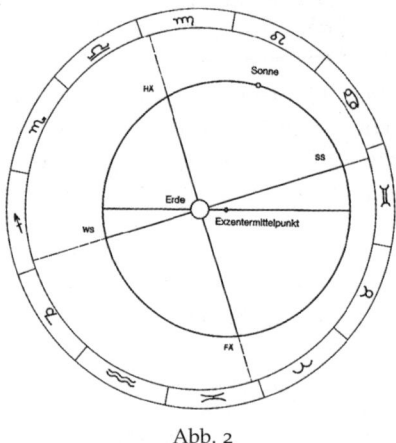

Abb. 2

Ptolemaios hatte gleichwohl die Wahl. Er wußte dank Adrastos von Aphrodisias, daß Exzenter- und Epizykelbewegung auf einem Deferenten bei gleichen entgegengesetzten Umlaufperioden äquivalent sind, zur gleichen Umlaufbahn führen[30]. Warum also entschied er sich für die Exzentertheorie? Es ist das Moment der Einfachheit, das er wiederholt als Argument einsetzt: größere Einfachheit ist vernünftiger, wohlbegründeter (εὐλογώτερον). Die exzentrische Hypothese benötigt eine Bewegung (die des Exzenters), die epizyklische zwei (die des Deferenten und des Epizykels). Also ist die exzentrische Hypothese vorzuziehen.

Freilich ist Einfachheit ein relativer Begriff und darf nach Ptolemaios nicht die Suche nach bestmöglicher Übereinstimmung zwischen den Beobachtungen und den sich aus den Hypothesen ergebenden Bahnen beeinträchtigen. Und so bekennt er[31]: »Zweitens fanden wir, daß die Mittelpunkte der Epizykel auf Kreisen umlaufen, die zwar gleich groß sind wie die (ersten) Exzenter, welche die Anomalien bewirken, aber nicht um dieselben Zentren beschrieben werden.«

Um die erste Anomalie genauer wiedergeben zu können, verdoppelte Ptolemaios die Exzentrizität und führte einen sogenannten »Ausgleichspunkt« ein: Der Exzenter rotiert gleichförmig bezogen auf einen fiktiven

---

29 Abbildung nach F. Krafft, Die Tat (wie Anm. 28), 90.
30 Ptol., Alm. III 4; F. Krafft, Die Tat (wie Anm. 28), 92.
31 Ptol., Alm. IX 5 (ed. Heiberg, 252).

Kreis um diesen Punkt, das heißt, er selbst rotiert notwendigerweise ungleichförmig um den eigenen Mittelpunkt (Abb. 3)³².

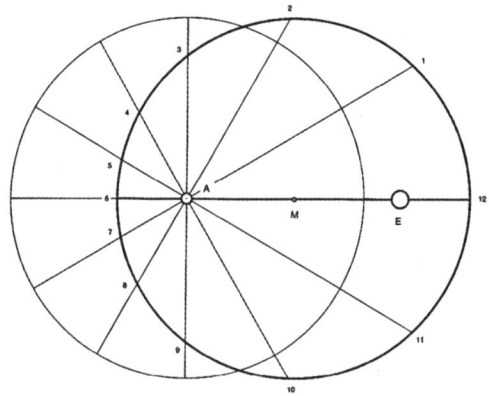

Abb. 3

Auf diese Weise benötigt Ptolemaios vierzig Kreise, um die Bewegungen der sich um die Erde drehenden Planeten einschließlich der Sonne und des Mondes wiederzugeben.

Ziemlich viele, wird man sagen. Und tatsächlich hat Ptolemaios den Vorwurf zu großer Kompliziertheit seines Systems vorausgesehen und zurückgewiesen, wie er Alfonso X. el Sabio, dem König Kastiliens und Deutschlands im 13. Jahrhundert, zugeschrieben wurde: Wenn Gott ihn um Rat gefragt hätte, als er die Welt schuf, hätte er ihm gute Ratschläge gegeben³³. Offensichtlich hatte Alfonso nicht Ptolemaios gelesen. »Niemand schätze derartige Hypothesen angesichts der Dürftigkeit der von uns stammenden Erfindungen (ἐπιτεχνήματα) als schwierig ein. Darf man doch Menschliches nicht mit Göttlichem vergleichen ... Denn wenn alle der Phänomene mit einem Mal entsprechend den Hypothesen gerettet werden können (διασώζηται), wie könnte dann noch jemandem wunderbar erscheinen, daß den Bewegungen des Himmlischen ein so kompliziertes Ineinandergreifen eigen sei«³⁴? Hier also tritt die berühmte Forderung nach der Rettung der Phänomene auf, die fälschlich Platon zugeschrieben wurde, in Wahrheit aber vom Stoiker Poseidonios gestellt wurde. Wir kommen darauf zurück.

Das ptolemäische Weltbild wurde zwar von arabischen Gelehrten wie Ǧābir, al-Biṭrūǧī, Ibn Rušd im 12. Jahrhundert modifiziert und kritisiert. Aber weder diese Kritiker noch die Renaissance der aristotelischen Homozentrik im Italien des 16. Jahrhunderts änderten etwas daran, daß

---

32 Abbildung nach F. Krafft, Die Tat (wie Anm. 28), 94.
33 E. Knobloch, Materie (wie Anm. 5), 89.
34 Ptol., Alm. XIII 2.

dieses Weltbild bis zur Zeit des Copernicus das Denken des christlichen Europa dominierte. Die Theologie rechtfertigte nicht nur die Notwendigkeit mathematischer Hypothesen. Sie rechtfertigte auch deren fehlende Einfachheit und machte für Ptolemaios eine Himmelsphysik entbehrlich, die die Frage nach der Ursache für die Bewegungen stellte. Der Gegenstand übersteige unser theoretisches Vermögen[35]. Man dürfe Einfachheit nicht nach menschlichen Kriterien beurteilen, man müsse vielmehr in seinem Urteil von der Unwandelbarkeit der am Himmel selbst kreisenden Geschöpfe und ihrer Bewegungen ausgehen.

Dieser Hypothesenbegriff wird für die Folgezeit bis hin zu Newton entscheidend sein: Soweit es möglich ist, soll man versuchen, die einfacheren Hypothesen den am Himmel verlaufenden Bewegungen anzupassen. Andernfalls soll man zu den Hypothesen schreiten, welche diese Möglichkeit bieten. Die Wahl zwischen Hypothesen hat nur, wer für diese keine Realität beansprucht, die ja zwingend nur eine Möglichkeit, eine Wahrheit zuläßt. Es ist der glühende Anhänger des Copernicus, Johannes Kepler, der diesen Abschnitt[36] in seiner *Epitome astronomiae Copernicanae* zitiert und deshalb Ptolemaios heftig angreifen wird[37]: Dieser ziehe die gesamte astronomische Methode zu Boden und genüge deshalb weder den Astronomen noch den Philosophen noch könne er in der christlichen Disziplin geduldet werden. Seinen eigenen Hypothesenbegriff legte Kepler in seiner *Apologia Tychonis contra Ursum* dar, die zu seinen Lebzeiten unveröffentlicht blieb: Hypothesen sind nichts Erdichtetes, dienen nicht dazu, Himmelsbewegungen zu beobachten oder bloß zu berechnen. Entscheidend ist die Übereinstimmung astronomischer Hypothesen mit der Natur der Dinge. Daher kann nur eine Form der Hypothese wahr sein:

> *Primum enim in hypothesibus rerum naturam depingimus, post ex iis calculum extruimus, hoc est, motus demonstramus.*
>
> Zuerst nämlich malen wir die Natur der Dinge in den Hypothesen ab, darauf errichten wir aus ihnen eine Rechnung, das heißt wir beweisen die Bewegungen.[38]

Mit anderen Worten: die Hypothesen liefern das Weltbild im eigentlichen Sinne dieses Wortes. Kepler bindet die Erkenntnis an die von Sinneswahrnehmungen unabhängige, objektive Realität. Die Astronomie ist zu wahrer Erkenntnis fähig[39].

---

35 H. Blumenberg, Die kopernikanische Wende, Frankfurt a.M. 1965, 84.
36 Ptol., Alm. XIII 2.
37 J. Kepler, Epitome astronomiae Copernicanae, Linz 1618–1621, Buch 4, Teil 2, Kap. 2. Ich zitiere den Wiederabdruck in: J. Kepler, Gesammelte Werke, Band 7, hg. v. M. Caspar, München 1953, 291f.
38 J. Kepler, Apologia Tychonis contra Ursum, in: J. Kepler, Gesammelte Werke, Band 20, 1, München 1988, 15–62, hier 25.
39 Kepler, Apologia (wie Anm. 38), 469–470.

4. Mathematik und Physik

Um 1510 verfaßte Copernicus die erste Skizze seines Weltbildes, den sogenannten *Commentariolus*. Er hatte die ihm vorliegenden Rettungsversuche zur Regelmäßigkeit der Planeten geprüft und für untauglich befunden. Von Anfang an stellte er sich damit in die Tradition der den Mathematikern gestellten Aufgabe, die Phänomene zu retten. Und als Mathematiker fühlte er sich, an Mathematiker wandte er sich: *mathemata mathematicis scribuntur*, Mathematisches wird für Mathematiker geschrieben, formulierte er stolz in seiner Vorrede an Papst Paul III.[40] und appellierte an die päpstliche Liebe zur Mathematik. Gut hundert Jahre vor der Verwarnung Galileis durch das Papsttum, gut hundertzwanzig Jahre vor dessen Verurteilung suchte Copernicus den päpstlichen Schutz vor Verleumdern und Dummschwätzern (ματαιολόγοι), ein erstaunlicher Befund.

Die Homozentrik war mathematisch, die ptolemäische Lösung physikalisch unzulänglich: Sie verletzte aristotelische Prinzipien, da sich die Deferenten um die eigenen Mittelpunkte ungleichförmig bewegten. Ihre Bewegung war ja auf den Ausgleichspunkt bezogen. Deshalb habe er oft überlegt, ob nicht eine vernünftigere Weise von gleichmäßig in sich bewegten Kreisen – *rationabilior modus*, was nicht zufällig an das ptolemäische εὐλογώτερον erinnert – zu finden sei, von denen alle erscheinende Ungleichmäßigkeit abhängt. Es war dieses Versagen der von ihm vorgefundenen Lösungen – dies kann gar nicht genug hervorgehoben werden –, das Copernicus veranlaßte, eine eigene, mathematisch wie physikalisch befriedigende Lösung zu suchen: Er nahm die antike Forderung, »die Phänomene zu retten,« im strengen Sinn ernst, verhalf der aristotelischen Physik – über Ptolemaios zurückgehend – wieder zu deren Recht.

Der Peripatetiker und Zeitgenosse des Ptolemaios Sosigenes hatte um 164 n.Chr. ein Werk mit dem Titel *Über die zurückrollenden (sc. Sphären des Aristoteles)* verfaßt, mit dem sich der Neuplatoniker Proklos im 5. Jahrhundert in seinem *Überblick über die astronomischen Hypothesen* kritisch auseinandersetzte. Giorgio Valla veröffentlichte die fast vollständige Übersetzung der prokleischen Schrift in seiner Enzyklopädie *Über zu erstrebende und zu vermeidende Dinge*, die Copernicus stark benutzte. Valla übersetzte den Titel des Werkes von Sosigenes mit *de revolutionibus*, also genauso wie Copernicus sein Hauptwerk ursprünglich nannte. Die Wörter *orbium caelestium* wurden von Andreas Osiander hinzugefügt.

---

40 E. Knobloch, Copernicanische Wende, Signatur des Jahrhunderts, in: Macht des Wissens, Die Entstehung der modernen Wissensgesellschaft, hg. v. R. van Dülmen/S. Rauschenbach/M. von Engelberg, Köln/Weimar/Wien 2004, 89–110, hier 98, 106; N. Copernicus, Das neue Weltbild, Drei Texte: Commentariolus, Brief gegen Werner, De revolutionibus I, hg. v. H.G. Zekl, Hamburg 1990, 76–77.

Vermutlich hat Copernicus nicht nur den Titel seines Hauptwerkes von Sosigenes übernommen, sondern auch das erste seiner sieben Axiome zu Beginn des *Commentariolus*, die er seiner Lösung der Planetenbewegungen vorausschickte: »Es gibt nicht nur einen Mittelpunkt aller himmlischen Bahnen oder Sphären.«[41]

Von Anbeginn zeigt die Wortwahl von Copernicus, daß er sich der Begrifflichkeit der aristotelischen Himmelskinematik bedient. Nicht von den Planeten selbst ist die Rede, sondern von den diese mitführenden Sphären des Aristoteles. Diese Vorstellung zieht – systemimmanent – Konsequenzen für die Erdbewegung nach sich, macht eine dritte Erdbewegung erforderlich, die dem Konzept, nicht der Wirklichkeit geschuldet ist. Freilich blieb Copernicus' Übernahme der aristotelischen Physik bzw. Naturphilosophie sehr selektiv. Schon das zweite Axiom brach mit einem Kernstück der Lehre des Stagiriten: Der Erdmittelpunkt ist nicht Mittelpunkt der Welt, sondern nur der der Schwere und des Mondbahnkreises. Statt dessen sollte gelten: Alle Kreisbahnen umgeben die Sonne, der Mittelpunkt der Welt liegt in Sonnennähe.

Mit diesen beiden Axiomen beseitigte Copernicus den Zusammenfall von Weltmitte und Erdmittelpunkt, wie ihn Ptolemaios gelehrt hatte, ein Faktum von physikalischer und zugleich herausragender religiöser Bedeutung. Schien es doch die teleologische Weltformel zu verletzen, wonach Gott alles um des Menschen willen geschaffen hatte. Die weiteren Axiome nehmen die Einwände gegen eine Erdbewegung um die Sonne – fehlende Fixsternparallaxe – und gegen eine Erdrotation, wie sie Ptolemaios geäußert hatte, vorweg. Dazu mußte Copernicus – wie schon Aristarch – die Dimensionen der Welt in einer für die Zeitgenossen unglaubwürdigen Weise vergrößern. Und doch bleibt die copernicanische Welt endlich und geschlossen: nicht zufällig spricht er vom Firmament, vom festen Himmelsgewölbe.

Um die poseidonische Forderung nach Rettung der Phänomene zu erfüllen, verlangte Copernicus die Anerkennung einer neuen kosmologischen Wahrheit, ein bloßes Rechenmodell wollte er ausdrücklich nicht bieten. Das neue Weltbild war Mittel zum Zweck, nicht selbst Zweck. Die Heliozentrik ergab sich unbeabsichtigt. Beabsichtigt war die Zusammenführung von Physik und mathematischer Astronomie. Während sich die Naturforscher auf die Erscheinungen stützen, um die Unbeweglichkeit der Erde nachzuweisen, versetze er gerade wegen der Erscheinungen die Erde in Bewegung.

---

41 F. Krafft, Hypothesen oder Realität. Der Wandel der Deutung mathematischer Astronomie bei Copernicus, in: Nicolaus Copernicus (1473–1543), Revolutionär wider Willen, hg. v. G. Wolfschmidt, Stuttgart 1994, 103–115; E. Knobloch, Copernicanische Wende (wie Anm. 40), 92–94.

Gegenüber der ptolemäischen Anordnung der Planeten tauschte er Erde und Sonne gegeneinander aus. Es mag erstaunen, daß Copernicus im *Commentariolus* eine andere mathematische Lösung als im späteren Hauptwerk gab. Doch der Mathematiker war, wie wir wissen, in der Wahl seiner Hypothesen bzw. Bewegungskomponenten frei. Copernicus machte nur von dieser Freiheit (*libertas*) Gebrauch, die er ausdrücklich einforderte[42]. Im *Commentariolus* ersetzte er Exzentrizitäten durch Epizykel, wie es gemäß Adrastos von Aphrodisias möglich war. Der Ausgleichspunkt beruhte auf einer Verdopplung der Exzentrizität des exzentrischen Deferenten. Also gab Copernicus die von ihm abgelehnte Ausgleichsbewegung durch einen Epizykel wieder, der in derselben Richtung wie der exzentrische Deferent umläuft, aber mit doppelter Geschwindigkeit. In Verbindung mit der ersten Überlegung führt dies zu Epizykeln auf Epizykeln, zu Doppelepizykeln. Ein solches System von Doppelepizykeln hatte im 14. Jahrhundert der islamische Astronom al-Šāṭir (ca. 1305–1375) vorgeschlagen. Es gibt gute Gründe für die Annahme, daß Copernicus bei der Ausarbeitung seiner ersten mathematischen Lösung von arabischen, in Italien befindlichen Handschriften während seiner Studienzeit angeregt wurde[43].

Mit 34 Kreisen glaubte Copernicus, so den gesamten Weltbau (*tota mundi fabrica*) und den gesamten Sternenreigen (*tota siderum chorea*) erklären zu können. Er hätte 38 sagen müssen. Aber selbst diese Zahl sollte von ihm im Hauptwerk auf 48 erhöht werden: Die Doppelepizykeln verschwanden dort zugunsten einer Wiedereinführung von Exzentern. Hätte Copernicus den Druck seines Werkes noch bei Bewußtsein erlebt, hätte er eine unliebsame Entdeckung gemacht. Es begann mit einem Vorwort über die Hypothesen dieses Werkes. Den wahren Autor dieses Vorwortes deckte erst Kepler 1609 in seiner *Neuen Astronomie* auf[44]. Der Protestant Andreas Osiander behauptete darin, es sei nicht notwendig, daß diese Hypothesen wahr, ja nicht einmal daß sie wahrscheinlich sind. Sondern es genüge allein, wenn sie eine mit den Beobachtungen übereinstimmende Berechnung ergeben.

Die Rezeptionsgeschichte des copernicanischen Werkes wurde von diesem Vorwort geprägt, das der Astronomie die Fähigkeit absprach, sichere Erkenntnis zu erzielen. Osianders erkenntnistheoretischer Offenbarungseid war das gerade Gegenteil von dem, was Copernicus anstrebte, die Überwindung des hypothetischen Charakters der nicht mehr allein mathematischen Astronomie, die Rephysikalisierung der mathemati-

---

42 N. Copernicus, Das neue Weltbild (wie Anm. 42), 74–75.
43 E. Knobloch, Copernicanische Wende (wie Anm. 40), 99.
44 J. Kepler, Astronomia nova aitiologetos seu physica coelestis, Prag 1609. Ich zitiere den Wiederabdruck in: J. Kepler, Gesammelte Werke, Band 3, hg. v. M. Caspar, München 1937, 6.

schen Theorie auf der Grundlage der zu seiner Zeit gültigen, das heißt aristotelischen Physik.

Sein Himmel war unermeßlich im Vergleich zur Erde, er gewinnt den Anschein unendlicher Größe. War also die Welt für Copernicus unendlich? Dies hatte er nicht gesagt, nicht entscheiden wollen. Er hatte die Frage dem Meinungsstreit der Naturforscher überlassen[45]. Der Antimathematiker Giordano Bruno zögerte nicht, über Copernicus hinausgehend die Unendlichkeit des Weltalls zu lehren. Der glühende Copernicaner Kepler wies diese Lehre Brunos wiederholt energisch zurück: Seine in der Nachfolge des Copernicus von Harmonie und Symmetrie geprägte, von Gott erschaffene Welt war mit der mittelpunktlosen, epikureischen Welt Brunos unvereinbar. Was Wunder, daß die römischen Autoritäten in dem 1616 zwar suspendierten, aber nie verbotenem Werk, an der »unermeßlichen Höhe«(*immensa celsitudo*) der Fixsterne Anstoß nahmen und den Satz »So groß ist freilich dieser göttliche Bau des Optimus Maximus« tilgten (*tanta nimirum est divina haec Opt. Max. fabrica*)[46].

5. Kometen versus Sphären

1588 erschien in Tycho de Brahes Selbstverlag der zweite Band *De mundi aetherei recentioribus phaenomenis* (Über neuere Erscheinungen der ätherischen Welt)[47]. Er ist dem Kometen vom November des Jahres 1577 gewidmet, also dem Schweifstern, den Tycho auf Grund seiner Parallaxenbestimmung – er übernahm die seit Ptolemaios verwendete tägliche Sonnenparallaxe von 3 Minuten – in der Sphäre der Venus lokalisierte.

Da der Komet die Sphäre quer hätte durchlaufen und damit zerstören müssen, gab es also offenbar keine festen materiellen Sphären: Tychos Schlußfolgerung war zwingend: die Sphären als Trägergebilde der Planeten hatten ausgedient, eine Schlußfolgerung, die in ihrer Bedeutung kaum überschätzt werden kann. Denn sie erforderte eine neue Himmelsphysik, die dafür sorgte, daß die Planeten ihre Bahnen durchliefen. Und doch war die Parallaxenbestimmung nur ein Beispiel für die Traditionsgebundenheit der frühneuzeitlichen Astronomie, »eine ganz künstliche Angelegenheit«, wie Saltzer formulierte[48]: Drei Minuten sind ein Neunzehntel der ptolemäischen, ziemlich richtig bestimmten

---

45 N. Copernicus, *De revolutionibus* (wie Anm. 22), Kap. 1, 8.
46 A. van Helden, Galileo, telescopic astronomy, and the Copernican system, in: Planetary astronomy from the Renaissance to the rise of astrophysics, Part A: Tycho Brahe to Newton, ed. by R. Taton and C. Wilson, Cambridge u.a. 1989, 81–118, hier 96–97.
47 Tycho de Brahe, De mundi aetherei recentioribus phaenomenis, Uraniborg 1588. Ich zitiere den Wiederabdruck in: Tycho Brahe, Opera omnia, ed. I.L.E. Dreyer, Band 4, Kopenhagen 1922 (= Amsterdam 1972).
48 W. Saltzer, Zum astronomischen Weltbild der Jesuiten, Zeitsprünge: Forschungen zur Frühen Neuzeit 1, 1997, 585–601, hier 587.

Äquatorialhorizontalparallaxe des Mondes von 57 Minuten, also des Winkels, unter dem der Äquatorhalbmesser von dem im Horizont stehenden Mond aus erscheint. Ein Neunzehntel wurde deshalb für die Sonnenparallaxe genommen, weil Aristarch, der Copernicus der Antike, das Verhältnis der Entfernung Sonne-Erde zu Mond-Erde mit 19:1 bestimmt hatte. Mit anderen Worten: Tychos Abschaffung der materiellen Sphären stand auf höchst wackeligen theoretischen Vorgaben und war gleichwohl Voraussetzung für die Konzeption seines Weltbildes. Die astronomische Behandlung des Kometen von 1577 regte ihn dazu an.

Er habe, wie er berichtet[49], seine Gedanken zur *dispositio coelestium revolutionum, sive totius mundani systematis compagine,* zur »Anordnung der himmlischen Umwälzungen bzw. zum zusammengefügten Bau des gesamten Weltsystems« vor vier Jahren, also 1584, entwickelt. Er habe nämlich bemerkt, daß beide vorliegenden Hypothesen – die des Ptolemaios und die des Copernicus – *non leves absurditates,* »nicht geringe Ungereimtheiten«, zuließen: Gegen Ptolemaios spreche die nicht hinreichend wohl eingerichtete Verteilung der himmlischen Bahnen (*coelestium orbium*), die überflüssige Annahme allzu vieler Epizykel zur Erklärung der Stillstände und Rückläufigkeiten, der Verstoß gegen die ersten Prinzipien der Kunst, das heißt der Mathematik: die gleichförmigen Kreisbewegungen erfolgen nicht um die eigenen Kreismittelpunkte, sondern um die Mittelpunkte anderer Exzenter, sogenannte Äquanten. Copernicus habe zwar die ptolemäischen Fehler vermieden, Überflüssiges einzuführen bzw. gegen mathematische Prinzipien zu verstoßen. Wohl aber habe er die Prinzipien der Physik und die Autorität der heiligen Schrift verletzt, indem er dem trägen Körper der Erde eine dreifache Bewegung zuteilte, ganz zu schweigen von dem ausgedehntesten Fassungsvermögen (*capacitas*) zwischen der Bahn des Saturn und der achten Sphäre, das von Sternen völlig frei ist, und anderen *inconvenientiae,* »Nichtübereinstimmungen«.

Daher habe er begonnen zu überlegen, ob nicht eine *hypothesium ratio,* eine »Weise von Hypothesen« gefunden werden kann, die mathematisch und physikalisch stimmig sei, theologischen Kritiken (*censurae*) entgeht und den himmlischen Erscheinungen vollständig entspricht. Die Formulierung erinnert nicht zufällig an die copernicanische Vorgehensweise. Und tatsächlich habe er unverhofft eine entsprechende Anordnung gefunden, die all diesen Ungereimtheiten (*incongruentiae*) vorbeugt. Die Überschrift ist deutlich genug: »Neuer Entwurf des Weltsystems, vom Autor jüngst gefunden, durch den sowohl jene alte ptolemäische Überflüssigkeit und Mangel an Harmonie (*inconcinnitas*), wie auch die neue copernicanische physikalische Abwegigkeit in der Bewegung der Er-

---

49 Tycho de Brahe, De mundi phaenomenis (wie Anm. 47), 155.

de ausgeschlossen wird und alles aufs Zutreffendste den himmlischen Erscheinungen entspricht.«

Er habe beschlossen, eine vollständigere Erklärung dieser neuen Anordnung der himmlischen Sphären (*orbes coelestes*) am Ende des Werkes zu geben, unter einigen bedeutenden Folgerungen dieser gesamten gegenwärtigen nächtlichen Ausarbeitung (*elucubratio*), wo mittels der Kometenbewegungen vorher gezeigt und deutlich bestätigt wird, daß die Himmelsmaschine kein harter und undurchdringlicher Körper ist, angefüllt mit verschiedenen wirklichen Sphären, wie bisher von den meisten geglaubt worden sei, sondern daß er sich höchst flüssig und höchst einfach, mit freien Umläufen der Planeten und ohne Hilfe oder Herumführung irgendwelcher wirklichen Sphären, gemäß einer durch göttliche Eingebung verursachte Wissenschaft gelenkt, sich überall ausdehne und nicht den geringsten Widerstand biete[50]. Hieraus ergebe sich, daß der akronychische, also in Opposition befindliche Mars der Erde näher komme als die Sonne. Denn es gebe keine wirkliche und unpassende Durchdringung der Sphären. Sie würden allenfalls zur Lehre und zum Verständnis vorgestellt.

Der versprochene Beweis ist nie veröffentlicht, möglicherweise nie geschrieben worden. Jedoch: Brahe hat nicht einfach die Existenz der Planetensphären durch eine untrügliche Methode verworfen, nicht sofort nach dem Kometen von 1577 und nicht im Alleingang. Zur Zerstörung der festen Himmel bedurfte es kinematischer, optischer, physikalischer, biblischer und philosophischer Argumente, die es Brahe, Christoph Rothmann, Johannes Kepler ermöglichten, endgültig die Sphärenmaschinerie zu vertreiben. Tatsächlich spiegelt sich die Theorie der die Planeten mitführenden Sphären noch im Titel des Galileischen Berichts über die Entdeckung der vier größten Jupitermonde. Dort ist von den Fernrohrbeobachtungen *apprime vero in quatuor planetis circa Iovis stellam disparibus intervallis, atque periodis, celeritate mirabili circumvolutis* die Rede, »insbesondere aber bei den vier Planeten, die um den Stern Jupiter in ungleichen Abständen und Zeiträumen mit wunderbarer Geschwindigkeit herumgedreht werden«: Das passivische Partizip Perfekt von *circumvolvere*, dessen Simplex *volvere* ja in »Revolutiones« steckt, läßt auf keine Eigenbewegung schließen[51].

Tychos astronomisch-physikalisches Weltbild war ein Kompromißangebot, das von den jesuitischen Astronomen relativ schnell angenommen und ausgestaltet wurde. In Mainz hielt Otto Cattenius 1610/11, noch zu Lebzeiten des jesuitischen Chefmathematikers Christoph Clavius, Vorle-

---

50 Tycho de Brahe, De mundi phaenomenis (wie Anm. 47), 159; E. Knobloch, Materie (wie Anm. 5), 96; M.-P. Lerner, Le monde (wie Anm. 19), 275.
51 G. Galilei, Sidereus nuncius magna, longeque admirabilia spectacula pandens etc., Venedig, 1610.

sungen über Tychos Weltbild. In der gegenreformatorischen Epoche nach 1616 waren gemäß der Aufforderung von Clavius die galileischen Jupitermonde ebenso integriert wie die vom Collegium Romanum gutgeheißene Interpretation der Sonnenflecken als innermerkurische Kleinplaneten und der Komet als innerplanetarisches Gebilde[52]. Matteo Ricci reformierte die chinesische Astronomie mit dem tychonischen Weltsystem.

Keplers Leistungen wurden jahrzehntelang nicht rezipiert, auch nicht von Galilei. So ist es Galileis Abneigung gegen Tychos System zuzuschreiben, wenn er 1632 zu Unrecht mit den beiden hauptsächlichsten Weltsystemen das ptolemäische und das copernicanische bezeichnete. In Wahrheit konkurrierte zu dieser Zeit das copernicanische mit dem tychonischen Weltbild, wie es das berühmte Titelbild des Ricciolischen *Almagestum Novum* zeigt. Im Unterschied zu Tycho ließ Riccioli nur Jupiter und Saturn um die Erde als Mittelpunkt rotieren, nicht um die Sonne wie Tycho[53]. Walter Saltzer hat überzeugende Gründe dafür benannt, warum dies so war. Abgesehen von Kepler und Galilei verstand man Copernicus so, daß feste Sphären die Planeten trugen. Solche Sphären aber hatte Tycho abgeschafft. Selbst Kepler hatte Copernicus den wiedergeborenen Pythagoras genannt: Copernicus war gar nicht neu[54]. Dagegen konnte man mit Tychos Weltbild ein neues, gleichwohl bibelkonformes Weltbild propagieren, sich als wissenschaftsfreundlich darstellen, Innovation statt Restauration predigen. Die Kirche konnte ihren weltbildprägenden Anspruch auch in der gegenreformatorischen Strategie und Arbeit aufrecht erhalten.

Epilog

Erst Kepler verschmolz 1609 mathematische Astronomie und physikalisches Weltbild in seiner *Neuen Astronomie oder Himmelsphysik* zu einer widerspruchsfreien Synthese. Der Preis war die Aufgabe beider Theorien, der aristotelischen Physik wie der ptolemäischen Mathematik. Seine von Kircher widerlegte magnetische Planetendynamik trug das ihre dazu bei, daß seine drei Gesetze weder von Galilei noch von Otto von Guericke rezipiert wurden und erst bei Newton ihre volle Bedeutung erlangten. Entscheidend für den gläubigen Protestanten Kepler war jedoch, daß Copernicus der Erde das Stadtrecht im Himmel verliehen hatte, Copernicus,

---

52 W. Saltzer, Zum astronomischen Weltbild (wie Anm. 48), 593.
53 M. Weichenhan, »*Ergo perit coelum* ...«. Die Supernova des Jahres 1572 und die Überwindung der aristotelischen Kosmologie, Stuttgart 2004, 11–34.
54 E. Knobloch, Antikenrezeption und die wissenschaftliche Welt der Renaissance – am Beispiel der Astronomie, Berichte zur Wissenschaftsgeschichte 23, 2000, 115–125, hier 115.

dem er sich bis zur Selbstverleugnung unterordnete. Es war der Himmel des Aristoteles[55].

Als Otto von Guericke Mitte des 17. Jahrhunderts im programmatischen Gegenentwurf zu Descartes' plenistischem Universum daran ging, mit Hilfe der Luftpumpe die Möglichkeit eines Vacuums aufzuzeigen[56], war seine Kosmologie zugleich Theologie. Auf der *theologia mathematica* des Nicolaus von Kues fußend, setzte er den unendlichen Raum, das Nichts, mit Gott gleich – ein unausweichlicher Rückschluß aufgrund der cusanischen Unizität der absoluten Größtheit. Die Welt, jede andere Welt, war endlich, eine Synode, eine Weggemeinschaft von Planeten um ein Zentralgestirn. Jeder Weltkörper besaß einen Himmel, eine Sphäre von nur endlich weit reichenden Wirkkräften. Der aristotelische Himmel hatte ausgedient. Es blieb Newton vorbehalten, an die Stelle der zahllosen, begrenzt wirksamen Wirkkräfte (*virtutes*) die eine allgemeine Gravitation zu setzen.

---

[55] J. Kepler, De stella nova in pede serpentarii etc., Prag 1606. Ich zitiere den Wiederabdruck in: J. Kepler, Gesammelte Werke, Band 1, hg. v. M. Caspar, München 1938, 147–356, hier 246.

[56] E. Knobloch, Otto von Guericke und die Kosmologie im 17. Jahrhundert, Berichte zur Wissenschaftsgeschichte 26, 2003, 237–250.

Autorenverzeichnis

FRIEDHELM HARTENSTEIN ist Professor für Altes Testament und Altorientalische Religionsgeschichte an der Universität Hamburg.

JÖRN HENRICH ist Privatdozent für Wissenschaftsgeschichte an der Technischen Universität Berlin.

EBERHARD KNOBLOCH ist Professor für Geschichte der exakten Wissenschaften und der Technik an der Technischen Universität Berlin und Akademieprofessor der Berlin-Brandenburgischen Akademie der Wissenschaften.

CHARLOTTE KÖCKERT ist wissenschaftliche Mitarbeiterin am Lehrstuhl für Kirchengeschichte (Antike und Mittelalter) der Ruprecht-Karls-Universität Heidelberg).

CHRISTOPH MARKSCHIES ist Professor für Ältere Kirchengeschichte sowie Präsident der Humboldt-Universität zu Berlin.

KARIN METZLER ist wissenschaftliche Mitarbeiterin am Seminar für Ältere Kirchengeschichte der Humboldt-Universität zu Berlin sowie Privatdozentin für Byzantinistik am Fachbereich Philosophie und Geisteswissenschaften der Freien Universität Berlin.

DOMINIK PERLER ist Professor für Theoretische Philosophie an der Humboldt-Universität zu Berlin.

HENRIK PFEIFFER ist Privatdozent im Fach Altes Testament an der Humboldt-Universität zu Berlin und Heisenberg-Stipendiat der Deutschen Forschungsgemeinschaft.

RICHARD SCHRÖDER ist Professor für Philosophie in Verbindung mit Systematischer Theologie an der Humboldt-Universität zu Berlin.

ERWIN SEDLMAYR ist Professor für Astrophysik an der Technischen Universität Berlin.

STEFFEN SIEGEL ist als Kunstwissenschaftler wissenschaftlicher Mitarbeiter in der Interdisziplinären Arbeitsgruppe *Die Welt als Bild* der Berlin-Brandenburgischen Akademie der Wissenschaften.

MICHAEL WEICHENHAN ist wissenschaftlicher Mitarbeiter am Seminar für systematische Theologie der Humboldt-Universität zu Berlin.

JOHANNES ZACHHUBER ist Dozent für Moderne Theologie an der Universität Oxford und Fellow am Trinity College.

Personenregister

A

Abel, G. 205, 213
Acacius von Caesarea 65
Adrastos von Aphrodisias 236, 241
Aertsen, J.A. 146
Agrippa von Nettesheim 113
al-Šāṭir 241
al-Biṭrūǧī 237
Aland, B. 60
Albani, M. 29, 33
Albertz, R. 20
Alcinous 56, 161
Alexander von Hales 233
Alfonso x. el Sabio 237
Allers, R. 121–123
Amand, D. 86f.
Ammann, P.J. 166
Anastos, M.V. 62
Annus, A. 23, 125
Anteius Rufus 85
Apollonius von Perga 156, 197, 235
Archimedes 99, 230
Ariew, R. 149
Aristarch von Samos 97, 99, 107, 230f., 240, 243
Aristoteles 56, 97, 103, 109, 120, 123, 132, 154–156, 158, 160, 165f., 195, 199f., 203f., 227–229, 231f., 239, 246
Arndt, A. 185
Arnim, H. von 97
Artigas, M. 112
Assmann, A. 169
Assmann, J. 17, 20, 169
Athenio 85
Augustinus von Hippo 95, 103
Augustus 84f.

B

Bacci, A. 117, 134, 136, 138, 141–143, 145, 148f.
Bacon, F. 95
Baldermann, I. 17
Baltes, M. 58
Baltzer, E. 176
Bannach, K. 110
Barkan, L. 122, 139
Barnes, J. 83
Bartelmus, R. 24
Barthel, J. 25
Barton, T. 83–86
Basilius von Caesarea 87
Bauer, B. 138
Beck, H. 86, 88
Beckby, H. 235
Becker, U. 25
Beierwaltes, W. 153
Bellarmin, R. 107
Belting, H. 11f.
Bender, W. 190, 192
Benthien, C. 134
Berlejung, A. 17, 32, 35
Bernoulli, J. 205
Berns, J.J. 138
Berry, J. Duc de 113, 128
Bessel, F.W. 107, 209
Biedermann, A.E. 176
Biel, Gabriel 147
Bierbrauer, K. 124
Bing, G. 113, 127, 142
Bippart, G. 175
Bischoff, B. 124
Blacker, C. 15
Blenkinsopp, J. 32
Blum, E. 35
Blumenberg, H. 104, 106, 110f., 119, 149, 212, 233f., 238
Bober, H. 128

Bodin, J. 160
Böhlig, A. 56
Boehm, G. 11f., 96
Böhme, G. 118, 136
Böhme, H. 118, 133, 136, 142
Boehner, P. 146
Bölsche, W. 210
Boethius 98, 168
Bogen, S. 124
Boll, F. 234
Bolz, N.W. 11
Bonatz, D. 17
Bonifacio, N. 117, 135
Bormann, C. 95
Bormann, K. 156, 167
Bottéro, J. 20
Bousset, W. 51, 54
Bradley, J. 107
Brahe, T. de 106f., 234, 242–244
Brandmüller, W. 112
Braun, H. 91f.
Bredekamp, H. 61
Brown, S. 146f.
Bruno, G. 167, 242
Brunschwig, J. 83
Büchner, L. 177
Bunsen, R.W.E. 196
Burge, E.L. 54
Burnett, D.G. 166
Burnyeat, M. 83
Buschendorf, C. 126
Butor, M. 52

C
Caesar, Julius 85
Calcidius 71, 74
Campanella, T. 167
Carriere, M. 175
Caspar, M. 151, 233, 238, 241, 246
Cassin, E. 26
Cassiodor 151
Cassirer, E. 18
Cattenius, O. 244

Cellarius, A. 100
Cetto, A.M. 133
Chrysipp 97
Cicero 105
Clarke, E. 133, 138
Clarke, S. 201
Clavius, Chr. 244
Clemens von Alexandrien 73, 78, 151
Collon, D. 34
Columbus, Chr. 101
Comenius, J.A. 172
Comte, A. 198
Copernicus, N. 91, 98, 100, 102, 104–109, 111f., 119f., 154–157, 164, 167, 207, 223, 229–231, 233–235, 238–243, 245
Cornélis, H. 69, 77
Cornelius, I. 52
Corones, A. 142
Cosmas Indikopleustes 53, 62–66, 69
Courtenay, W.J. 147
Cramer, F.H. 84
Czapla, B 52

D
Dahood, M. 46
d'Alembert, J. 198f.
Dalferth, I.U. 172, 201
d'Alverny, M.-T. 128
Darwin, Ch. 176
Delkurt, H. 16
Denifle, H. 109
Descartes, R. 149, 167, 195, 203, 246
d'Essling, V. Prince 128
Devreesse, R. 66
Dewhurst, K. 133, 138
Dick, M.B. 17, 32
Diderot, D. 206
Diels, H. 151
Dietrich, W. 28
Digges, Th. 100

Dihle, A. 81–86, 88
Dilthey, W. 192f.
Diogenes Laertius 151
Diogenes von Oenoanda 77
Dohmen, C. 16
Domenicucci, P. 85
Dornbacher, R. 120
Dorner, I.A. 175
Drake, S. 107
Drechsler, A. 210
Dreyer, I.L.E. 242
Dülmen, R. van 239
Duhem, P. 74, 118
Dux, G. 18f., 116
Dyck, W. von 151

E
Eastwood, B. 153
Edwards, M.J. 69
Ego, B. 15, 18, 24, 29, 44, 51, 65
Eicher, P. 19
Einstein, A. 222
Eliade, M. 22
Elsässer, H. 211
Engelberg, M. von 239
Engels, F. 108
Ephorus 63
Estienne, Ch. 133
Eudoxos 229
Euler, L. 195, 198f., 203f.
Eusebius von Caesarea 87

F
Fichte, I.H. 179f.
Fichte, J.G. 92, 180, 208
Field, J.V. 121, 160, 163
Fienbork, M. 113
Fischel, A. 61
Fischer, I. 25
Fischer, J. 172, 201
Fischer, K. 112
Flammarion, C. 9, 53, 101
Flasch, K. 109

Fludd, R. 151, 153, 160, 166f.
Fögen, M.Th. 85
Fontaine, J. 123, 132
Foucault, M. 140
Fracastoro, G. 229
Frankfort, H. 22
Freeland, G. 142
Freud, S. 104, 119
Funkenstein, A. 148

G
Ǧābir 237
Gadamer, H.-G. 93
Gál, G. 146f.
Galilei, G. 100, 102, 104–107, 112, 167, 195–199, 212, 214, 244f.
Gantke, W. 115
Gardner, H. 173
Gassendi, P. 166
Gese, H. 52, 68
Gigon, O. 120
Gilbert, W. 167
Gingerich, O. 101, 119
Giuliani, L. 53
Gladigow, B. 19
Görg, M. 28
Görgemanns, H. 70, 76, 78
Goethe, J.W. 104, 226
Gombrich, E. 113
Graßhoff, G. 153
Grant, E. 119
Graupner, A. 16
Grebe, S. 54
Gregor von Nazianz 87
Gregor von Rimini 147
Grillmeier, A. 62
Großhans, H.-P. 172, 201
Gruber, G. 215
Grummach, E. 97
Guericke, O. von 227, 230, 232, 245f.
Gundel, H. 74
Gundel, W. 74
Gurjewitsch, A. 7f., 171f.

H

Haecht Goidtsenhoven, L. van 130
Hainthaler, Th. 62
Hallpike, C.R. 22
Hamm, U. 55
Hardmeier, C. 32
Harms, W. 134
Hartenstein, F. 7, 13, 18, 20, 23–30, 34–36, 39f., 43f., 46f., 50
Hauff, J.K.F: 201
Hausmann, J. 16
Hecker, K. 23
Hegel, G.W.F. 93, 180, 201
Heiberg, J.L. 157
Heidegger, M. 94f., 116, 121, 170
Heim, K. 176
Heimpel, W. 26
Heintz, M. 17
Held, C.F.W. 176
Helden, A. van 242
Hempelmann, R. 115
Heninger, S.K. 117, 121
Henrich, J. 13, 174
Herder, J.G. 201
Hermisson, H.-J. 31f.
Herms, E. 15, 182
Herrmann, S. 27
Herrmann, W. 191
Herschel, J. 196
Hesiod 82
Hieronymus 70, 75–78
Hildegard von Bingen 113
Hillman, D. 132, 134
Hinz, W. 109
Hipparch 156, 231, 235
Hodges, D.L. 134
Hoffmeister, K. 175
Hofmann, T. 17
Holl, K. 56
Holländer, H. 153
Homann, J.B. 108
Honnefelder, L. 110
Honorius Augustodunensis 91

Horowitz, W. 21, 23, 33, 36
Hossfeld, F.-L. 16, 32, 47
Hrouda, B. 21, 34
Huber, B. 175
Huber, P. 63, 65
Hübner, I. 185
Hübner, W. 52, 77, 88, 151
Hugo, V. 205
Hugonnard-Roche, H. 160
Humboldt, A. von 210

I

Ibn Rušd 229, 237
Irenaeus von Lyon 55–58, 60–62, 66
Irving, W. 101
Isidor von Sevilla 123, 126, 132, 140f., 151

J

Jacobsen, T. 17
Jacopo Angelo 151
Jamblich 58
Jammer, M. 200
Janowski, B. 15f., 18, 20, 22, 24, 26, 28f., 44–46, 48, 51, 65
Jardine, N. 158
Jeremias, J. 20, 25f., 45–49
Johannes Buridan 111
Johannes Chrysostomus 65
Johannes Duns Scotus 110f.
Johannes Katrarios 88
Johannes Philoponus 64, 66, 69
Johannes Scotus Eriugena 153
Johannes von Damaskus 87
Johnson, R. 54
Jonas, L. 187
Jüngel, E. 172, 201
Jütte, R. 137
Justinian I. 61

K

Kaempfer, E. 109
Kaiser, O. 33

Kallippos 229
Kanitscheider, B. 196
Kant, I. 92, 95, 178–184, 189, 222
Karneades 86f.
Karpp, H. 76, 78
Kazhdan, A. 84, 88
Keel, O. 20f., 28, 52
Kemp, M. 142, 153
Kepler, J. 106f., 112, 121, 151, 153, 155–159, 161–163, 165–169, 196, 201, 212, 223, 233f., 238, 241f., 244f.
Kessler, R. 32
Ketham, J. de 128
Kiefer, M. 169
King, J.C. 58
Kircher, A. 167, 245
Kirchhoff, G.R. 196
Kleanthes 97, 230
Klibansky, R. 126
Klopfenstein, M.A. 28
Knapp, M. 60
Knobloch, E. 8, 13, 160, 228f., 233, 237, 239–241, 244–246
Kobusch, Th. 60
Koch, J. 95, 167
Koch, K. 24
Köckert, Ch. 13
Köckert, M. 20f., 25, 35, 50
Köhnke, C.K. 178, 180
Koenen, K. 42
Konstantin IX Monomachos 89
Koyré, A. 120
Krämer, H.J. 58
Krüger, T. 29
Krafft, F. 160, 165, 235–237, 240
Kramer, S.N. 23
Kranz, W. 151
Kratz, R.G. 26, 32, 45, 49
Krebernik, M. 60
Krifka, S. 153
Krispenz, J. 25
Kristeller, P.O. 167

Kuhlemann, F.-M. 115
Kuhn, T.S. 9, 119

L
Lagrange, J.L. 198–200, 206
Lambert, W.G. 23, 33
Landsberger, B. 22
Lange, A. 11, 21, 29
Laplace, P.S. 196, 198, 200–203, 205f., 208f.
Leach, E. 19
Lefèvre, W. 153
Lehmann, T. 52
Leibniz, G.W. 200f., 204
Leon der Philosoph 88
Leonardo da Vinci 141
Lerner, M.-P. 233, 244
Levin, Chr. 49
Liell, S. 52
Lilla, S. 74
Limbourg, P., H, und J. 113
Linsenbarth, H. 205
Livingstone, A. 23
Liwak, E. 27
Loewe, M. 15
Lohr, C.H. 119
Long, A.A. 83, 86f.
Loretz, O. 45, 49
Loria, G. 107
Lovejoy, A.O. 115, 120, 140
Ludwig XIV. 109

M
Mädler, J.H. 210
Maestlin, M. 159
Mainzer, K. 204
Malina, B.J. 86
Manuel I. Komnenos 89
Markschies, Chr. 11, 13f., 56f., 60, 65
Marquard, O. 93
Martens, R. 163
Martianus Capella 54, 58, 153

Maul, S.M. 23
Mayr, O. 111
Mazzio, C. 132, 134
McCord Adams, M. 146
McLuhan, M. 11
Meckenstock, G. 183
Mehlhausen, J. 28
Meier, H.G. 174, 182
Meier-Oeser, St. 167
Melanchthon, P. 98, 228
Mersenne, M. 166f.
Mettinger, T.N.D. 35, 44
Metzger, M. 27, 29, 50
Metzler, K. 13
Meyer, H. 206
Michael Glykas 88
Michael Psellos 89
Miller, M.E. 188
Miller, P.D. 17
Misch, G. 89
Mitchell, W.J.T. 10f.
Mittelstraß, J. 61, 204
Moffitt Watts, P. 167
Montaigne, M. 148f.
Morton Briggs, J. 199
Mosis, R. 45, 49
Moxter, M. 15, 93, 115, 182f., 185
Mudry, A. 102
Müller, K.E. 22
Münster, S. 151
Murdoch, J.E. 128

N
Neuber, W. 138
Newton, I. 112, 195, 197, 200f., 203, 212, 238, 242, 245f.
Niccolini, F. 112
Nietzsche, F. 104
Nikolaus von Kues 95f., 104, 120, 153, 155f., 167, 169, 223, 246
Nikolaus von Oresme 111
Nikolaus von Otranto 88
Nikomachos von Gerasa 160

Nissinen, M. 43
Nobis, H.M. 111
Notker der Deutsche 58, 91f., 172

O
Obrist, B. 124, 132
Oeming, M. 21, 115
Oorschot, J. van 32, 60
Origenes 64, 69–78, 87f.
Ortelius, A. 105
Osiander, A. 99f., 239, 241
Ostorius Scapula 85
Otto, E. 16, 48

P
Panofsky, E. 126
Patschovsky, A. 125
Paul III. 239
Perler, D. 13, 146, 148
Pfeiffer, H. 7, 13, 26, 40f., 43
Philo von Alexandrien 73f., 78, 160
Pilhofer, P. 29
Pingree, D. 84, 88
Piquet, F. 108
Platon 58, 73f., 91, 97, 118, 120, 131, 138, 155, 160f., 166, 237
Plotin 58, 169
Plutarch 99, 230, 232
Popkin, R. 148
Poser, H. 205
Preuß, H.D. 16
Proklos 98, 157f., 169, 239
Prowe, L. 98f.
Ptolemaeus der Gnostiker 56, 58, 60, 62
Ptolemaeus, Claudius 63, 66, 74, 78, 91, 99, 104, 106f., 151, 154, 157f., 167f., 231–234, 236–240, 242f.

R
Römer, W.H.Ph. 26
Rauschenbach, S. 239

Redeker, M. 190
Reich, K. 229
Reinhold, E. 180
Reisch, G. 138
Renn, J. 153
Reuchlin, J. 161
Rheticus, J. 98, 159, 233
Riccardi, N. 112
Ricci, M. 245
Riccioli, G.B. 108, 245
Richer, J. 83
Richter, T. 50
Ricœur, P. 18
Riedel, M. 97
Riedinger, U. 87f.
Riemann, A.D. 156
Ritschl, A. 182, 191f.
Ritz-Müller, U. 22
Roberts, K.B. 133
Romang, J.P. 175
Roth, G. 13
Rothmann, Chr. 233, 244
Rudavsky, T. 147
Rufin von Aquileia 75
Ruwe, A. 32

S
Sachs-Hombach, K. 195
Sänger, D. 18
Saffrey, H.D. 118, 123, 136f.
Sagnard, F.-M.M. 56, 59
Saltzer, W. 242, 245
Saulnier, V.-I. 148
Sawday, J. 133
Saxl, F. 117, 126, 128
Schäfer, P. 65
Schall, A. 109
Schallenberg, G.Chr. von 166
Schart, A. 25
Scheiner, Chr. 167
Schelling, F.W.J. 92
Schiller, F. 211

Schleiermacher, D.F.E. 174, 182–190, 192f., 201, 208f.
Schmid, K. 21, 25
Schmidt, W.H. 16
Schmidt-Biggemann, W. 131, 151, 160
Schneider, B. 61
Schneider, H. 62
Schoepflin, U. 153
Schofield, M. 83
Scholten, C. 64f., 67
Schröcker, H. 110
Schröder, H.O. 87
Schramm, H. 133
Schreiber, P. 195
Schultz, U. 160
Schulze, G.L. 210
Schumacher, H.C. 210
Scriba, A. 115
Sedlmayr, E. 10, 13
Seleukos 230
Sellin, G. 15
Semler, C. 176
Seneca 105, 231
Senger, H.G. 155, 167
Severian von Gabala 65
Sextus Empiricus 147
Seybold, K. 22, 49
Shea, W.R. 112
Siegel, S. 10, 12–14, 143, 148f.
Sigwart, Chr. von 186, 190, 192
Simek, R. 118
Simplicius 155
Sommerfeld, W. 23
Sosigenes 239
Sparn, W. 115, 172
Spieß, A. 175
Spieckermann, H. 45, 47
Stückelberger, A. 151
Stahl, W.H. 54
Steck, O.H. 31f.
Stegemann, V. 235
Stemberger, G. 54

Stephanus der Philosoph 88
Stephenson, B. 164, 168
Stock, K. 115
Stolz, F. 18, 20
Strack, H.L. 54
Strohm, H. 97
Stuckrad, K. von 86, 88
Sturm, A. 17
Suchla, B.R. 67
Sudhoff, W. 138

T
Tachau, K.H. 147
Tacitus 85, 175
Tatian 88
Taton, R. 242
Teichmann, J. 109
Tempier, St. 109
Tertullian 88
Thürlemann, F. 124
Theodor von Mopsuestia, 66
Theophilus von Edessa 88
Thomé, H. 172
Thomas von Aquin 109
Tillyard, E.M.W. 7, 171
Tomlinson, J.D.W. 133
Toorn, K. van der 36
Trendelenburg, A. 179

U
Überweg, F. 185
Uehlinger, C. 16, 21, 28, 32
Ulpian 110
Unguru, S. 165
Ursus, R. 158
Utzt, S. 209

V
Valentinus 57
Valla, G. 239
Verdet, J.-P. 160
Vesalius, A. 133
Vettius Valens 77

Vickers, B. 160
Vielhauer, R. 43
Villey, P. 148
Vitruv 113, 141

W
Wacker, M.Th. 43
Waerden, B.L. van der 230f.
Wagner, F. 189
Wagner, J.J. 175
Wagner, S. 27
Warburg, A. 113f., 117, 126, 128
Warnke, M. 115
Weber, B. 9, 101
Weber, M. 194
Weiß, G. 89
Weiße, C.H. 179
Weichenhan, M. 11, 13, 98, 100, 245
Weinstock, S. 54
Weische, A. 52
Weitzmann, K. 62
Weizsäcker, C.F. von 171
Wellhausen, J. 28
Werner, G. 61
Wilcke, C. 33
Wildberger, H. 51
Wilhelm von Ockham 110, 146
Wilhelm, G. 23
Williamson, H.G.M. 25
Willis, J. 54
Wilpert, P. 105, 155, 223
Wilson, C. 242
Wohlwill, E. 102
Wolf, W. 22
Wolf-Heidegger, G. 133
Wolfschmidt, G. 111, 240
Wolska-Conus, W. 62, 64, 69
Wulf, C. 134
Wünsche, A. 54
Wyduckel, D. 110

Y
Yee, G.A. 43

Z

Zachhuber, J. 8, 13f., 196, 205
Zainer, G. 126
Zchomelidse, N. 16, 18
Zekl, H.G. 99, 119f., 131, 138, 239
Zenger, E. 20, 28, 47
Zinner, E. 109
Zobel, H.-J. 16
Zöckler, Chr. 87
Zöllner, F. 141
Zwickel, W. 28